Marc Meissner

Multimediale Telepräsenz im Marketing

GABLER EDITION WISSENSCHAFT

Interaktives Marketing

Herausgegeben von Professor Dr. Günter Silber

Die Schriftenreihe präsentiert wissenschaftliche Beiträge zum Einsatz interaktiver, vor allem multimedialer Systeme im Marketing. Stationäre und portable Applikationen rücken dabei ebenso ins Blickfeld wie Offline- und Online-Anwendungen, insbesondere Internet und interaktives Fernsehen. Als Felder der rechnergestützten Interaktion interessieren vor allem Marktforschung, Produktentwicklung, Electronic Publishing, dialogische Präsentation und Kommunikation von Unternehmen, Programmen und Produkten, Vor- und Nachkauf-Service sowie Verkauf und Vertrieb (Electronic Commerce).

Marc Meissner

Multimediale Telepräsenz im Marketing

Einsatz, Determinanten, Wirkungen, Management

Mit einem Geleitwort von Prof. Dr. Günter Silberer

Deutscher Universitäts-Verlag

Die Deutsche Bibliothek – CIP-Einheitsaufnahme
Ein Titeldatensatz für diese Publikation ist bei
Der Deutschen Bibliothek erhältlich

Dissertation Universität Göttingen, 2002

1. Auflage Juni 2002

Alle Rechte vorbehalten
© Deutscher Universitäts-Verlag GmbH, Wiesbaden 2002

Lektorat: Brigitte Siegel / Jutta Hinrichsen

Der Deutsche Universitäts-Verlag ist ein Unternehmen der
Fachverlagsgruppe BertelsmannSpringer.
www.duv.de

Das Werk einschließlich aller seiner Teile ist urheberrechtlich geschützt. Jede Verwertung außerhalb der engen Grenzen des Urheberrechtsgesetzes ist ohne Zustimmung des Verlags unzulässig und strafbar. Das gilt insbesondere für Vervielfältigungen, Übersetzungen, Mikroverfilmungen und die Einspeicherung und Verarbeitung in elektronischen Systemen.

Die Wiedergabe von Gebrauchsnamen, Handelsnamen, Warenbezeichnungen usw. in diesem Werk berechtigt auch ohne besondere Kennzeichnung nicht zu der Annahme, dass solche Namen im Sinne der Warenzeichen- und Markenschutz-Gesetzgebung als frei zu betrachten wären und daher von jedermann benutzt werden dürften.

Umschlaggestaltung: Regine Zimmer, Dipl.-Designerin, Frankfurt/Main

Gedruckt auf säurefreiem und chlorfrei gebleichtem Papier

ISBN-13: 978-3-8244-7657-2   e-ISBN-13: 978-3-322-85228-1
DOI: 10.1007/978-3-322-85228-1

Geleitwort

Interaktives Marketing wird heute in erster Linie als webbasierte Mensch-PC-Interaktion verstanden. Dennoch haben die Möglichkeiten einer Anbieter-Kunden-Interaktion via eMails, Foren und Community Services in den letzten Jahren an Bedeutung gewonnen. Die beste Annäherung an die klassische Interaktion liefert jedoch die webbasierte Mensch-zu-Mensch-Kommunikation in der Form einer sog. Telepräsenz, bei der Wort und Bild im virtuellen Face-to-Face-Kontakt ausgetauscht werden können. Dies bietet dem Marketing viele durchaus erschwingliche Kommunikationsmöglichkeiten, zum einen in der internen Vorbereitung des Marketing, zum anderen in der Kommunikation mit wichtigen Marktpartnern. In der nun anstehenden breitbandigen, multimedialen Vernetzung stationärer und mobiler Akteure stehen die Chancen für eine Telepräsenz im Marketing recht gut.

Herr Dr. Meissner hat sich diesem Thema gewidmet und damit ein entsprechendes Forschungsvorhaben am Institut für Marketing und Handel der Universität Göttingen entscheidend vorangetrieben. Die vorgelegte Doktorarbeit beleuchtet alle wichtigen Voraussetzungen, Varianten und Wirkungen der Telepräsenz im Marketing, nicht nur im Lichte der neuen Technik, sondern auch im Lichte der verhaltenswissenschaftlichen Theorie. Seine Erkenntnisse sind für die künftige Marketingforschung und die künftige Marketingpraxis gleichermaßen von elementarer Bedeutung.

Vor diesem Hintergrund wünsche ich der nun veröffentlichten Arbeit nicht nur große Verbreitung, sondern auch die verdiente Beachtung.

Prof. Dr. Günter Silberer

Vorwort

Die Idee zu der vorliegenden Dissertation stammt aus der Zeit kurz vor der Liberalisierung des deutschen Telekommunikationsmarktes am 1. Januar 1998. Mit den sich damals abzeichnenden Neuerungen wurde uns am Institut für Marketing und Handel deutlich, dass sich auch erhebliche Auswirkungen auf das Marketing ergeben werden. Die multimediale Telepräsenz – verstanden als Interaktion von Menschen an unterschiedlichen Orten – wurde zwar schon sehr früh in Forschungs- und Entwicklungsabteilungen der Industrie eingesetzt. Darüber hinaus liegen aber weitere große Potenziale in der internen und externen Marketingkommunikation. Dieser Aspekt wurde bislang nur wenig betrachtet. Ziel dieser Arbeit ist es daher, neben Einsatzmöglichkeiten der Telepräsenz im Marketing auch Determinanten und Wirkungen dieser Technologie im Unternehmen theoretisch und empirisch zu analysieren. Darauf aufbauend sollen praxisrelevante Handlungsempfehlungen für das Management der Telepräsenz im Unternehmen formuliert werden.

Die vorliegende Arbeit wurde vom Fachbereich Wirtschaftswissenschaften der Georg-August-Universität Göttingen als Dissertation angenommen. Besonderer Dank gilt meinem akademischen Lehrer und Doktorvater Herrn Prof. Dr. Günter Silberer, der das Thema vorgeschlagen, im Verlaufe der Untersuchung stets wichtige Anregungen gegeben und die Arbeit in allen Phasen unterstützt hat. Herrn Prof. Dr. Jörg Biethahn danke ich sehr für die Übernahme des Zweitgutachtens. Unmöglich wäre diese wissenschaftliche Arbeit ohne die vielen Diskussionen und Ermunterungen durch Kollegen und Freunde. Hier gilt mein besonderer Dank Herrn Dr. Jens Marquardt, der mir wertvolle Diskussionen und Korrekturvorschläge schenkte. Darüber hinaus möchte ich mich bei Dr. Petja Heimbach, Dr. Oliver Rengelshausen und Dipl.-Kfm. Alexander Magerhans vom Institut für Marketing und Handel für viele Gespräche und Anregungen bedanken. Für statistische Fragen hatten Frau Dr. Kristin Neumann und Herr Dr. Dirk Lehnick stets weiterhelfende Antworten. Dafür möchte ich mich herzlich bedanken. Besonders hervorzuheben ist das unermüdliche Verständnis, die tatkräftige Unterstützung sowie die unersetzliche Motivationsarbeit meiner Freundin, Frau Dipl.-Kffr. Andrea Fricke.

Schließlich möchte ich mich bei meinen Eltern, Margret und Hans-Erich Meissner bedanken, die meinen akademischen Werdegang überhaupt erst ermöglicht und immer vorbehaltlos unterstützt haben.

Marc Meissner

Inhaltsverzeichnis

Abkürzungsverzeichnis XV

1. Einleitung 1

    1.1 Technologische Entwicklungen der Unternehmenskommunikation 1

    1.2 Begriffsbestimmung 2

    1.3 Zielsetzung und zentrale Fragestellungen 5

    1.4 Abgrenzung des Untersuchungsbereiches 6

    1.5 Aufbau der Untersuchung 6

2. Zwischenmenschliche Kommunikation mittels Telepräsenz 9

    2.1 Die Bedeutung der zwischenmenschlichen Kommunikation für Unternehmen 9

    2.2 Grundlegende Merkmale der zwischenmenschlichen Kommunikation in Organisationen 11

        2.2.1 Merkmale der zwischenmenschlichen Kommunikation 12

            2.2.1.1 Kommunikation: Begriff und Modelle 12

            2.2.1.2 Zwischenmenschliche Kommunikationskanäle 13

        2.2.2 Merkmale der Kommunikation von Unternehmen 15

            2.2.2.1 Strukturelemente der Kommunikation in Unternehmen 15

            2.2.2.2 Inhalte der zwischenmenschlichen Kommunikation im Unternehmen 18

        2.2.3 Kommunikationsmittel von Unternehmen 19

            2.2.3.1 Persönliche Kommunikation 20

            2.2.3.2 Medienunterstützte Kommunikation 23

    2.3. Grundlagen der Telepräsenz: Entwicklungen, Voraussetzungen und Systeme 27

        2.3.1 Die bisherige Entwicklung der Telepräsenz 27

            2.3.1.1 Die technologische Entwicklung der Telepräsenz 27

            2.3.1.2 Die organisationale Entwicklung der Telepräsenz 30

        2.3.2 Voraussetzungen der Telekommunikation für die Telepräsenz 32

            2.3.2.1 Telekommunikationsnetze 32

            2.3.2.2 Kompressionen und Standards 39

        2.3.3 Aktuelle Systeme der Telepräsenz 42

            2.3.3.1 Raumbasierte Videokommunikation 43

2.3.3.2 Arbeitsplatzbasierte Videokommunikation ... 47

2.3.3.3 Terminalbasierte Videokommunikation ... 49

2.3.4 Zukünftige Entwicklung der Telepräsenz ... 51

2.4. Kommunikative und betriebswirtschaftliche Besonderheiten der Telepräsenz ... 52

2.4.1 Besondere Merkmale der telepräsenten Kommunikation ... 52

2.4.1.1 Besondere Merkmale der zwischenmenschlichen Kommunikation ... 52

2.4.1.2 Besondere Merkmale der Unternehmenskommunikation ... 56

2.4.2 Kosten- und Nutzenaspekte der Telepräsenz ... 57

2.4.2.1 Relevante Kostenarten für Telepräsenzsysteme ... 58

2.4.2.2 Nutzenaspekte der Telepräsenz ... 61

3. **Einsatz der Telepräsenz im Integrierten Marketing ... 68**

3.1 Das Marketingverständnis dieser Arbeit ... 68

3.2 Ziele des Einsatzes von Telepräsenzsystemen im Marketing ... 69

3.2.1 Ökonomische Ziele der Telepräsenz ... 70

3.2.2 Psychographische Ziele der Telepräsenz ... 72

3.3 Zielgruppen der Telepräsenz ... 73

3.3.1 Interne Zielgruppen der Telepräsenz ... 74

3.3.2 Externe Zielgruppen der Telepräsenz ... 76

3.4 Strategische Aspekte des Telepräsenzeinsatzes im Marketing ... 78

3.4.1 Telepräsenz in der Erarbeitung von Strategien ... 79

3.4.2 Telepräsenz in der Umsetzung von Strategien ... 80

3.5 Telepräsenz im Beschaffungsmarketing ... 83

3.5.1 Herausforderungen der Beschaffung und daraus resultierende Kommunikationsbedarfe ... 83

3.5.2 Telepräsenz in der Bedarfsanalyse ... 85

3.5.3 Telepräsenz in der Markt- und Lieferantenanalyse ... 87

3.5.4 Telepräsenz für Lieferantenverhandlungen ... 88

3.5.5 Telepräsenz in der Beschaffungskontrolle ... 89

3.6 Telepräsenz im Absatzmarketing ... 90

3.6.1 Einsatz der Telepräsenz in der Marktforschung ... 90

3.6.1.1 Telepräsenz in der Problemdefinitionsphase ... 90

3.6.1.2 Telepräsenz in der Datenerhebungsphase 91

3.6.1.3 Telepräsenz in der Präsentationsphase 94

3.6.2 Einsatz der Telepräsenz in der Produktpolitik 94

3.6.2.1 Einsatz der Telepräsenz in der Produktentwicklung 95

3.6.2.2 Einsatz der Telepräsenz im Kundendienst 102

3.6.3 Einsatz der Telepräsenz in der Distributionspolitik 106

3.6.3.1 Einsatz der Telepräsenz in der akquisitorischen Distribution 107

3.6.3.2 Einsatz der Telepräsenz in der physischen Distribution 116

3.6.4 Einsatz der Telepräsenz in der Kommunikationspolitik 116

3.6.4.1 Einsatz der Telepräsenz in der internen Kommunikationspolitik 117

3.6.4.2 Einsatz der Telepräsenz in der externen Kommunikationspolitik 119

3.7 Telepräsenz im Public Marketing 126

3.7.1 Telepräsenz in der Erarbeitung von PR-Maßnahmen 127

3.7.2 Telepräsenz in der Umsetzung von PR-Maßnahmen 127

3.8 Zwischenfazit 129

4. Ein Bezugsrahmen für die Analyse der Determinanten und Wirkungen der Telepräsenz im Marketing 131

4.1 Zum Stand der empirischen Forschung im Bereich Telepräsenz 131

4.1.1 Laborstudien 131

4.1.2 Feldstudien 134

4.1.3 Fazit zu der bisherigen empirischen Telepräsenzforschung 139

4.2 Theoretischer Bezugsrahmen der Analyse 140

4.2.1 Gratifikations- und Kapazitätsprinzip als Leitideen 140

4.2.1.1 Das Gratifikationsprinzip 141

4.2.1.2 Das Kapazitätsprinzip 142

4.2.2 Organisationstheorien 142

4.2.2.1 Die verhaltenswissenschaftliche Entscheidungstheorie 143

4.2.2.2 Der Situative Ansatz der Organisationsforschung 145

4.2.3 Theorien der Medienwahl 147

4.2.3.1 Die Theorie der Sozialen Präsenz 147

4.2.3.2 Die Theorie der Media Richness 148

4.2.3.3 Die Theorie sozialer Einflussprozesse 149

4.2.4 Beiträge der Innovationsforschung 150
    4.2.4.1 Die Adoptions- und Diffusionstheorie 151
    4.2.4.2 Das Promotoren-Modell 153

4.3 Determinanten der Telepräsenz 154
    4.3.1 Zur Systematik relevanter Determinanten 154
    4.3.2 Technologiespezifische Determinanten 158
    4.3.3 Organisationsspezifische Determinanten 162
    4.3.4 Personenbezogene Determinanten 167
    4.3.5 Umweltspezifische Determinanten 171

4.4 Die Wirkungen der Telepräsenz im Marketing 174
    4.4.1 Beitrag der Telepräsenz zur Zielerreichung 175
    4.4.2 Strategische Wirkungen der Telepräsenz 176
    4.4.3 Wirkungen der Telepräsenz auf die Marketingfunktionsbereiche 177
    4.4.4 Wirkungen der Telepräsenz auf die Marketingorganisation 177
    4.4.5 Investitionen und Kosteneffekte der Telepräsenz 180

4.5 Basismodell und Hypothesen im Überblick 180

5. Anlage und Ergebnisse einer Studie zur Telepräsenz im Marketing 185

5.1 Untersuchungsanlage 185
    5.1.1 Ziel der Untersuchung 185
    5.1.2 Zur Erhebungsmethode 185
    5.1.3 Zur Auswahl der Unternehmen und der Experten 186
    5.1.4 Datenauswertung 188
    5.1.5 Zum Aufbau des Fragebogens 189

5.2 Ergebnisse der Expertenbefragung 191
    5.2.1 Merkmale der befragten Unternehmen und Experten 191
    5.2.2 Die Telepräsenzanwendungen in den Unternehmen 193
    5.2.3 Ziele und Zielgruppen der Telepräsenz 196
    5.2.4 Die Nutzungsintensität der Telepräsenz 198
    5.2.5 Determinanten der Telepräsenz im Marketing 200
        5.2.5.1 Determinanten in der Planungsphase 200
        5.2.5.2 Determinanten in der Einführungsphase 205

XIII

    5.2.5.3 Determinanten in der Nutzungsphase 211

    5.2.5.4 Umweltspezifische Determinanten 223

  5.2.6 Wirkungen der Telepräsenz im Marketing 226

    5.2.6.1 Die Zielerreichung mithilfe des Telepräsenzeinsatzes 226

    5.2.6.2 Wirkungen auf die Marketingstrategien 229

    5.2.6.3 Wirkungen auf die Marketingfunktionsbereiche 232

    5.2.6.4 Wirkungen auf die Organisation 237

    5.2.6.5 Investitionen und Kosteneffekte 238

  5.2.7 Zukünftige Planungen der Unternehmen 240

5.3 Zusammenfassung der Untersuchungsergebnisse 241

6. Empfehlungen für das Management der Telepräsenz 245

6.1 Empfehlungen für die Planung der Telepräsenz 245

  6.1.1 Die Situationsanalyse in der Telepräsenzplanung 245

  6.1.2 Die Zieldefinition für den Telepräsenzeinsatz 251

6.2 Empfehlungen für die Einführung der Telepräsenz 251

  6.2.1 Auswahl der Telepräsenzsysteme 251

  6.2.2 Die Einführungsstrategie 252

  6.2.3 Projektteam und Promotoren der Telepräsenzeinführung 253

6.3 Empfehlungen für die Nutzungsphase der Telepräsenz 255

  6.3.1 Aufbauorganisatorische Einbindung der Telepräsenz 255

  6.3.2 Marketingmaßnahmen für den Telepräsenzeinsatz 257

6.4 Empfehlungen für die Kontrolle der Telepräsenz 259

  6.4.1 Kontrolle des Telekommunikations- und Telepräsenz-Portfolios 260

  6.4.2 Kontrolle von Telepräsenzprojekten 261

  6.4.3 Kontrolle der Telepräsenzsysteme 262

  6.4.4 Kontrolle der Telekommunikationsinfrastruktur 263

7. Schlussbetrachtung 264

7.1 Zusammenfassung 264

7.2 Zukünftige Entwicklungen der Telepräsenz und weiterer Forschungsbedarf 267

Literatur- und Gesprächsverzeichnis 271

Abkürzungsverzeichnis

ADSL	Asymetric Digital Subscriber Line
ATM	Asynchronus Transfer Mode
Aufl.	Auflage
Bd.	Band
BTV	Business Television
bzgl.	bezüglich
CAD	Computer Aided Design
CD-ROM	Compact Disc – Read Only Memory
CoD	Consultant on Demand
CSCW	Computer Supported Cooperative Work
DAT	Digital Audio Tape
Dax	Deutscher Aktien Index
DSL	Digital Subscriber Line
DTI	Departement of Trade and Industry
DVC	Desktop-Videokonferenzsytem
ebda	ebenda
ECE	Electronic Commerce Enquête
EDV	Elektronische Datenverarbeitung
et al.	et alii
evtl.	eventuell
€	Euro
ENX	European Network Exchange
FAZ	Frankfurter Allgemeine Zeitung
FIZ	Forschungs- und Ingenieurzentrum
Gbit	Giga Bit

H	Hypothese
HDTV	High Definition Television
HHI	Heinrich Hertz Institut
ifo	Institut für Wirtschaftsförderung
IMK	Institut für Medienentwicklung und Kommunikation
IP	Internet Protocol
ISDN	Integrated Services Digital Network
IT	Informationstechnologie
ITU	International Telecommunications Union
IuK	Information und Kommunikation
Jg.	Jahrgang
JPEG	Joint Photographic Expert Group
kbit	Kilo Bit
kHz	Kilo Herz
LAN	Local Area Network
Mbit	Mega Bit
MIT	Masschusetts Institute of Technology
MPEG	Moving Picture Expert Group
n	Anzahl
NI	Nutzungsintensität
OBC	Office Broadband Communication
OEM	Original Equipment Manufacturer
o. J.	ohne Jahr
o. Jg.	ohne Jahrgang
o. S.	ohne Seite
o. V.	ohne Verfasser
p	Signifikanzniveau

POI	Point of Information
POS	Point of Sale
r	Korrelationskoeffizient
RVC	Raum-Videokonferenzsystem
SDSL	Symetric Digital Subsrciber Line
SE	Simultanous Engineering
SPSS	Superior Performance Software Systems
SZ	Süddeutsche Zeitung
TCP	Transmission Control Protocol
TP/TPS	Telepräsenz / Telepräsenzsystem
TK	Telekommunikation
UMTS	Universal Mobile Telecommunication System
URL	Uniform Resource Locator
VBN	Vermitteltes Breitbandnetz
VDA	Verband der Automobilindustrie
VDI	Verband der deutschen Industrie
VDSL	Very High Bit Rate Digital Subscriber Line
VK/VKS	Videokommunikation / Videokommunikationssystem
VPN	Virtual Private Network
VR	Virtual Reality
vs.	versus
WAN	Wide Area Network
w. Vol.	without Volume
WWW	World Wide Web

1. Einleitung

1.1 Technologische Entwicklungen der Unternehmenskommunikation

Die Informations- und Kommunikationsstrukturen von Unternehmen werden auch als ihre „Lebensadern" bezeichnet. Diese Adern können jedoch unter zunehmenden kommunikativen Belastungen aller Beteiligten nur noch unter Schwierigkeiten mit Leben gefüllt werden. Besondere Probleme stellen starker Zeitdruck, große Entfernungen, Informationsüberlastungen und einseitige Kommunikation dar. Zudem zeichnet sich die Entwicklung ab, dass die persönliche Kommunikation von Unternehmen mit ihren Zielgruppen zukünftig zum zentralen Erfolgsfaktor wird. Viele Unternehmen stehen dabei vor einem Dilemma: Sie benötigen den aufwendigen zwischenmenschlichen Kontakt zu eigenen Mitarbeitern, Kunden und Lieferanten. Gleichzeitig stehen sie vor der Herausforderung, die Kommunikation unter Kosten- und Zeitkriterien möglichst effizient zu gestalten (vgl. BRUHN 1997 S. 707, vgl. BLOOMFIELD et al. 1999 S. 193).

Vor diesem Hintergrund richtet sich der Blick verstärkt auf neue und innovative Informations- und Kommunikationstechnologien. Diese haben sich rasant entwickelt: Enorme Leistungssteigerungen bei Übertragungsbandbreiten und Kompressionsraten gehen mit erheblichen Preissenkungen einher. Zusätzlich verbessert sich der flächendeckende Zugang zu Hochgeschwindigkeitsnetzen; und dies nicht nur für Unternehmen, sondern zunehmend auch für Konsumenten (vgl. SILBERER 2001a S. 817). Ein wesentliches Resultat der Leistungsverbesserung und der Digitalisierung ist die Konvergenz vormals separater Technologien und Netze (vgl. PICOT 2000 S. 29): Daten-, Audio- sowie Stand- und Bewegt-Bild-Elemente werden in einem Telekommunikationsdienst integriert (*Medien*konvergenz); dieser kann sodann qualitätskonstant über unterschiedliche Telekommunikationsnetze übertragen werden (*Netzkonvergenz*). Dadurch wird eine Verschmelzung einzelner Dienste zur *multimedialen Telekommunikation* erreicht (vgl. KRÜGER 1995 S. 6, vgl. REICHWALD & GOECKE 1995 Sp. 164f.). Multimedia, verstanden als rechnergestütztes multimodales Interaktionssystem bzw. Interaktionsangebot, wird mithilfe der Telekommunikation von der rechnervermittelten Mensch-Maschine-Interaktion hin zu einer telekommunikativen Mensch-zu-Mensch-Kommunikation ausgeweitet (vgl. SILBERER 1995a S. 5).

Die beschriebenen Innovationen erlauben den Menschen, semipersönlich über die multimediale Telekommunikation zu interagieren. Sie können also „telepräsent" an einem anderen Ort auftreten. Dies ist eigentlich nichts Neues, denn bereits 1929 wurde auf der Funkausstellung in Berlin das erste Bildtelefon, die sog. „Fernseh-Sprechanlage", vorgestellt. Bis in die achtziger Jahre hinein hat sich wenig an dem experimentellen und sehr kostspieligen Stadium der Technologie geändert. Heute ist jedoch zu erkennen, dass die Telepräsenz sinnvoll in die Kommunikationsprozesse von Unternehmen integriert werden kann.

1.2 Begriffsbestimmung

Zum Begriff „Telepräsenz"

Die Literatur liefert uneinheitliche Definitionen des Begriffs „Telepräsenz". Bevor eine eigene Arbeitsdefinition vorgeschlagen wird, werden zunächst ausgewählte Begriffsdefinitionen genannt und diskutiert:

Eine frühe Definition der Telepräsenz liefert SHERIDAN (1992 S. 120): Er definiert Telepräsenz als „...a sense of being physically present with virtual object(s) at the remote teleoperator site". SHERIDAN beschreibt mit dieser Auffassung schwerpunktmäßig die Fernsteuerung und Manipulation durch Roboterarme und weniger die Kommunikation zwischen Menschen. Die Diskussion um den Begriff „Telepräsenz" wurde jedoch durch den Beitrag SHERIDANs entscheidend angeregt und spiegelt sich u.a. in der Herausgabe der Fachzeitschrift „Presence" durch das Massachusetts Institute of Technology (MIT) wider.

Andere Forscher weiteten den Begriff „Telepräsenz" auf weitere Medien aus: WALKER & SHEPPARD (1997 S. 11) definieren Telepräsenz als „...enabling human interaction at a distance, creating a sense of being present at a remote location". Die Sichtweise der Autoren schließt einfache Medien wie Telefone oder das klassische Fernsehen als Telepräsenzsysteme mit ein. Danach ist prinzipiell auch ein Gefühl der Telepräsenz über Medien wie Kinos (und dabei insbesondere sog. 3-D IMAX-Kinos) zu erreichen (vgl. LOMBARD & DITTON 1997 S. 14). Die zwischenmenschliche Kommunikation wird von den Autoren gleichfalls vernachlässigt.

Der interpersonelle Kommunikationsaspekt tritt durch die Perspektive des deutschen Heinrich-Hertz-Instituts deutlicher hervor: „Eine hohe Telepräsenz bei Telekommunikationssystemen führt dazu, dass entfernte Kommunikationspartner die Kommunikation als unmittelbar und natürlich erleben und interagieren können, als wären sie physisch präsent" (HHI 1998 S. 2).

Auf der Grundlage der Ausführungen soll die nachfolgende Arbeitsdefinition für die vorliegende Untersuchung gelten:

> ⇨ Die multimediale *Telepräsenz* ist die Vermittlung eines räumlichen und sozialen Gefühls der Anwesenheit im Rahmen eines zwischenmenschlichen Kommunikationsprozesses mithilfe des Einsatzes der Telekommunikation.

Die folgenden Ausführungen präzisieren die Arbeitsdefinition:

- *Multimedialität* bedeutet in diesem Zusammenhang die Integration und Übermittlung von Audio-, Video- und Textinformationen. Die Grundlage bildet hierfür die Digitalisierung der Daten mithilfe von Rechnerleistung (vgl. SILBERER 1995a S. 4). Durch die

1. Einleitung

Multimedialität werden die menschlichen Sinne Hören, Sehen, Sprechen und – prinzipiell realisierbar – Fühlen angesprochen (vgl. AGAH & TANIE 1999 S. 106f.).

- Der *räumliche Aspekt der Telepräsenz* bezeichnet das Gefühl des Anwenders, „vor Ort" beim Kommunikationspartner anwesend zu sein. Dieses Gefühl kann beispielsweise bereits durch das passive Erleben von Unternehmensfernsehen (Business TV) und bei der Betrachtung von entfernten Objekten am Bildschirm (z.B. einer Maschine oder eines Dokuments) entstehen (KIM & BIOCCA 1997 S. 2). In der multimedialen Telepräsenz ist es möglich, Modifikationen des gemeinsamen Arbeitsraumes vorzunehmen. Dies beinhaltet z.B. das gemeinsame Bearbeiten eines Dokuments auf den Rechnern der Kommunikationspartner.

- Der *soziale Aspekt der Telepräsenz* spricht die interpersonale Kommunikation der Beteiligten an. Dabei werden in einer wechselseitigen und gleichzeitigen Übertragung zwischenmenschliche Signale ausgetauscht. Die Multimedialität erlaubt hierbei den Transfer sowohl verbaler als auch nonverbaler Signale der Beteiligten (vgl. MÜHLBACH et al. 1995 S. 291f.). Angestrebt wird die volle Wahrnehmung aller sensorischer Informationen, wie sie in der realen Präsenz erreicht wird (vgl. SHERIDAN 1992 S. 121f.).

- Die durch den räumlichen und sozialen Aspekt entstehende *zwischenmenschliche Kommunikation* mittels Telepräsenz kann sowohl in bilateraler Form (one-to-one) als auch zwischen Gruppen (group-to-group) erfolgen. Ferner ist die Kommunikation zwischen einer Person (z.B. einem Trainer) und einer Gruppe (z.B. dem Auditorium) möglich (one-to-group).

- Die moderne *Telekommunikation* schafft schließlich die Voraussetzung der digitalen Übermittlung der vom Rechner verarbeiteten Signale. Sie vermag die Daten auch über größte Distanzen hinweg zu übertragen.

Für die Schaffung des erläuterten räumlichen und sozialen Gefühls werden geeignete Systeme benötigt, die mithilfe der Telekommunikation einen möglichst hohen Grad an Telepräsenz vermitteln. Als *Telepräsenzsystem* soll nach AGAH & TANIE (1999 S. 106f.) „...a system that provides the user with the feeling of being present in a remote location through the use of images, sounds, and (at times) touch" verstanden werden. Mit Telepräsenzsystemen wird versucht, den Beteiligten eine der realen Präsenz möglichst ähnliche zwischenmenschliche Kommunikation zu gestatten (ebda S. 105). Die heute in Unternehmen eingesetzten Telepräsenzsysteme werden auch unter dem Begriff „Videokommunikation" gefasst (vgl. MÜHLBACH et al. 1995 S. 290f.). Im Einsatz befinden sich zum jetzigen Zeitpunkt folgende Systemarten: raum-, arbeitsplatz- sowie terminalbasierte Videokommunikationssysteme. Ihre Funktionalitäten werden eingehend in Punkt 2.3.3 erläutert.

Abgrenzungen zu anderen Technologiekonzepten

Das Konzept der Telepräsenz muss zu anderen Technologiekonzepten abgegrenzt werden, da die Begriffsverwendung in der Literatur nur uneinheitlich erfolgt:
Telepräsenz wird u.a. mit der „*Virtuellen Realität*" („Virtual Reality", VR) in Bezug gebracht. STEUER (1992 S. 76f.) definiert Virtual Reality „...as a real or simulated environment in which a perceiver experiences telepresence". Präziser differenziert SHERIDAN (1992 S. 120) und schlägt für die Präsenz im virtuellen Raum den Begriff „Virtual Presence" vor. Diesen definiert er als „...feeling like you are present in the environment generated by the computer (ebda S. 120). Eine allgemeine Definition für das Konzept der VR nennen TRAILL et al. (1998 S. 227): „...Virtual Reality represents a leap in interface technology in which the user is immersed in a graphical and auditory machine representation of natural (or sometimes abstract) environment". Die Akteure begeben sich in einen computergenerierten immersiven Raum, in dem beispielsweise Produkte virtuell konstruiert werden[1]. Der wichtigste Unterschied zwischen den Konzepten der Telepräsenz und der Virtuellen Realität besteht bei der Vermittlung der Umwelt und ihrer Gegenstände. So arbeitet die Virtual Reality stets mit simulierten (synthetischen) Räumen; hingegen orientiert sich die Telepräsenz an der realen Umwelt und versucht diese den Kommunikationspartnern so realistisch wie möglich zu vermitteln (AGAH & TANIE 1999 S. 105). VR-Technologien unterstützen eine Mensch-Maschine-Interaktion und zielen nicht auf eine zwischenmenschliche Kommunikation. Die heutigen VR-Systeme erlauben noch keine zwischenmenschliche Kommunikation in der immersiven Virtuellen Realität über weite Entfernungen hinweg (vgl. DRAPER et al. 1999 S. 353).

Weiterhin ist die in der Arbeit gewählte Definition der Telepräsenz von dem Konzept des „*Teleoperation*" bzw. „*Telerobotics*" abzugrenzen. Hierbei interagieren die Nutzer mit Geräten (z.B. Robotern, Greifarmen), die sich an entfernten Standorten befinden. Telerobots werden dort eingesetzt, wo die Umgebung für den Menschen zu gefährlich bzw. zu beengt ist, oder wenn eine Reise aus Zeit- oder Kostengründen nicht realisierbar ist. Anwendungsbeispiele sind die Telemedizin oder Unterwasserarbeiten (vgl. AGAH & TANIE 1999 S. 106). Der visuelle Kontakt entsteht mittels Videokameras, der taktile wird mit sog. anthropomorphen[2] Greifarmen ausgeführt und über eine Telekommunikationsverbindung an den entfernten Nutzer geleitet, der per Maus oder Joystick navigiert[3]. Das durch das Sehen und die

---

[1] Für Einsatzmöglichkeiten der Virtual Reality im Marketing siehe HERMANNS et al. (1998), für eine technische Betrachtung der Virtual Reality siehe BIOCCA (1992).

[2] Anthropomorph (griech.) bezeichnet etwas, das von menschlicher Gestalt ist (DUDEN 1993 S. 223). Hier sind Roboterarme gemeint, die analog zu einer menschlichen Hand arbeiten.

[3] Für eine technische Betrachtung von Telerobots siehe BHATIA & UCHIYAMA (1999).

1. Einleitung

Manipulation entfernter Gegenstände entstehende „Präsenzgefühl" nennen einige Autoren „Telepräsenz" (vgl. z.B. CIULLI et al. 1998 S. 1448f. und MAIR 1999 S. 211).

Ein weiteres auf der Telekommunikation basierendes betriebswirtschaftliches Konzept ist die „Telekooperation". REICHWALD & MÖSLEIN (1997 S. 9) bezeichnen Telekooperation „...als die mediengestützte arbeitsteilige Leistungserstellung von individuellen Aufgabenträgern, Organisationseinheiten und Organisationen, die über mehrere Standorte verteilt sind." Die vorherrschende Auffassung geht von einer Medienverwendung aus, die sämtliche (synchrone und asynchrone) Kommunikationsmittel einschließt. Insofern ist das Konzept der Telekooperation sehr weit gefasst und schließt in einigen Aspekten Telepräsenzsysteme ein (vgl. KRCMAR 1997 S. 220). Abzugrenzen ist Telekooperation von der Telepräsenz insofern, als auch Medien wie Telefongespräche oder E-Mail zur Erreichung telekooperativer Ziele eingesetzt werden. Telekooperation wird primär als ein Instrument zur Verfolgung organisatorischer Strategien in unterschiedlichen Wettbewerbssituationen aufgefasst. In diesem Zusammenhang wird in der Literatur häufig die Virtualisierung von Unternehmensstrukturen, z.B. durch Einführung von Telearbeit, diskutiert (vgl. REICHWALD & MÖSLEIN 1997 S. 7-9).

1.3 Zielsetzung und zentrale Fragestellungen

Ziel der vorliegenden Arbeit ist die Analyse von Einsatzpotenzialen der Telepräsenz im Marketing und eine theoriegeleitete Beschreibung und Erklärung der zentralen Kriterien des Telepräsenzeinsatzes im Unternehmen. Es wird insbesondere geklärt, von welchen Einflussfaktoren die Telepräsenznutzung abhängt. Der Blick richtet sich ferner auf marketingrelevante Wirkungen des Telepräsenzeinsatzes. Abschließend sollen Handlungsempfehlungen für das Management der Telepräsenz erarbeitet werden. Vor dem Hintergrund dieser Zielsetzungen lassen sich folgende zentrale Fragen für die vorliegende Arbeit formulieren:

- Wie kann die zwischenmenschliche Kommunikation im Unternehmen beschrieben werden? Welche Voraussetzungen der Telekommunikation benötigt die Telepräsenz? Welche Telepräsenzsysteme können im Unternehmen eingesetzt werden?

- Welche allgemeinen kommunikativen und betriebswirtschaftlichen Besonderheiten sind mit dem Telepräsenzeinsatz verbunden?

- Welche Ziele und Strategien werden mit dem Einsatz der Telepräsenz verfolgt? Welche Einsatzpotenziale hat die Telepräsenz im Beschaffungs-, Absatz- und Public-Marketing?

- Wie können Determinanten und Wirkungen der Telepräsenz theoriegeleitet beschrieben und erklärt werden?

- Welche Erfolgsfaktoren lassen sich beim Einsatz der Telepräsenz identifizieren?

- Wie sehen die Wirkungen des Telepräsenzeinsatz im Marketing aus?
- Und schließlich: Welche Empfehlungen lassen sich für einen erfolgreichen Telepräsenzeinsatz im Unternehmen ableiten?

1.4 Abgrenzung des Untersuchungsbereiches

Das Forschungsgebiet der Telepräsenz ist sehr vielschichtig, so dass einige Fragestellungen in der vorliegenden Arbeit nicht behandelt werden können: In den Bereich der Wirtschaftspädagogik fällt das Thema „Distance Learning" (vgl. z.B. KODAMA 2001). Lernen mithilfe neuer Kommunikationstechnologien wird für Unternehmen zwar immer wichtiger, würde den Rahmen dieser Arbeit aber sprengen. Ferner werden im Verlaufe der vorliegenden Arbeit keine Telepräsenzsysteme neu entwickelt oder Prototypen getestet. Die hier angestrebte Sichtweise ist konzeptionell und fragt nach dem Einsatz, den Einflussfaktoren und den Wirkungen im organisationalen Umfeld. Jedoch wird im Laufe der Untersuchung von Erkenntnissen und Entwicklungen berichtet, die sich aus Forschungsprojekten zumeist großer Institutionen und Unternehmen ergeben haben (z.B. British Telecom, Lucent Telecom, Heinrich-Hertz-Institut).

Die vorliegende Arbeit konzentriert sich auf den Einsatz der Telepräsenz im Marketing. Weitere interessante und sehr wichtige Anwendungsbereiche liegen u.a. in der Telemedizin und in der Seniorenbetreuung. Diese nicht-kommerziellen Gebiete werden ebenfalls ausgeklammert. Des Weiteren sei darauf hingewiesen, dass diese Untersuchung nicht zum Ziel hat, die Marktseite der Anbieter von Telepräsenzleistungen zu analysieren. Es wird nicht danach gefragt, wie sich die Marktanteile einzelner Anbieterunternehmen verteilen. Interessierte Leser seien auf Marktforschungsinstitute verwiesen, die zu diesem Thema regelmäßig publizieren (z.B. Forresster Research, Wainhouse Research, Frost & Sullivan).

1.5 Aufbau der Untersuchung

Telepräsenzsysteme sind Telekommunikationsmittel zur Unterstützung der zwischenmenschlichen Kommunikation. Aus diesem Grunde erfolgt zunächst im *zweiten Kapitel* die Erläuterung grundlegender Aspekte der zwischenmenschlichen Kommunikation im Unternehmen. Anschließend werden Grundlagen der Telepräsenz erarbeitet. Die Ausführungen umfassen die bisherige Entwicklung der Telepräsenz aus technologischer und organisationaler Sicht. Ferner werden die wichtigsten Voraussetzungen der Telepräsenz mit Blick auf die Telekommunikationsnetze sowie Kompressionen und Standards erläutert. Darauf aufbauend erfolgt die Darstellung der wichtigsten Systeme der Telepräsenz. Anmerkungen zu kommunikativen als auch betriebswirtschaftlichen Besonderheiten des Telepräsenzeinsatzes beenden das zweite Kapitel.

1. Einleitung

Das *dritte Kapitel* befasst sich mit den Einsatzpotenzialen der multimedialen Telepräsenz im Integrierten Marketing. Zunächst erfolgt die Darstellung des Marketingverständnisses der vorliegenden Arbeit. Anschließend gehen die Ausführungen auf die Ziele und Zielgruppen der Telepräsenz ein. Darauf aufbauend werden strategische Aspekte des Telepräsenzeinsatzes im Marketing behandelt. Vor diesem Hintergrund folgt die Analyse von Einsatzmöglichkeiten der Telepräsenz im Beschaffungs-, Absatz- und Public-Marketing. Das dritte Kapitel schließt mit einem kurzen Zwischenfazit.

Im *vierten Kapitel* wird ein Bezugsrahmen für die Analyse der Determinanten und Wirkungen der Telepräsenz im Marketing erarbeitet. In einem ersten Schritt erfolgt die Analyse der bisherigen empirischen Telepräsenzforschung. Dabei werden sowohl Labor- als auch Feldstudien betrachtet. Im zweiten Schritt werden Determinanten und Wirkungen im Lichte relevanter Theorien analysiert. Auf diesen Erkenntnissen aufbauend, erfolgt im dritten Schritt der Entwurf eines Bezugsrahmens. Der Bezugsrahmen integriert unterschiedliche theoretische Ansätze mit dem Ziel einer möglichst umfassenden Erklärung der Determinanten und Wirkungen der Telepräsenz im Unternehmen. Das Kapitel endet im letzten Schritt mit der Darstellung des Basismodells und einer Zusammenschau der erarbeiteten Hypothesen.

Im *fünften Kapitel* werden die zuvor aufgestellten Hypothesen einer empirischen Überprüfung unterzogen. Dazu wurde eine Expertenbefragung in 16 Unternehmen der Automobilindustrie durchgeführt. Nach der Darstellung der Untersuchungsanlage werden die untersuchten Telepräsenzanwendungen sowie die Ziele und Zielgruppen aufgezeigt. Anschließend werden Erfolgsfaktoren des Telepräsenzeinsatzes in der Planungs-, Einführungs-, Nutzungsphase dargestellt. Zusätzlich werden marktumfeldbezogene Determinanten erfasst. Die Ergebnisse zu den marketingrelevanten Wirkungen bilden den nächsten Abschnitt. Dabei richtet sich der Blick auf das Erreichen der gesteckten Ziele sowie auf die Unterstützung von Marketingstrategien und -funktionen. Mit einer Zusammenfassung der Untersuchungsergebnisse schließt das fünfte Kapitel.

Das *sechste Kapitel* befasst sich mit Empfehlungen für das Management des erfolgreichen Telepräsenzeinsatzes im Unternehmen. Es werden Handlungshinweise für die Telepräsenzplanung, -einführung, -nutzung und -kontrolle formuliert.

Das *siebte Kapitel* beschließt die Untersuchung. Neben einer Zusammenfassung der wesentlichen Untersuchungsergebnisse wird der weitere Forschungsbedarf zur Telepräsenz aufgezeigt. In diesem Rahmen wird in Verbindung mit zukünftigen Telepräsenzanwendungen auf künftige Forschungsinhalte hingewiesen.

Die folgende Abb. 1-1 gibt einen komprimierten Überblick zum Untersuchungsaufbau.

Abb. 1-1: Aufbau der Untersuchung

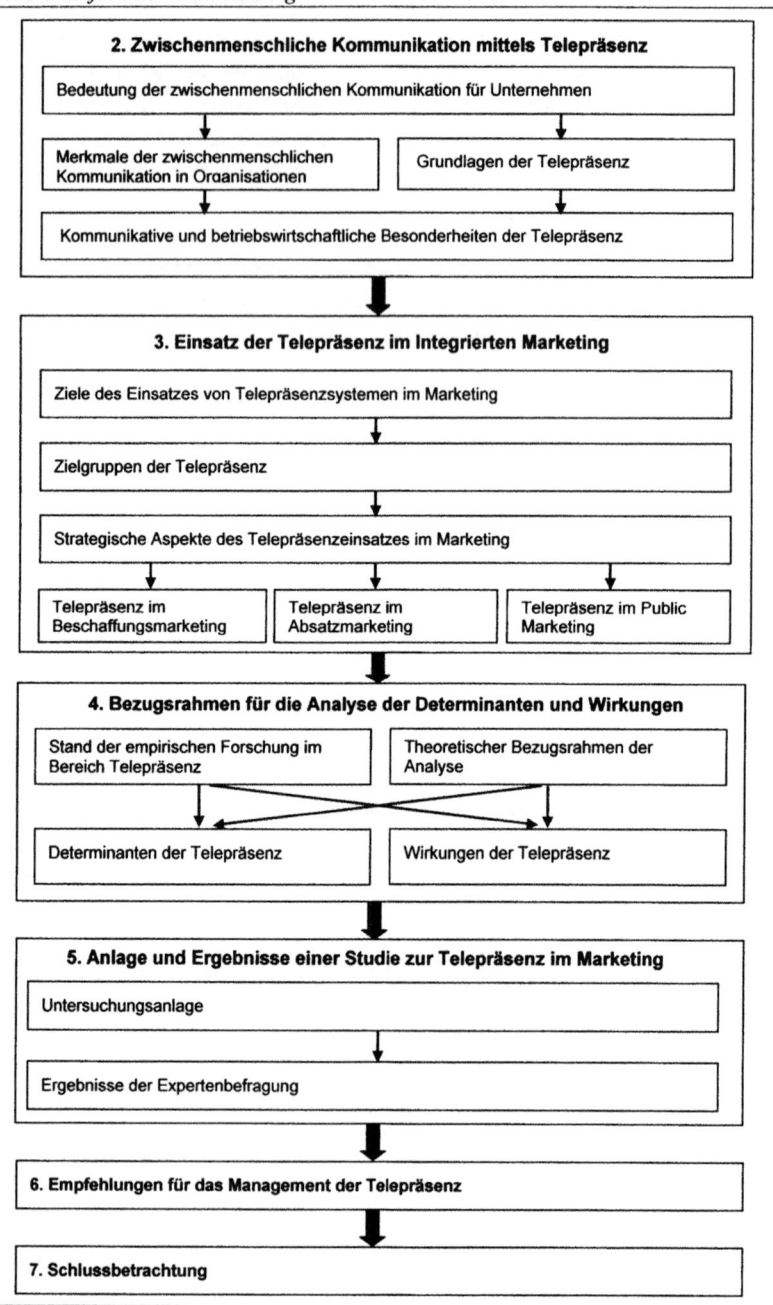

2. Zwischenmenschliche Kommunikation mittels Telepräsenz

Bedeutung der zwischenmenschlichen Kommunikation für Unternehmen

| Merkmale der zwischenmenschlichen Kommunikation in Organisationen | Grundlagen der Telepräsenz |

Kommunikative und betriebswirtschaftliche Besonderheiten der Telepräsenz

3. Einsatz der Telepräsenz im Integrierten Marketing

Ziele des Einsatzes von Telepräsenzsystemen im Marketing

Zielgruppen der Telepräsenz

Strategische Aspekte des Telepräsenzeinsatzes im Marketing

| Telepräsenz im Beschaffungsmarketing | Telepräsenz im Absatzmarketing | Telepräsenz im Public Marketing |

4. Bezugsrahmen für die Analyse der Determinanten und Wirkungen

| Stand der empirischen Forschung im Bereich Telepräsenz | Theoretischer Bezugsrahmen der Analyse |

| Determinanten der Telepräsenz | Wirkungen der Telepräsenz |

5. Anlage und Ergebnisse einer Studie zur Telepräsenz im Marketing

Untersuchungsanlage

Ergebnisse der Expertenbefragung

6. Empfehlungen für das Management der Telepräsenz

7. Schlussbetrachtung

Eigene Darstellung

2. Zwischenmenschliche Kommunikation mittels Telepräsenz

Kommunikation bildet den Lebensnerv von Unternehmen. Ein Unternehmen ist ohne Kommunikation und Interaktion nicht denkbar. Mitarbeiter müssen sich in der Bewältigung vielseitiger und häufig wechselnder Aufgaben schnell und sinnvoll verständigen können. Der Gestaltung zwischenmenschlicher Kommunikation im Unternehmen und zu Marktpartnern kommt daher eine außerordentlich hohe Bedeutung zu (vgl. WAHREN 1987 S. 3, vgl. HERMANNS 1993 Sp. 2189). Die Bedeutung der Kommunikation in Unternehmen unterstreicht der Organisationsforscher LUTHANS (1988 S. 130), der feststellt, dass Kommunikation die für die Effektivität eines Managers wichtigste Aktivität darstellt.

In einem *ersten Schritt* wird in diesem Kapitel die Bedeutung der zwischenmenschlichen Kommunikation für Unternehmen herausgestellt. Dabei wird sowohl in interne als auch in externe Kommunikation unterteilt (Abschnitt 2.1). Darauffolgend werden grundlegende Merkmale der zwischenmenschlichen Kommunikation im Unternehmen erläutert. Dies erfolgt, indem neben den zwischenmenschlichen die organisationalen Kommunikationsprozesse dargestellt werden. Anschließend werden die am häufigsten genutzten Medien der organisationalen Kommunikation beschrieben. Auf den erarbeiteten Grundlagen aufbauend, wird Abschnitt 2.2 mit einem Vergleich zwischen Merkmalen und Medien der Unternehmenskommunikation abgeschlossen.

Der *dritte Schritt* dieses Grundlagenkapitels umfasst zum einen den bisherigen Entwicklungsgang der Telepräsenz. Zum anderen werden die Voraussetzungen der Telekommunikation für Telepräsenzsysteme erfasst, um darauf aufbauend die aktuellen Systeme der Telepräsenz zu erläutern. Der Abschnitt 2.3 wird mit einem kurzen Ausblick in die zukünftige Entwicklung der Telepräsenz abgeschlossen.

Im *vierten Schritt* des vorliegenden Kapitels wird auf die vorhergehenden Ergebnisse zurückgegriffen, um die besonderen Merkmale der telepräsenten Kommunikation im Unternehmen zu analysieren. Darüber hinaus erfolgt eine Analyse der Kosten- und Nutzenarten, die mit dem Telepräsenzeinsatz im Unternehmen verbunden sind (Abschnitt 2.4).

2.1 Die Bedeutung der zwischenmenschlichen Kommunikation für Unternehmen

Einen erheblichen Teil der täglichen Aktivitäten von Managern in Unternehmen macht die Kommunikation aus. Der in der empirischen Organisationsforschung festgestellte Kommunikationsanteil befindet sich in einer Bandbreite von 40% bis 80%. MÜLLER-BÖLING & RAMME (1990) ermittelten einen Kommunikationsanteil der Führungskräfte von 40%, PRIBILLA et al. (1996) weisen 60% aus, und MINTZBERG (1980) stellte sogar 78% fest. Die genannten Untersuchungen beziehen unterschiedliche Funktionen des Managements mit ein, explizite Untersuchungen der Kommunikationsaktivitäten von Marketingmanagern liegen bislang nicht vor. Es kann aber davon ausgegangen werden, dass das Marketingmanagement einen sehr hohen Kommunikationsanteil besitzt, da eine Vielzahl von Schnittstellen sowohl unternehmensintern als auch nach außen gestaltet werden müssen (vgl. HEINEMANN 1995 S. 34, vgl. HERMANNS et al. 1998 S. 180). Für eine weiterhin wachsende Bedeutung der zwischenmenschlichen Kommunikation – sowohl im internen als auch im externen Bereich – sprechen mehrere Gründe:

Wachsende Bedeutung der zwischenmenschlichen Kommunikation im internen Bereich von Unternehmen

Die *Internationalisierung* der Geschäftstätigkeit gehört zu den Basisstrategien vieler Unternehmen (MEFFERT 1998 S. 1141). Mit einem internationalen Absatz- und Beschaffungsmarketing wächst die Bedeutung der Koordination zwischen einzelnen Märkten, Forschungs- und Entwicklungsstandorten, Produktionsstätten, regionalen Verkaufsniederlassungen und der Unternehmenszentrale. Beispielsweise haben die Globalplayer der Automobilbranche mittlerweile über 22% ihrer Grundlagen- und Anwendungsentwickler im Ausland stationiert (vgl. REDEKER & SAUER 2000 S. 59f.). Die Kommunikation ist dabei besonders für das gegenseitige Verständnis wichtig, wenn im Rahmen der Abstimmungsprozesse sehr unterschiedliche Unternehmens- und Landeskulturen aufeinander treffen (MALLAD 1999 S. 75). Hinzu kommt, dass Führungskräfte oftmals gleichzeitig mehreren Projektteams angehören, deren Mitglieder häufig auf viele Standorte verteilt sind. Die länderübergreifenden Abstimmungsbedarfe sind allerdings nicht immer mittels schriftlicher Kommunikation (z.B. via E-Mail) zu befriedigen. Es ist vielmehr davon auszugehen, dass durch eine verstärkte Internationalisierung die Anzahl persönlicher Face-to-Face-Treffen für Unternehmen anwächst (vgl. SCHÄFER 1999 S. 169).

Der zwischenmenschliche Kommunikationsbedarf wächst zusätzlich durch *neue organisatorische Konzepte* in Unternehmen. Mit der Gestaltung neuer Organisationsformen wie Netzwerke und virtuelle Unternehmen wird der Versuch unternommen, zentrale und dezentrale Ressourcen optimal zu verbinden (vgl. PRIBILLA 1998 S. 78). Weiterhin erlangen Projektteams in Organisationen eine wachsende Bedeutung. Die Teams setzen sich häufig aus Mitgliedern unterschiedlicher Funktionsbereiche (z.B. Produktmanagement und Controlling) zusammen und müssen über Abteilungsgrenzen hinweg koordiniert werden (vgl. MEFFERT 1998 S. 1000f.). Inhaltlich müssen die Teams regelmäßig Ziele und Probleme prüfen und besprechen. Der Zusammenhalt der verstreuten Unternehmensteile und Teams kann nur durch den reibungslosen Informations- und Kommunikationsfluss zwischen den beteiligten Menschen hergestellt und gesichert werden (vgl. LAUTZ 1995 S. 76).

2. Zwischenmenschliche Kommunikation mittels Telepräsenz

Konzentrationsprozesse sind in vielen Branchen zu beobachten (vgl. OLBERMANN & MELFI 2001 S. 47). Eine der wichtigsten Konsequenzen aus Übernahmen oder Fusionen ist zweifelsfrei das Anwachsen der Kommunikation zwischen den beteiligten Gesellschaften. Viele Fusionen scheitern, weil die Unternehmensführungen keinen kontinuierlichen Informations- und Wissensaustausch realisieren konnten (vgl. WILDEMANN 2000a S. 142).

Wachsende Bedeutung der zwischenmenschlichen Kommunikation im externen Bereich von Unternehmen

Kooperationen mit anderen Marktteilnehmern sind für viele Unternehmen überlebensnotwendig geworden. Einzelne Unternehmen können Entwicklungsleistungen und -kosten häufig nicht mehr allein erbringen; sie sind auf vertikaler bzw. horizontaler Ebene auf die externe Zusammenarbeit angewiesen. Beispielsweise sind in der Flugzeug- und Automobilindustrie häufig Entwicklungskooperationen sowohl bei Herstellern als auch bei Zulieferern anzutreffen (vgl. WILDEMANN 2000b S. 33). Diese komplexen Kooperationsvorhaben bedürfen regelmäßiger Konstruktions- und Fortschrittsbesprechungen der involvierten Mitarbeiter. Da externe Kooperationen in vielen Fällen international sind, werden persönliche Treffen zunehmend schwerer (vgl. FÄRBER 1993 S. 46).

Im Rahmen der externen Unternehmenskommunikation wächst die Bedeutung der persönlichen Kommunikation für die *Schaffung von Imagevorteilen* und zur *Wettbewerbsprofilierung*. Die Gründe sind im übergroßen Massenmedienangebot und in der Orientierung an kaufkräftigen Kundengruppen zu sehen. Durch die direkte Interaktion mit dem Kunden versuchen Unternehmen den Kundenkontakt während des gesamten Konsumzyklus aufrecht zu erhalten (vgl. BRUHN 1997 S. 707f.). Diese Tendenz wird auch dadurch gestützt, dass die immateriellen Anteile an Produkten zunehmen. So ist von einer wachsenden Beratungsintensität vor, bei und nach dem Kauf auszugehen (STAUFFERT 1991 S. 467).

Zusammenfassend ist festzustellen, dass durch die wachsende Bedeutung zwischenmenschlicher Kommunikation auch die Managementanforderungen in Bezug auf Kommunikationsfähigkeiten ansteigen (vgl. MAST 2000 S. 55). Es wird ferner deutlich, dass die effektive Gestaltung der zwischenmenschlichen Kommunikation einen wesentlichen Beitrag zur Wirtschaftlichkeit eines Unternehmens leisten kann.

2.2 Grundlegende Merkmale der zwischenmenschlichen Kommunikation in Organisationen

Um im Verlauf der Arbeit die Eigenschaften und Besonderheiten telepräsenter Kommunikation möglichst umfassend betrachten zu können, ist zunächst eine systematische Darstellung *zwischenmenschlicher* und *organisationaler* Kommunikation notwendig.

Weiterhin werden relevante Kommunikationsmittel der zwischenmenschlichen Verständigung im Unternehmen erläutert.

2.2.1 Merkmale der zwischenmenschlichen Kommunikation

2.2.1.1 Kommunikation: Begriff und Modelle

In einer weiten Begriffsauffassung bezeichnet „Kommunikation" einen wechselseitigen Austausch von Informationen zwischen mindestens zwei Personen (zwischenmenschliche Kommunikation), zwischen zwei Maschinen (Maschine-Maschine-Kommunikation) und zwischen einem Menschen und einer Maschine (Mensch-Maschine-Kommunikation) (vgl. REICHWALD 1993 Sp. 2174, vgl. REIF & KNITTEL 1996 S. 21). Für die weitergehende Erläuterung zwischenmenschlicher Kommunikation werden im Folgenden zwei grundlegende Kommunikationsansätze erläutert: Kommunikation als Informationsübertragung und Kommunikation aus sozialpsychologischer Sicht:

Versteht man *Kommunikation als Informationsübertragung* zwischen Menschen, dann besteht ein Kommunikationsmodell aus fünf Elementen: Sender und dessen Dispositionen, Sendegerät, Übertragungskanal, Empfangsgerät, Empfänger und dessen Dispositionen (PICOT 1989 Sp. 779). Der Kommunikationsanlass besteht in der Absicht des Senders, seinem Gegenüber eine Information über ein Objekt zukommen zu lassen. Die Verwirklichung dieser Absicht beginnt mit der Einrichtung eines Kommunikationskanals (z.B. Blickkontakt, Telefonverbindung). Der Sender setzt die Inhalte seiner Botschaft in Signale um (codieren) und überträgt diese mithilfe eines Sendegeräts (z.B. Augen, Telefon) über einen Übertragungskanal an das Empfangsgerät des Adressaten. Verfügt der Empfänger über die gleiche Sprache der Absender, dann kann er die Nachricht decodieren und die Mitteilung wahrnehmen. Erkennt er anschließend die mit der Nachricht verbundene Absicht, so wird diese zur Information. Ein Kommunikations- bzw. Interaktionsvorgang ist erst mit der Rückkopplung des Empfängers abgeschlossen (ebda Sp. 779f., vgl. REIF & KNITTEL 1996 S. 21f.).

Wird *Kommunikation unter sozialpsychologischen Aspekten* betrachtet, dann ist Kommunikation zwischen Menschen die Grundlage jedes sozialen Verhaltens. Dabei ist die Kommunikation unter interpersonellen Gesichtspunkten durch Äußerungen und Abgleich von Zielen, Erwartungen, Erfahrungen, Einstellungen etc. gekennzeichnet (vgl. BIRKER 2000 S. 16). In diesem Zusammenhang ist mit dem sog. „Pragmatischen Kommunikationsmodell" von WATZLAWICK et al. (1990 S. 50-70) von folgenden Rahmenbedingungen auszugehen:

1. Es ist nicht möglich, nicht zu kommunizieren; jedes soziale Verhalten ist also auch Kommunikation.

2. Zwischenmenschliche Kommunikation mittels Telepräsenz 13

2. Kommunikation beinhaltet neben einem Sach- auch einen Beziehungsaspekt. Der Beziehungsaspekt definiert, wie der Sender die Beziehung zwischen sich und dem Empfänger sieht und bildet damit eine Basis für die Interpretation des Inhaltsaspekts.

3. Die Kommunikation ist durch unterschiedliche Interpretationsweisen und Kausalwahrnehmungen geprägt. Dadurch erfolgt ein ständiger Abgleich der o.g. Ziele, Erwartungen etc. („Interpunktion" der Kommunikationspartner).

4. Menschliche Kommunikation bedient sich digitaler (z.B. Zahlen, Dokumente) und analoger (z.B. Körpersprache, Tonlage) Modalitäten. Digitale Kommunikation eignet sich besonders gut für die Übermittlung exakter Inhalte; dagegen eignen sich analoge Kommunikationsformen insbesondere für die Übertragung von sozialen Beziehungen der Kommunikationspartner (vgl. REICHWALD 1993 Sp. 2177).

5. Kommunikation kann auf symmetrischen (gleiche Ebene der Kommunikationspartner) und komplementären (ergänzende Unterschiede der Kommunikationspartner) Beziehungen beruhen.

Auf den genannten Ansätzen der Kommunikationsforschung aufbauend, seien die wesentlichen Bestandteile zu einer Arbeitsdefinition[1] zusammengeführt:

⇨ Die *Kommunikation* wird als ein mehrstufiger Prozess verstanden, bei dem Nachrichten oder Informationen von einem Sender zu einem oder zu mehreren Empfängern übermittelt werden. Es erfolgt eine wechselseitige Kommunikation, wenn der Informationsaustausch in beide Richtungen erfolgt. Dabei wird die Summe der Aktionen und Reaktionen zwischen den Teilnehmern auch *Interaktion*[2] genannt. Im Rahmen der Interaktion entsteht eine wechselseitige Beziehung, in der die Rolle des Senders und Empfängers ständig wechselt (BIRKER 2000 S. 7, S. 15, GEBERT 1992 Sp. 1111).

2.2.1.2 Zwischenmenschliche Kommunikationskanäle

Sämtliche Sinnesorgane des Menschen werden zum wechselseitigen Informationsaustausch und damit zur Kommunikation genutzt. Es ist zwischen verbaler, nonverbaler, taktiler, thermaler, olfaktorischer und gustatorischer Kommunikation zu unterscheiden. Der jeweilige Sender übermittelt mit entsprechenden Emissionsorganen (bewusst oder unbewusst) über den dazugehörigen Kommunikationskanal ein Signal an den Empfänger (WEINIG 1996 S. 27). An dieser Stelle werden mit dem verbalen und dem nonverbalen die wichtigsten Kanäle der

---

[1] Eine einheitliche Definition des Kommunikationsbegriffs liegt bislang nicht vor. MERTEN (1977 S. 168-177) analysiert allein 160 Definitionen des Begriffs.

[2] Im Folgenden werden die Begriffe „Kommunikation" und „Interaktion" synonym verwendet.

Kommunikation erläutert. Die weiteren oben genannten Kommunikationskanäle werden zusammenfassend behandelt.

Die verbale Kommunikation

Die Sprache gilt als Grundlage der menschlichen Zivilisation und ist somit das bedeutendste Medium zwischenmenschlicher Kommunikation (vgl. WEINIG 1996 S. 29). Sprache strukturiert die Wahrnehmung und in einem zweiten Schritt das Denken des Menschen. Mit Hilfe der Sprache können Abstraktionsleistungen vollbracht werden. Über sie werden Objekte außerhalb des aktuellen Wahrnehmungsraums oder nicht konkret wahrnehmbare Gegenstände wie Weltanschauungen oder Werteinstellungen vermittelt. Somit hat die Sprache die Funktion der Sinnvermittlung und gemeinsamen Konstruktion von Wirklichkeit (ebda S. 30, vgl. MOHR 1997 S. 151).

In Unternehmen besitzt die verbale Kommunikation eine außerordentlich große Bedeutung. WAHREN (1987 S. 49) vergleicht zwölf empirische Studien zum Kommunikationsverhalten von Führungskräften und kommt zu dem Ergebnis, dass der Anteil an verbaler Kommunikation im Durchschnitt bei 69% liegt (vgl. auch D'AMBRA et al. 1998 S. 164).

In natürlichen Kommunikationssituationen sind vokale Zeichen wie Pausen, Betonungen und Sprechmelodien wichtig. Für die Bedeutungskonstitution sprachlicher Äußerungen haben aber auch, wie im Folgenden gezeigt wird, nonverbale Zeichen eine große Bedeutung (vgl. SCHERER 1979 S. 19).

Die nonverbale Kommunikation

Das „Material" der Kommunikation sind nicht nur gesprochene Worte, sondern auch alle nicht-verbalen Äußerungen (WATZLAWICK et al. 1990 S. 51). Unter *nicht-verbaler* Kommunikation werden alle sicht- und hörbaren Ausdrucksphänomene gefasst, die nicht Sprache im linguistischen Sinne darstellen. Es kann dabei nach *paralinguistischen* Äußerungen wie Sprechtempo, Betonungen, Akzent, Seufzen, Versprecher und Lachen unterschieden werden (vgl. SCHMITT & HELLFRITSCH 1999 S. 223). In den meisten Fällen werden diese Signale vom Hörer nur unbewusst wahrgenommen. Weiterhin ist in *extralinguistische* Kommunikationsphänomene wie Mimik (Gesichtsausdruck), Blickverhalten, Gestik oder Körperposition zu unterteilen. Die Körperposition wird weiter nach Körperhaltung, -orientierung und -bewegung differenziert (vgl. MOHR 1997 S. 152, WEINIG 1996 S. 31). Gesicht, Augen, Extremitäten und der gesamte Körper können bewusst oder unbewusst zur nonverbalen Kommunikation eingesetzt werden und erfüllen damit eine metakommunikative Funktion, indem sie Feedback-Informationen – z.B. ob der Gesprächspartner zuhört, sich langweilt oder zu sprechen beginnen versucht – an den Sender schicken (vgl. SCHERER 1972 S. 43).

2. Zwischenmenschliche Kommunikation mittels Telepräsenz

Nonverbale Äußerungen nehmen sehr wichtige Funktionen in der zwischenmenschlichen Kommunikation ein. Sie bestimmen, begrenzen und intensivieren die verbale Kommunikation hinsichtlich ihrer äußerlichen Bedingungen. Nonverbale Äußerungen unterstützen die verbale Kommunikation z.b. durch hinweisende Bewegungen der Hand, der Augen oder durch die Lautstärke des Sprechens. Bedeutend ist ferner, dass bei Nicht-Übereinstimmung von verbalen und nonverbalen Verhalten die nonverbale Botschaft als glaubwürdiger eingestuft wird (vgl. LEWANDOWSKI 1985 S. 723).

Die weiteren Kommunikationskanäle

Menschen besitzen nicht nur die Wahrnehmungssinne des Hörens und Sehens: Über den *olfaktorischen* Kanal erhält der Mensch Informationen mittels der Geruchswahrnehmung. Über den *gustatorischen* Kanal wird der Geschmack wahrgenommen. Die Haut als das größte Sinnesorgan dient der Informationsaufnahme über den *taktilen* und den *thermalen* Kanal. Als Medien fungieren Geruch, Geschmack, Berührung und Temperatur. Die einzige Steuerungsmöglichkeit des Menschen liegt bei diesen Kanälen bei der taktilen Kommunikation. So können Körperkontakte absichtlich unterlassen werden oder aber eine flüchtige Berührung bewusst herbeigeführt werden. Ein Händedruck kann z.b. unterschiedlich „fest" ausfallen (WEINIG 1996 S. 36).

2.2.2 Merkmale der Kommunikation von Unternehmen

2.2.2.1 Strukturelemente der Kommunikation in Unternehmen

Sämtliches Handeln ist in Organisationen direkt oder indirekt mit kommunikativen Tätigkeiten verbunden. Für die systematische Beschreibung dieser Kommunikation ist daher der Blick auf einzelne Strukturvariablen wichtig. Sie determinieren die in Unternehmen vorzufindenden Kommunikationsstrukturen. Die Tab. 2-1 fasst die Strukturelemente und deren Ausprägungen der organisationalen Kommunikation zusammen.

Tab. 2-1: Merkmale und Ausprägungen von Kommunikationsprozessen

Merkmale der Kommunikationsprozesse	Ausprägungen der Kommunikationsprozesse	
(1) Zeitform	synchron	– asynchron
(2) Beteiligungsgrad	einseitig	– wechselseitig
(3) Richtungen	intern	– extern
(4) Speicherung / Dokumentation	dokumentiert	– nicht dokumentiert
(5) Stufen	einstufig	– mehrstufig
(6) Geplantheit	geplant	– ungeplant

Quelle: in Anlehnung an PICOT & REICHWALD 1984 S. 38

(1) Zeitform der Kommunikation

Die Kommunikation ist nach der Unmittelbarkeit und Gleichzeitigkeit zwischen synchroner und asynchroner Kommunikation zu unterscheiden. Die *asynchrone* Verständigung verlangt eine Zwischenspeicherung des Informationsinhalts, wie es z.B. bei der E-Mail-Kommunikation geschieht. Durch die Speicherung können die Informationen überarbeitet, weitergeleitet und archiviert werden. Bei *synchroner* Kommunikation treten Gesprächspartner zur selben Zeit miteinander in Kontakt. Synchroner Informationsaustausch bindet allerdings die Teilnehmer zeitlich an den Kommunikationsvorgang (z.B. bei einem Telefongespräch). Vorteile des gleichzeitigen Dialogs ist dagegen das sofortige Treffen von Entscheidungen. Die Nachteile liegen dagegen im häufigen Verlassen des Arbeitsplatzes und in der Unterbrechung von Arbeitsprozessen. Die asynchrone Kommunikation macht hingegen die Teilnehmer zeitlich und räumlich unabhängig (vgl. PICOT & REICHWALD 1984 S. 37).

(2) Beteiligungsgrad der Kommunikationspartner

Kommunikation kann je nach Beteiligungsgrad der Akteure einseitig oder wechselseitig sein. Bei *einseitiger*, einfacher Kommunikation werden Nachrichten übermittelt, ohne dass eine direkte Antwort des Adressaten möglich ist. Er kann seinerseits nicht über einen Rückkanal zum Kommunikator zu werden (vgl. BRUHN 1997 S. 12). Die *wechselseitige* Kommunikation ist dagegen durch sofortige Rückkopplungsmöglichkeiten der Beteiligten gekennzeichnet. Es besteht die Möglichkeit, dass die Kommunikationsbeteiligten die Rollen des Absenders und des Adressaten unmittelbar vertauschen können (vgl. SZYPERSKI et al. 1982 S. 30). Insbesondere die individuelle Vermittlung komplexer Informationen benötigt die wechselseitige Kommunikation. Mittels Rücklaufinformationen kann die sendende Person sofort überprüfen, ob der Kommunikationspartner den Inhalt richtig verstanden hat (PICOT & REICHWALD 1984 S. 37).

(3) Richtungen der Kommunikation

Kommunikationsprozesse verlaufen zum einen intra- (intern) und interorganisational (extern). Zum anderen bestehen Kommunikationsbeziehungen zwischen verschiedenen Organisationsebenen. Es ist dabei nach vertikaler, horizontaler und diagonaler Kommunikation zu unterscheiden.

Die *intraorganisationale Kommunikation* sichert den Informationsfluss zwischen den Unternehmenseinheiten und ist somit für die Leistungserstellung sowie die Bildung einer einheitlichen Unternehmenskultur unverzichtbar (vgl. VOLLSTEDT 1999 S. 125). In ihrem Rahmen entspricht die *vertikale* Kommunikation der organisatorischen Leitungsstruktur und verläuft sowohl abwärts- als auch als aufwärtsgerichtet. *Horizontale* (seitwärtsgerichtete) Kommunikation bezeichnet dagegen den Informationsaustausch zwischen Mitgliedern

2. Zwischenmenschliche Kommunikation mittels Telepräsenz

gleicher hierarchischer Ebenen (vgl. ANDERS 1983 S. 38f.). Die *diagonale* (laterale) Kommunikation bedeutet die Informationsübermittlung zwischen Mitgliedern unterschiedlicher hierarchischer Ebenen und verschiedener Abteilungen (vgl. ANDERS 1983 S. 38f.). Untersuchungen zeigen, dass etwa 80% der gesamten Kommunikation innerhalb einer Organisationen ablaufen (vgl. PICOT & REICHWALD 1984 S. 35, vgl. LUTHANS & LARSEN 1986 S. 167, vgl. KRAUT et al. 1990 S. 159).

Die Kommunikation eines Unternehmens richtet sich nicht nur nach innen, sondern auch nach außen an das externe Umfeld und damit verbundenen Personen. Im Rahmen dieser *interorganisationalen Kommunikation* entwickeln sich ebenfalls vertikale, horizontale und diagonale Kommunikationsbeziehungen zwischen Menschen. Bei der externen *vertikalen* Kommunikation kommt es zu persönlichen Kontakten zwischen Mitarbeitern des Unternehmens und Vertretern von z.B. Handels- und Lieferunternehmen sowie Kunden. Die externe *horizontale* Kommunikation entwickelt sich beispielsweise zwischen Mitarbeitern einer Unternehmung und deren Konkurrenten. In ihrem Rahmen werden unter anderem Marktdaten oder Handelsinformationen zwischen den Wettbewerbern ausgetauscht. *Diagonale* Kommunikationsbeziehungen zum externen Umfeld entstehen zum Beispiel zu Behörden, Marktforschungsinstituten und Medien (vgl. BRUHN 1997 S. 667f.).

(4) Speicherung der Kommunikation

Im Kommunikationsprozess kann eine Speicherung von Inhalten erfolgen. Je nach Kommunikationsmittel ist es möglich, ausgetauschte Dokumente wie Texte, Grafiken oder Videos abzuspeichern. Die Dokumentierbarkeit ist bedeutsam für die Weiterverarbeitbarkeit, die Aktenmäßigkeit und die Genauigkeit von Kommunikationsprozessen. In diesem Zusammenhang spielt die juristische Beweisbarkeit eine große Rolle. Geht es ferner darum, „weiche" Informationen wie Gerüchte oder Ideen auszutauschen, so kann sich eine Speicherung – z.B. durch Mitschriften – als hinderlich erweisen, weil dadurch der Gedankenaustausch unterbrochen wird (vgl. STAUFFERT 1991 S. 459).

(5) Stufen der Kommunikation

Die Stufen des Übertragungsablaufs lassen sich nach einstufiger (direkter) und mehrstufiger (indirekter) Kommunikation unterscheiden. Wenn bei der vertikalen Kommunikation keine weiteren hierarchischen Stellen zwischengeschaltet bzw. übersprungen werden, liegt ein *einstufiger* Kommunikationsprozess vor. Bei einer *mehrstufigen* Kommunikation bestehen dagegen zwischen Sender und Empfänger weiterleitende Stationen in der Organisation. Die mehrstufigen Kommunikationsprozesse sind vor allem in öffentlichen Verwaltungen und Unternehmen mit sehr formalisierten Strukturen vorzufinden (vgl. ANDERS 1983 S. 39).

(6) Geplantheit des Kommunikationsprozesses

In und zwischen Unternehmen finden sowohl *geplante* als auch *ungeplante* Kommunikationsprozesse statt. Zwischen 88% und 93% aller Kommunikationsvorgänge sind ungeplant (ISAACS et al. 1997 S. 465). Sie sind auf folgende Weise zu charakterisieren: Es beteiligen sich zufällig Mitarbeiter, es liegt keine Arbeitsagenda vor, sie sind sehr interaktiv, und es herrscht oft eine informelle Wortwahl vor (vgl. KRAUT et al. 1990 S. 149). Spontane Kommunikation ist in den Phasen eines Projektes außerordentlich wichtig, in denen Kreativität, Planen und Verhandeln gefordert sind. Wenn Projektgruppen durch Entfernungen voneinander getrennt sind und prompte Kommunikation erschwert ist, zeigen sich negative Auswirkungen auf den Projekterfolg (vgl. ISAACS et al. 1997 S. 466).

2.2.2.2 Inhalte der zwischenmenschlichen Kommunikation im Unternehmen

Die in einer Organisation entstehenden vielfältigen Aufgaben sind nur durch gezielte und abgestimmte Aktivitäten der Organisationsmitglieder zu bewältigen. Dadurch gelingt es erst, zielorientiertes Handeln eines Unternehmens zu ermöglichen und damit das Überleben der Organisation zu sichern (vgl. WAHREN 1987 S. 48). Für unterschiedliche Kommunikationsaktivitäten im Unternehmen werden verschiedene Kommunikationsmittel eingesetzt. Von diesen Aktivitäten im Verständigungsprozess hängen die *Inhalte* ab, die in der Kommunikation dominieren.

Ergebnisse der Organisations- und Kommunikationsforschung

MÜLLER-BÖLING & RAMME (1990) untersuchten Manageraktivitäten und die Verwendung von Kommunikationsmitteln (siehe Tab. 2-2). Die Autoren kamen zu dem Ergebnis, dass der persönliche Kontakt in den Situationen wichtig ist, wenn der Kommunikationszweck in der „Ideenfindung", der „Verhandlung" oder der „Entscheidungsfindung" besteht. Dagegen wird die „Informationsweitergabe" sowie die „Anweisung" zum größten Teil mittels schriftlicher Kommunikation erledigt (ebda S. 131f.).

Tab. 2-2: Kommunikationswahl bei verschiedenen Kommunikationsaktivitäten

Aktivität	Pers. Kontakt	Telefon	Brief	Kurzbrief	Haftnotiz	Telex u.a.	mündl. Komm.	schriftl. Komm.
Info-Weitergabe	6%	24%	17%	22%	9%	22%	30%	70%
Anweisung	19%	21%	18%	25%	7%	11%	40%	60%
Ideenfindung	60%	24%	8%	3%	2%	4%	84%	16%
Verhandlung	55%	26%	10%	2%	0%	7%	81%	19%
Entsch'findung	49%	28%	11%	4%	1%	8%	77%	23%
Gesamt, (n=18.141)	32%	25%	18%	9%	3%	14%	57%	43%

Quelle: Müller-Böling & Ramme 1990 S. 127

2. Zwischenmenschliche Kommunikation mittels Telepräsenz

Die aufgeführten Aktivitäten wurden bei Managern verschiedenster Fachbereiche festgestellt. Die Aktivitäten sind aber auch für das Marketingmanagement typisch und daher zu einem gewissen Teil übertragbar. Beispielsweise ist die Ideenfindung in der Werbung von besonderer Bedeutung. Das Treffen von Entscheidungen ist charakteristisch für die Kommunikation in der Produktentwicklung. und die Weitergabe von Informationen über neue Produkte erfolgt häufig im Rahmen der Distribution.

„Kooperation" und „Koordination" als weitere Inhalte in Kommunikationsprozessen

Um typische Kommunikationsinhalte des Managements darzustellen, müssen die von MÜLLER-BÖLING & RAMME genannten Aktivitäten von Managern noch um die Aktivitäten „Kooperation" und „Koordination" erweitert werden. Dies hat mehrere Gründe, denn zum einen spielt die Koordination und Kooperation im Unternehmen und mit seinen Kunden und Lieferanten eine wachsende Rolle, da die Aufgaben immer vielfältiger und umfangreicher werden und nur noch in Arbeitsgruppen bewältigt werden können. Zum anderen erfordert die zunehmende Internationalisierung eine verstärkte Koordination und Kooperation räumlich und zeitlich abzuwickelnder Arbeitsaktivitäten (vgl. REIF & KNITTEL 1996 S. 26f.).

Vor diesem Hintergrund ist die *Koordination* darauf ausgerichtet, die Arbeitsorganisation der Teammitglieder (z.B. gemeinsame Gesprächstermine) aufeinander abzustimmen. Die Koordination ist zu anderen Managementaktivitäten insofern abzugrenzen, als sich hierbei die Kommunikation auf die Arbeits*organisation* und nicht auf die Arbeits*inhalte* fokussiert (vgl. JAROS-STURHAHN & SCHACHTNER 1995 S. 227).

Für die Abwicklung ihrer Aufgaben müssen die Organisationsmitglieder häufig Dokumente erstellen (z.B. ein Pflichtenheft im Produktmanagement). Die bereits festgestellte Zunahme von Gruppenarbeit macht hierbei ein gemeinsames Bearbeiten dieser Dokumente unerlässlich. In diesem Sinne ist von *Kooperation* zu sprechen, wenn das gemeinsame Material den Beteiligten zugänglich ist und als gemeinsamer Bezugspunkt ihrer Überlegungen dient[3] (vgl. ZERBE & KRCMAR 1999 S. 193). Es ist offensichtlich, dass traditionelle Kommunikationsmittel, wie z.B. Telefongespräche, nicht das kooperative Bearbeiten von Arbeitsmaterialien bewältigen können. Für diese Aufgaben werden leistungsfähigere Kommunikationsmittel benötigt.

2.2.3 Kommunikationsmittel von Unternehmen

Die zwischenmenschliche Unternehmenskommunikation benötigt sowohl verbale als auch nicht-verbale Kanäle (siehe Punkt 2.2.1.2), um unternehmensrelevante Informationen

---

[3] KOCH & SANDKUHL (1995 S. 7) verwenden den Begriff „Kolloboration" für dieselbe Aktivität.

auszutauschen. Die Übertragung dieser Informationen übernehmen Kommunikationsmittel. Die wichtigsten Formen können nach *persönlicher (direkter)* sowie *medienunterstützter* Kommunikation differenziert werden (vgl. THEIS 1994 S. 251).

2.2.3.1 Persönliche Kommunikation

Charakterisierung der persönlichen Kommunikation in Unternehmen

Die häufigste Form der zwischenmenschlichen Kommunikation ist das persönliche Gespräch (face-to-face). Ergebnisse empirischer Untersuchungen lassen darauf schließen, dass der Anteil der persönlichen Kommunikation von Managern zwischen 30% und 40% liegt (z.B. PICOT & REICHWALD 1984 S. 43, MÜLLER-BÖLING & RAMME 1990 S. 117, MORGER et al. 1995 S. 33). Die persönliche, direkte Kommunikation ist für Manager von größter Bedeutung, da der Dialog wechselseitig ist, persönliche und vertrauliche Informationen weitergegeben und komplexe Inhalte ausgetauscht werden können. Persönliche Kontakte sind trotz aller technischen Innovationen für die Vermittlung von Visionen sowie zum Aufbau sozialer Beziehungen, Verständnis und Vertrauen zwischen den Menschen nach wie vor unverzichtbar (vgl. REICHWALD & BASTIAN 1999 S. 161, vgl. MAST 2000 S. 166f.). Bei einem persönlichen Zusammentreffen können Gegenstände in ihrer vollen dreidimensionalen Gestalt betrachtet und berührt werden. Vorteilhaft ist ferner die mögliche Besichtigung von Gebäuden oder Produktionsanlagen (vgl. KARCHER 1982 S. 331f.).

Persönliche Gespräche sind in Organisationen stark durch ein spontanes, ungeplantes Zustandekommen geprägt. Ihre Zeitanteile sind abhängig von der hierarchischen Position der Mitarbeiter: Im Top-Management liegt die persönliche Kommunikation höher als bei Führungskräften des Middle-Managements (vgl. WAHREN 1987 S. 50, vgl. FORNFEIST 1985 S. 79f.). Ungeplante Gespräche sind in der Regel kurz; dagegen dauern geplante und vorbereitete Besprechungen wesentlich länger. MINTZBERG (1980 S. 50) nennt durchschnittlich zwölf Minuten für ad-hoc-Gespräche sowie 68 Minuten für geplante Sitzungen. Die ungeplanten persönlichen Besprechungen sind für die schnelle Bearbeitung von komplexen Fragestellungen außerordentlich wichtig. Ist aber der Gesprächspartner räumlich entfernt, müssen technikgestützte Kommunikationsmittel eingesetzt werden, da Dienstreisen häufig zu zeit- und kostenintensiv sind.

Die persönliche Kommunikation lässt sich weiterhin durch die Teilnehmerzahl charakterisieren. KLINGENBERG & KRÄNZLE (1983 S. 163) fanden bei einer Untersuchung von 1.207 Kommunikationsvorgängen in Industrie- und Dienstleistungsunternehmen heraus, dass 45% der direkten Kommunikation zwischen *zwei*, 22% zwischen *drei*, 11% zwischen *vier* sowie 22% zwischen *mehr als vier* Gesprächsteilnehmern stattfindet. Auch KEVENHÖRSTER (1972) ermittelte eine Verteilung von 45% für (interne) persönliche Zweiergespräche.

2. Zwischenmenschliche Kommunikation mittels Telepräsenz

Mit Blick auf die Teilnehmerzahl lassen sich die wesentlichen Formen der persönlichen Kommunikation in Unternehmen differenzieren. Es ist durch das starke Auftreten von „Vier-Augen-Gesprächen" eine besondere Berücksichtigung der *Zwei-Personen-Kommunikation* sinnvoll. Abgrenzend hierzu werden in dieser Arbeit Besprechungen ab einer Anzahl von drei Personen in Anlehnung an KARCHER (1982 S. 332) und GOOSSENS (1983 S. 429) als *Konferenzen* bezeichnet[4].

Zwei-Personen-Kommunikation

Eine wichtige Form der internen (dyadischen) Zwei-Personen-Kommunikation sind die sogenannten *Mitarbeitergespräche* zwischen Führungskräften und Mitarbeitern. Ein erfolgreiches Mitarbeitergespräch zeichnet sich durch einen Dialog aus (vgl. NOLL 1995 S. 234f.). Regelmäßige Zweiergespräche können erfolgreich im Rahmen des internen Marketing Visionen und Strategien des Unternehmens vermitteln. Sie sind ferner ein wichtiges Instrument zur Motivation der Mitarbeiter (vgl. STAUSS 1995 Sp. 1050). Neben Mitarbeitergesprächen laufen auch *Kundengespräche* häufig unter „vier Augen" ab. Sie sind sehr wichtig für die Bildung von Vertrauen und für die Erklärung komplexer Produkte. Beispielsweise sind Verkaufsgespräche im Neuwagengeschäft oder bei Finanzdienstleistungen nur in Ausnahmefällen durch andere Kommunikationsmittel ersetzbar. Eine Analyse der Kommunikationsvorgänge von amerikanischen Bankmanagern hat gezeigt, dass diese je nach Hierarchie 58% bis 63% dyadisch kommunizieren (MACLEOD et al. 1992 S. 350-352).

Konferenzen

Die Bedeutung der Konferenz im Unternehmen ist sehr hoch und wird noch weiter wachsen, da sie ein wichtiges Mittel des kooperativen Führungsstils darstellt (GOOSSENS 1983 S. 427). Sie besitzt sehr unterschiedliche Erscheinungsformen: Es kommt *intern* z.B. zu Abteilungs- und Verkaufsleiterkonferenzen sowie *extern* zu Presse- und Beschaffungskonferenzen (PULLIG 1987 Sp. 1222). Trotz dieser breiten Spanne an Erscheinungsformen lassen sich Konferenztypen bilden (siehe Tab. 2-3). In den hier aufgeführten Konferenztypen finden die Kommunikationsaktivitäten statt, die in Punkt 2.2.2.2 erläutert wurden.

---

[4] Die Verwendung des Begriffs „Konferenz" ist in der Literatur nicht eindeutig geklärt. Einige Autoren sprechen von Konferenzen, wenn bereits zwei Personen an einem Gespräch teilnehmen (z.B. PULLIG 1987 Sp. 1222, WEINIG 1996 S. 47).

Tab. 2-3: Konferenztypen

Konferenztypen	kennzeichnende Aktivitäten	typische bzw. günstige Teilnehmerzahl
Informationskonferenz (inkl. Pressekonferenz)	informieren, beantworten, anweisen	bis zu 100 (bei Hauptversammlungen: bis zu mehreren tausend)
Verhandlungs- und Konfrontationskonferenz	aushandeln, sich durchsetzen, drohen	bis max. 20
Problemlösungskonferenz	kooperieren, gemeinsames Material bearbeiten, Lösung finden, beraten	3 bis 12
Entscheidungskonferenz	definitive Entscheidung herbeiführen	3 bis 7
Motivationskonferenz	überreden, überzeugen, begeistern	bis zu mehreren hundert
Ideenfindungskonferenz	Ideen generieren mittels Kreativtechniken	bis max. 30

Quelle: vgl. PULLIG 1987 Sp. 1222, vgl. GOOSSENS 1983 S. 427f.

Trotz der bedeutenden Vorteile der persönlichen Kommunikation sind mit ihr auch deutliche Probleme verbunden. Häufig sind direkte Gespräche mit mehreren Personen in der Vorbereitung aufwendig zu koordinieren. In der Durchführung sind die Teilnehmer dann zeitlich sehr lange an die Besprechungen gebunden (vgl. PICOT 1989 Sp. 782). Untersuchungen zeigen überdies, dass viele Teilnehmer mit internen Besprechungen nicht zufrieden sind. So bemängeln sie oftmals die unzureichende Vorbereitung der Sitzungen. Es zeigt sich weiterhin, dass vom Thema abgeschweift wird, sich Unkonzentration einschleicht und zu oft dieselben Personen in der Diskussion dominieren (vgl. SCHÄFER 1999 S. 160, vgl. O.V. 1997a S. 29).

Konferenzen und Zwei-Personen-Besprechungen fallen allerdings nicht nur standortintern an. Häufig müssen die Mitarbeiter aufwendige Reisen auf sich nehmen. Die folgenden Ausführungen thematisieren die Bedeutung der Dienstreisen für Unternehmen.

Sonderfall Dienstreisen

Dienstreisen sind erforderlich, wenn persönliche Gespräche außerhalb des Unternehmens durchgeführt werden müssen. KLINGENBERG & KRÄNZLE (1983 S. 175) ermittelten, dass 39% der Besprechungen im Rahmen der Dienstreisen mit fünf bis zehn und 34% mit mehr als zehn Teilnehmern stattfinden. Im Rahmen von Dienstreisen werden vor allem Probleme diskutiert, Entscheidungen in Verhandlungen getroffen sowie Kontakte gepflegt (vgl. PICOT & REICHWALD 1984 S. 44). Neben einem steten nationalen Anstieg nehmen auch internationale Geschäftsreisen deutlich zu. Gründe hierfür liegen in der europäischen Integration und der Globalisierung der Wirtschaft. Am häufigsten reisen Vertreter des Top-Managements; weitaus geringer ist das Reiseaufkommen für Fachkräfte unterer Hierarchieebenen (vgl. FOCUS 1997

S. 3-5). Eine American Express-Untersuchung ermittelte für das Jahr 1993 die Kosten für Geschäftsreisen. Danach entstehen für europäische Unternehmen durchschnittlich 2.250 Sfr jährlich pro Mitarbeiter an Reisespesen (vgl. RANGOSCH-DU MOULIN 1997a S. 85). Neben hohen Kosten sind ebenfalls die Abwesenheitszeiten für Unternehmen bedeutsam. Laut KLINGENBERG & KRÄNZLE (1983 S. 173) nehmen 30% der Dienstreisen mindestens drei Tage in Anspruch. Der Anteil der Reisezeiten beläuft sich dabei auf ca. zehn Prozent (MÜLLER-BÖLING & RAMME 1990 S. 97, BULLINGER & SCHÄFER 1997 S. 13). Die Angaben verdeutlichen, dass die betroffenen Mitarbeiter während ihrer Dienstreisen nicht der gewöhnlichen Arbeit nachgehen können. Es ist auch davon auszugehen, dass vielreisende Manager – z.B. Außendienstmitarbeiter im Vertrieb – durch die Reisebelastung private und sogar gesundheitliche Probleme erleiden (vgl. MÜLLER-BÖLING & RAMME 1990 S. 97).

2.2.3.2 Medienunterstützte Kommunikation

(1) Telefonkommunikation

Das bedeutendste Kommunikationsmedium im geschäftlichen wie auch im privaten Bereich ist das Telefon. Es liefert einen schnellen und privaten Zugang zu anderen Personen – zu einem vom Sender gewählten Zeitpunkt. Es entsteht eine gewisse Priorität des Gesprächspartners, da anwesende Personen i.d.R. warten müssen (vgl. THEIS 1994 S. 254). Telefone sind ferner kostengünstig und flächendeckend vorhanden. Über 600 Millionen weltweit und ca. 40 Millionen Menschen in Deutschland besitzen zurzeit ein eigenes Telefon (QUADT 1998 S. 3/17). Das Telefon wird vor allem für kurze Abstimmungen in Organisationen genutzt. Etwa 75% der Telefongespräche in und zwischen Organisationen drehen sich nur um ein Thema, und 70% sind nicht länger als fünf Minuten (PICOT & REICHWALD 1984 S. 44). Das Telefon stellt bisher das wichtigste mediale Kommunikationsmittel für den Kontakt mit Kunden dar. Dies wird auch trotz der wachsenden Bedeutung von E-Mails anhalten, denn durch die steigende Zahl von „call-me-Buttons" auf Websites im Internet und die zunehmende Verwendung von Serviceufnummern (z.B. „0800") in der Werbung wird zukünftig die Sprachkommunikation für den Kundenkontakt weiterhin große Bedeutung behalten (vgl. DATAMONITOR 2000 S. 111, vgl. O.V. 2000b S. 22). Im geschäftlichen Alltag werden häufig Telefonkonferenzen genutzt, um mehrere Personen an einem fernmündlichen Gespräch teilhaben zu lassen. Mittels Freisprechanlage können bei einer Telefonkonferenz mehrere Personen an einem Arbeitsplatz am Gespräch teilnehmen (vgl. STRAßBURGER 1990 S. 51). PRIBILLA et al. (1996 S. 228) stellten einen Konferenzanteil von zehn Prozent der gesamten Telefonkommunikation im oberen Führungsbereich von Unternehmen fest.

Nachteile der Telefonkommunikation liegen in der nicht möglichen Speicherung der Gespräche sowie in der mangelnden visuellen Darstellung von Gegenständen. Viele Mitarbeiter fühlen sich darüber hinaus durch Telefonanrufe in ihrer Schreibtischarbeit gestört.

Nachteilig ist ferner, dass die gewünschten Gesprächspartner oftmals an ihrem Festnetzanschluss nicht erreichbar sind. Dieses Problem wird jedoch zunehmend durch Mobiltelefone und durch die Anrufweiterleitung vom Fest- in das Mobilnetz beseitigt (vgl. NÖLLER 1998 S. 12).

(2) Briefkommunikation

Bis in die achtziger Jahre war die Briefpost das wichtigste Kommunikationsmittel für die schriftliche Verständigung. In großen Unternehmen besteht auch heute noch eine Hauspost. KLINGENBERG & KRÄNZLE (1983 S. 162) stellten in einer in den achtziger Jahren durchgeführten empirischen Untersuchung fest, dass 27% der untersuchten Kommunikationsvorgänge mittels Briefpost erledigt wurden. Es ist aber davon auszugehen, dass dieser Anteil wegen neuer Kommunikationsmittel wie E-Mail oder Faxversand weiter abnimmt. Der briefliche Text hat gegenüber der Sprachkommunikation den Vorteil, dass sich die Informationen dokumentieren lassen. Zusätzlich hat der Brief mit seinem Briefkopf, der Gestaltung und der Unterschrift eine Repräsentationsfunktion (PICOT & REICHWALD 1984 S. 44).

(3) Telefaxversand

Telefaxversand ist die Übermittlung von Festbildern über das Telefonnetz. Als Vorlage eignen sich sowohl Text- als auch Grafikdokumente, die von den Endgeräten optisch abgetastet und über das Telefonnetz übertragen werden (vgl. MÜLLER 1997 S. 225). Das Versenden von Unterschriften mittels Fax ist insbesondere auch für den Direktvertrieb wichtig, da schnell und preiswert Bestellungen oder Anmeldungen abgeschickt werden können (vgl. MEFFERT 1998 S. 721). Die Integration von Fax-Diensten in Computer hilft, Medienbrüche durch das Versenden des Faxes zu vermeiden. Dokumente werden dann beim Empfänger weiterbearbeitet. Bisher können aber nur schwarzweiß und DIN-A4 Formate verschickt werden (vgl. NÖLLER 1998 S. 12).

(4) Electronic Mail und asynchrone Datenkonferenzen

Der klassische postalische Schrift- und Faxverkehr wird immer stärker durch *Electronic Mail (E-Mail)* ersetzt. Das gilt sowohl für die interne Unternehmenskommunikation als auch für den externen Austausch mit Lieferanten, Kooperationspartnern und Kunden. Aktuelle Studien zeigen, dass in Deutschland im Jahr 2000 bereits über 90% der Unternehmen E-Mail einsetzen (vgl. ECE II 2000 S. 21, vgl. FOCUS 2000 S. 22).

E-Mail ist grundsätzlich asynchron. Ein zeitgleiches Feedback ist nicht möglich. Im Rahmen des Informationsaustausches kommt es zu einem zeitlich versetzten Dialog, wenn sich die Beteiligten auf vorhergehende Beiträge beziehen. E-Mail kann in Form der Punkt-zu-Punkt-Kommunikation ablaufen, wobei es zwischen zwei Beteiligten nicht zwangsläufig zu unmittelbaren Antworten kommen muss. Mittels so genannter Mailverzeichnisse werden in Organisationen häufig von einer Person Nachrichten und Dokumente an viele Kommunikationspartner verschickt (Punkt-zu-Mehrpunkt-Kommunikation) (vgl. NITSCHKE 1996 S. 128-132). Wenn zeitlich versetzte Gruppendiskussionen via E-Mail entstehen, spricht man auch von *asynchronen Datenkonferenzen* bzw. Mehrpunkt-zu-Mehrpunkt-Kommunikation. Diese Computerkonferenzen ermöglichen u.a. einen Informationsaustausch zwischen intra- und interorganisationalen Teams (vgl. REDEL 1999a S. 465).

Bemerkenswert ist bei E-Mail, dass sich in einigen Unternehmen die Möglichkeit bietet, leichter über Hierarchiestufen hinweg (vertikal) mit Vorgesetzten Kontakt aufzunehmen und damit Stufen der Organisation zu überspringen (vgl. NITSCHKE 1996 S. 130, vgl. KNETSCH 1996 S. 46). Wichtige Vorteile sind weiterhin darin zu sehen, dass Medienbrüche vermieden werden und dass die übermittelten Nachrichten verbindlicher sind als die in persönlichen oder telefonischen Gesprächen geäußerten Meinungen, da sie gespeichert und erneut gelesen werden können (vgl. NÖLLER 1998 S. 15). Die Zahl der per E-Mail erreichbaren Personen ist sehr hoch und wächst mit der schnellen Verbreitung des Internet. Diese Tatsache ist insbesondere für die unternehmensexterne Kommunikation von großem Vorteil. Die Studie „Electronic Commerce Enquete II" ergab, dass E-Mail mittlerweile das dominante Medium in allen Phasen einer zwischenbetrieblichen Kooperation ist (vgl. ECE II 2000 S. 24). Auch in der Werbung steigt die Bedeutung von E-Mail stark an: Im Jahr 2000 gaben Unternehmen 1,1 Mrd. US-Dollar für E-Mail-Werbung aus. Für das Jahr 2003 wird sogar mit Ausgaben in Höhe von 4,5 Mrd. US-Dollar gerechnet (GROTH 2001 S. 20).

(5) Groupware

Computergestützte Werkzeuge, die speziell auf die Unterstützung der Gruppenarbeit ausgerichtet sind, werden unter dem Begriff „Groupware" zusammengefasst (KOCH & SANDKUHL 1995 S. 8). Groupware unterstützt die Kooperation, Koordination und Kommunikation von Teams. Sie zielt dabei auf eine Zusammenarbeit in der Gruppe unabhängig von örtlichen und zeitlichen Gegebenheiten ab (vgl. KRCMAR et al. 1995 S. 19). Für die *Kooperation* besteht das Konzept des „gemeinsamen Materials". Die Grundidee liegt darin, dass die für eine Kooperation relevanten Informationen (z.B. Texte, Grafiken, Datenbanken) den lokalen oder räumlich getrennten Arbeitsgruppen zugänglich gemacht werden. Die Speicherung der Dokumente erfolgt durch die so genannte Replikation der Daten. Dafür werden Kopien der Datenbestände auf verteilten Datenbanken gehalten und Änderungen nach bestimmten Zeitintervallen abgeglichen (vgl. ZIEGLER 1996 S. 684). Für die *Koordination* von Arbeitsgruppen besitzen Groupwaresysteme („Lotus Notes" ist das am weitesten verbreitete Produkt) Terminverwaltungs- und Aufgabenkoordinationswerkzeuge. Sie regeln die Reihenfolge der Aufgabendurchführung sowie die Zuordnung zu den Mitarbeitern und sorgen auf diese Weise für einen reibungslosen „Workflow" der Arbeitsprozesse (vgl. KOCH & SANDKUHL 1995 S. 8f.). Für die *asynchrone Kommunikation* bieten Groupwareprodukte E-Mail-Funktionalitäten an. Die *synchrone Kommunikation* wird in der Regel durch Groupware-Systeme mittels synchroner Datenkonferenzen unterstützt (vgl. LOCOCO & YEN 1998 S. 88). Diese werden im folgenden Punkt gesondert behandelt, da sie auch als einzelne Systeme in Organisation eingesetzt werden.

(6) Synchrone Datenkonferenzen

Synchrone Datenkonferenzen erlauben es den Benutzern, unabhängig von ihrem Standort gleichzeitig an Dokumenten zu arbeiten. Die wesentlichen Funktionen sind die so genannten „Shared Whiteboard" und „Application Sharing". Die synchronen Datenkonferenzen sind sowohl als Punkt-zu-Punkt-Verbindung als auch als Mehrpunktkonferenz durchführbar (vgl. LUCZAK & EVERSHEIM 1999 S. 31). Eine weit verbreitetes Programm für synchrone Datenkonferenzen ist Microsoft NetMeeting, welches sowohl auf Internet- als auch ISDN-Basis arbeitet.

Mit einem *Shared Whiteboard* werden Bildschirmdarstellungen (z.B. Skizzen, Bilder, Videos) visuell präsentiert und mit anderen – auch räumlich entfernten – Teilnehmern in einer elektronischen Zeichenumgebung bearbeitet. Jeder Teilnehmer fügt interaktiv eigene Anmerkungen als Text oder Skizze an. Die Änderungen sind für alle Benutzer sofort sichtbar. Die Arbeitsergebnisse sind mit Hilfe eines so genannten „Screenshot" auf dem Computer eines jeden Teilnehmers speicherbar (vgl. BRAHMANN 2000 S. 21).

Application Sharing ermöglicht es den Benutzern, unabhängig von ihrem Aufenthaltsort, simultan in derselben Softwareanwendung (z.B. ein Computer Aided Design-System (CAD)) zu arbeiten. Jeder Teilnehmer verfügt über Zeige- und Editiermöglichkeiten in der gemeinsam genutzten Anwendung. Ein Gast-Rechner erhält jedoch nur durch die erteilte Erlaubnis eines Konferenzmoderators das Recht zur Benutzung der Software auf dem Host-Rechner. Durch eine solche Freigabe kann es zu einer „Fernsteuerung" der auf dem Host installierten Software durch einen entfernten Nutzer kommen. Die Speicherung der gemeinsam bearbeiteten Datei erfolgt auf dem Host-Rechner des Anwendungsprogramms. Wenn das Arbeitsergebnis auch die Teilnehmer erreichen soll, kann dies mittels File-Transfer geschehen. Zu der synchronen Datenkonferenz werden i.d.R. auch Audio-Kanäle genutzt, damit die Bearbeitungsschritte durch die Teilnehmer verbal kommentiert werden können (vgl. BRAHMANN 2000 S. 21f.). Reichen die Bandbreiten nicht aus, dann kommunizieren die Teilnehmer mithilfe des Text-Chat. Chat-Applikationen gewinnen sowohl in der internen als auch externen Kommunikation – z.B. für Beratungsleistungen – via Internet an Bedeutung (vgl. WIEGAND 2001 S. 103f.).

Ein wesentlicher Vorteil der synchronen Datenkonferenzen liegt in der schnellen und raumüberbrückenden Erstellung und Abstimmung von Dokumenten, die in der gewohnten Rechnerumgebung des einzelnen Mitarbeiters erfolgen. Zusätzlich kann der Kreis der

Teilnehmer erweitert werden (vgl. DIER & LAUTENBACHER 1994 S. 44). Sowohl Groupware als auch synchrone Datenkonferenzen haben den Nachteil, dass der Einführungsaufwand sehr hoch liegt (vgl. KNETSCH 1996 S. 42).

(7) Business Television (BTV)

Business Television ist ein Informationsmedium für eine geschlossene Benutzergruppe. Ziel ist die schnelle Bereitstellung von Unternehmensinformationen von einem Ort an eine beliebige Anzahl von Empfängern in Fernsehqualität. In zeitlicher Hinsicht können die Programme synchron („live") oder asynchron als Aufzeichnung übertragen werden (vgl. KIENEL et al. 1998 S. 118). Übertragen werden die BTV-Sendungen via terrestrische Netze oder Satelliten. Als Empfangsstationen dienen Arbeitsplatzrechner, Fernseher oder Großbildprojektoren. Die Kommunikation mittels BTV ist i.d.R. einseitig. Rückkopplungen durch die Empfänger können häufig erst nach dem Ende der Übertragung erfolgen. Dies geschieht dann mit E-Mail, Fax oder Telefon. In seltenen Fällen sind die Sende- und Empfangsstationen durch Videokonferenzsysteme miteinander verbunden (vgl. WEHNER 1997 S. 172).

Das Einsatzspektrum von BTV umfasst sowohl die interne als auch die externe abwärtsgerichtete Kommunikation. Im Rahmen der Mitarbeiterkommunikation werden vor allem strategische Entscheidungen und aktuelle Werbeaktivitäten vorgestellt. Ein weiterer Schwerpunkt findet sich in der internen Kommunikation von Aus- und Fortbildungsinformationen. Im externen Bereich wird die Kommunikation mit Händlern bei Neuprodukteinführungen sowie Schulungen eingesetzt (vgl. SEIBOLD & SIEBERT 1997 S. 164f.).

2.3 Grundlagen der Telepräsenz: Entwicklungen, Voraussetzungen und Systeme

2.3.1 Die bisherige Entwicklung der Telepräsenz

2.3.1.1 Die technologische Entwicklung der Telepräsenz

Die Entwicklung der Telepräsenz ist eng mit dem Fortschritt der elektronischen Telekommunikation verbunden. Deren Fortschritte ermöglichen erst die mediale und interaktive Präsenz von Menschen über Entfernungen hinweg. Die Entwicklung der Telekommunikation ist wiederum mit Neuerungen auf den Gebieten der Mikroelektronik und der Optoelektronik verknüpft. Die Folge einer gemeinsamen Konvergenz ist das Zusammenwachsen früher getrennter Netze (z.B. Text- und Telefonnetz) zu einem gemeinsamen computergestützten Verbundsystem, über das Sprach-, Text-, Daten- und Bildkommunikation übertragen wird (vgl. KRÜGER 1995 S. 11-14).

1929 stellte das deutsche Reichspostzentralamt auf der Funkausstellung in Berlin ein erstes Bildtelefon, die sog. „Fernseh-Sprechanlage", vor. Darauf folgend wurde 1936 eine erste

Breitbandstrecke zwischen Berlin und Leipzig in Betrieb genommen (KARCHER 1982 S. 84). Das erste auf dem Markt eingeführte Videokonferenzsystem – das „PicturePhone" – wurde 1964 von AT&T in den USA auf der damaligen Weltausstellung in New York präsentiert. Trotz großer öffentlicher Begeisterung konnte AT&T aufgrund mangelnder und zu kostenintensiver Übertragungsbandbreiten keinen ausreichenden Markterfolg erreichen und stellte den Verkauf des „PicturePhone" 1973 ein (vgl. SPREY 1997 S. 42).

Ungeachtet dieses ersten Marktflops entwickelten einige Telekommunikationsunternehmen das Produkt *Videokonferenz* weiter und führten verschiedenste technische Experimente durch (wie z.b. British Telecom, Australian Post, Bell Canada, NTT Japan). Die Übertragungstechnik war Anfang der 70er Jahre noch analog, die Bildaufnahme und -wiedergabe erfolgten mit TV-Kameras und -Monitoren. Diese Ausstattung war einerseits technisch sehr aufwendig und unflexibel, andererseits entstanden äußerst hohe Kosten. Die Akzeptanz in den Unternehmen war daher äußerst gering (vgl. MÜHLBACH 1990 S. 217).

In den 80er Jahren ermöglichten technische Fortschritte bei der Datenkompression und -übertragung die Weiterentwicklung der Videokonferenzsysteme. 1983 führte die DBP Telekom erstmals eine Videokonferenz auf digitaler Basis durch. Dies erfolgte im Rahmen eines bundesweiten Betriebsversuchs auf der Basis des VBN („Vorläufer-Breitband-Netz") mit einer Übertragungsrate von 140 Megabit pro Sekunde (Mbit/s) (LAUTZ 1995 S. 24). Ende der achtziger Jahre wurde der „Europäische Videokonferenzdienst" (EVS) mit einer einheitlichen Übertragung von 2 Mbit/s eingeführt. Ziel war die Koordination der bis dahin nicht einheitlichen Betriebs- und Abrechnungsverfahren in Europa (MÜHLBACH 1990 S. 217). Anfang der achtziger Jahre waren in der Bundesrepublik ca. 55 Videokonferenzeinrichtungen installiert. Bis Ende des Jahrzehnts stieg die Anzahl der Systeme auf 150 an (ebda, KARCHER 1982 S. 84).

Anfang der 90er Jahre erlebte der Einsatz der Videokommunikation durch den Ausbruch des Golfkrieges 1991 einen regelrechten Aufschwung, da mit terroristischen Anschlägen auf den Flugverkehr gerechnet wurde. Die Deutsche Telekom verzeichnete 1993 eine Anzahl von 728 Videokonferenzeinrichtungen (VDI/VDE 1996 o.S.). Trotzdem konnte die Deutsche Telekom einen wirtschaftlichen Betrieb des Videoconferencing über das breitbandige VBN niemals erreichen und stellte diesen Dienst 1993 ein (vgl. LAUTZ 1995 S. 28). Die Ausstattung der damaligen Systeme kostete zwischen einer und zwei Millionen DM, und eine einstündige Videokonferenz von Deutschland in die USA belief sich auf ca. 2.000 DM (KUHNERT 1997 S. 181). In dieser Zeit begann in Deutschland der konsequente Ausbau des ISDN (Integrated Services Digital Network). Das Angebot an Videokonferenzen konzentrierte sich seitdem auf die Übertragung mittels ISDN (siehe 2.3.2.1). Auf dieser Verbindungsbasis arbeiten ebenfalls die in der ersten Hälfte der 90er Jahre eingeführten Desktop-Videokommunikationssysteme (vgl. SPREY 1997 S. 42). Für 1997 wurde die Verbreitung beider Systemklassen auf weltweit

2. Zwischenmenschliche Kommunikation mittels Telepräsenz

100.000 und in Deutschland auf 5.000 bis 8.000 Systeme geschätzt (KUHNERT 1997 S. 182). Das vergleichsweise starke Wachstum basierte zu einem Großteil auf der Einführung internationaler Standards, die Kompatibilität und Qualität der Videokommunikation herstellerübergreifend sichern (vgl. LEWIS & COSIER 1999 S. 109, siehe Punkt 2.3.2.2).

Ebenfalls in den neunziger Jahren starteten erste Versuche, telepräsente Kommunikation mittels sog. „Virtual Environments" zu erreichen. Ziel der ersten Projekte (u.a. von British Telecom) ist das Schaffen eines Gefühls, mit allen Sinnen in einer entfernten bzw. künstlichen Umgebung mit anderen Menschen zu interagieren (vgl. TRAILL et al. 1999 S. 229).

Die nachstehende Abb. 2-1 verdeutlicht die zeitliche Entwicklung der Telepräsenz.

Abb. 2-1: Die zeitliche Entwicklung der Telepräsenz

Technologien				
				1992 digitales Bildtelefon
				1993 Euro-ISDN
				1994 Einführung PC-Videokonferenzen
				Einführung intern. Standards
				1995 Internet-Videokommunikation
			digitale Übertragungstechniken	1998 Einführung von xDSL in Deutschland
1929 „Fernseh-Sprechanlage" der Reichspost	analoge Übertragungstechniken		Einführung des VBN und ISDN in D	1998 videogestützte Terminals
1936 erste Breitbandstrecke Berlin-Leipzig	techn. Feldversuche vieler TK-Unternehm.		1989 Einführung des Europ. VK-Dienstes (EVS)	erste Versuche mit „Virtual Environments"
vor 1970	70er Jahre		80er Jahre	90er Jahre

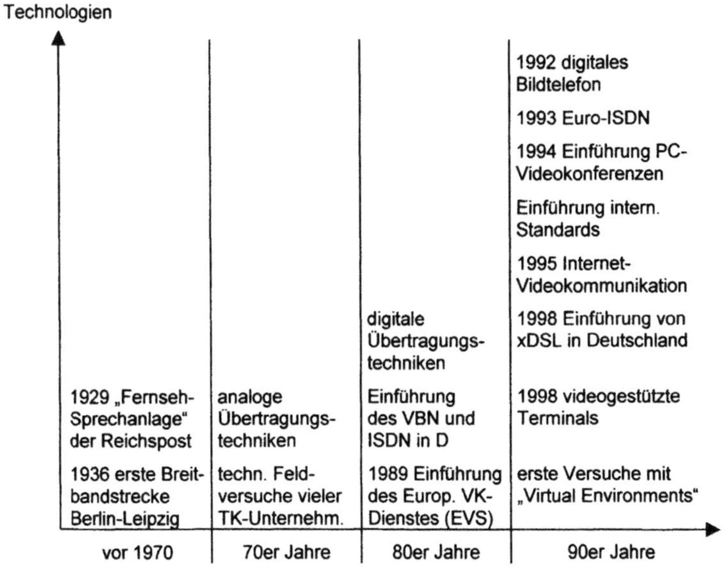

Quelle: Eigene Darstellung in Anlehnung an LAUTZ 1995 S. 23

Seit Ende der neunziger Jahre erfolgt die Einführung der neuen Übertragungstechnik xDSL (Digital Subscriber Line), die auf Basis des vorhandenen Telefonnetzes höhere Übertragungsraten erzielt. Da xDSL für Telepräsenz-Anwendungen eine weitere qualitative Verbesserung bedeutet, wird eine wachsende Verbreitung von Telepräsenzsystemen für die ersten Jahre des neuen Jahrtausends erwartet (vgl. AXHAUSEN 2000 S. 52).

2.3.1.2 Die organisationale Entwicklung der Telepräsenz

Die Makro-Perspektive: Entwicklung der Telepräsenz in einzelnen Branchen

Zu Beginn der neunziger Jahre war die Verbreitung von Telepräsenztechnologien in Deutschland noch sehr gering. Eine repräsentative Studie des ifo Instituts aus dem Jahre 1992 offenbart eine schwache Diffusion in vier untersuchten Branchen. 3,4% der Versicherungsgesellschaften, 2,2% der Investitionsgüterhersteller sowie 1,9% der Banken setzten bereits 1992 Videokonferenzsysteme ein. Im Handel fanden zu diesem Zeitpunkt noch keine Videokonferenzen statt (vgl. STOETZER 1994 S. 25). Eine Auswertung des öffentlichen Videokonferenzteilnehmer-Verzeichnisses von 1991 durch SCHULTE (1993 S. 98f.) zeigt die damalige Ausbreitung innerhalb der Wirtschaftssektoren: 32% der Nutzer waren Industrieunternehmen. Öffentliche Studios hatten Anfang der neunziger Jahre stärkere Bedeutung: 1991 waren 27% aller Videokonferenzanlagen öffentliche Studios. Gegen Ende der neunziger Jahre hat sich das Bild stark gewandelt: Telepräsenzsysteme haben einen breiten Einzug in die Unternehmen geschafft. Der Blick auf aktuelle empirische Studien zeigt, dass die Verbreitung der Telepräsenz in deutschen Unternehmen insgesamt zwischen 30% und 40% liegt (vgl. ECE II 2000 S. 21, vgl. WEIß 2000 S. 1). Sony hat ermittelt, dass 85% der 500 weltweit größten Unternehmen Videokonferenzen einsetzen (vgl. HOHENSEE 1997 S. 11). Aktuelle Erhebungen hinsichtlich der Verteilung von Telepräsenzsystemen in einzelnen Branchen liegen nicht vor. Es ist aber davon auszugehen, dass Finanzdienstleister, die Automobil- und die Chemieindustrie zu den Hauptanwendern dieser innovativen Telekommunikationsform zählen (vgl. DTI 1999 S. 66).

Die Mikro-Perspektive: Entwicklung der Telepräsenz in Organisationen

In Organisationen entwickelt sich der konsequente Einsatz von Telepräsenztechnologien nur langsam. Die einzelnen Entwicklungsschritte lassen sich in vier Stufen einteilen (vgl. SANDKUHL & FUCHS-KITTOWSKI 1999 S. 340):

Die *erste Stufe* lässt sich zeitlich in die achtziger Jahre einordnen, aber noch heute befinden sich einige Unternehmen auf diesem Level. In dem ersten Einsatzstadium werden vornehmlich aufwendige Studio-Videokonferenzanlagen genutzt. Der Hauptnutzer ist das Top-Management, und die Studios sind räumlich und organisatorisch bei diesem angesiedelt. Dadurch wird der Zugang für Mitarbeiter unterer Hierarchieebenen erheblich erschwert (vgl. FÄRBER 1993 S. 46). Das Haupteinsatzziel ist die Reduzierung von Reisezeit und -kosten. Zu den Anwendern zählen hauptsächlich Großunternehmen mit internationalen Niederlassungen (vgl. RANGOSCH-DU MOULIN 1997b S. 58). Vorreiter waren in den achtziger Jahren vor allem Technologieunternehmen wie die Deutsche Bundespost und Hewlett Packard.

Die *zweite Entwicklungsstufe* der Telepräsenz in Organisationen ist dadurch gekennzeichnet, dass der Anwenderkreis vom Top-Management auf untere Hierarchieebenen ausgeweitet wird. Ein wesentliches Ziel ist der schnelle Transfer des im Unternehmen verteilten Expertenwissens. Eingesetzt werden hauptsächlich Studio- und Rollabout-Systeme sowie vereinzelt auch arbeitsplatzbasierte Videokommunikationssysteme (vgl. SANDKUHL & FUCHS-KITTOWSKI 1999 S. 341f., vgl. MEIER & SEIBT 1994 S. 3). Die Erkenntnis, auch Spezialistenwissen telepräsent zu verteilen, hat sich allerdings erst zwischen Ende der achtziger und Anfang der neunziger Jahre durchgesetzt. Das Hauptanwendungsfeld ist auf dieser Stufe vor allem der Forschungs- und Entwicklungsbereich. Die Kommunikationsrichtung beschränkt sich zum größten Teil auf den internen Bereich (vgl. KÖHLER 1993 S. 20, vgl. SPREY 1997 S. 45).

In der *dritten Stufe* des Telepräsenzeinsatzes befinden sich Unternehmen, die weite Kreise unterer Hierarchieebenen – und nicht nur Entwicklungsingenieuren – die Nutzung ermöglichen. Dabei wird die Kommunikation sowohl in horizontaler als auch in vertikaler Richtung verbessert. Es werden neben Raum- auch Desktop-Anwendungen konsequenter eingesetzt (vgl. SANDKUHL & FUCHS-KITTOWSKI 1999 S. 342f.). Unternehmen in dieser Phase nutzen die Telepräsenzmedien verstärkt auch für die externe Business-to-Business-Kommunikation. Es ist allerdings festzustellen, dass bislang nur wenige so weitgehend auf die Telepräsenz setzen. Einige Vertreter der Automobilbranche wie BMW und DaimlerChrysler befinden sich in dieser Phase.

Die *vierte Entwicklungsstufe* in der Telepräsenznutzung geht in der externen Kommunikation noch einen Schritt weiter. Die in dieser Stufe befindlichen Unternehmen verwenden die Telepräsenz auch zur Interaktion mit Endkunden, also zur Business-to-Consumer-Kommunikation. Im Einsatz befinden sich dabei hauptsächlich PC-basierte Videokommunikationssysteme, die in Terminals integriert sind. Allerdings gehören auch dieser Stufe bislang nur wenige Unternehmen an. Vorreiter sind in Deutschland Banken und Sparkassen.

Angelehnt an die vorangehende Abb. 2-1 in Punkt 2.3.1.1 werden die organisationalen Entwicklungsstufen in der folgenden Abb. 2-2 veranschaulicht:

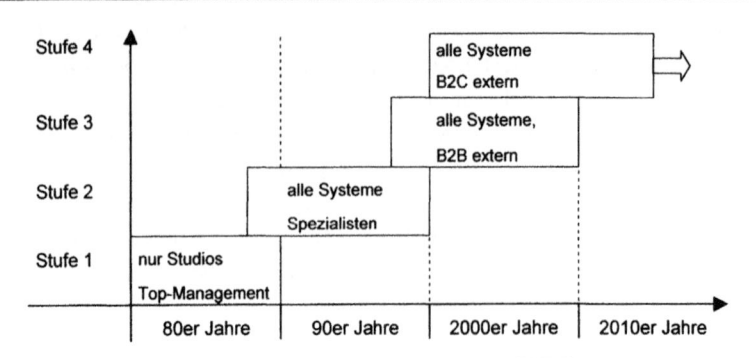

Abb. 2-2.: Organisationale Entwicklung der Telepräsenz

Stufe	80er Jahre	90er Jahre	2000er Jahre	2010er Jahre
Stufe 4				alle Systeme B2C extern →
Stufe 3			alle Systeme, B2B extern	
Stufe 2		alle Systeme Spezialisten		
Stufe 1	nur Studios Top-Management			

Eigene Darstellung

2.3.2 Voraussetzungen der Telekommunikation für die Telepräsenz

Telepräsenz ist ohne eine leistungsfähige Telekommunikationstechnik nicht denkbar. Diese bildet die technische Grundlage der medialen Kommunikation zwischen Menschen. Aufgrund der Bedeutung von Übertragungstechniken werden in dem vorliegenden Abschnitt zunächst die wichtigsten *Telekommunikationsnetze* und sodann die wesentlichen internationalen Vereinbarungen bezüglich *Standards und Kompressionen* für die Telepräsenzübertragung erläutert.

2.3.2.1 Telekommunikationsnetze

Neben enormen Fortschritten bei den Rechnerleistungen ist die gestiegene Leistungskapazität der Telekommunikationsnetze ein wichtiger Grund für die verbesserte telepräsente Kommunikation. Ihre Funktionen und Kapazitäten bilden mit die wichtigsten Grundvoraussetzungen telepräsenter Kommunikation (vgl. PICOT et al. 1996 S. 127). Einführend werden daher in (1) die *Ebenen der Telekommunikationsnetze* erläutert. Darauf aufbauend können die wichtigsten Netze für die Telepräsenz – (2) die *Teilnehmerzugangsnetze*, (3) die *Weitverkehrsnetze* sowie (4) die lokalen *Unternehmensnetze* – dargestellt werden. Ohne Protokolle ist die Kommunikation in Netzen unmöglich oder fehlerhaft. Aus diesem Grund wird das für die Telepräsenz an Bedeutung gewinnende (5) *Internet-Protokoll* dargestellt.

(1) Die Ebenen der Telekommunikationsnetze

Öffentliche Netze werden von Unternehmen immer dann in Anspruch genommen, wenn mit einem Partner außerhalb des Unternehmens kommuniziert wird. Innerhalb der Organisation lässt sich die Verbindung i.d.R. durch die eigene Kommunikationsinfrastruktur herstellen. Bei der Kommunikation über öffentliche Netze arbeiten daher mehrere Ebenen der Telekommunikation zusammen. In der *obersten Ebene* befinden sich Haushalte und Unternehmen, welche die Kommunikationsleistung mittels Teilnehmerendeinrichtungen (z.B. Telefone) als Endverbraucher nutzen. Unternehmen setzen in Gebäuden und auf privaten Geländen häufig lokale Netze (sog. „Local Area Networks", LAN) ein. Die *mittlere Ebene* bilden die Zugangs- und Ortsnetze („Access Network"), die die Kommunikationsleistung erst bis an die Orts- und dann an die Grundstücksgrenzen transportieren (die so genannte „Letzte Meile"). Die *untere Ebene* stellt das Kernnetz („Core Network") dar, das landes- und weltweite Verbindungen herstellt (vgl. PRIBILLA et al. 1996 S. 34f., vgl. KOCH 1999 S. 78). Die nachstehende Abb. 2-3 verdeutlicht die Netzebenen:

Abb. 2-3: Topologie der Telekommunikationsnetze

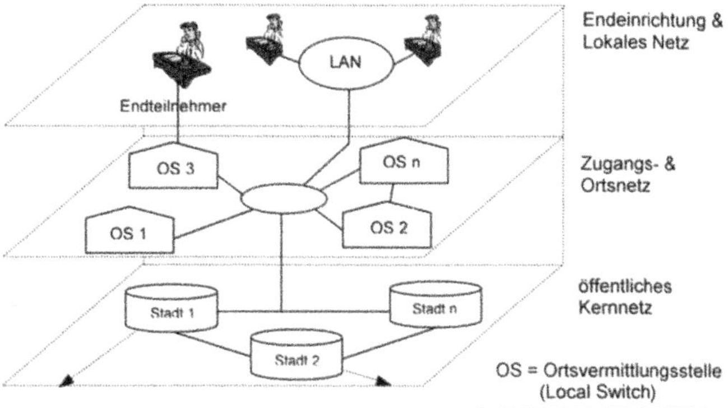

Quelle: Eigene Darstellung in Anlehnung an PRIBILLA et al. 1996 S. 35

Die Netze setzen sich aus verschiedenen Übertragungsmedien zusammen. Hierzu zählen Kupferkabel, Koaxialkabel, Glasfaser, Richt- und Mobilfunk sowie Satellitenfunk. Heute überwiegt immer noch das Kupferkabel im Telekommunikationsnetz, allerdings gewinnt die optische Nachrichtenübertragung mittels Glasfaserkabel stark an Bedeutung (vgl. PABEL 1998 S. 4/4).

(2) Teilnehmerzugangsnetze für die Telepräsenz

Zugangsnetze sind wesentliche Teile des Gesamtnetzes. Sie verbinden die sog. Verkehrsquellen und -senken direkt über Netzknoten mit den Übertragungs- und Vermittlungseinrichtungen des Kernnetzes (LANGER 1998 S. 4/5). Das Kernnetz besteht aus sehr leistungsfähigen Übertragungswegen, die mittels Glasfaserkabeln eine Übertragungsgeschwindigkeit bis zu 10 Gbit/s erreichen. Dagegen stellt das Zugangsnetz einen Engpass für die Übertragung multimedialer Daten dar. Es besteht heute noch immer zu einem Großteil aus der zweiadrigen Kupferleitung (vgl. KOCH 1999 S. 80f.). Auf dieser Netzinfrastruktur bauen verschiedene

Telekommunikationsdienste auf, die den Teilnehmern die einfache Kommunikation ermöglichen. Wichtige Dienste sind das ISDN sowie in jüngerer Zeit die DSL-Technik. Sie bilden die Basis für Telepräsenzanwendungen, wenn keine internen Netze vorhanden sind.

Das Integrated Services Digital Network (ISDN)

Die Entwicklung des ISDN basiert auf Fortschritten der Mikroelektronik, die es ermöglichen, das bisherige analoge Anschlussnetz auf effektive Weise zu digitalisieren und dadurch die Grundlage für ein einheitliches Nachrichtennetz zu schaffen. In einem Netzwerk werden die digitalisierten Signale von Sprache, Daten und (Bewegt-) Bildern nach einem einheitlichen Standard gemeinsam übertragen. Die Basis hierfür ist das digitalisierte Fernsprechnetz mit der Übertragungsrate von 64 Kilobit pro Sekunde (Kbit/s) (PRIBILLA et al. 1996 S. 38).

Ende des Jahres 2000 waren etwa 50 Mio. Telefonkanäle in Deutschland zu verzeichnen. Mit 18,5 Mio. ISDN-Anschlüssen ist Deutschland damit weltweit führend. Zudem waren hierzulande 1999 mehr als die Hälfte der europäischen ISDN-Kanäle installiert (REGTP 2000 S. 17). Abb. 2-4 zeigt die dynamische Entwicklung des ISDN von 1994 bis 2000.

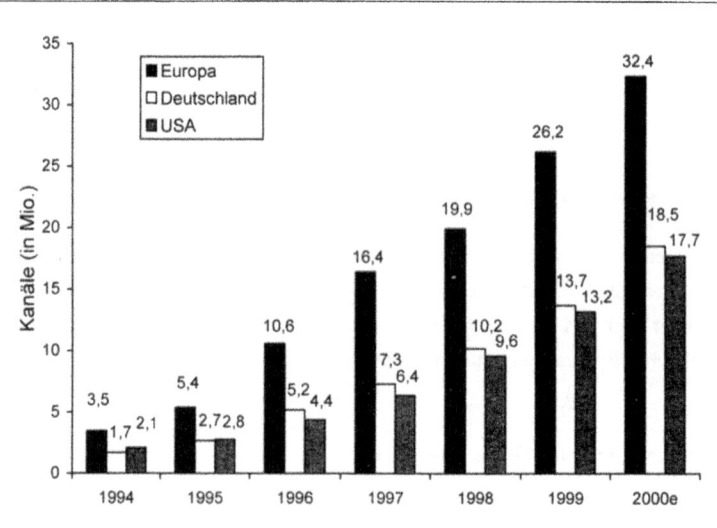

Abb. 2-4: Entwicklung des ISDN in Europa, Deutschland und USA

Quelle: REGTP 2000 S. 17

Einem ISDN-Nutzer stehen die zwei Varianten des Basisanschlusses und des Primärmultiplexanschlusses zur Verfügung. Ein ISDN-Basisanschluss besteht aus zwei Nutzkanälen, den sog. B-Kanälen zu je 64 Kilobit pro Sekunde (Kbit/s) und einem Signalisierungskanal, dem sog. D-Kanal mit 16 Kbit/s. Über den D-Kanal laufen die Informationen für Auf- und

Abbau der Verbindungen (Netz-Zugangsprotokolle). Mithilfe des Basisanschlusses sind mit einem (64 Kbit/s) oder zwei zusammengeschalteten B-Kanälen (128 Kbit/s) synchrone Video-Übertragungen realisierbar. Dabei erfolgt eine hohe Datenkomprimierung, wobei sich allerdings noch eine eingeschränkte Bildqualität ergibt (vgl. VDE/VDI 1996 o.S.).

Das ISDN lässt sich durch Zuschalten je zweier weiterer B-Kanäle stufenweise auf einen Datendurchsatz von bis zu 30 B-Kanälen mit entsprechend 1,92 Mbit/s steigern. Dieser so genannte „Primär-Multiplex-Anschluss" bietet eine vielfach höhere Bildqualität für die Telepräsenz (vgl. ebda). Weiterhin besteht die Möglichkeit der Kompression digitaler Daten, wodurch eine wirtschaftliche Nutzung bestimmter Mehrwertdienste erst realisierbar wird (NITSCHKE 1996 S. 66-69).

Das Digital Subscriber Line -Verfahren (DSL)

Bei dem DSL-Verfahren (Digital Subscriber Line) handelt es sich um Modems, die dem bestehenden Kupferkabelanschluss vorgeschaltet werden. Diese Modems müssen auf beiden Seiten der Leitung installiert sein. Beim DSL-Verfahren kann im niederfrequenten Bereich ein Analogtelefon- oder ISDN-Signal übertragen werden. Oberhalb des Telefoniebandes erfolgt eine symmetrische oder asymmetrische Übertragung von Datensignalen (vgl. KOCH 1999 S. 81). Indem mittels DSL die „Letzte Meile" zwischen der Ortsvermittlungsstelle und dem Teilnehmeranschluss eine höhere Übertragung zulässt, kann nun dieser bisherige „Flaschenhals" für bandbreitenintensive[5] Anwendungen erweitert werden. Alle kupferbasierten Breitbanddienste haben jedoch das Problem, dass mit wachsender Entfernung zwischen Vermittlungsstelle und Teilnehmer die Übertragungsrate sinkt (vgl. LANGE 1999 S. B9).

Die *ADSL*-Technik (Asymetric Digital Subscriber Line) ermöglicht hohe Datenübertragungsraten, die bis zu mehreren Mbit/s reichen und dadurch die ISDN-Geschwindigkeit bis zum Hundertfachen übertreffen. ADSL-Systeme sind wegen ihrer asymmetrischen Funktionsweise in der Lage, Datenmengen bis 6,144 Mbit/s an den Empfänger („downstream") zu übertragen. In die Gegenrichtung („upstream") können bis zu 768 Kbit/s gesendet werden (HOLZINGER 2000 S. 230)[6]. Durch die asymmetrische Charakteristik mit sehr hohem Datendurchsatz für den Empfang eignet sich ADSL vor allem für sog. Abrufdienste wie Video-on-Demand (z.B. Business Television) sowie für den breitbandigen Internetzugang. Für

---

[5] Die Bandbreite (bandwidth) ist die maximale Datenmenge, die pro Zeiteinheit über eine Übertragungsstrecke gesendet werden kann. Sie wird z.B. in Kbit/s (Kilobit pro Sekunde) oder Mbit/s (Megabit pro Sekunde) angegeben (HOLZINGER 2000 S. 228).

[6] Die Deutsche Telekom AG bietet ADSL als „T-DSL" mit Übertragungsraten von 128 Kbit/s upstream und 768 Kbit/s downstream an.

Telepräsenzanwendungen bedeutet die hohe Übertragungsrate von 768 Kbit/s zwar eine wesentliche Verbesserung zu ISDN mit 64 bzw. 128 Kbit/s; hochqualitative telepräsente Sitzungen in Fernsehqualität sind jedoch auch damit nicht durchführbar, weil der Teilnehmer nur 768 Kbit/s („downstream") empfangen kann. Für höhere Ansprüche eignet sich dagegen *SDSL* (Symmetric Digital Subscriber Line). SDSL ermöglicht einen symmetrische Datenaustausch mit hohen Anforderungen sowohl an die Empfangs- als auch an die Sendebitraten. Mit 2,3 Mbit/s in beide Richtungen können hochwertige Videokonferenzen mit Fernsehqualität realisiert werden (vgl. KADERALI & SCHAUP 2000 S. 212f.).

Die verschiedenen DSL-Verfahren werden in Tab. 2-4 zusammengefasst[7].

Tab. 2-4: DSL-Verfahren im Überblick

xDSL	Charakterisierung der DSL-Verfahren
iDSL	Bündelung von ISDN-Kanälen zu je 64 Kbit/s, ohne Entfernungsbegrenzung
ADSL	Asymmetrische Übertragungstechnik mit bis zu 6,144 Mbit/s downstream und 768 Kbit/s upstream, Entfernungsbereich bis 5 km
UADSL	Light-Variante von ADSL mit bis zu 1,5 Mbit/s downstream, 128 Kbit/s upstream, UASDL kann nicht mit ISDN auf einer Leitung betrieben werden, Entfernungsbereich bis 5 km
SDSL	Symmetrisches DSL-Verfahren mit bis zu 2,3 Mbit/s in beide Richtungen, Entfernungsbereich bis 4 km
VDSL	Asymmetrische Übertragungstechnik mit bis zu 52 Mbit/s downstream und 2,3 Mbit/s upstream sowie symmetrische Übetragung mit 26 Mbit/s in beide Richtungen, Entfernungsbereich bis 300 Meter

Quelle: KOLBERG 1998 S. 7, LANGE 1999 S. B9

Durch die schnell ansteigende Verbreitung der DSL-Verfahren nimmt deren Bedeutung für die Telepräsenz kontinuierlich zu. Bereits im ersten Quartal 2001 zählte die Deutsche Telekom über 800.000 eingerichtete ADSL-Anschlüsse in Deutschland. Hierzulande wird bis 2005 mit über 9 Mio. und in Europa mit über 28 Mio. DSL-Anschlüssen gerechnet (vgl. FORRESTER RESEARCH 2000 S. 157, vgl. o.V. 2001a S. 7).

Zukünftige Teilnehmerzugangsnetze

Neben den auf Basis der Kupferleitung arbeitenden Übertragungsverfahren ISDN und DSL werden auch weitere Zugangsnetze diskutiert. Es können auch *TV-Verteilnetze* mit ihren Koaxialkabeln als Zugangsnetz zum Kernnetz verwendbar gemacht werden. Im Jahr 2000 besaßen ca. 50% der deutschen Haushalte einen Kabelanschluss. Spezielle „Cable Modems" ordnen die zu übertragenden Informationen in freien Bändern unterhalb oder oberhalb des Fernsehbandes an und ermöglichen Datenraten von 10-30 Mbit/s. Bislang verfügt das TV-Kabel allerdings noch über keinen Rückkanal. Als ein weiteres Zugangsnetz kommt zukünftig

---

[7] Für eine tiefere technische Betrachtung von ISDN und DSL siehe LANGER (1998 S. 4/5-4/14).

auch das *Stromnetz* („Powerline Communication") in Betracht. Zurzeit ist diese Übertragung aber noch zu störbehaftet und liefert daher nur ungenügende Qualität bei der Datenübermittlung (vgl. KOCH 1999 S. 82f., vgl. MÜLLER-RÖMER 1998 S.74).

(3) Telekommunikationsnetze im Weitverkehr

Die physische Verbindung des Unternehmensnetzwerks über alle Standorte hinweg erfolgt durch Weitverkehrsnetze (das sog. „Wide Area Network", WAN). Für Unternehmen existieren bei der Realisierung zwei Alternativen: Entweder können öffentliche Netze als Backbone genutzt werden, oder große Unternehmen betreiben eigene Kernnetze („private Backbones"), die von Infrastrukturbetreibern (z.B. Deutsche Telekom, Colt Telecom) gemietet werden (vgl. MÜLLER 1998 S. 4/214). Diese Weitverkehrsnetze – die untere Ebene der Netztypologie (siehe Abb. 2-3) – basieren häufig auf dem Breitband-ISDN (B-ISDN) und dieses wiederum auf der ATM-Technik. ATM (Asynchronous Transfer Mode) ermöglicht eine Übertragungsgeschwindigkeit bis zu 622 Mbit/s (vgl. KNETSCH 1996 S. 32). Für den Telepräsenzeinsatz hat dies zwei wesentliche Vorteile: Zum einen werden synchrone Videobilder ohne Kompressionen in einer sehr guten Qualität übertragen, zum anderen findet die telepräsente Kommunikation in den Corporate Networks ohne zusätzlichen Kostenaufwand statt (vgl. GODEHARDT & LIST 1999 S. 134).

(4) Lokale Unternehmensnetze für die Telepräsenz

Neben ISDN für die Verbindung der Telepräsenzsysteme nach *außen*, wächst die Bedeutung *lokaler Netzwerke* (LANs) im Rahmen telepräsenter Kommunikation innerhalb von Unternehmen. Ein LAN dient grundsätzlich der Verbindung verschiedener Daten- und Kommunikationsendeinrichtungen innerhalb eines Gebäudes oder einer Ansammlung von Gebäuden (NITSCHKE 1996 S. 77f.). Es ist vor allem durch folgende zwei Merkmale gekennzeichnet (DANKERT 1998 S. 4/203f.):

- Das Netzwerk ist im Eigentum des Unternehmens, wobei dieses bezüglich des physischen Übertragungsmediums freie Auswahlmöglichkeiten besitzt.
- Das LAN leistet hohe Übertragungsraten (10-100 Mbit/s) mit sehr geringer Fehlerquote. Dieser Vorteil basiert auf den geringen Distanzen, die ein lokales Netzwerk überbrücken muss.

Lokale Netze ermöglichen mit den genannten Übertragungsraten einen schnellen Transfer großer Datenmengen. Somit eignen sie sich für den Transport von Multimedia-Anwendungen, die sehr umfangreiche Datenpakete besitzen. Beispiele sind Multimedia-Mails, synchrone und asynchrone Datenkonferenzen sowie die videogestützte Telepräsenz (vgl. KOCH 1999 S. 85). Trotz der relativ guten Übertragungsraten stoßen LANs aufgrund des stetig steigenden Datenvolumens zunehmend an ihre Grenzen. Für die Planung und den Ausbau der Netzwerke bedeutet dies, dass multimediale Conferencing-Dienste möglichst früh zu berücksichtigen sind (vgl. DONNEMILLER 1999 S. 66).

Um mehrere lokale Netzwerke an unterschiedlichen Standorten zu einem System zusammenzuschließen, werden in vielen Unternehmen „Corporate Networks" (Unternehmensnetzwerke) aufgebaut. Hierbei werden Sprach-, Daten- und Videokommunikation über ein Netzwerk geleitet, welches beliebig auf neue (auch weltweite) Standorte ausgeweitet werden kann. Dabei werden z.T. auch Kunden und Lieferanten in das Netzwerk integriert (vgl. PRIBILLA et al. 1996 S. 41).

(5) Das Internet-Protokoll für die Telepräsenz

Bisher basieren Videokommunikationssysteme wegen der erläuterten Vorteile vor allem auf dem Übertragungsmedium ISDN. Die bedeutendsten Nachteile sind dabei jedoch der Aufwand für Neuverkabelungen von Arbeitsplätzen und die nicht weltweit flächendeckende Verfügbarkeit von ISDN. Diese Nachteile und die Tatsache, dass sich in lokalen Unternehmensnetzen das Internet-Protokoll TCP/IP (Transmission Control Protocol/Internet Protocol) zunehmend durchsetzt, führen zu einer Konvergenz von Sprach- und Datenkommunkation auf IP-Basis (vgl. WIENOLD 1998 S. 179, vgl. SCHARF 1999 S. B1). Das Spektrum der Bandbreite reicht dabei von 64 Kbit/s bis zu 1,5 Mbit/s. Besonders wichtig ist, dass TCP/IP sowohl in *lokalen* als auch in *öffentlichen Netzen* seinen Einsatz findet (ZENK 1994 S. 236f.).

Ein wesentlicher Vorteil des Internet-Protokolls in *internen Unternehmensnetzen* liegt darin, dass ein eigener Kanal für die Datenübertragung bereitsteht. Dagegen wird bei einer ISDN-Übertragung die Bandbreite für den Datentransfer von der vorhandenen Gesamtbandbreite „abgezweigt". Spontane videogestützte Besprechungen sind ohne eine vorhergehende Netzanmeldung möglich. Während bei ISDN-Verwendung eine hohe Anzahl an Videokonferenzen das Unternehmensnetzwerk zum Absturz bringen kann, steuert eine spezielle Software (der sog. „Gatekeeper") die erforderlichen Bandbreiten. Auf diese Weise werden weitere Verbindungen abgelehnt, wenn die der Videoübertragung zugewiesene Bandbreite erschöpft ist. *Voice* und *Video over IP* hat den weiteren Vorteil der Integrationsmöglichkeit in bestehende Netzwerke (vgl. WIENOLD 1998 S. 180f.).

Gegenüber den starken Unternehmensnetzen ist das *öffentliche Internet* allerdings oft überlastet und gewährleistet noch keine gleich bleibende Qualität (sog. „Quality of Services") der Bewegtbildübermittlung. Daher sind professionelle telepräsente Anwendungen bislang nicht realisierbar. Wenn aber zukünftig durch den Ausbau der Zugangs- und Weitverkehrsnetze die Bandbreiten im öffentlichen Internet anwachsen, werden auch Telepräsenzanwendungen im World Wide Web (WWW) möglich (vgl. WILCOX 2000 S. 360). Eine Delphi-Studie des Bundesamtes für Sicherheit in der Informationstechnik geht davon aus, dass ab dem Jahr 2006 die Dienstgüte und Bandbreite des Internet auch für den Endanwender so gut ausgebildet sind, dass Anwendungen wie Voice und Video over IP in höchster Qualität übertragen werden können (vgl. BROY et al. 2000 S. 67). Die stark wachsenden Absatzzahlen von sog. Webcams für handelsübliche Personal Computer (PCs) weisen zusätzlich darauf hin, dass Videoconferencing auch in privaten Haushalten und in kleinere Unternehmen Einzug hält (vgl. O.V. 2000f S. 65). Mit diesen ist es bereits heute möglich, an sprach- oder textbasierten Video-Chats[8] im Internet teilzunehmen oder eine einfache, qualitativ minderwertigere Videokommunikation aufzubauen.

Abschließend ist festzustellen, dass trotz jüngster Entwicklungen in der Telekommunikation die Bandbreiten der Netze oftmals noch zu gering sind, um die benötigten Datenströme für Telepräsenzanwendungen zu übertragen. Aus diesem Grunde sind Datenkompressionen von besonderer Bedeutung.

2.3.2.2 Kompressionen und Standards

Für eine Echtzeitvermittlung der Telepräsenz über Telekommunikationsnetze sind die Sprach- und Videoqualität von besonderer Bedeutung. Das Problem der Digitalisierung von Bewegtbildern besteht darin, dass für jeden einzelnen Bildpunkt Informationen über die Helligkeit und Farbe gespeichert werden müssen. Um nun Bilder als Bewegungen wahrzunehmen, müssen mehrere Bilder pro Sekunde übertragen werden. Das Fernsehen zeigt 50 Bilder pro Sekunde. Heutige Videokonferenzsysteme auf ISDN-Basis arbeiten i.d.R. mit 15 bis 30 Bildern pro Sekunde (vgl. LAUTZ 1995 S. 48). Neben diesen Videoströmen müssen zusätzlich Audio- und Datenströme über die Telekommunikationsnetze transferiert werden, was ebenfalls Netzkapazitäten erfordert (SANDKUHL 1997 S. 364):

- Eine Sprachverbindung mit Telefonqualität benötigt unkomprimiert 8 Kbit/s und 172 Kbit/s in Audio-CD- und Stereo-Qualität.

- Die Videoverbindung erfordert unkomprimiert 2,1 Mbit/s und in HDTV-Qualität sogar 22,5 Mbit/s.

- Es wird ein Datenstrom für die Synchronisation der Konferenzsteuerung und des Datenaufkommens benötigt. Die Datenmengen sind hierbei von der jeweiligen Anwendung (z.B. Application Sharing) abhängig.

Wenn keine Hochgeschwindigkeitsnetze mit Transferraten von ca. 100 Mbit/s (z.B. ATM) zur Verfügung stehen, dann können langsamere Netze (z.B. ISDN) nur mit geeigneten Datenkomprimierungsverfahren eine akzeptable Bildqualität realisieren.

---

[8] Chatrooms mit Bewegtbildübertragung bieten u.a. CuSeeMe.com und Eyball.com an.

(1) Relevante Datenkompressionsverfahren für die Telepräsenz

Das MPEG-Format für Bewegtbilder

Die Expertenrunde mit dem Namen „Moving Pictures Experts Group" (MPEG) hat einen Kompressionsstandard für Audio- und Video-Datenströme entwickelt. Es wurde ein komprimierter Bit-Datenstrom für Audio- und Videodaten definiert. Dieser Datenstrom wurde so festgelegt, dass er mit einer Bandbreite von 1,5 Mbit/s auskommt. Dies entspricht der Datenrate von (unkomprimierten) Audio-CDs und DATs (Digital Audio Tape) (FOKS 1996 S. 25). Dabei werden nur die Teile eines Bildes übertragen, die sich im Vergleich zum vorherigen Bild verändert haben. Bei der Videokommunikation werden z.B. nur Bewegungen des Gesichtes und des Kopfes übertragen, während der Hintergrund sich nicht verändert und daher auch nicht erneut übertragen werden muss. Diese Reduzierung entfernt lediglich Informationen, die vom menschlichen Auge ohnehin nicht bemerkt werden (vgl. LAUTZ 1995 S. 49).

Der MPEG-Standard enthält auch ein Verfahren für den Audioanteil von Bewegtbildern. Bei diesem werden ähnlich dem Verfahren zur Reduzierung von Bewegungen bestimmte Frequenzanteile aus dem Audiostrom herausgefiltert und komprimiert. Mit dem MPEG-Verfahren kann eine Kompressionsrate von 26:1 erreicht werden. Bei einer zur Verfügung stehenden Bandbreite von 1,5 Mbit/s teilt sich diese auf in ca. 1,1 Mbit/s für den Videoanteil und 0,4 Mbit/s für den Audioanteil (FOKS 1996 S. 27).

Das JPEG-Format für Standbilder

Für die Übertragung von hoch aufgelösten Standbildern in Telepräsenz-Sitzungen bedarf es eines weiteren Codierungsverfahrens mit einer möglichst großen Datenreduktion. Das JPEG-Format wurde von dem Gremium „Joint Photographic Expert Group" (JPEG) entworfen. Es arbeitet analog zum MPEG-Verfahren; es ist aber mit wesentlich weniger Aufwand zu realisieren, weil im Gegensatz zu MPEG keine Identifizierung von sich bewegenden Blöcken durchgeführt werden muss. Das Verfahren beschränkt sich auf die Reduktion des Farbraumes und eine geeignete Codierung von Bildblöcken (ebda).

(2) Relevante Standards für die Telepräsenz

Ein großes Problem der Telepräsenz mit Videokommunikationssystemen lag lange Zeit darin, dass im internationalen Bereich unterschiedliche Standards für die Videokommunikation eingesetzt wurden und daher nur eine mangelhafte Kompatibilität gewährleistet war. Oftmals war es nur möglich, mit Kommunikationspartnern in Verbindung zu treten, die ein Telepräsenzgerät von demselben Hersteller benutzten (vgl. RANGOSCH-DU MOULIN 1997a S. 73). Um dieses Problem zu beseitigen, einigten sich Hersteller und die übergreifende UNO-

2. Zwischenmenschliche Kommunikation mittels Telepräsenz

Organisation ITU („International Telecommunications Union") auf die Einführung weltweiter Standards. Diese Standards sind für die Kompatibilität und damit für die unternehmensübergreifende Nutzung der Telepräsenzsysteme von großer Wichtigkeit. Im Folgenden werden die wichtigsten Standards kurz dargestellt:

H.320 ist die inzwischen etablierte Standardsammlung für Videokonferenzen über ISDN. Sie umfasst die Protokolle für die Kodierung von Audio- und Videosignalen und regelt darüber hinaus die Synchronisation der Übertragung. H.320 regelt sowohl Punkt-zu-Punkt- als auch Mehrpunkt-Konferenzen (O.V. 1997b S. 73).

Ähnlich wie H.320 regelt die Protokollsuite *H.323* die Audio- und Videoübertragung. Dies gilt allerdings speziell für paketbasierende Netzwerke, die keine garantierte Bandbreite aufweisen. Das ist der Fall in LANs und im Internet. Ein wichtiges Element ist die Netzkontrolle und hierbei speziell das Schützen anderer kritischer Netzanwendungen vor der H.323-Übertragung. Des Weiteren verbessert der Standard den Übergang vom LAN in das ISDN (HASSENMÜLLER 1998a S. 186).

Die *T.120*-Standardserie beschreibt Übertragungsprotokolle für Multimediadateien und -anwendungen. Sie regelt damit die Zusammenarbeit verschiedener Nutzer an einem Dokument. T.120 ermöglich somit das „Application Sharing" bei Anwendungssoftware wie CAD-Programmen (O.V. 1997b S. 73). T.120 ist integrierbar in H.323, so dass Datenverbindungen aus einer bestehenden H.323-Videokonferenz gestartet werden können (vgl. HASSENMÜLLER 1998b S. 186).

Tab. 2-5 erfasst für die Vollständigkeit weitere wichtige Standards für die Telepräsenzkommunikation (für eine tiefergehende Sicht technischer Aspekte siehe SCHAPHORST 1999):

Tab. 2-5: Weitere wichtige Standards für Telepräsenz-Übertragungen

Standard	Inhalt
H.221	Regelung der kombinierten Übertragung von Audio-, Video-, Daten- u. Kontrollsignalen
H.224	Echtzeitprotokoll für einfache Applikationen mit 64 bis 1920 Kbit/s (Grundlage für die Kamerafernsteuerung)
H.225	Nachrichten für Verbindungskontrolle, inkl. Signalisierung, Registrierung, Zugang, Formatierung, Synchronisation der Datenströme
H.230, H.242, H.243	Kontroll- und Indikationssignale, Signalisierungsstandard für audiovisuelle Verbindungen
H.245	Spezifiziert Meldungen für Auf- u. Abbau von Kanälen zur multimedialen Datenübertragung
H.263	Videocodec für Übertragungen über analoge Leitungen
G.711	Empfehlungen für die Sprachübertragung bei niedriger Audioqualität mit 3,1 kHz bei 48, 56 oder 64 Kbit/s für das Audiosignal
G.722	Empfehlungen für Sprachübertragung bei hoher Audioqualität mit 7 kHz bei 48 oder 64 Kbit/s für das Audiosignal

Quelle: LAUTZ 1995 S. 51, SCHILDER 1997 S. 56, SANDKUHL 1997 S. 360

2.3.3. Aktuelle Systeme der Telepräsenz

Nachdem in den vorherigen Abschnitten die bisherige Entwicklung der Telepräsenz sowie deren telekommunikativen Voraussetzungen erläutert wurden, erfolgt nun die Darstellung, der von Unternehmen zurzeit am häufigsten genutzten Systeme und ihrer Funktionsweisen. Videogestützte Telepräsenzsysteme lassen sich dabei grundsätzlich nach verschiedenen, sich jedoch überschneidenden, Kriterien systematisieren (REDEL 1999b S. 352, SPREY 1997 S. 41f.).

(1) Es kann nach *Verbindungsformen* zwischen Teilnehmern einer telepräsenten Kommunikation unterschieden werden. Hierbei existieren die folgenden drei Verbindungsformen (vgl. MARCOS & JOHN 1997 S. 9):

- Point-to-Point: Direkte Verbindung zwischen zwei Systemen an verschiedenen Standorten.

- Point-to-Multipoint: Direkte Verbindung zwischen einem Benutzer an einem Ort und verschiedenen Kommunikationspartnern an unterschiedlichen Orten.

- Multipoint: Direkte Verbindung zwischen verschiedenen Anwendern an unterschiedlichen Standorten.

(2) Des Weiteren kann auch nach der *Mobilität* unterschieden werden. Es gibt räumlich fixierte sowie mobile Videokommunikationssysteme. Weiterhin ist es (3) möglich, mittels der *Übertragungstechnologie* (siehe 2.3.2.1) Telepräsenzsysteme zu klassifizieren: So befinden sich unter anderem internet- und ISDN-basierte Systeme im Einsatz (vgl. REDEL 1999b S. 352).

In Wissenschaft und Praxis hat sich (4) die Einteilung nach dem *räumlichen Standort* der Systeme weitgehend durchgesetzt, so dass dieser Systematik in der vorliegenden Arbeit gefolgt werden soll. Hierbei wird in *raumbasierte Videokonferenzsysteme* sowie in *arbeitsplatzbasierte* bzw. *Desktop-Videokommunikationssysteme* unterteilt (vgl. z.B. ANGIOLILLO et al. 1997 S. 52f., SPREY 1997 S. 41f., PARKE 1999 S. 18). Ergänzt wird diese Klassifizierung durch *terminalbasierte Videokommunikationssysteme*. Multimediale Terminals bzw. Kiosksysteme werden unter räumlichen Gesichtspunkten z.B. an öffentlichen Plätzen, auf Messen oder in Unternehmen bereitgestellt (vgl. SILBERER 2001a S. 819). Die nachfolgende Abb. 2-5 stellt die vorgenommene Einteilung dar und berücksichtigt alle aktuellen Systemklassen der Videokommunikation (VK):

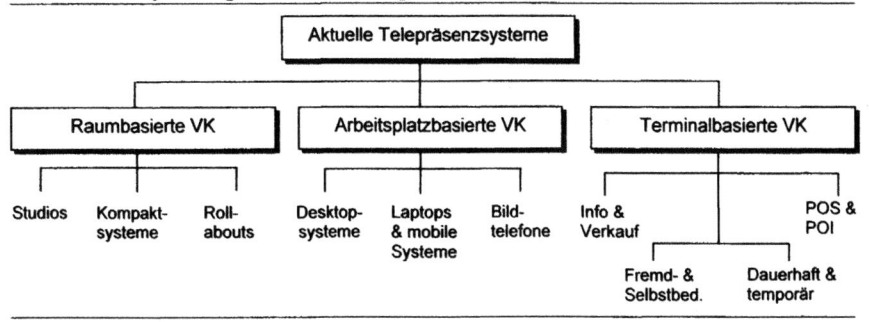

Abb. 2-5: Klassifizierung der aktuellen Telepräsenzsysteme

```
                          Aktuelle Telepräsenzsysteme
         ┌──────────────────────────┼──────────────────────────┐
   Raumbasierte VK           Arbeitsplatzbasierte VK      Terminalbasierte VK
   ┌──────┼──────┐           ┌──────┼──────┐              ┌──────┴──────┐
Studios Kompakt- Roll-   Desktop- Laptops  Bild-       Info &        POS &
        systeme  abouts  systeme  & mobile telefone    Verkauf       POI
                                  Systeme              ┌────┴────┐
                                                    Fremd- &   Dauerhaft &
                                                    Selbstbed. temporär
```

Eigene Darstellung

2.3.3.1 Raumbasierte Videokommunikation

Videokonferenzstudios und Besprechungsraumkonferenzen

Videokonferenzen zwischen speziell ausgerüsteten *Studios* stellen die älteste Form der videogestützten Telepräsenz in Organisationen dar. Diese fest installierten Studios sind i.d.R. für mehrere Personen ausgelegt, da die hochwertigen Kameras sowohl Weitwinkel- als auch Nahaufnahmen liefern. Studios besitzen zwei bis drei Monitore (siehe Abb. 2-7). Ein Bildschirm wird für Personenbilder und ein oder zwei weitere Monitore werden für gemeinsam zu bearbeitende Computerprogramme und Materialien eingesetzt (vgl. SCHAPHORST 1999 S. 17f.). Aus Kostengründen rüsten viele Unternehmen klassische *Besprechungszimmer* mit hochwertigen Videokonferenzeinrichtungen aus, um die Mehrfachnutzung des Zimmers zu ermöglichen und um dadurch mehrere Systeme dezentral im Unternehmen zu verteilen. Dies hat den Vorteil, dass Anfahrten zu zentralen Studios entfallen und verschiedene Arbeitsgruppen auf diese rasch zugreifen können (vgl. MÜHLBACH 1990 S. 221).

Die Kameras in Studios und Besprechungszimmern können sowohl fixiert als auch schwenkbar eingerichtet sein. Moderne Systeme stellen mittels eines Geräuschsensors ihre Kamera automatisch auf den Sprechenden ein, womit die manuelle Steuerung der Kamera entfällt. Damit erkennt das System, wo sich ein einzelner Sprecher befindet oder ob eine Diskussion zwischen zwei oder mehreren Personen im Raum stattfindet. Entsprechend der Anzahl der Sprechenden stellt die Kamera den richtigen Winkel ein, damit alle Diskussionsteilnehmer zu sehen sind (vgl. PERRIN 1998 S. 25, vgl. o.V. 2000a S. 36). Durch die hochwertigen Kameras der Raumsysteme werden nonverbale Signale wie Mimik und Gestik der Teilnehmer im Vergleich zu anderen Telekommunikationsangeboten am authentischsten übertragen (vgl. BRONNER & APPEL 1996 S. 20).

Zudem lassen sich nach Bedarf Hilfsmittel wie Flip-Chart, Wandtafel oder Overhead-Projektion in die Konferenz integrieren. Die übertragenen Bilder bzw. Daten werden dann bei den Gegenstellen „live" auf einer Präsentationsleinwand oder auf dem Bildschirm gezeigt und können von beiden Seiten bearbeitet werden. Neben der Kommunikation zwischen zwei Gruppen sind auch Multipoint-Konferenzen mit Teilnehmern an vielen verschieden Standorten realisierbar. Eine Videokonferenz wird i.d.R. mit einer kabellosen Infrarot-Fernbedienung gesteuert (siehe Abb. 2-6). Mit dieser Fernbedienung können manuell die verschiedenen Personen und Gegenstände im Raum angesteuert werden. Zudem ist es jederzeit möglich, die Audio-Aufnahme zu unterbrechen, um für die Gegenstelle ungehört zu sprechen. Zu einer Studioeinrichtung gehören weiterhin Telefon- und Faxgeräte sowie gegebenenfalls auch ein Videorecorder, um Videobilder einzuspielen oder Teile der Konferenz aufzuzeichnen (vgl. KUHNERT 1997 S. 188f., vgl. WILCOX 2000 S. 269). Wichtig ist für die optimale Übertragungsqualität von Bild und Ton eine besondere Schallisolation, damit kein Nachhall die Sprachqualität beeinträchtigt. Die Raumbeleuchtung muss eine schattenfreie Belichtung der Aufnahmefelder sicherstellen sowie Lichtreflexionen auf den Monitoren verhindern (vgl. HEINER 1987 S. 255). Diese Anforderungen erfüllen meist nur die kostspieligen Studios. An normalen Besprechungsräumen werden i.d.R. keine besonderen Umbauten durchgeführt.

Die Studio- und Konferenzraumsysteme übertragen die Video- und Audiodaten in der Regel mit mindestens 384 Kbit/s. Diese Übertragungsgeschwindigkeit und die ausgezeichneten Kameraobjektive ermöglichen die beste Bildqualität *aller* Systeme. Ein Vorteil von Raumsystemen gegenüber kleineren Systemen ist ferner die umfangreichere Ausstattung mit Kameras und Monitoren, die es den Teilnehmern erlauben, neben dem aktuellen Bild der Gesprächspartner gleichzeitig die Übertragung der Dokumentenkamera und ihr eigenes abgehendes Bild zu sehen. Als Nachteile sind die hohen Anfangsinvestitionen für die Ausstattung, die feste Belegung eines Raumes (Immobilität der Videokonferenzanlage) und die noch teilweise komplizierte Bedienung anzusehen (vgl. RANGOSCH-DU MOULIN 1997a S. 65f., SCHULTE 1993 S. 27).

Abb. 2-6: Videokonferenzstudio

Quelle: VTEL 2000 o.S.

Rollabout-Systeme

So genannte „Rollabout-Systeme" befinden sich auf einem beweglichen Tisch mit Rädern und sind u.a. in einem Labor oder in einer Fabrik einsetzbar (siehe Abb. 2-7). Der Monitor arbeitet mit einer Bild-in-Bild-Technik, d.h. das ankommende Bild wird in Fernsehgröße dargestellt, und das abgehende Bild wird als kleines Fenster eingeblendet. Das Mikrophon und eine schwenkbare Kamera sind fest installiert. Rollabouts sind mobil einsetzbar und benötigen lediglich einen Strom- und Netzwerkanschluss. Eine weitere Dokumentenkamera kann ebenfalls angeschlossen werden. Rollabout-Systeme sind für Besprechungen mit bis zu sechs Personen auf jeder Seite geeignet. Haupteinsatzgebiet ist bislang das Zeigen und sofortige Besprechungen von Maschinen- oder Laborproblemen. Die Verbindungen werden vor allem mit Hilfe von ISDN und LANs realisiert. In der Regel erfolgen Punkt-zu-Punkt-Verbindungen zwischen den Teilnehmern (vgl. REDEL 1999b S. 355, vgl. HAHN 1994 S. 114).

Abb. 2-7: Rollabout-Videokommunikationssystem

Quelle: MVC 2000 S. 24

Aufgrund seiner Beweglichkeit erfordert ein Rollabout-System nicht zwingend einen eigenen Raum. Ein System ist kostengünstiger als Videokonferenzstudios, relativ einfach in der Handhabung und benötigt wenig Platz. Nachteilig ist die Beschränkung auf nur einen Bildschirm, wenn zwischen Dokumentenkamera und Personenbild hin- und hergeschaltet werden muss (vgl. KUHNERT 1997 S. 181).

Kompaktsysteme

Eine weitere Systemeinheit für Gruppen-Videokonferenzen sind sog. „Kompaktsysteme". Diese leichten Geräte werden in einer speziellen Tasche transportiert, auf einen herkömmlichen Fernseher gestellt und mit diesem und dem Netzwerk verbunden. In der Regel arbeiten die Systeme mit 128 Kbit/s ISDN-Verbindungen und werden auch für Multipoint-Besprechungen genutzt (vgl. PERRIN 1998 S. 26). Gesteuert wird das System mittels einer Infrarot-Fernbedienung, die das Zoomen bis zu einem Kamerawinkel von ca. 66 Grad erlaubt. Die Kamera kann mittels der Fernbedienung zu den einzelnen Teilnehmern geschwenkt werden, wobei sich die Neigeposition speichern lässt (vgl. GULICH 1998 S. 63).

Die Systeme der Kompaktklasse besitzen ebenfalls eine Schnittstelle zu einem Personal Computer, über den Daten und Präsentationen mit den Kommunikationspartnern ausgetauscht werden. Zusätzlich lassen sich Scanner, Dokumentenkameras und elektronische Wandtafeln anschließen (O.V. 2000a S. 36, siehe Abb. 2-8). Die Geräte sind auf der einen Seite kostenintensiver als Desktop-Systeme, auf der anderen Seite sind die Anschaffungskosten um ein Vielfaches niedriger als bei fest installierten Raum-Videokonferenzen.

Abb. 2-8: Kompaktsystem im Besprechungsraum

Quelle: MVC 2000 S. 40

Zusammenfassend ist festzustellen, dass Rollabout- und Kompaktsysteme grundsätzlich auch für Gruppen mit bis ca. sechs Personen auf jeder Seite konzipiert sind. Aus diesem und aus preislichen Gründen werden diese Systeme in Unternehmen faktisch wie fest installierte Raumsysteme genutzt. In der Praxis werden die flexiblen Geräte darüber hinaus auch an Arbeitsplätzen für die Kommunikation zwischen zwei Personen aufgebaut (PREY 19.09.2000, vgl. WILCOX 2000 S. 254).

2.3.3.2 Arbeitsplatzbasierte Videokommunikation

PC-basierte Videokommunikation

Die Videokommunikation am Arbeitsplatz basiert auf immobilen Tischrechnern (sog. Desktopsystemen) und auf mobilen Computern (sog. Laptops). Die technischen Grundlagen beider Erscheinungsformen sind i.d.R. identisch: Sie bestehen aus einem PC und einer Kamera, die am oder neben dem Bildschirm angebracht ist. Die meisten Systeme arbeiten mit Steckkarten, die zusätzliche Rechenleistung für das Komprimieren und Dekomprimieren der Daten bereitstellen. Andere Produkte setzen dagegen auf die ressourcenintensive Softwareverarbeitung der Signale (z.B. Microsoft NetMeeting). Mikrophon und Lautsprecher sind i.d.R. neben dem Computer plaziert oder werden durch einen Kopfhörer mit Sprechvorrichtung (Headset) ersetzt. Desktop- und Laptopsysteme sind vor allem für die Kommunikation zwischen zwei Beteiligten ausgelegt (Point-to-Point). Sie werden in selteneren Fällen aber auch für Multipoint-Konferenzen eingesetzt (vgl. PERRIN 1998 S. 26, siehe Abb. 2-9).

Abb. 2-9: Desktop-Videokommunikation

Quelle: SONY 2000 S. 22

Mittels Bild-in-Bild-Technik wird das Bild des Gesprächspartners eingeblendet. Zusätzlich lassen sich Text- oder Grafikdokumente am Bildschirm darstellen und gleichzeitig bearbeiten („Joint Editing"). Der asynchrone Datentransfer ist ebenfalls zwischen den verbundenen Systemen möglich. Externe Videos werden von einem Videorecorder oder Camcorder eingespielt. Des Weiteren können die Verbindungsteilnehmer gleichzeitig mit derselben Softwareanwendung arbeiten („Application Sharing", siehe Punkt 2.2.3.2). In dieser Option liegt ein großer Vorteil des Systems, denn nur ein Anwender muss ein bestimmtes Programm auf seinem Rechner installieren. Die anderen Kommunikationspartner können auf eine Anwendung mit erteilter Erlaubnis zugreifen und die Dateien abspeichern. Mit der gemeinsamen Dokumentenbearbeitung werden auftretende Probleme besprochen und ohne Medienbrüche gelöst. Nachteilig ist der geringe Bildausschnitt bei der Videoübertragung, da nur ein kleiner Teil der nonverbalen Kommunikation übertragen wird (vgl. HÄUSLER 1994 S. 45f., vgl. BRABENDER 1995 S. 75). Bei der arbeitsplatzbezogenen Videokommunikation fallen keine Raumbuchungen und Wege zu den Videokonferenzstudios an. Der damit verbundene Zeitverlust entfällt. Ferner liegen die Investitionsbeträge deutlich unter denen der Studiosysteme, da bereits vorhandene Komponenten der Computer genutzt werden können (vgl. REDEL 1999b S. 353).

Die Nutzung von Desktopsystemen für die Videokommunikation ist weitaus verbreiteter als der *Laptopeinsatz*. Tischrechner besitzen den Vorteil, dass sie eine sehr hohe Verbreitung in Unternehmen aufweisen und nahezu alle am Unternehmensnetz angeschlossen sind (FOCUS 2001 S. 12). Die Leistungsfähigkeit und der Preisverfall bei multimediafähigen Laptops sorgt jedoch für eine Zunahme von tragbaren Computern in Unternehmen. Marktforscher rechnen mit einem Wachstum der Laptopverbreitung bei den Mitarbeitern von derzeit 5% bis 15% auf

40% in europäischen Unternehmen in den nächsten Jahren (METAGROUP zit. n. HILDEBRAND 2001 S. 213).

Grenzen der PC-basierten Videokommunikationssysteme liegen u.a. darin, dass selbst bei der Nutzung zweier ISDN-Kanäle (128 Kbit/s) nur zeitlich verzögerte Bilder ausgetauscht werden können. Probleme entstehen auch dann, wenn sich der Kommunikationspartner in einem Land ohne ISDN-Netze befindet. Das Ausweichen auf ein analoges Modem (z.B. mit 56 Kbit/s) hat weitere Abstriche in der Audio- und Videoübertragung zur Folge. Des Weiteren entstehen Probleme, wenn nicht an jedem Arbeitsplatz ISDN- oder LAN-Verbindungen vorhanden sind.

Bildtelefone

Das Bildtelefon ist eine Kombination aus dem akustisch orientierten Telefon und einer Videokamera-Monitor-Station. Es ist für eine Person je Endgerät ausgelegt. Das Bildtelefon kann mit einer zusätzlichen Kamera (z.B. Dokumentenkamera) erweitert werden, um Grafiken oder Textstellen in höherer Qualität auf dem Monitor des Kommunikationspartners zu visualisieren. Die Kamera ist meist direkt über dem Bildschirm des Telefons installiert und nimmt ein Kopf-Brust-Bild des Sprechers auf, das auf dem Monitor des Gesprächspartners wiedergegeben wird. Als kleines Bild-in-Bild lässt sich das abgehende Bild einblenden. Über herkömmliche Telefonhörer oder über Mikrophon und Lautsprecher erfolgt die akustische Verständigung. Die Kommunizierenden können sich also gleichzeitig hören und sehen oder sich Gegenstände, Grafiken oder Tabellen zeigen und diese besprechen (vgl. RANGOSCH-DU MOULIN 1997a S. 65f.).

Vorteile des Bildtelefons sind die einfache Bedienung, der geringe Platzbedarf und die niedrigen Anschaffungskosten. Es können auch Konferenzschaltungen mit mehreren Kommunikationspartnern durchgeführt werden. Mit Bildtelefonen lassen sich zudem Verbindungen zu anderen Telepräsenzsystemen aufnehmen. Auch beim Bildtelefon wird jedoch wegen des kleinen Kopf-Brust-Bildes des Gesprächspartners nur ein geringer Teil der nonverbalen Kommunikation übermittelt (vgl. GULICH 1998 S. 62).

Bildtelefone spielen entgegen der früheren Meinung der Diensteanbieter im gewerblichen wie auch im privaten Bereich zurzeit und wohl auch in Zukunft keine große Rolle. Die Zukunft der Bildtelefone liegt vielmehr in mobilen Multifunktionsgeräten auf UMTS-Basis (vgl. ROESCHIES 1998 S. 209, siehe Punkt 2.3.4).

2.3.3.3 Terminalbasierte Videokommunikation

Multimediale Terminalsysteme sind rechnergestützte Informations- und/oder Transaktionssysteme an öffentlich zugänglichen Orten, von welchen über einfache Benutzerschnittstellen multimodale Informationen abgerufen oder Transaktionen getätigt werden können (SILBERER

& FISCHER 2000 S. 3f.). Nach SILBERER (1999 S. 2) lässt sich nach Trägerschaft, Leistungsspektrum, Standorts, Bedienungsform und Einsatzdauer in (1) private vs. kooperative Terminals, (2) Informationsterminals vs. Smart Shops, (3) Point-of-Sale (POS)- vs. Point-of-Information (POI)-Systeme, (4) Fremdbedienungs- vs. Selbstbedienungsterminals sowie in (5) Dauereinrichtungen vs. zeitlich begrenzte Anwendungen unterscheiden.

Für die Erweiterung von Offline-Terminals zu Telepräsenzsystemen ist die Entwicklung bedeutend, dass die Geräte zunehmend an Telekommunikationsnetze angeschlossen werden. Dadurch bieten bereits einige Terminals klassische Telekommunikationsdienste wie Telefonieren, E-Mail und Chat-Rooms an (vgl. SILBERER 2000b S. 297). Erst seit wenigen Jahren sind Terminals auf dem Markt, die die Vorzüge von traditionellen Kiosksystemen mit der rechnerbasierten Videokommunikation verknüpfen. Ziel dieser Integration ist es, dem Kunden sowohl umfassende Informationen durch das Terminal und zugleich eine persönliche Beratung über einen audiovisuellen Kontakt anzubieten. Diese telepräsente One-to-One-Kommunikation erlaubt eine dialogische Interaktion mit potenziellen und aktuellen Kunden und stellt damit eine erhebliche Erweiterung reiner Abrufsysteme alter Prägung dar (vgl. SILBERER 2001b S. 37). Technisch ist es notwendig, jederzeit eine Verbindung zum Berater herstellen zu können. Das erfolgt in der Regel über ISDN mit 128 Kbit/s. Allerdings sind auch schnellere Verbindungen im LAN des jeweiligen Unternehmens denkbar (vgl. HUBERT 1999 S. 135f.).

Die Vorteile der rechnerbasierten Videokommunikation am Arbeitsplatz treffen auch auf Video-Terminals zu. Der Berater kann dem Kunden Informationen wie Kalkulationen oder Charts via Application Sharing anzeigen, ohne dass die jeweilige Software am Terminal verfügbar sein muss. Gemeinsam erarbeitete Ergebnisse lassen sich durch den Terminaldrucker ausdrucken (vgl. WÜNDERLICH 1999 S. 42). Die telepräsenzgestützten Terminalsysteme können z.B. im Rahmen von Beratungsgesprächen in Bankfilialen eingesetzt werden. Auf diese Weise werden Spezialisten hinzugezogen, die nur in der Zentrale physisch präsent, aber in mehreren Filialen „telepräsent" sind (vgl. SCHNEIDER 1994 S. 117).

Die Telepräsenz-Komponente in Terminals stellt eine *Querschnittfunktion* dar. Die quasipersönliche Kommunikation ist in alle o.g. Kiosvarianten integrierbar: Der Telepräsenzkontakt unterstützt neben der Informations- auch die Verkaufsfunktion des Terminals. Er ist sowohl am POS als auch am POI denkbar. Die Kommunikation kann mit einem Fremd- und einem Selbstbedienungssystem sowie mit einem dauerhaften oder einem temporären Terminal aufgebaut werden.

Abschließend ist festzuhalten, dass, nachdem die einzelnen Telekommunikationsnetze und damit auch die Telepräsenzsysteme lange Zeit getrennt voneinander arbeiteten, es inzwischen möglich ist, diese Isolierung mit einer Kopplung der Netze zu überwinden. Die technische

Verbindungsarbeit übernehmen dabei sog. „Gateways". Auf diese Weise lassen sich z.B. IP-basierte LAN- mit ISDN- oder ATM-Videokonferenzen verbinden (vgl. HASSENMÜLLER 1998a S. 195). Die Abb. 2-10 stellt die Verknüpfung sowohl verschiedener Telekommunikationsnetze als auch unterschiedlicher Telepräsenzsysteme dar.

Abb. 2-10: Kopplung von verschiedenen Netzen und Telepräsenzsystemen

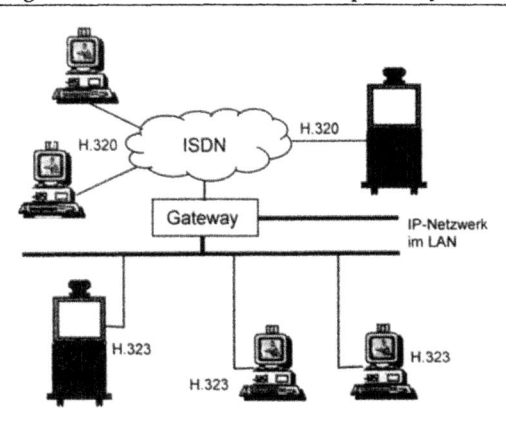

Eigene Darstellung

2.3.4 Zukünftige Entwicklung der Telepräsenz

Die zukünftige Entwicklung der Telepräsenz ist zum einen durch die fortwährende Verbesserung von Rechnerleistungen und Softwareprodukten geprägt. Zum anderen spielen Fortschritte der Telekommunikationsinfrastruktur eine wesentliche Rolle. Die in naher Zukunft anstehenden Erweiterungen der *Zugangsnetze* (DSL, TV- und Stromnetze) und *Weitverkehrsnetze* (Ausbau der Glasfaserverbindungen) wurden bereits angesprochen. Eine für Telepräsenzanwendungen wesentliche Entwicklung betrifft die Einführung des neuen Mobilfunkstandards *UMTS* (Universal Mobile Telecommunication System). Mit diesem Mobilfunkstandard der dritten Generation erfolgt eine paketvermittelte Datenübertragung von bis zu 2 Mbit/s, die eine multimediale Kommunikation erlaubt. Neben Anwendungen wie Video-on-Demand, Internetangeboten und Mobile Commerce werden auch Videokonferenzen möglich. Es ist zu erwarten, dass diese einerseits über spezielle Mobiltelefone mit eingebauter Kamera erfolgen. Andererseits werden die Telefone auch für den Anschluss von Laptops an Intranets und Internet sorgen (vgl. SILBERER et al. 2001 S. 217f., PECH et al. 2001 S. 59). Dadurch könnten beispielsweise Außendienstmitarbeiter am Kundenstandort einen „telepräsenten" Spezialisten in das Beratungsgespräch integrieren.

2.4 Kommunikative und betriebswirtschaftliche Besonderheiten der Telepräsenz

2.4.1 Besondere Merkmale der telepräsenten Kommunikation

In diesem Abschnitt werden die erarbeiteten Grundlagen der zwischenmenschlichen und organisationalen Kommunikation mit der Telepräsenz zusammengeführt, um die besonderen Charakteristika der telepräsenten Kommunikation im Unternehmen aufzuzeigen.

2.4.1.1 Besondere Merkmale der zwischenmenschlichen Kommunikation

Die Kommunikation mithilfe von Telepräsenztechnologien ist für die Benutzer eine neue Interaktionssituation und weist noch immer wesentliche Unterschiede zu realen Besprechungen auf. Die Besonderheiten der zwischenmenschlichen Kommunikation in der Telepräsenz und die damit verbundenen Defizite werden im Folgenden anhand von Kommunikationsphasen erläutert. Diese werden in *präkommunikative, kommunikative* sowie in *postkommunikative* Phasen unterteilt (vgl. SCHULZ 1971 S. 100, vgl. SCHLOBACH 1989 S. 132):

(1) Die präkommunikative Phase der Telepräsenz

In der präkommunikativen Phase erfolgt die Vorbereitung und die Anbahnung des eigentlichen Kommunikationsaktes. Im Rahmen der *Vorbereitung* können Dokumente im Rechner bereitgestellt, später ohne Medienbrüche in eine telepräsente Konferenz eingespielt und gemeinsam bearbeitet werden. Empirische Untersuchungen zeigen zudem, dass sich die Teilnehmer für Videokonferenzen häufig intensiver vorbereiten als für klassische Besprechungen (vgl. z.B. ANTONI 1990 S. 132). Das liegt zum einen daran, dass die reservierten Besprechungsräume nur begrenzt zur Verfügung stehen und dadurch der Zeitplan strikt eingehalten werden muss, zum anderen können Mitarbeiter die durch den Wegfall der Reise gewonnene Zeit für eine intensivere Planung des Gesprächs nutzen.

Die *Anbahnung* der Kommunikation erfolgt in Unternehmen geplant oder ungeplant. Sie weist Unterschiede zur klassischen Kommunikation auf: Die Telepräsenz am Arbeitsplatz – via Desktop-Videokommunikationssysteme oder Bildtelefon – erlaubt zwar ein spontanes visuelles Treffen, ähnlich wie ein Telefon, jedoch ist die Anbahnung zufälliger Kommunikation bisher noch schwierig. Ungeplante Treffen am Arbeitsplatz oder auf dem Flur bewirken aber oftmals ein kurzes „auf dem Laufenden" Halten oder einen informellen Ideenaustausch zwischen Mitarbeitern. Diese Spontanität leisten bislang keine Telepräsenzsysteme, obgleich Versuche mit Prototypen darauf hinweisen, dass zukünftig solche natürlichen Gesprächsanbahnungen telepräsent ermöglicht werden könnten. Ansätze sind hierfür z.B. die kontinuierliche Übertragung von Screenshot der Kollegen auf Arbeitsplatzrechner potenzieller Kommunikationspartner. Weitere Versuche wurden mit sog. Videowänden, die in voneinander entfernten Büros aufgehängt waren, angestellt (vgl. SUWITA & MÜHLBACH 1997 S. 142f.).

Umfangreichere telepräsente Treffen mit mehreren Teilnehmern müssen wie bei persönlichen Besprechungen terminlich abgestimmt werden. Eine Fallstudie von SPRINGER (2001 S. 71) zeigt, dass 50% der raumbasierten Videokonferenzen in dem untersuchten Unternehmen mindestens eine Woche im Voraus organisiert werden[9]. Als problematischer erweisen sich telepräsente Sitzungen, wenn Zeitverschiebungen auftreten. Der Vorteil der spontanen Zusammenarbeit kann also bei internationaler Kommunikation entfallen (vgl. HIRSCHFELD 1998 S. 16).

(2) Die kommunikative Phase in der Telepräsenz

In der kommunikativen Phase läuft das videogestützte Gespräch ab. Der Kommunikationsakt via Telepräsenz ist v.a. dadurch gekennzeichnet, dass einerseits die informelle Kommunikation zu einem gewissen Grad nicht übermittelbar ist. Andererseits ergibt sich aber auch der Vorteil einer effizienten Abwicklung der Arbeitsagenda (vgl. RUCHINSKAS et al. 1990 S. 277). Besondere Eigenschaften der Telepräsenz sind in den Bereichen der *verbalen* und *nonverbalen Kommunikation* (siehe Punkt 2.2.1.2) festzustellen:

Die verbale Kommunikation in der Telepräsenz

Im Rahmen der *verbalen Kommunikation* sind die Audioausstattung und -übertragung der verwendeten Systeme und Netze besonders bedeutend. Hochwertige Lautsprecher und Mikrophone beeinflussen die Sprachqualität maßgeblich, indem sie Hintergrund- und Echogeräusche unterdrücken. Dazu ist eine Telefonqualität von mindestens 3,4 kHz notwendig (GULICH 1998 S. 97f.). Allerdings sind bei der Audioübertragung Tonstörungen im ISDN oder im LAN nicht auszuschließen. Als Folge können ungewollte Unterbrechungen des Gegenübers auftreten, da die gesendeten Signale erst verzögert bei der Gegenstelle ankommen. Dies senkt den Gesprächswert und führt rasch zu einer „Audio-Ermüdung" (vgl. o.V. 2000c S. 149).

Die Tonaufnahme ist grundsätzlich so geregelt, dass das Gesagte an alle Teilnehmer übertragen wird. Einerseits können dadurch alle gleichmäßig beteiligt werden, andererseits sind sog. Seitengespräche zwischen einzelnen Teilnehmern unterschiedlicher Standorte ausgeschlossen (SCHMITT & HELLFRITSCH 1999 S. 226). Falls diese Option trotzdem auf einer Konferenzseite benötigt wird – z.B. für Verhandlungen –, dann lassen sich Stummschaltungen

---

[9] Siehe zu einer Analyse dieser empirischen Untersuchung 4.1.2.

aktivieren. Studien zeigen jedoch, dass dies Misstrauen bei den Konferenzpartnern hervorruft (vgl. PRIBILLA et al. 1996 S. 77, vgl. SCHRADER et al. 1996 S. 36).

Persönliche Treffen vertragen ein gewisses Maß gleichzeitigen Sprechens. Videokonferenzen mit mehreren beteiligten Standorten und Personen müssen hingegen strukturiert und diszipliniert ablaufen. Ein Durcheinanderreden kann bei der digitalen Übertragung dazu führen, dass der Sprechfluss abgehackt wirkt (vgl. HIRSCHFELD 1998 S. 15). Untersuchungen weisen ferner darauf hin, dass in der Telepräsenz mehr Redebeiträge als in normalen Kommunikationssituationen nötig sind, um dasselbe Ergebnis zu erzielen (vgl. FÄRBER 1993 S. 47, vgl. ANDERSON et al. 1996 S. 198).

Die nonverbale Kommunikation in der Telepräsenz

In Punkt 2.2.1.2 wurden para- und extralinguistische Signale der zwischenmenschlichen Kommunikation erläutert. Auf die Besonderheiten dieser nonverbalen Äußerungen in der Telepräsenz wird im Folgenden eingegangen:

Im Bereich der *paralinguistischen Kommunikation* ist festzustellen, dass mittels aktueller Telepräsenzsysteme Sprechtempo, Intonation, Akzent, Versprecher sowie Lachen gut, d.h. meistens in Telefonqualität, übermittelt werden. Die Lautstärke ist von besonderer Bedeutung, weil sie den fehlenden Blickkontakt als Adressierungsform ersetzen muss (vgl. MEIER 2000 S. 158). Die Lautstärke kann sowohl der Sender als auch der Empfänger einstellen. Daraus ergibt sich ein wesentlicher Unterschied zur Face-to-Face-Situation: Ein versehentlich lauter eingestelltes Mikrofon kann eine ungewollte Reaktion beim Empfänger hervorrufen. Eine sendende Person wird evtl. aggressiver wahrgenommen als sie tatsächlich ist. Wenn die Teilnehmer unterschiedliche Mikrofonlautstärken eingestellt haben, müssen die Empfänger ihre Lautsprecher je nach Sprecher nachregulieren. Solche Aktivitäten wirken störend und vermindern die Konzentration der Teilnehmer auf den Besprechungsinhalt (vgl. SCHMITT & HELLFRITSCH 1999 S. 223).

Die ursprünglich dreidimensionalen *extralinguistischen Signale* wie Gestik und Mimik der Teilnehmer werden durch die aktuellen Telepräsenzsysteme auf eine zweidimensionale Abbildung auf dem Fernseh- oder Computerbildschirm reduziert (vgl. MEIER 2000 S. 156). Die Bildqualität ist dabei von der Videoübertragung abhängig. Sie äußert sich in der Bildwiederholrate, der Auflösung und der Farbtiefe. Die Bildwiederholrate drückt aus, wie schnell ein Bewegtbild durch die Darstellung aufeinander folgender Einzelbilder erzeugt wird. Desktop-Videokommunikationssysteme arbeiten bei zwei ISDN-B-Kanälen mit 15 Bildern pro Sekunde (GULICH 1998 S. 94). Mit dieser Bildwiederholrate und den im Vergleich zu Raumsystemen schwächeren Kameras werden schnelle Bewegungen wie z.B. Stirnrunzeln verzögert dargestellt. Desktopsysteme erlauben nur eine relativ kleine Videobildgröße, welche auf den Kopf- und Schulterbereich beschränkt ist. Damit ist das Erkennen von Gesten oder

Körperpositionen nur eingeschränkt möglich (vgl. RANGOSCH-DU MOULIN 1997b S. 58). Raum-Videokonferenzsysteme übertragen dagegen bis zu 30 Bilder pro Sekunde und erreichen damit Fernsehqualität. Die höherwertigen und zoombaren Kameras der Raumsysteme bilden die Mimik, Gestik und Körperposition der Teilnehmer sehr gut ab, so dass reale Präsenzsituationen nachgebildet werden. Diese hohe Bildleistung ist allerdings nur mit Bandbreiten ab 384 Kbit/s (sechs ISDN-B-Kanäle) realisierbar (vgl. GULICH 1998 S. 94).

Der für reale Gespräche typische Blickkontakt zwischen den Teilnehmern entfällt bei allen marktreifen Telepräsenzsystemen, da die Kameras auf oder neben dem Bildschirm platziert sind. Bei mehr als zwei Teilnehmern entsteht das Problem, dass untereinander keine Kontaktaufnahme mittels Blickkontakt durchführbar ist. Auch der gezielte Blick oder das Zeigen auf eine Person am Monitor kommt nicht bei den Teilnehmern an (vgl. FROMME 1995 S. 3). Um diesen Blickfehlwinkel zu beseitigen und damit die Telepräsenz weiter der realen Präsenzsituation anzunähern, haben einige Forschungseinrichtungen (z.B. Universität Ontario, Heinrich-Herz-Institut Berlin) Prototypen mit halbdurchlässigen Spiegeln und dahinter befindlichen Kameras entwickelt. Ziel ist, einen individuellen Blickkontakt für eine verbesserte nonverbale Kommunikation zu erreichen. Empirische Untersuchungen des Heinrich-Herz-Instituts konnten zwar einerseits eine verbesserte nonverbale Kommunikation bestätigen, andererseits wurde keine Steigerung des Präsenzeindrucks und der Zufriedenheit der Nutzer festgestellt (vgl. HHI 1998 S. 4, S. 55).

Ein weiteres interessantes Differenzierungsmerkmal zwischen Tele- und realer Präsenz ist die *Sitzordnung* der Teilnehmer. In Face-to-Face-Treffen sitzen Vortragende oder Gesprächsleiter meist an exponierter Stelle eines Tisches und fungieren als Kommunikationszentrum. In der Telepräsenz ist dagegen eine gleichmäßigere Verteilung der Redebeiträge – unabhängig von der Hierarchie – festgestellt worden (vgl. WEINIG 1996 S. 165). Die Anordnung der Personenbilder auf den Bildschirmen ist als Analogie zur realen Sitzordnung anzusehen. Die gleiche Anordnung und Reihenfolge der Videofenster ist dabei eine Voraussetzung für ein, dem realen Treffen ähnlichen, räumliches Bezugssystem der Teilnehmer. Wenn sich alle zu einer gestellten Frage äußern sollen, dann kann dies entsprechend der Reihenfolge der Personenbilder geschehen (vgl. SCHMITT & HELLFRITSCH 1999 S. 228-230).

(3) Die postkommunikative Phase der Telepräsenz

Zu der postkommunikativen Phase zählen alle Aktivitäten, die dem Hauptgespräch zeitlich folgen. Zu ihnen zählen u.a. informelle Abendkontakte und Nachbereitungen der Sitzung. Insbesondere für bislang noch unbekannte Geschäftspartner und solchen aus anderen Kulturkreisen wie z.B. Asien sind Gespräche in entspannter Atmosphäre nach dem offiziellen Termin von großer Bedeutung. Geschäftsreisen nutzen Mitarbeiter außerdem für private Aktivitäten. Diese sozialen Komponenten entfallen bei telepräsenten Zusammenkünften dagegen gänzlich. Ein wichtiger Aspekt nach dem Besprechungstermin ist das Erstellen und die Auswertung von Protokollen. Videokonferenzen lassen sich im Gegensatz zu realen Meetings problemlos digital auf Videoband oder Festplatte speichern. Schriftliche Protokolle werden somit ersetzt oder wertvoll ergänzt, so dass später Besprechungspunkte besser nachvollziehbar sind (vgl. SCHLOBACH 1989 S. 140).

Zusammenfassend ist festzuhalten, dass die bislang im Einsatz befindlichen Telepräsenzsysteme noch starke Differenzen zu realen menschlichen Begegnungen aufweisen. Jedoch erlauben die Systeme im Vergleich zu anderen interaktiven Medien wie z.b. Telefonkonferenzen oder E-Mails eine weitaus authentischere Übertragung von verbaler und nonverbaler Kommunikation.

2.4.1.2 Besondere Merkmale der Unternehmenskommunikation

Wie in Punkt 2.2.2 ausgeführt, setzen sich Kommunikationsstrukturen im Unternehmen aus unterschiedlichen Elementen zusammen. Die Integration der Telepräsenz in diese Strukturen weist Besonderheiten auf, die im Folgenden betrachtet werden:

Videokommunikationssysteme sind *synchrone* und wechselseitige Kommunikationsmittel, mit denen zeitgleich Besprechungen abgehalten und Dokumente bearbeitet werden können (FINK 1999 S. 333). Die Videokommunikation ist somit ein sehr effektives Medium zur Verbreitung und sofortigen Diskussion von Nachrichten. Mit der angebotenen Synchronität und Wechselseitigkeit besitzen alle Formen der videogestützten Telepräsenz einen *höheren Interaktionsgrad* als andere medienvermittelte Kommunikationsformen. Im Vergleich zu Face-to-Face-Treffen liefern telepräsente Meetings einen Beitrag im Zeitwettbewerb, da sie sich schnell anberaumen lassen und darüber hinaus keine nutzlose Reisezeit anfällt (vgl. LAUTZ 1995 S. 35f.).

Telepräsenzsysteme besitzen in unterschiedlichem Umfang die Möglichkeit der *Speicherung und Dokumentation* von Kommunikationsinhalten. Desktop-Videokommunikationssysteme erlauben neben der gemeinsamen synchronen Dokumentenbearbeitung am Arbeitsplatzrechner das Speichern und Ausdrucken der Dateien. Dies gilt aber nur bei einer Zugriffsberechtigung für die Kommunikationspartner. In der Praxis besitzen indessen Raum-Videokonferenzsysteme diese Möglichkeiten des Application Sharing weitaus seltener. Für alle Formen der Telepräsenz gilt generell, dass sich die virtuellen Sitzungen mittels Videorecorder aufzeichnen lassen. In der Praxis werden allerdings oftmals nur schriftliche Protokolle verfasst. Damit unterscheidet sich die Dokumentation nicht von klassischen Besprechungen (DOMMATSCH 11.05.2001).

Bezüglich der *Struktur der Kommunikationsprozesse* ist festzustellen, dass in telepräsenten Meetings vereinfacht Mitarbeiter unterer Hierarchieebenen und Spezialisten hinzugezogen werden können. Dies ist vor dem folgendem Hintergrund wichtig: Wenn keine Telepräsenz eingesetzt wird, bestehen zwischen verschiedenen Standorten bzw. fremden Unternehmen engere Kommunikationsbeziehungen oftmals nur zwischen gehobenen Hierarchieebenen. Zu Dienstreisen werden zudem selten Sachbearbeiter unterer Ebenen mitgenommen (vgl. SANDKUHL & FUCHS-KITTOWSKI 1999 S. 341f.). Mit raumbasierten Videokonferenzen können sie einfach und sogar spontan hinzugezogen werden. Dies ist sinnvoll, wenn Probleme zur Diskussion anstehen, die nur Spezialisten beantworten können. Raum-Videokonferenzen verbessern dabei v.a. die vertikale Kommunikation. Desktop-Videokommunikationssysteme fördern insbesondere horizontale Kommunikationsbeziehungen, da sie vom Arbeitsplatz der Mitarbeiter bedient werden.

Die nachstehende dreidimensionale Abb. 2-11 bringt Kommunikationsmittel in einen Zusammenhang mit dem *Ort* und der *Zeit* der Kommunikation sowie der *Anzahl* der Kommunikationspartner. Es ist ersichtlich, dass Telepräsenzsysteme besonders geeignet sind für zeitgleiche Kommunikationsbeziehungen zwischen geographisch verteilten Personen, und zwar sowohl bei dyadischer als auch bei Gruppenkommunikation.

Abb. 2-11: Eignung von Kommunikationsmitteln bzgl. Ort, Zeit u. Personenanzahl

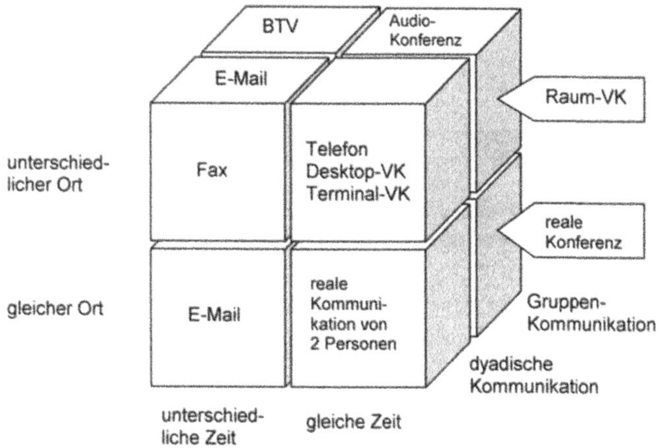

Quelle: Eigene Darstellung in Anlehnung SANTOS 1995 S. 16

2.4.2 Kosten- und Nutzenaspekte der Telepräsenz

Aus betriebswirtschaftlicher Sicht stellen Telepräsenzsysteme reale Investitionsobjekte dar. Sie konkurrieren mit alternativen Investitionen im Bereich der Telekommunikation und Informationstechnologie. Die Einführung und Nutzung muss daher wirtschaftlich gerechtfertigt sein (vgl. BIETHAHN et al. 2000 S. 332, vgl. SCHUMANN 1993 S. 167). Aus diesem Grund ist es unerlässlich, (1) die *Kosten* und (2) die *Nutzenpotenziale* der Telepräsenz zu analysieren:

2.4.2.1 Relevante Kostenarten für Telepräsenzsysteme

Für eine möglichst vollständige Erfassung der relevanten Kostenarten ist eine zeitmäßige Einteilung in eine Planungs-, eine Einführungs- und eine Nutzungsphase sowie in fixe und variable Kosten sinnvoll. Etwa zwei Drittel der Telepräsenzkosten fallen in einem Zeitraum von fünf Jahren in der Nutzungsphase an. Der restliche Kostenanteil entsteht im Rahmen der Planung und Einführung (vgl. SAGE 1998 S. 7). Die folgende Übersicht verdeutlicht die einzelnen Kostenarten (Tab. 2-6):

Tab. 2-6: Kostenarten in der Planungs-, der Einführungs- und der Nutzungsphase

Planungs- und Einführungsphase	Nutzungsphase
Personalkosten	Abschreibungen
Anschaffungskosten System & Peripherie	laufende Anschlussgebühren
Anschaffungskosten zusätzliche Hardware	Service- & Wartungskosten
Anschaffungskosten zusätzliche Software	Software-Updates
Raumkosten	Schulungskosten
Schulungskosten	Personalkosten
Marketingkosten	Verbindungskosten

Eigene Darstellung

Kosten in der Planungs- und in der Einführungsphase

Die Planungsphase ist größtenteils durch *Personalkosten* geprägt. Hauptsächlich sind Mitarbeiter der EDV- bzw. Telekommunikationsabteilung mit der Planungsaufgabe betraut. Sie sorgen für die Aufnahme der subjektiven Kommunikationsbedarfe und -ziele der potenziellen Telepräsenznutzer. Darauf aufbauend erfassen sie den gegenwärtigen Stand (die Ist-Situation) der Kommunikationstechnologien im Unternehmen. Nachfolgend werden Lösungsvorschläge und allgemeine Anforderungen an die Telepräsenzsysteme erarbeitet. Das Ergebnis ist ein Soll-Konzept, das in einem Pflichtenheft dokumentiert wird (vgl. BIETHAHN et al. 2000 S. 223f.).

Bei der Einführung von Telepräsenztechnologien stehen deren *Anschaffungskosten* im Vordergrund. Diese reichen von ca. 2.500 DM für Desktopsysteme bis hin zu ca. 100.000 DM für Raum-Videokonferenzsysteme. In deren Umfang sind meistens die nötigen Softwareprodukte integriert. Kosten können für weitere Peripheriegeräte wie Whiteboards und

Dokumentenkameras hinzukommen. Für den Anschluss an das unternehmenseigene WAN (siehe Punkt 2.3.2.1) sind so genannte Multiplexer notwendig. Sie müssen an allen Videokonferenz-Standorten installiert werden (vgl. GODEHARDT & LIST 1999 S. 121). Zusätzliche Software ist dann zu beschaffen, wenn gesonderte Videokonferenzstudios oder -räume zu verwalten sind (vgl. SAGE 1998 S. 4).

Fixkosten entstehen weiterhin bei der *Raumgestaltung*. Entweder werden gänzlich neue Räume zur Verfügung gestellt oder vorhandene Zimmer umgebaut. Im letzteren Fall müssen oftmals die Lichtverhältnisse in den Besprechungszimmern für die Videoaufnahmen angepasst werden, um Blendeffekte zu vermeiden. Es müssen zudem Möbel ausgetauscht werden, wenn die vorhandenen nicht videokonferenztauglich sind. Beispielsweise ist häufig der Besprechungstisch zu groß für den Kamerawinkel. Ferner müssen neue Anschlüsse an das Unternehmensnetzwerk oder ISDN installiert werden, falls der Konferenzraum bisher keine besitzt.

In der Einführungsphase fallen außerdem fixe Kosten für *Schulungsmaßnahmen* an. Es müssen die Betreuer und die potenziellen Anwender geschult werden. Um diesen die Möglichkeiten der Telepräsenznutzung aufzuzeigen, sollten darüber hinaus *interne Informationsveranstaltungen* durchgeführt werden. Dabei entstehen Kosten für Broschüren und Vorführveranstaltungen (vgl. LAUTZ 1995 S. 111).

Kosten in der Nutzungsphase

Als fixe Kosten sind in der Nutzungsphase *Abschreibungen* auf die angeschafften Videokommunikationssysteme sowie dazugehörige Peripherie und Netzwerkerweiterungen zu veranschlagen. Ferner werden etwaige bauliche Maßnahmen sowie Möbel abgeschrieben. Der Abschreibungszeitraum liegt zwischen zwei und fünf Jahren (vgl. ebda S. 113).

Die *Anschlüsse* an das öffentliche Telefonnetz werden monatlich abgerechnet. Sie hängen von der Anzahl der ISDN-Kanäle ab. Hierbei steigen die fixen Kosten mit der verlangten Übertragungsqualität. Die Grundausstattung mit zwei Kanälen (128 Kbit/s) beträgt zurzeit etwa 40 DM. Werden höherwertige Videokonferenzen – z.B. für das Top-Management – verlangt, dann müssen sechs Kanäle (384 Kbit/s) bereitgehalten werden. Damit steigen die monatlichen Kosten um das Dreifache (vgl. FUNK 1996 S. 36). Ein Großteil der variablen Kosten machen die *Übertragungsgebühren* aus. Sie sind bei ISDN-Verbindungen von der Anzahl der verwendeten Kanäle, der Kommunikationsdauer und der Minutenpreise abhängig. Zu diesem Kostenblock zählen ferner sog. „Bridging Services" für Multipoint-Konferenzen. Diese regeln das Zusammenschalten mehrerer Endstellen an verschiedenen Orten und werden vor allem für Raumsysteme benötigt (vgl. SAGE 1998 S. 5).

Weitere Kosten entfallen auf die *Service- und Wartungsleistungen* in der Betriebsphase der Telepräsenz. Als Kostenträger kommen grundsätzlich drei Instanzen in Frage. Zum einen sind die Wartungskräfte in der internen EDV- bzw. Telekommunikationsabteilung angesiedelt. Zum anderen kann die Wartung auch von externen Stellen erbracht werden. Diese sind entweder Systemlieferanten oder herstellerunabhängige Systemanbieter, die auch Serviceleistungen erbringen. Wenn die Service- und Wartungsarbeiten intern geleistet werden, dann liegen variable Kosten vor. Im Falle des Outsourcing entstehen fixe Kosten, da oftmals Pauschalverträge abgeschlossen werden. Die Servicekräfte übernehmen ebenfalls die notwendigen Erneuerungen der verwendeten Software (Updates), für die wiederum Kosten entstehen (vgl. SCHLICK et al. 1997 S. 61).

Ein bislang sehr geringer Kostenanteil entfällt während der Nutzungsphase auf *Trainingsmaßnahmen* für die Anwender. Die meisten Unternehmen schulen die Mitarbeiter im Rahmen der Einführung. Die geringen Schulungsmaßnahmen scheinen jedoch ein Hauptgrund für die schwache und erfolglose Telepräsenznutzung einiger Unternehmen zu sein (SAGE 1998 S. 6).

Weitere Kosten sind in der Nutzungsphase für *Personal* zu verzeichnen. Hierzu zählen Betreuer von Videokonferenzen, die an einer Sitzung teilnehmen oder diese technisch vorbereiten. Die Betreuer müssen die Anlagen einsatzbereit und auf dem neuesten Stand halten. Wenn die Systembetreuer Fortbildungsmaßnahmen zum Thema „Videokommunikation" besuchen, dann sind sie nicht für andere Aufgaben einsetzbar.

Eine Untersuchung der Videokonferenzkosten von 50 amerikanischen Unternehmen hat die nachstehende Verteilung auf die soeben erläuterten Kostenarten ergeben (siehe Abb. 2-12):

Abb. 2-12: Monatliche Kostenverteilung in der Nutzungsphase

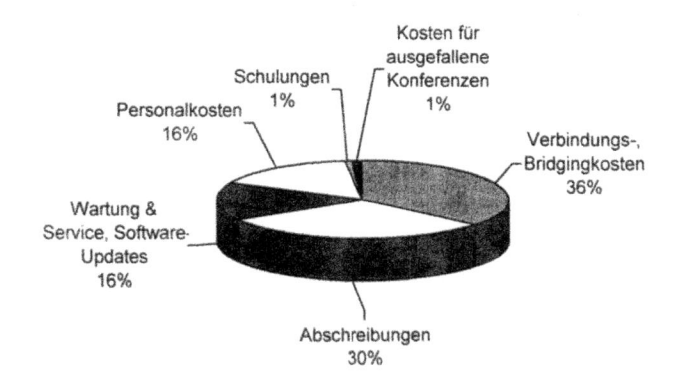

- Personalkosten 16%
- Schulungen 1%
- Kosten für ausgefallene Konferenzen 1%
- Verbindungs-, Bridgingkosten 36%
- Abschreibungen 30%
- Wartung & Service, Software-Updates 16%

Quelle: SAGE 1998 S. 6

Die Ausführungen beziehen sich auf die weit verbreiteten Raumsysteme. Die Kostenarten sind allerdings analog für andere Systemklassen der Telepräsenz zu berücksichtigen. Für Wirtschaftlichkeitsbetrachtungen ist die Kostenanalyse ein wichtiger Bestandteil. Darüber hinaus ist die Analyse von direkten Kosteneinsparungen notwendig, um Investitionen in die Telepräsenz auf monetäre Weise fundiert zu begründen. Dieser Aspekt wird im folgenden Abschnitt berücksichtigt.

2.4.2.2 Nutzenaspekte der Telepräsenz

Die Einführung von Telepräsenzsystemen muss einer wirtschaftlichen Betrachtung unterzogen werden, bei der auch die entstehenden Nutzenaspekte zu analysieren sind (vgl. LUCZAK et al. 2000b S. 89). Dabei greift eine Wirtschaftlichkeitsanalyse mit der einseitigen Fokussierung auf Kosteneinsparungen zu kurz: Neben monetären Effekten müssen ebenso qualitative Auswirkungen von Kommunikationstechniken betrachtet werden (vgl. BIETHAHN et al. 2000 S. 332). Aus diesem Grund werden nachfolgend die Nutzeffekte sowohl in dem quantitativen Bereich der *Kosteneinsparung* als auch in den qualitativen Dimensionen *Qualität, Zeit, Produktivität* und *Wettbewerb* unterteilt (vgl. SCHUMANN 1992 S. 59, vgl. WILDEMANN 1996 S. 4, vgl. REICHWALD et al. 2000 S. 289). Diese Nutzendimensionen werden zudem auf den Ebenen des einzelnen *Mitarbeiters*, des *Arbeitsprozesses* und des *Unternehmens* betrachtet (vgl. SCHUMANN 1993 S. 170, LUCZAK et al. 2000b S. 93).

Kosteneinsparungen durch Telepräsenz

Vorrangiges monetäres Ziel ist bei der Einführung der Telepräsenztechnologien häufig das Einsparen von Reisen. Damit sollen zum einen die Reisekosten, zum anderen die aufgewendete Reisezeit verringert werden (vgl. SCHWARTZ 1994 S. 18, vgl. MEIER & SEIBT 1994 S. 33). Beispielhaft erfolgt im Folgenden die Berechnung der Einsparmöglichkeiten bei Verwendung eines mittleren Raum-Videokonferenzsystems im Vergleich zu Flugreisen in der Business Class. Bei Dienstreisen entstehen zum einen direkte Kosten für Flug, Spesen und Hotel, zum anderen werden indirekte Reisekosten im Sinne verloren gegangener Arbeitszeit berücksichtigt. Die unproduktive Arbeitszeit entsteht während des Flugs, beim Check-In und -Out sowie bei den Transfers zwischen Büro, Flughafen und Hotel (vgl. LAUTZ 1995 S. 21f.). An dem hier erläuterten Beispiel wird ein zweitägiger Aufenthalt für eine Person mit einer Übernachtung zugrunde gelegt (siehe Tab. 2-7).

Tab. 2-7: Direkte und indirekte Kosten für Geschäftsreisen (bei einer Person)

Ziel	Flugzeit (Std.)	Check-In/-Out (Std.)	Transfer (Std.)	Zeitkosten [a] (DM)	Flugkoste n [b] (DM)	Hotel & Spesen (DM)	Gesamt (DM)
Hamburg	2.10	1.00	2.00	673	870	300	1.843
London	4.20	1.00	2.00	954	1.859	300	3.113
NewYork	18.10	1.00	2.00	2.753	5.800	300	8.853
Tokyo	27.30	1.00	2.00	3.965	10.262	300	14.527

a: Pro Arbeitsstunde werden 130 DM angesetzt
b: Die Flugkosten basieren auf Business Class-Tarifen der Deutschen Lufthansa AG in 11/2000

Eigene Darstellung

Den oben erläuterten Kostenarten der Telepräsenz werden nun reale Kosten zugeordnet, um einen Kostenvergleich mit den Flugreisen zu ermöglichen. Es wird von einem mittleren Raumsystem für 50.000 DM mit einer dreijährigen Abschreibungsfrist ausgegangen. Bei den Personalkosten wird mit einem 15%igen Stellenanteil des Betreuers mit einem Jahresbruttogehalt von 80.000 DM kalkuliert. Die Verbindung wird für zwei ISDN-Kanäle bei einer monatlichen Nutzung von 16 Stunden berechnet. Die 16 Stunden entsprechen dem Umfang einer zweitägigen Geschäftsreise, die für Meetings genutzt wird (siehe Tab. 2-8).

Tab. 2-8: Monatliche Fixkosten im Zeitablauf (in DM)

Jahr	Abschreibung	Personalkosten	Servicekosten	Anschlussgebühren	Gesamtkosten im Monat
1-3	1.400	1.000	500	150	3.050
ab 4	entfällt	1.000	500	150	1.650

Eigene Darstellung

2. Zwischenmenschliche Kommunikation mittels Telepräsenz

Im nächsten Schritt werden nun die monatlichen Fixkosten sowie die variablen Telefonkosten auf eine sechzehnstündige Systemnutzung bezogen (siehe Tab. 2-9). Für eine Stunde fallen 19 DM und für 16 Stunden 304 DM fixe Kosten an. Die variablen Verbindungskosten betragen für eine sechzehnstündige Videokonferenz über zwei ISDN-Kanäle innerhalb Deutschlands 154 DM (bei 0,08 DM pro Kanal und Minute). Nach Großbritannien und in die USA fallen Gesprächskosten von 384 DM (bei 0,20 DM pro Kanal und Minute) an. Für Videokonferenzen nach Japan sind 768 DM (bei 0,40 DM pro Kanal und Minute) zu kalkulieren[10].

Tab. 2-9: Fixe und variable Kosten bei sechszehnstündiger Nutzung (in DM)

Ziel	fixe Kosten	variable Kosten	Gesamtkosten
Hamburg	304	154	458
London	304	384	688
New York	304	384	688
Tokyo	304	768	1.072

Eigene Darstellung

Die Gegenüberstellung der Kosten für zweitägige Geschäftsreisen sowie sechzehnstündige Videokonferenzen in Tab. 2-10 zeigt einen deutlichen Kostenvorteil seitens der telepräsenten Kommunikation.

Tab. 2-10: Kostenersparnis mittels Telepräsenz (in DM)

Ziel	Gesamtkosten Reise	Gesamtkosten Telepräsenz	Ersparnis
Hamburg	1.843	458	1.385
London	3.113	688	2.445
New York	8.853	688	8.185
Tokyo	14.527	1.072	13.455

Eigene Darstellung

In diesem Beispiel werden die monatlichen Videokonferenzkosten ab dem vierten Jahr um 1.400 DM gekürzt. Hier wurde die Reise eines Mitarbeiters kalkuliert. Wenn aber weitere Personen reisen müssen, dann steigen entsprechend die Flug- und Zeitkosten. Die Gesamtkosten für telepräsente Sitzungen bleiben jedoch konstant.

Des Weiteren gilt es im Rahmen von Investitionsentscheidungen für Telepräsenz-technologien zu beachten, wann sich die eingesetzten Systeme amortisieren. In dem berechneten Beispiel beträgt die Amortisationszeit knapp 20 Monate, wenn Reisen zwischen München und London eingespart werden. Das Beispiel geht nur von zehn Prozent der maximalen Nutzungszeit (160 Stunden) von Videokommunikationssystemen im Monat aus. Greifen weitere

---

[10] Die Minutenpreise basieren auf den Festnetztarifen von MCI Worldcom im November 2000.

Projektteams auf die Anlage zu, dann verkürzt sich die Amortisationszeit (vgl. SCHLICK et al. 1997 S. 63). SAGE Research ermittelte in der bereits genannten Studie eine durchschnittliche Amortisationszeit von neun Monaten bei 50 untersuchten Organisationen (SAGE 1998 S. 12).

Abschließend ist festzuhalten, dass die Amortisation von Telepräsenzsystemen zum einen von der Häufigkeit der Systemnutzung und gleichzeitiger Substitution von Geschäftsreisen abhängt, zum anderen werden Videokonferenzen umso attraktiver, je größer die Teilnehmerzahl und je größer die räumliche Distanz ist. Die Investitionsentscheidung für die Telepräsenz kann in dem hier gezeigt Beispiel einem monetären Controlling im Unternehmen standhalten.

Qualität und Telepräsenz

Durch die Nutzung der Telepräsenz kann die Kommunikationsqualität zwischen den Gesprächspartnern verbessert werden. Grundsätzlich resultieren daraus Verbesserungen der Produkt- und Entscheidungsqualität (vgl. LINß 1995 S. 35). Verbesserungen der Produktqualität zeigen sich auf der *Mitarbeiterebene*, wenn sich die Qualität der Aufgabenerfüllung durch Telepräsenznutzung positiv verändert. Dies gelingt u.a. mit der Vermeidung von Medienbrüchen und der gleichzeitigen Bearbeitung von Dokumenten am Rechner. Ferner kann der Mitarbeiter bei seiner Tätigkeit einen Spezialisten hinzuziehen, wenn die Aufgabenbewältigung dies bedarf (vgl. REICHWALD et al. 2000 S. 292). Auf *Unternehmensebene* sind Produktverbesserungen mithilfe der Telepräsenz nur schwer nachweisbar. Es ist allerdings zu vermuten, dass sich die höhere Verfügbarkeit von Expertenwissen über Telemedien positiv auf die Produktqualität auswirkt. Dies kann z.B. über die per Videokommunikation realisierte Qualitätskontrolle in entfernten Produktionsstandorten erfolgen (vgl. PRIBILLA et al. 1996 S. 76). Erkennbarer erbringen Telepräsenzsysteme Qualitätsverbesserungen bei kommunikationsintensiven Dienstleistungen. Beispielsweise kann mittels multimedialer Telepräsenz eine höhere Kundennähe im Beratungsprozess einer Unternehmensberatung erreicht werden. Ferner ist es durch die telepräsente Fernwartung von Maschinen und anschließende Konsultation möglich, den Nachkaufservice zu verbessern (vgl. SILBERER 1997c S. 393). Auf der *Prozessebene* sind Verbesserung der Entscheidungsqualität festzustellen, weil in Videokonferenzen mehr Personen und auch untere hierarchische Ebenen an Entscheidungen teilnehmen können als im Rahmen realer Sitzungen (vgl. BRONNER et al. 1997 S. 12). Damit verbunden sind Verbesserungen bei der internen und externen Informationsqualität und -aktualität, da neben internen auch externe Kooperationspartner wie Kunden und Lieferanten intensiver in die Leistungserstellung einbezogen werden können. Kunden lassen sich mittels Telepräsenz sehr früh in die Auftragsbearbeitung – z.B. Erstellen einer Designstudie – integrieren und regelmäßig über den Arbeitsfortschritt informieren. Im Rahmen solcher Kooperationen sind auch Verbesserungen bei der Dokumentenqualität zu verzeichnen. Die gemeinsame Arbeit an Dokumenten (z.B. CAD-Dateien) mithilfe von Application Sharing vermeidet frühzeitig

Fehler, wenn spontan interne und externe Spezialisten sowie Auftraggeber hinzugezogen werden (vgl. LUCZAK et al. 2000b S. 91, vgl. KÖHLER 1993 S. 25).

Zeit und Telepräsenz

Wichtige Nutzenaspekte von Telepräsenzsystemen sind die Verringerung von zeitlichem Aufwand und die Gewinnung von Flexibilität. Für *Mitarbeiter* bedeutet die Telepräsenznutzung verringerte Reisezeiten, wenn Dienstfahrten durch „virtuelle" Meetings ersetzt werden. Stattdessen kann der Mitarbeiter seinen gewonnenen Freiraum für andere Aufgaben investieren. Zudem bieten Telepräsenzsysteme den Mitarbeitern eine Möglichkeit, trotz starken Zeitdrucks audiovisuell zu kommunizieren (vgl. REICHWALD et al. 2000 S. 292f., vgl. v. MARWYK 1999 S. 134). Auf der *Prozessebene* ergeben sich durch die konsequente Telepräsenznutzung beschleunigte Bearbeitungszeiten. Empirische Studien zeigen in diesem Zusammenhang, dass mittels Videokommunikation eine Entscheidung schneller getroffen (vgl. z.B. KÖHLER 1993 S. 24, vgl. HÄUSLER 1996 S. 148) und rascher Expertenwissen verfügbar gemacht werden kann (vgl. z.B. GOECKE 1997 S. 217). Ferner werden Vor- und Nachbereitungszeiten für Besprechungen gestrafft. Dies ist der Fall, wenn im Rahmen von Desktop-Videokonferenzen Dokumente ohne Medienbrüche auf den PCs der Beteiligten bearbeitet und am Sitzungsende die Ergebnisse gespeichert und damit protokolliert werden (vgl. SPRINGER 2001 S. 256f.). Nutzenpotenziale ergeben sich auf *Unternehmensebene* hinsichtlich verkürzter Produktentwicklungs-, Produktions- und Markteinführungszeiten. Beispielsweise lassen sich Lieferanten via Telepräsenz bereits sehr früh in den Produktentwicklungsprozess einbinden, was durch die verbesserte Abstimmung eine verkürzte Entwicklungszeit nach sich zieht. Ferner sind verkürzte Markteinführungszeiten festzustellen, wenn z.B. Vertriebsschulungen via Telepräsenz gleichzeitig und weltweit realisiert werden (vgl. LAUTZ 1995 S. 126).

Produktivität und Telepräsenz

Produktivitätspotenziale der Telepräsenz sind v.a. auf den Ebenen der Mitarbeiter und Arbeitsgruppen feststellbar (ebda S. 127). Durch eine häufigere und spontanere Kommunikation kann sich die Zahl der Kontakte der räumlich getrennten *Mitarbeiter* erhöhen. Diese werden durch wegfallende Reisen entlastet, so dass sich ihr knappes Zeitbudget besser ausschöpfen lässt (BRONNER et al. 1997 S. 11). Weiterhin wird die Effektivität von realen Sitzungen erhöht, indem weniger wichtige Fragen im Vorfeld per Telepräsenz abgeklärt werden. Die Produktivität im Rahmen der telepräsenten Zusammenarbeit von *Arbeitsgruppen* steigt, wenn ad-hoc Teamsitzungen einberufen werden, die ohne Telepräsenz nicht oder nur per Telefon stattfinden würden. Des Weiteren können häufiger Besprechungen räumlich getrennter Teams abgehalten und für Entscheidungen wichtige Manager dazugeschaltet werden (vgl. MEIER & SEIBT 1994 S. 33). Befunde empirischer Untersuchungen zeigen: Im

Vergleich zu realen Konferenzen werden Videokonferenzen als straffer und kooperativer empfunden, weil die „künstliche" Gesprächsatmosphäre eine größere Disziplin der Teilnehmer verlangt und weil in herkömmlichen Sitzungen mehr thematische Abschweifungen vorkommen (vgl. z.B. RUCHINSKAS et al. 1990 S. 277, HART et al. 1995 S. 415, SCHRADER et al. 1996 S. 37f.). Mögliche Nutzeffekte der Telepräsenz auf *Unternehmensebene* ergeben sich aus den summierten positiven Beiträgen auf Mitarbeiter- und Prozessebene. Die Produktivität steigt in den Funktionsbereichen eines Unternehmens, in denen Telepräsenzsysteme konsequent eingesetzt werden. Beispielsweise steigt die Produktivität der Kommunikationsabteilung, wenn die Zusammenarbeit bei der Werbemittelproduktion mittels Telepräsenz deutlich effizienter gestaltet wird (siehe ausführlich Punkt 3.6.4.2).

Wettbewerb und Telepräsenz

Betrachtet man die Nutzeffekte Kosten, Qualität, Zeit und Produktivität im Sinne einer Wirkungskette, dann befinden sich Wettbewerbseffekte am Ende dieser Wirkungsbeziehungen (vgl. LINß 1995 S. 43). Anhand des Konzepts der Wertschöpfungskette lassen sich wichtige wettbewerbsstrategische Nutzeneffekte der Telepräsenz darstellen (vgl. BRONNER et al. 1997 S. 13). Der Wertkettenansatz zerlegt die unternehmerische Leistungserstellung in ein System interdependenter, miteinander verknüpfter Wertaktivitäten. Diese sind untereinander sowie mit denen der Kunden und Lieferanten verknüpft. Die bedürfen häufig der kommunikationstechnischen Unterstützung für den Informationsaustausch (vgl. PORTER & MILLAR 1985 S. 150f.). Telepräsenzsysteme leisten dabei wertvolle Unterstützungsarbeit, da sie helfen, die Ziele der Wertkettenanalyse – Kostensenkung und Differenzierung zu Wettbewerbern – zu erreichen. Neben den erläuterten *Kostensenkungspotenzialen* bietet die Telepräsenz zum einen Differenzierungsmöglichkeiten, indem eine erhöhte *Kundennähe* angestrebt wird: Durch die intensivere Telepräsenzkommunikation lassen sich Kunden leichter in die eigenen Unternehmensaktivitäten einbeziehen. Zum anderen erfolgt eine Intensivierung der Kommunikation zu *Lieferanten*, wenn Telepräsenzsysteme in der kooperativen Entwicklung und Beschaffung eingesetzt werden. In einigen Unternehmen wird die Kommunikation mit Lieferanten so stark intensiviert, dass quasi eine „Inhouse-Beziehung" zu den Mitarbeitern des Zulieferers aufgebaut wird. Erreichte Qualitäts- und Zeitpotenziale durch die Telepräsenznutzung können zudem Vorteile gegenüber *Konkurrenten* bedeuten (vgl. BRONNER et al. 1997 S. 13f., vgl. SPRINGER 2001 S. 73). Das folgende Kapitel 3 geht ausführlich auf die Differenzierungschancen durch den Telepräsenzeinsatz im Marketing ein. Tab. 2-13 fasst die aufgeführten Nutzenaspekte der Telepräsenz zusammen:

Tab. 2-11: Nutzenpotenziale der Telepräsenz

Dimension \ Ebene	Mitarbeiter	Prozesse	Unternehmen
Wettbewerb	- TK-Qualifikation - Arbeitszufriedenheit	- Förderung der Prozessorientierung	- höhere Kundennähe - intensiverer Kontakt zu Lieferanten
Produktivität	- häufigere Kontakte - entlastetes Kommunikationsbudget - bessere Erreichbarkeit	- häufigere & spontanere Team-sitzungen - straffere Meetings	- steigende Effektivität der Telepräsenz einsetzenden Funktionsbereiche
Zeit	- schnellere Aufgabenbewältigung - schnellerer Informationszugriff - Entlastung bei Zeitdruck	- schnellere Entscheidungen - schnelles Hinzuziehen von Experten - geringere Vor- & Nachbereitung	- verkürzte Entwicklungs- & Markteinführungszeiten - erhöhte Flexibilität bei Marktanpassungen
Qualität	- verbesserte Aufgabenerfüllung - keine Medienbrüche - erhöhte Infoqualität	- steigende Entscheidungsqualität - hohe Expertenverfügbarkeit - hohe Dokumentenq.	- hohe Expertenverfügbarkeit - steigende Qualität bei Service- & Dienstleistungen
Kosten	- geringere Reise- kosten - geringere Arbeitsplatzkosten (z.B. bei Telearbeit)	- geringere Abstimmungskosten für Teams und Informationstransfer	- sinkende Reisekosten - Differenzierung zu Wettbewerbern

Eigene Darstellung

Abschließend gilt es festzuhalten, dass die Nutzenpotenziale der Telepräsenz in einem engen Zusammenhang mit den Zielen eines Unternehmens stehen. Um Einsatzziele der Telepräsenz formulieren zu können, muss das Management die Nutzeffekte dieser innovativen Telekommunikationsform kennen (vgl. LINß 1995 S. 32). Wie sich konkrete Unternehmens- und Marketingziele der Telepräsenz darstellen, zeigt Abschnitt 3.2.

3. Einsatz der Telepräsenz im Integrierten Marketing

3.1 Das Marketingverständnis dieser Arbeit

In dieser Arbeit wird der Begriff des Marketing sehr weit gefasst: Marketing als Management von Austauschprozessen und -beziehungen (vgl. FRITZ & V.D. OELSNITZ 1996 S. 17)[1]. Vor diesem Hintergrund lässt sich Marketing definieren als „…ein Prozess im Wirtschafts- und Sozialgefüge, durch den Einzelpersonen und Gruppen ihre Bedürfnisse und Wünsche befriedigen, indem sie Produkte und andere Dinge an Wert erstellen, anbieten und miteinander austauschen" (KOTLER & BLIEMEL 1999 S. 8). Auf diesem Verständnis basiert die nachfolgende Definition des Marketing für die vorliegende Arbeit: „Marketing wird als Management-Konzeption zur zielorientierten Gestaltung von Austauschprozessen mit betriebsinternen und -externen Partnern, insbesondere mit Partnern auf Absatz- und Beschaffungsmärkten sowie im Bereich der allgemeinen Öffentlichkeit. aufgefasst" (RAFFÉE et al. 1994 S. 45). Diese Sichtweise darf allerdings nicht die internen und externen Austauschpartner isoliert nebeneinander stellen, vielmehr bedarf es einer Integration in ein geschlossenes Marketingkonzept: Im Rahmen des sog. *Integrierten Marketing* wird das unternehmerische Verhalten gegenüber den Kunden, Mitarbeitern, Lieferanten, Wettbewerbern sowie gesellschaftlichen Anspruchsgruppen festgelegt und aufeinander abgestimmt (vgl. MEFFERT 1998 S. 26, S. 260). Ausgangspunkt dieser Integrationsüberlegungen ist die Tatsache, dass Unternehmen aufgrund komplexer Herausforderungen immer differenziertere Organisationseinheiten entwickeln, so dass ein zunehmender Abstimmungsbedarf zwischen diesen entsteht (vgl. BRUHN 1997 S. 95). Zwei wesentliche Aufgaben besitzt das Integrierte Marketing: Die Koordination der Marketingfunktionsbereiche und ihrer Aktivitäten untereinander sowie das Abstimmen des Marketing mit anderen Funktionsbereichen im Unternehmen (vgl. KOTLER & BLIEMEL 1999 S. 29f.). Abb. 3-1 verdeutlicht die Beziehungen des Integrierten Marketing nach innen und außen.

Die Perspektive des integrierten, austauschorientierten Marketing wurde gewählt, weil sie neben dem externen auch das interne Marketing berücksichtigt und weil der Prozessgedanke einen leichten Bezug zur *Telekommunikation* erlaubt: Im austauschorientierten Marketing werden nicht nur Geld-, Sach- und Dienstleistungen sowie Informationen transferiert, sondern auch langfristige Beziehungen zu den Anspruchsgruppen aufgebaut (vgl. RAFFÉE et al. 1994 S. 45, vgl. FRITZ & V.D. OELSNITZ 1996 S. 18). Bei Austauschprozessen und -beziehungen ist die Kommunikation zwischen den Marktpartnern von besonderer Bedeutung. Die dabei anfallenden Informations- und Kommunikationsbeziehungen vermag die *Telepräsenz* – als

---

[1] Zur Diskussion grundlegender Begriffsversionen des Marketing siehe vertiefend FRITZ & V.D. OELSNITZ (1996 S. 15-20).

3. Einsatz der Telepräsenz im Integrierten Marketing 69

besonders innovative Telekommunikationsform – sowohl im internen als auch im externen Bereich wirkungsvoll zu unterstützen. Die Pfeile in Abb. 3-1 sind somit auch als Kommunikationsrichtungen des Telepräsenzeinsatzes aufzufassen.

Abb. 3-1: Modell des Integrierten Marketing

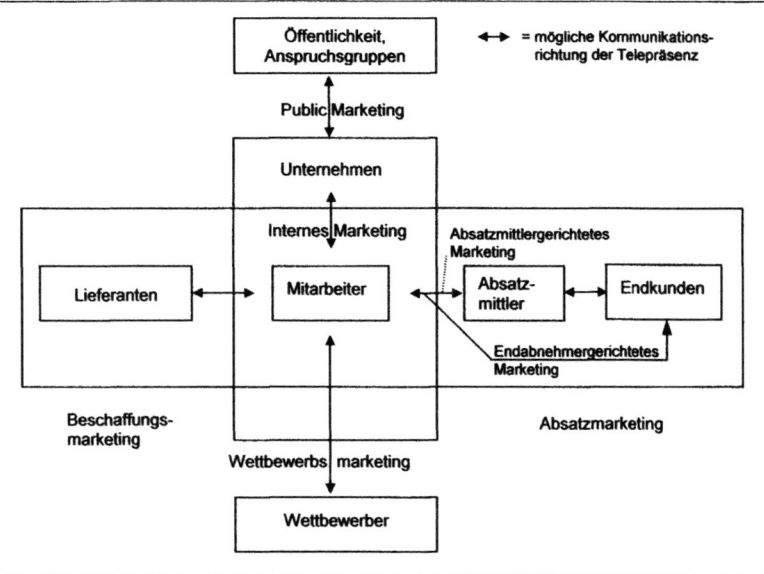

```
                    ┌──────────────────┐
                    │  Öffentlichkeit, │    ←→ = mögliche Kommunikations-
                    │  Anspruchsgruppen│           richtung der Telepräsenz
                    └──────────────────┘
                    Public Marketing
    ┌──────────────────────────────────────────────────┐
    │                   Unternehmen                    │
    │                                                  │
    │              Internes Marketing    Absatzmittlergerichtetes
    │                                    Marketing
    │  ┌──────────┐    ┌──────────┐    ┌──────────┐    ┌──────────┐
    │  │Lieferanten│←→│ Mitarbeiter│←→│  Absatz- │←→│ Endkunden │
    │  │          │    │          │    │ mittler  │    │          │
    │  └──────────┘    └──────────┘    └──────────┘    └──────────┘
    │                                    Endabnehmergerichtetes
    │                                    Marketing
    │ Beschaffungs-                              Absatzmarketing
    │ marketing
    └──────────────────────────────────────────────────┘
                    Wettbewerbs marketing
                    ┌──────────────┐
                    │ Wettbewerber │
                    └──────────────┘
```

Quelle: vgl. MEFFERT 1998 S. 26

Die nachfolgenden Ausführungen gehen zunächst auf die Ziele und Zielgruppen des Telepräsenzeinsatzes ein (Abschnitte 3.2 und 3.3). Anschließend wird die notwendige Integration der Telepräsenz in Unternehmens- und Marketingstrategien dargestellt (Abschnitt 3.4). Aufbauend auf dem vorgestellten Marketingverständnis werden dann die Einsatzbereiche der Telepräsenz im Beschaffungs- und Absatzmarketing sowie im Public Marketing eingehender analysiert (Abschnitte 3.5 bis 3.7).

3.2 Ziele des Einsatzes von Telepräsenzsystemen im Marketing

Als Ziel ist ein zukünftiger, gegenüber dem gegenwärtigen veränderter, erstrebenswerter und vom Entscheidungsträger gewollter Zustand zu verstehen. Ein Ziel entspricht damit einem anzustrebenden Zustand oder Prozess (BIETHAHN et al. 2000 S. 235, FRITZ & V.D. OELSNITZ 1996 S. 83). Ohne eine zielorientierte Ausrichtung droht die Unternehmensführung zu einer blinden, reaktiven Anpassung an einzelne Umweltentwicklungen mit der Gefahr des „Durchwurstelns" zu degenerieren (RAFFÉE 1984 S. 67). Der Unternehmenszweck („business mission") stellt dabei die Basis für die konkreten Unternehmensziele dar, welche wiederum einen Ausgangspunkt für die nachgelagerten Funktionsbereichs-, Aktionsfeld- und Instrumentalziele bilden. Durch die Bildung einer Zielhierarchie von oben nach unten findet eine zunehmende Konkretisierung der Ziele statt. Sie stehen dabei in einer Mittel-Zweck-Beziehung. Aus diesen Beziehungen werden Ober-, Zwischen- und Unterziele definiert. Zwischen- und Unterziele sind somit Mittel zur Verwirklichung der Oberziele (vgl. BECKER 1998 S. 28).

Der Einsatz von Telekommunikationssystemen muss sich an den übergeordneten Zielen des Unternehmens und des Funktionsbereiches, in denen sie eingesetzt werden, orientieren. Die Bandbreite der mit dem Telepräsenzeinsatz angestrebten Ziele ist sehr groß. Hinsichtlich des Einsatzes im Marketing lassen sie sich in *ökonomische* sowie *psychographische* Ziele unterscheiden. Hierbei handelt es sich allerdings nicht um Alternativen, da wesentliche ökonomische Ziele wie Umsatz- und Gewinnsteigerungen über ökonomische *und* psychographische Zwischen- und Unterziele erreicht werden sollen (vgl. BRUHN 1997 S. 680, vgl. STAUSS & HOFFMANN 1999 S. 370).

3.2.1 Ökonomische Ziele der Telepräsenz

Ökonomische Ziele der Telepräsenz sind solche Zielinhalte, die monetäre wirtschaftliche Größen implizieren und sich an den generellen Unternehmens- und Marketingzielen orientieren (vgl. MEFFERT 1998 S. 74). Bei der Zielformulierung ist zu berücksichtigen, dass einzelne ökonomische Unterziele erst nach einer gewissen Zeit Oberziele wie Gewinn und Umsatz beeinflussen können (BRUHN 1997 S. 680). Wesentliche ökonomische Unterziele der Telepräsenz bilden die Kostensenkung sowie die Effizienz- und Qualitätssteigerung (vgl. STAHLKNECHT & HASENKAMP 1999 S. 427). In der Praxis wird oftmals die *Kostenreduktion* (z.B. bei Dienstreisen) als primäres Ziel des Einsatzes von Videokommunikationssystemen angeführt. Dies liegt v.a. daran, das Kosteneinsparungen relativ einfach zu berechnen sind (vgl. SCHUMANN 1993 S. 165, siehe Punkt 2.4.2.2). Diese eindimensionale Sichtweise greift allerdings zu kurz, es sind weitere ökonomische Ziele zu definieren:

Neben der Kostensenkung wird das Ziel einer *Effizienzsteigerung* der Aufgabenbewältigung durch Telepräsenzsysteme angestrebt. Allgemein besagt der „Grundsatz der Effizienz", dass die eingesetzten Ressourcen in einem möglichst günstigen Input-Output-Verhältnis stehen müssen. Dabei spielt aber nicht nur die Reduktion der Kosten eine wichtige Rolle, sondern auch – bei konstantem Faktoreinsatz – die Verbesserung der Leistung (vgl. WEIBER & MCLACHLAN 2000 S. 121). Die Leistung soll mithilfe der Telepräsenz v.a. hinsichtlich einer Prozessbeschleunigung gesteigert werden. Mitarbeiter werden dabei in die Lage versetzt, ihr eigenes Kommunikationsbudget – und damit ihren arbeitsbezogenen Input – besser zu verwalten. Durch den Wegfall unproduktiver Reisezeiten können sich die Nutzer vor und nach telepräsenten Meetings auf ihre eigentlichen Aufgaben konzentrieren, diese dadurch beschleunigt bearbeiten und sogar mehrere Aufgaben in der selben Zeit bewältigen.

3. Einsatz der Telepräsenz im Integrierten Marketing

Besonders wichtig ist dies bei Spezialisten, die an mehreren Orten telepräsent eingesetzt werden (vgl. PERRIN 1997 S. 9, vgl. BÜHNER 1999 S. 357). Beispielsweise sollen in der Produktentwicklung die Arbeitsabläufe so stark gestrafft werden, dass sich Entwicklungszeiten signifikant verkürzen (vgl. LUCZAK & EVERSHEIM 1999 S. 137).

Weiterhin ist das Ziel der *Qualitätsverbesserung* der Aufgabenerfüllung durch Telepräsenzeinsatz zu nennen. Zum einen soll die Entscheidungsqualität verbessert werden, da sich z.B. spontan Entscheidungsträger und Spezialisten telepräsent hinzuziehen lassen. Zum anderen wird eine Verbesserung der Produktqualität angestrebt. Beispielsweise ist es möglich, mittels Videokommunikation Produkte bzw. Produktteile von entfernten Experten begutachten und prüfen zu lassen. Des Weiteren kann die *Qualität des Kundendienstes* angehoben werden, wenn z.B. Servicemitarbeiter räumlich weit entfernte Maschinen mittels Tele-Service warten und rasch instandsetzen (vgl. SILBERER 1997c S. 393, siehe Punkt 2.4.2.2).

Mit dem Einsatz moderner Telekommunikationssysteme werden zudem organisationale Ziele verfolgt. Telepräsenzsysteme unterstützen hierbei die *Realisierung neuer Organisationsstrukturen*. Der Bezug der Telepräsenz zur Organisationsgestaltung rührt aus folgenden Entwicklungen: Zur Flexibilisierung der Organisation werden zunehmend gemischte Teams eingesetzt. Sie setzen sich aus Fachleuten der eigenen und fremden Organisationen (z.B. Lieferanten, Berater) zusammen. Ferner führen Unternehmen verstärkt Telearbeit[2] ein, damit die eigenen Mitarbeiter auch außerhalb des Unternehmens ihre Aufgaben erfüllen können (vgl. BÜHNER 1999 S. 239, S. 352). Auf diese Weise werden Unternehmensstrukturen dezentralisiert. Weiterhin ist in einigen Branchen zu beobachten, dass Unternehmen sowohl in horizontaler als auch in vertikaler Richtung netzwerkartige Strukturen formen, um flexibel auf Marktgegebenheiten zu reagieren. Sowohl für räumlich verteilte Teams als auch für Unternehmensnetzwerke werden Telepräsenzsysteme eingesetzt, um die Kommunikation zwischen den dezentralen Teilnehmern auf einem hochwertigen Niveau zu gewährleisten (vgl. SANDKUHL & FUCHS-KITTOWSKI 1999 S. 341). Weiterhin gilt es zu berücksichtigen, dass der Marketingbereich wichtige Schnittstellen zu internen Funktionsbereichen wie zur Forschung und Entwicklung (FuE), zur Produktion und zu externen Kooperationspartnern besitzt (vgl. KÖHLER 1992 Sp. 52). Das Management kann die Kommunikationsverbesserung an diesen Schnittstellenbereichen anzielen, indem es durch den Telepräsenzeinsatz die funktionsübergreifende Zusammenarbeit unterstützt.

---

[2] Zu den unterschiedlichen Formen der Telearbeit siehe PICOT et al. (1996 S. 373f.).

3.2.2 Psychographische Ziele der Telepräsenz

Psychographische Ziele der Telepräsenz betreffen die mentalen Prozesse der Zielgruppen. Nach den Ebenen individueller Reaktionen auf die Telepräsenz lassen sich drei aufeinander aufbauende Kategorien psychographischer Ziele unterscheiden, die es mit dem Telepräsenzeinsatz zu erreichen gilt: Die kognitiv-, affektiv- und konativ-orientierten Ziele der Telepräsenz (vgl. BRUHN 1997 S. 680).

Kognitiv-orientierte Ziele sind darauf ausgelegt, die Informationsaufnahme, -verarbeitung und -speicherung zu beeinflussen (ebda S. 681). Zu den kognitiv-orientierten Telepräsenzzielen zählen die interne und externe Informations- und Wissensvermittlung (vgl. KÖHLER 1993 S. 9f.). Beispielsweise sollen Kunden durch die externe semi-persönliche Weitergabe von Informationen ein bestimmtes Produkt wahrnehmen, ihre Kenntnisse hinsichtlich der Leistung und des Unternehmens verbessern sowie den beratenden Mitarbeiter per Telepräsenz kennen lernen (vgl. BRUHN 1997 S. 681). Im Rahmen interner Informations- und Wissensvermittlung zielt das Unternehmen z.B. auf die multimediale Information der Mitarbeiter über neue Ziele, Strategien und Leistungsinnovationen des Unternehmens. Ferner wird der interaktive Informationsaustausch von Projektgruppen via Telepräsenz angezielt (vgl. STAUSS & HOFFMANN 1999 S. 370).

Ein *affektiv-orientiertes*, nach innen gerichtetes Ziel, ist die Motivationssteigerung der Mitarbeiter durch die Nutzung von Telepräsenzsystemen. Hier liegt die Annahme zugrunde, dass der Einsatz innovativer Technologien motivierend auf die Nutzer wirkt. Nach außen zielt das Unternehmen auf die Verbesserung des Unternehmensimages, indem versucht wird, mittels des Telepräsenzeinsatzes als innovationsorientiert zu erscheinen (vgl. KÖHLER 1993 S. 9, vgl. WANDERSLEB & HÖROLD 1999 S. 483). Hierbei gilt es allerdings anzumerken, dass die Telepräsenzeinführung in der Vergangenheit häufig auf Prestigezielen des Top-Managements basierte. Andere Ziele wurden infolgedessen vernachlässigt (vgl. z.B. WIEDENMAIER et al. 1999 S. 46).

Konativ-orientierte Ziele beinhalten die erkennbaren Reaktionen der Gesprächspartner als Ergebnis der kommunikativen Beeinflussung durch die Telepräsenz. Konativ-orientierte Ziele konzentrieren sich somit auf das tatsächliche Verhalten von Zielpersonen (vgl. BRUHN 1997 S. 681). Auf Mitarbeiterebene ist das Ziel einer Entlastung durch die regelmäßige Telepräsenznutzung zu nennen. Dieses mitarbeitergerichtete Ziel hängt mit der Erkenntnis zusammen, dass zahlreiche Dienstreisen und Sitzungen eine sehr hohe Belastung für die betroffenen Mitarbeiter bedeuten. Unternehmen versuchen daher verstärkt, Vorbesprechungen mithilfe von Telepräsenzsystemen zu erledigen, damit Reisen nur noch für nicht ersetzbare Hauptgespräche anfallen (vgl. SCHLOBACH 1989 S. 90). Ein weiteres mitarbeitergerichtetes Ziel ist die Verbesserung der Kommunikationsbereitschaft der Mitarbeiter: Anwender von

3. Einsatz der Telepräsenz im Integrierten Marketing 73

Bildtelefonen oder Desktop-Videokommunikationssystemen sind an ihrem Arbeitsplatz besser erreichbar und vermeiden Abwesenheitszeiten wegen Sitzungen oder Geschäftsreisen. Angestrebt wird dabei eine Flexibilisierung des Personaleinsatzes. Insgesamt lässt sich auf diese Weise eine höhere Reaktionsfähigkeit der potenziellen Nutzer erreichen (vgl. SPREY 1997 S. 44).

Auf der Kundenebene beziehen sich konative Ziele auf die verbesserte Kundengewinnung durch den Telepräsenzeinsatz. Dies ist z.b. dann möglich, wenn Lieferanten Erfahrungen mit der Videokommunikationstechnik vorweisen können. Die Bedeutung dieses Mediums wird in der Automobilindustrie deutlich: Hersteller verlangen vermehrt von ihren Lieferanten, die Kommunikation mittels Videokommunikation abzuwickeln (DOMMASCHK 11.05.2001). Neben der Gewinnung zielt der Telepräsenzeinsatz auf die Bindung der Kunden. Dies soll über die häufigere und intensivere Kommunikation erreicht werden (vgl. MEFFERT & BRUHN 1997 S. 145).

Abschließend ist festzuhalten, dass sich die Definition relevanter Telepräsenzziele an den spezifischen Unternehmensgegebenheiten zu orientieren hat. Die Festlegung der Ziele muss dabei – wie bei klassischen Kommunikationsmitteln auch – den Anforderungen der Operationalität genügen. Daher sind Ziele nach Inhalt, Ausmaß sowie Segment- und Zeitbezug zu präzisieren (vgl. BECKER 1998 S. 23f., vgl. MEFFERT 1998 S. 74).

3.3 Zielgruppen der Telepräsenz

Die Zielgruppenidentifikation ist eine wesentliche Voraussetzung für die differenzierte Marktbearbeitung mittels Telepräsenz. Die Aufteilung der Gesamtzielgruppe zielt auf die Bildung intern möglichst homogener und extern möglichst heterogener Nutzergruppen. Angestrebt wird damit eine zielgruppenspezifische Einführung und Nutzung von Telepräsenzanwendungen (vgl. BRUHN 1997 S. 852). Die Bildung von Zielgruppen ist vor folgendem praxisbezogenen Hintergrund bedeutend: In einigen Unternehmen erfolgt die Einführung von Telepräsenzsystemen ohne die Bestimmung relevanter Nutzergruppen. Daraus resultiert die nur schwache oder sogar gänzlich ausbleibende Nutzung der angeschafften Systeme. Die ursprünglich angedachten Ziele der Telepräsenz können dadurch nicht mehr erreicht werden. Vor diesem Hintergrund sind für einen erfolgreichen Telepräsenzeinsatz die Zielgruppen zu bestimmen. Die Analyse stellt die folgenden zwei Fragen in den Vordergrund: Welche internen und externen Zielgruppen besitzen einen Bedarf an telepräsenter Kommunikation? Mit welchen Kriterien können die potenziellen Nutzer identifiziert werden? Im Folgenden wird in interne sowie externe Zielgruppen unterschieden.

3.3.1 Interne Zielgruppen der Telepräsenz

Als interne Zielgruppen werden alle potenziellen Nutzer und Nutzergruppen im gesamten Unternehmen angesehen. Hierzu zählen auch Nutzer bzw. Nutzergruppen, die bei Tochtergesellschaften oder Niederlassungen im Ausland angesiedelt sind. Für die Analyse der internen Zielgruppen für die Telepräsenz bietet sich das Heranziehen der in Tab. 3-1 dargestellten Kriterien an.

Tab. 3-1: Kriterien für die Bildung interner Zielgruppen der Telepräsenz

Kriterien	Ausprägungen (Auswahl)
Demographische Merkmale	Berufsgruppe, Ausbildung, Wohnort, Alter
Psychographische Merkmale	Kenntnisse, Einstellung, Interesse ggü. Telekommunikation und Telepräsenzsystemen
Verhaltensbezogene Merkmale	Kommunikationsverhalten, Gruppen-/ Teamverhalten
Organisationale Merkmale	Hierarchische Position, geogr. Standorte, Anzahl der Empfänger, Telepräsenzsystem-Zugang
Situationale Merkmale	Projektzugehörigkeit, Zeitdruck, Verwendung von Dokumenten und Materialien, Aufgabentyp

Quelle: In Anlehnung an BRUHN 1997 S. 928

Die Zielgruppensegmentierung nach *demographischen Kriterien* ist die klassische und einfachste Vorgehensweise im Marketing (BECKER 1998 S. 250). Im Rahmen der Bildung interner Telepräsenzzielgruppen sind Beruf und Ausbildung potenzieller Nutzer besonders relevant. Beispielsweise besitzen Berufsgruppen wie Entwickler und Konstrukteure einerseits einen hohen Abstimmungsbedarf in ihrer täglichen Arbeit, andererseits zeigen sich Mitarbeiter technischer Berufe für innovative Telekommunikationsanwendungen besonders aufgeschlossen. Der Wohnort eines Mitarbeiters spielt hinsichtlich des Bedarfs an Telearbeit mittels Telepräsenz eine besondere Rolle. So kommen Mitarbeiter für Telearbeit infrage, wenn sie täglich einen sehr langen Anfahrtsweg zurücklegen müssen (PICOT et al. 1996 S. 366).

In der klassischen *psychographischen Marktsegmentierung* werden nicht-beobachtbare Konstrukte des Käuferverhaltens zur Segmentierung herangezogen. Dem Konstrukt der Einstellung[3] kommt hierbei eine übergeordnete Bedeutung zu (MEFFERT 1998 S. 188). Überträgt man das Einstellungskonstrukt auf das Bilden von internen Zielgruppen für die Telepräsenz, dann ist die positive oder negative Einstellung der potenziellen Nutzer gegenüber der Telepräsenz zu ermitteln, um auf eine bestimmte Verhaltensweise, z.B. Nutzung oder Nichtnutzung, zu schließen (vgl. ebda). Es sei jedoch angemerkt, dass zum

---

[3] Siehe vertiefend zum Konstrukt der Einstellung z.B. MEFFERT (1998 S. 113-99).

3. Einsatz der Telepräsenz im Integrierten Marketing

einen das Ermitteln von Einstellungen gegenüber Telepräsenzsystemen aufwendig ist, zum anderen sind psychographische Segmente häufig nach kurzer Zeit vom Einstellungs- und Verhaltenswandel betroffen (vgl. SILBERER 1991 S. 32).

Im Gegensatz zu demographischen und psychographischen Merkmalen handelt es sich bei den *Kriterien des beobachtbaren Verhaltens* nicht um Bestimmungsfaktoren des Kauf- bzw. Nutzungsverhaltens, sondern um die Ergebnisse von Kaufentscheidungs- bzw. Nutzungsentscheidungsprozessen (vgl. FRETER 1983 S. 87). Dadurch können Rückschlüsse vom vergangenen auf zukünftiges Verhalten gezogen werden (WOLF 1995 S. 150). So sollte in diesem Zusammenhang ermittelt werden, welche Kommunikationsmittel von wem zu welchen Kommunikationspartnern wie häufig bisher genutzt wurden (vgl. BRUHN 1997 S. 683, S. 853). Ferner kann das beobachtbare Gruppen- und Teamverhalten Aufschluss über Zielgruppen der Telepräsenz geben. Interne Gruppen und Teams mit hohem Abstimmungsbedarf und räumlichen Abständen der Mitglieder weisen einen starken Bedarf nach hochwertigen Telekommunikationsdiensten auf. Die Verhaltensbezogenen Merkmale besitzen Vorteile der relativ leichten Gewinnung der Daten sowie einer guten Messbarkeit (vgl. FRETER 1983 S. 95).

Interne Zielgruppen der Telepräsenz können des Weiteren anhand *organisationaler Merkmale* bestimmt werden. Je nach hierarchischer Position der Mitarbeiter werden Entscheidungen über die Versorgung mit Telepräsenzsystemen getroffen. Das Top-Management wird in den meisten Fällen mit räumlich nahen und gut ausgerüsteten Raum-Videokonferenzsystemen versorgt. Die Leiter von Teams besitzen ebenfalls einen hohen Kommunikationsbedarf, da sie ihre Teams koordinieren müssen. Es ist ferner zu prüfen, welche Abteilungen und Projektgruppen für die Telepräsenznutzung infrage kommen. Hierbei ist zu klären, welcher interne und externe Kommunikationsbedarf in den organisationalen Einheiten vorliegt und ob dieser durch Telepräsenzsysteme gedeckt werden kann. Darüber hinaus spielt die geographische Standort der zu kontaktierenden Personen eine große Rolle. Dabei sind sowohl Entfernungen als auch Zeitverschiebungen zu berücksichtigen. Für die passende Auswahl der Art von Telepräsenzsystemen (z.B. Desktop- vs. Raumsystem) ist es bedeutend, ob in den Abteilungen eine Einzelperson, eine kleine oder eine große Gruppe kommunizieren soll.

Für die Zielgruppenbildung sind weiterhin *situationale Kriterien* heranzuziehen. Zielgruppen können nach der Projektzugehörigkeit gebildet werden. Mitarbeiter, die z.B. in einer sog. Task Force arbeiten, müssen an verschiedenen Standorten unter hohem Zeitdruck mit vielen Personen kommunizieren. Zielgruppen können weiterhin nach ihrem Bedarf zur Visualisierung von zu bearbeitenden Dokumenten und Materialien bestimmt werden. Zum Beispiel reichen Telefon und Telefax zur Darstellung von komplexen Konstruktionsplänen in der Produktentwicklung nur eingeschränkt aus.

3.3.2 Externe Zielgruppen der Telepräsenz

Für den extern gerichteten Telepräsenzeinsatz kann in konsumenten- sowie organisationsbezogene Zielgruppen unterschieden werden. Eine Zielgruppenanalyse für Konsumenten lässt sich nach demographischen, psychographischen sowie verhaltensbezogenen Kriterien durchführen (FRETER 1983 S. 46). Die nachfolgenden Darlegungen zu externen Zielgruppen konzentrieren sich auf Organisationen, weil die telepräsente Kommunikation zu Unternehmen bislang sehr viel bedeutender ist, als die Kommunikation zu Konsumenten. Tab. 3-2 gibt einen Überblick über Kriterien und deren Ausprägungen.

Tab. 3-2: Kriterien für die Bildung externer Zielgruppen der Telepräsenz

Kriterien	Ausprägungen (Auswahl)
Organisationsbezogene Merkmale	Branche, Standort, Unternehmensgröße, Finanzkraft
Organisationsmitgliederbezogene Merkmale	Kenntnisse, Einstellung, Interessen ggü. Telekommunikation und Telepräsenzsystemen, Kommunikationsbedürfnisse
Organisationsverhaltensbezogene Merkmale	Kommunikationsverhalten, Gruppen-/ Teamverhalten, Dauer der Zusammenarbeit

Quelle: In Anlehnung an BECKER *1998 S. 281.*

Im Rahmen der Analyse organisationaler Telepräsenz-Zielgruppen beziehen sich die *organisationsbezogenen Kriterien* auf eher formale Unterscheidungsmerkmale wie Branchen, Standorte und Unternehmensgröße (vgl. BECKER 1998 S. 281). Hinsichtlich der Branchen ist festzustellen, dass erhebliche Unterschiede zwischen einzelnen Branchen bei der Nutzungsintensität von Informations- und Kommunikationssystemen vorliegen (WOLF 1995 S. 157). Ferner weisen empirische Untersuchungen darauf hin, dass auch eine unterschiedliche Verbreitung der Videokommunikation vorliegt. Beispielsweise sind Handelsunternehmen weit unterdurchschnittlichere Telepräsenznutzer als Finanzdienstleister und die Automobilindustrie (vgl. z.B. STOETZER 1994 S. 24f. vgl. DTI 1999 S. 66).

Des Weiteren sind große Unternehmen aufgrund des höheren internen Kommunikationsbedarfs i.d.R. besser mit Telekommunikationssystemen ausgestattet als kleinere Unternehmen (vgl. WOLF 1995 S. 157). Als wichtiges firmendemographisches Merkmal spielen die Standorte der organisationalen Zielgruppen eine zentrale Rolle. Große Entfernungen zu Kunden oder Lieferanten sind wegen des Einsparpotenzials von Reisekosten oftmals das wichtigste Argument für den Telepräsenzeinsatz.

Die *organisationsmitgliederbezogenen Kriterien* beziehen sich auf psychische Charakteristika der Mitglieder in den anderen Unternehmen. Sie sind analog zu den psychographischen Merkmalen der internen Zielgruppen zu berücksichtigen (vgl. BECKER 1998 S. 281). Es ist zu

3. Einsatz der Telepräsenz im Integrierten Marketing

betonen, dass das Erheben von Einstellungen und Interessen organisationsfremder Mitglieder sehr schwierig ist.

Die *verhaltensbezogenen Zielgruppenmerkmale* betrachten das bisherige Kommunikationsverhalten der fremden Organisation. In diesem Zusammenhang ist eingangs die Frage zu klären, ob die relevanten Organisationen bereits Telepräsenzsysteme einsetzen. Wenn Anwendungen vorhanden sind, muss sichergestellt sein, dass die Videokommunikationssysteme kompatibel mit den eigenen Systemen sind. Des Weiteren lässt das Gruppen- und Teamverhalten der angezielten Organisationen Rückschlüsse auf eine mögliche telepräsente Zusammenarbeit zu. Ob sich ein Marktpartner für die Telepräsenz-Kommunikation eignet, ist ferner an der Dauer der gesamten Geschäftsbeziehung festzumachen. Liegt nur eine sehr kurze Zusammenarbeit vor und müssen Investitionen in die Telekommunikation erbracht werden, lohnt die telepräsente Kooperation oftmals nicht (vgl. LUCZAK & EVERSHEIM 1999 S. 125f.).

Abschließend visualisiert Abb. 3-2 beispielhaft die Beschreibung von möglichen Telepräsenz-Zielgruppen. Anhand der Merkmale Distanz, Kommunikationsbedarf und Zeitdruck lässt sich ein Produktentwicklungs-Team identifizieren, welches über Kontinente hinweg unter hohem Zeitdruck und mit einem sehr großen Abstimmungsbedarf bei komplexen Entwicklungsaufgaben kommunizieren muss. Dagegen ist beispielhaft ein Marktforschungs-Team beschrieben, das unter geringem Zeitdruck steht, sich lediglich national abstimmen muss und einen eher geringen Kommunikationsbedarf aufweist. Der Bedarf zur Telepräsenznutzung – symbolisiert durch die Größe des Würfels – erscheint im Vergleich zur Produktentwicklung sehr gering. Eine solche grafische Darstellung besitzt den Vorteil, dass bei eintretenden Veränderungen – z.B. internationale Ausweitung der Marktforschungsarbeit – der wachsende Telepräsenzbedarf mit dem größer werdenden Würfel leicht visualisierbar wird.

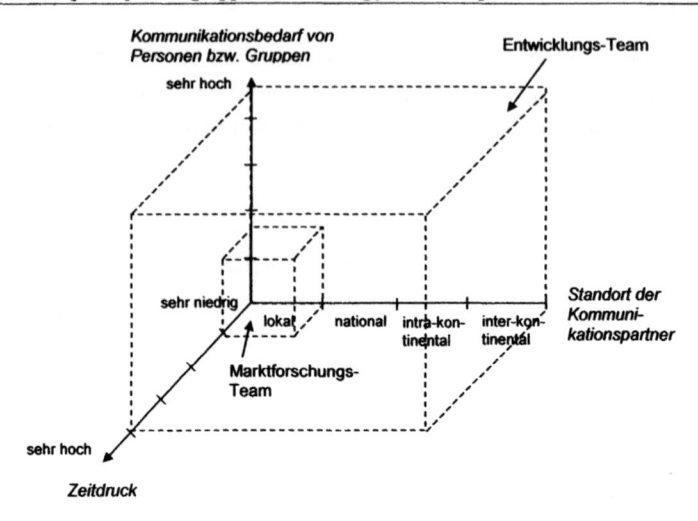

Abb. 3-2: Beispielhafte Zielgruppenbestimmung für die Telepräsenz

```
                Kommunikationsbedarf von
                Personen bzw. Gruppen          Entwicklungs-Team
                      sehr hoch

                                                          Standort der
                  sehr niedrig                            Kommuni-
                         lokal   national  intra-kon-  inter-kon-  kationspartner
                                           tinental    tinental
                     Marktforschungs-
                     Team
            sehr hoch

               Zeitdruck
```

Eigene Darstellung

3.4 Strategische Aspekte des Telepräsenzeinsatzes im Marketing

Die strategische Bedeutung der Informations- und Kommunikationstechnik (IuK-Technik) wird seit den 80er Jahren sowohl in der Wissenschaft als auch in der Praxis lebhaft diskutiert (vgl. PORTER & MILLAR 1985, vgl. KRCMAR 1997 S. 203). Die Ausführungen zu diesem Thema gipfeln in der Bezeichnung von IuK-Systemen als „strategische Waffe" für Unternehmen (vgl. z.B. MERTENS & PLATTFAUT 1986 S. 6, WILDEMANN 1995 S. 97). Telepräsenzsysteme werden in der vorliegenden Arbeit ebenfalls als Instrument im Wettbewerb betrachtet. Daraus folgt, dass sie sich – wie andere Telekommunikationssysteme auch – an Unternehmens- und Marketingstrategien orientieren müssen. Es gilt zu berücksichtigen, dass die Telekommunikation ihrerseits einen Einfluss auf strategische Planungen ausübt (vgl. KRCMAR 1995 S. 34, vgl. HORVÁTH & RIEG 2001 S. 10). Die Beziehungen zwischen Telepräsenz und Unternehmensstrategien zeigt Abb. 3-3:

3. Einsatz der Telepräsenz im Integrierten Marketing 79

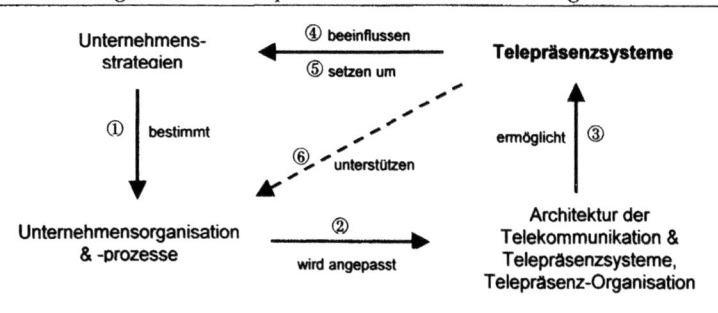

Abb. 3-3: Beziehungen zwischen Telepräsenz und Unternehmensstrategien

```
    Unternehmens-        ④ beeinflussen
    strategien      ←────────────────      Telepräsenzsysteme
                        ⑤ setzen um
                                    ─ ─ ─ ─
      ①  │ bestimmt                              ermöglicht  ③
                              ⑥  ─ ─ ─
                               ↙ unterstützen
         ↓
                                                 Architektur der
   Unternehmensorganisation         ②            Telekommunikation &
        & -prozesse          ─────────────→      Telepräsenzsysteme,
                             wird angepasst      Telepräsenz-Organisation
```

Quelle: In Anlehnung an SCHUMANN *1992 S. 29 und* KRCMAR *1995 S. 33*

Sowohl die Unternehmensorganisation als auch ihre Prozesse werden aus der strategischen Planung abgeleitet (1). Das Telepräsenz-Management ist hierbei noch nicht betroffen. Im nächsten Schritt werden die Architektur (i.S. der technischen Ausstattung) und die Organisation der Telekommunikation im allgemeinen und der Telepräsenz im speziellen an die Unternehmensorganisation und deren Prozesse angepasst (2). Diese Grundlagen ermöglichen den Einsatz der Telepräsenz (3). Weiterhin ist zu berücksichtigen, dass der Einsatz der Telekommunikation wiederum die Unternehmensstrategie beeinflusst (4), da sich die strategische Planung dynamisch verändert und sich an neue Rahmenbedingungen (hier die Entwicklung der Telekommunikation) anpassen muss (vgl. KRCMAR 1995 S. 33f.). Darüber hinaus setzt der Telepräsenzeinsatz die Unternehmensstrategien um (5) und unterstützt die Prozesse in den Funktionsbereichen des Unternehmens (6). Die Abschnitte 3.4 bis 3.6 untersuchen ausführlich die Unterstützungspotenziale der Telepräsenz im Integrierten Marketing.

Grundsätzlich gilt, dass Telepräsenzsysteme in strategischer Hinsicht zur *Erarbeitung* von Strategien durch das Management und zur *Umsetzung* der vorhandenen strategischen Stossrichtungen eingesetzt werden können.

3.4.1 Telepräsenz in der Erarbeitung von Strategien

Wie bereits in Abschnitt 2.1 dargestellt wurde, ist ein Großteil der Arbeitszeit von Führungskräften (40% bis 80%) durch Kommunikation geprägt. Zu den Kommunikationsaktivitäten gehört auch das Erarbeiten und die Abstimmung von Strategien. Da diese Tätigkeiten sehr komplex sind und mehrere Führungskräfte beteiligt sind, eignen sich selten einfache Medien wie E-Mail oder Telefon. Die Erarbeitung von Strategien bedarf ferner einer umfassenden Informationsbeschaffung. Bei dieser vertikalen Kommunikation kann die Videokommunikation schnell auch zu intensiven Diskussionen eingesetzt werden (vgl HERMANNS 1993 Sp. 2196). Den Beitrag der Telepräsenz zur Strategieerarbeitung haben einige

Unternehmen (z.B. DaimlerChrysler, Continental) erkannt und halten im Vorstandsbereich Videokonferenzräume bereit. In international verteilten Unternehmen erscheinen sogar Vorstandsmitglieder mittels einer Videoverbindung in Vorstandssitzungen, um bei wichtigen Entscheidungen mitzuwirken (z.B. Deutsche Bank) (vgl. PERRIN 1997b S. 23).

3.4.2 Telepräsenz in der Umsetzung von Strategien

Strategien sind mittel- bis langfristig wirkende Grundsatzentscheidungen zur Marktwahl und -bearbeitung. Sie sind das zentrale Bindeglied zwischen den Marketingzielen und den Marketinginstrumenten (vgl. NIESCHLAG et al. 1994 S. 883). Marketingstrategien lassen sich nach BECKER (1998 S. 147) und BACKHAUS (1999 S. 203) in folgende Strategieebenen unterteilen: Marktfeld-, Marktstimulierungs-, Marktparzellierungs-, Marktareal-, Wettbewerbs- sowie Timingstrategien.

Marktfeldstrategien legen die strategische Stoßrichtung in Bezug auf alternative Produkt-Markt-Kombinationen (Marktfelder) fest. Zu ihnen zählen die Marktdurchdringung und -entwicklung sowie Produktentwicklung und Diversifikation (BECKER 1998 S. 147). Der Einsatz von Telepräsenzsystemen muss sich an den gewählten Marktfeldstrategien orientieren. Herausragende Bedeutung hat die Telepräsenz für zahlreiche Unternehmen im Bereich der Produktentwicklung. Sie ermöglicht eine zügige und arbeitsteilige Entwicklung neuer Produkte. Durch die frühe Integration wichtiger Lieferanten können dabei Innovationspotenziale freigesetzt werden. Auch die Marktdurchdringungsstrategie kann mittels Telepräsenz unterstützt werden. Der gezielte Einsatz vermag die Produktverwendung bei bestehenden und die Gewinnung neuer Kunden zu verbessern. Beispielsweise setzen Unternehmensberatungsgesellschaften die Videokommunikation ein, um die auf starker Kommunikation mit dem Kunden basierende Dienstleistung zu intensivieren (vgl. POCSAY 1999 S. 47). Mit der Strategie der Marktentwicklung will man mit vorhandenen Produkten neue Märkte erschließen. Weil dabei besondere Unterstützungspotenziale der Telepräsenz in der geographischen Markterschließung liegen, wird auf diesen Sachverhalt im Rahmen der Arealstrategie vertiefend eingegangen.

Mit der *Marktstimulierungsstrategie* wird festgelegt, in welcher Art und Weise die Absatzmärkte beeinflusst werden. Grundlegende Strategiemuster sind die Präferenz- und Preis-Mengen-Strategie. Die Präferenzstrategie steht für eine klare Positionierung am Markt: Hohe Qualität sowie hoher Preis (BECKER 1998 S. 180-182). Die Telepräsenz leistet einen Beitrag zu einem produktbezogenen Qualitätsmanagement, wenn Unternehmen mit ihrer Hilfe eine Qualitätssicherung durchführen. Dies wird erreicht, indem räumlich entfernte Mitarbeiter der Qualitätssicherung die betreffenden Produkte via Bildschirm begutachten und bei Fehlerhaftigkeit sofort weitere Anweisungen geben (vgl. SCHLOBACH 1989 S. 122). Eine weitere zentrale Qualitätsdimension stellt die Qualität des Kundendienstes dar, die sich direkt auf den

Absatzerfolg auswirkt (MEFFERT 1998 S. 267). Die Telepräsenz unterstützt die Qualität der Serviceleistungen, wenn beispielsweise ein Maschinenhersteller per Videokommunikation seine Anlagen wartet und über dieses System Reparaturhilfen an das Bedienungspersonal leistet (vgl. WESTKÄMPER & WIELAND 1998 S. 9). Ein solcher Ansatz unterstützt zudem den Aufbau von Vorzugstellungen beim Kunden, denn der innovative Telekommunikationseinsatz leistet eine Differenzierung zu Wettbewerbern und kann dadurch auch eine höhere Preisstellung rechtfertigen (siehe auch Punkt 3.6.2.2). Die Preis-Mengen-Strategie richtet sich konsequent auf einen aggressiven Preiswettbewerb aus. Auf präferenzbildende Maßnahmen wird weitgehend verzichtet (BECKER 1998 S. 214). Ansatzpunkte für die Unterstützung dieser Strategie liegen v.a. in der Kostenreduktion durch Telepräsenznutzung, um Preissenkungsspielräume zu gewinnen.

Im Rahmen der *Marktparzellierungsstrategie* bestimmt das Unternehmen die Art und Weise der Differenzierung bzw. die Abdeckung des Marktes, in dem es tätig werden will. Es legt zugleich die Zielgruppen fest. Diese strategische Stoßrichtung lässt sich in Massenmarketing und Marktsegmentierung unterscheiden (vgl. BECKER 1998 S. 237f.). Der Telepräsenzeinsatz hat für die Strategie der Marktsegmentierung hohe Bedeutung, weil diese interaktive Telekommunikationsform gezielt für die individuelle Bearbeitung von Marktsegmenten – und damit von einzelnen Personen und Unternehmen – eingesetzt wird. Der Bildung von Zielgruppen der Telepräsenz wurde bereits in Abschnitt 3.3 Rechnung getragen.

Marktarealstrategien legen fest, auf welchen räumlich-geographischen Absatzmärkten das Unternehmen tätig sein will. Im Zuge der Globalisierung gewinnt insbesondere die Internationalisierungsstrategie an Bedeutung. Es müssen Markteintrittsentscheidungen getroffen werden: Beispielsweise ob das Unternehmen einen Export aufbaut, Joint Ventures eingeht, Auslandsniederlassungen, Produktionsstandorte oder sogar Tochtergesellschaften errichtet (vgl. ebda S. 313, S. 324). Bereits in der Arealfindungsphase muss das Unternehmen mögliche Unterstützungspotenziale der Telepräsenz berücksichtigen, denn der Telepräsenzeinsatz vereinfacht die notwendige Kommunikation zwischen internationalen Standorten und der Zentrale, so dass räumliche Entfernungen immer stärker an Bedeutung verlieren. In der Arealfindung müssen aber auch technische Voraussetzungen der Telepräsenz geprüft werden. Die wichtigste Anforderung bezieht sich dabei auf die vorhandene Telekommunikationsinfrastruktur. Bei einer internationalen Marktbearbeitung ermöglicht die Telepräsenz eine hochwertige und schnelle Kommunikation zwischen den Beteiligten. Auf diese Weise sind z.B. Besprechungen zur Marketingkoordination in kürzeren Zeitzyklen möglich. Oftmals konnten vor der Einführung von Videokonferenzräumen auswärtige Manager nur einmal im Monat aus Kosten- und Zeitgründen an Koordinationsgesprächen teilnehmen. Mithilfe der Telepräsenz können sich die Beteiligten sogar zu wöchentlichen Sitzungen „telepräsent" treffen (vgl. LAUTZ 1995 S. 173).

Mit der *wettbewerbsgerichteten Marketingstrategie* legt ein Unternehmen fest, wie auf dem Absatzmarkt Vorteile gegenüber Konkurrenten errungen werden. Im Rahmen dieser Option besitzt die Strategie der Kostenführerschaft eine große Bedeutung. Ihr Ziel ist das Erlangen eines umfassenden Kostenvorsprungs innerhalb der eigenen Branche (vgl. SCHARF & SCHUBERT 1997 S. 48). Untersuchungen zeigen, dass sich mithilfe von Videokonferenzen große Einsparungen bei Geschäftsreisen realisieren lassen (vgl. z.B. SCHLOBACH 1989 S. 167-175, LAUTZ 1995 S. 111-125 sowie Punkt 2.4.2.2). Eine weitere wettbewerbsgerichtete Strategieoption ist die der Kooperation. Kooperationen haben in Form strategischer Allianzen und strategischer Netzwerke im internationalen Wettbewerb stark an Bedeutung gewonnen. Dabei wird versucht, über horizontale oder vertikale Kooperationen Wertschöpfungsaktivitäten entweder zu verknüpfen oder auszugliedern (vgl. BACKHAUS 1999 S. 262-265). Telepräsenzsysteme sind im besonderen Maße dazu geeignet, Kooperationen zu unterstützen, da auf allen Stufen der Zusammenarbeit Daten, Informationen und Wissen zwischen den Beteiligten auszutauschen sind (vgl. WEIBER & MCLACHLAN 2000 S. 142). Die Systeme sorgen einerseits bei vertikalen Kooperationen zwischen Hersteller und Zulieferer für eine Abstimmungsverbesserung, andererseits unterstützen sie horizontale Kooperationen. Beispielsweise nutzen Porsche und Volkswagen ihre Videokonferenzeinrichtungen, um die Zusammenarbeit in der Produktentwicklung zu vereinfachen (SCHWARZ 15.03.2001). Kooperieren Unternehmen, die gleichzeitig in bestimmten Märkten Wettbewerber sind, dann entsteht eine sog. „Coopetition" (= Competition + Cooperation). Diese Strategie wird verfolgt, wenn die Zusammenarbeit für die Beteiligten wirtschaftliche Vorteile verspricht (vgl. SCHARF & SCHUBERT 1997 S. 51). Ein Beispiel zeigt wiederum die Automobilbranche: BMW liefert Dieselmotoren der „5er"-Reihe an Opel, wo sie in den „Omega" eingebaut werden. Für die anfallenden technischen Änderungen stimmen sich die Ingenieure beider Unternehmen mithilfe der vorhandenen Videokonferenzräume ab (DOMMASCHK 11.05.2001).

Beim *Timing* geht es um die Planung und Realisation des Zeitpunkts für den Markteintritt und Marktaustritt. Für den richtigen Markteintritt müssen sowohl Technologie- als auch Marktentwicklung in Einklang gebracht werden. Im Rahmen der Timing-Strategie spielt die Betrachtung des Produktentwicklungsprozesses eine wichtige Rolle (vgl. BACKHAUS 1999 S. 245). Wenn Telepräsenzsysteme hierbei konsequent eingesetzt werden, vermögen sie die Entwicklungszeit signifikant zu verkürzen. Beispielsweise berichtet der Automobilkonzern Ford von einer Verkürzung der Entwicklungszeit für das Modell „Mondeo" um ca. 50% (vgl. KUHNERT 1997 S. 183). Die Telepräsenz unterstützt die Timing-Strategie nicht nur hinsichtlich der Produkt-, sondern auch hinsichtlich der Marktentwicklung. Mit einer rascheren – evtl. internationalen – Koordination von Marketingmaßnahmen wird dabei der Markteintritt vorbereitet.

3. Einsatz der Telepräsenz im Integrierten Marketing

Die Ausführungen zu strategischen Aspekten der Telepräsenz gingen bislang primär auf absatzpolitische Strategien ein. Im folgenden Abschnitt wird aufgezeigt, dass die Telepräsenz auch in der Lage ist, Beschaffungsstrategien zu unterstützen.

3.5 Telepräsenz im Beschaffungsmarketing

Die Hauptaufgabe des Einkaufs im Industriebetrieb liegt in der Beschaffung von Materialien und Teilen nach den von der zuständigen Fachabteilung vorgegebenen Qualitätsvorschriften. Dieses ist weiterhin zu günstigen Konditionen und für die termingetreue Fertigung zum richtigen Zeitpunkt zu erreichen. Die wesentliche Aufgabe des Einkaufs ist dabei die Umsetzung der Kundenwünsche auf dem Beschaffungsmarkt (KOPPELMANN 1995 Sp. 212, BICHLER 1997 S. 31). Bevor der Einsatz der Telepräsenz in typischen Beschaffungsphasen dargestellt wird, werden zunächst aktuelle Herausforderungen der Beschaffung herausgearbeitet und die daraus resultierenden Kommunikationsbedarfe aufgezeigt. Darauf aufbauend werden Einsatzmöglichkeiten der Telepräsenz erläutert.

3.5.1 Herausforderungen der Beschaffung und daraus resultierende Kommunikationsbedarfe

Um im Zeit- und Kostenwettbewerb zu bestehen, gewinnen neue Beschaffungsstrategien an Wichtigkeit. Von besonderer Bedeutung sind hierbei Global, Single und Modular Sourcing[4]. Die Umsetzung dieser Strategien bedürfen einer intensiven Kommunikation zwischen Abnehmern und Lieferanten sowie zwischen internen Stellen des einkaufenden Unternehmens.

Die Strategie des *Global Sourcing* beinhaltet die systematische Ausdehnung der Beschaffungspolitik auf internationale Einkaufsquellen. Das *Local Sourcing*[5] ist dagegen der Einkauf bei Lieferanten, die sich im eigenen Land befinden. Mit dem Global Sourcing wird zum einen die Streuung der Beschaffungsquellen auf internationale Märkte angestrebt, zum anderen sollen die im eigenen Land knappen oder zu kostspieligen Leistungen preisgünstig im Ausland bezogen werden (vgl. BICHLER 1997 S. 43f.). Es werden für die Erlangung regionaler Marktkenntnisse oftmals sog. „Purchasing-Center" in wichtigen Beschaffungsräumen aufgebaut. Sie arbeiten mit den zentralen Einkaufsabteilungen und anderen Unternehmensbereichen eng zusammen und bedürfen dabei einer regelmäßigen Abstimmung (vgl. WOLTERS 1999 S. 259). Weitere Kommunikationsbedarfe entstehen durch die zunehmende Verlagerung von

---

[4] Die Beschaffungsstrategien werden in gebotener Kürze behandelt. Für tiefergehende Darstellungen siehe z.B. KOPPELMANN (2000 S. 124-134) sowie FABER (1998 S. 25-41).

[5] Local und Global Sourcing schließen sich nicht aus. Beispielsweise setzt der Autohersteller MCC für die Produktion des Smart nicht nur auf den weltweiten Einkauf, sondern auch auf die starke räumliche Integration der Zulieferer (vgl. KOPPELMANN 2000 S. 128).

Produktionsstätten ins Ausland. Beispielsweise besitzen zurzeit deutsche Automobilhersteller 120 Produktions- und Montagestätten in mehr als 50 Ländern. Parallel dazu bauen auch die Zulieferer ihre internationale Präsenz aus, um an den neuen Abnehmerstandorten ihrer Geschäftspartner agieren zu können (vgl. VDA 2000 S. 48).

Von *Single Sourcing* wird gesprochen, wenn nur ein Zulieferteil von nur einem Lieferanten bezogen wird (PIONTEK 1999 S. 394f.). Single Sourcing wird dann als Bezugsstrategie gewählt, wenn es sich um sehr komplexe Komponenten handelt, die zu möglichst niedrigen Kosten beschafft werden sollen. Beim Single Sourcing werden zusammen mit dem Lieferanten innovative Produkte gemeinsam entwickelt, um damit Differenzierungspotenziale gegenüber Wettbewerbern zu erlangen (vgl. ARNOLD 1995 S. 95). Weitere Ziele des Single Sourcing liegen in der just-in-time-Versorgung sowie in der Qualitätssicherung (BICHLER 1997 S. 42).

Dem früheren *Unit Sourcing* steht heute verstärkt das Konzept des *Modular Sourcing* gegenüber. Das Modular Sourcing versucht, einen möglichst großen Teil der eigenen Kombinationsarbeit (z.B. Montage) nach außen zu verlagern. Ein Hauptlieferant erhält hierbei die Verantwortung für komplette Produktgruppen (z.B. Armaturenbretter, Bremsen) sowie über die Koordination der Unterlieferanten. Das Modular Sourcing reduziert beim Abnehmer die Komplexität der Lieferbeziehungen, da die Zahl der direkten Lieferanten signifikant sinkt. Wichtige Ziele sind hierbei das Senken der Transaktions- und Produktionskosten. Gleichzeitig sollen Flexibilitäts- und Zeiteinsparungspotenziale realisiert werden (vgl. PIONTEK 1999 S. 396f.). Mit dem Modular Sourcing ist oftmals die Strategie des Forward Sourcing verbunden. Dabei wird zu einem frühen Zeitpunkt ein Lieferant ausgewählt und in die Produktentwicklung integriert, um ein Optimum an Qualität, Service und Preisen zu erreichen. Die Vorteile der frühen Lieferantenintegration unterstreichen Untersuchungen, die besagen, dass ca. 60% der Innovationsideen im Zusammenspiel mit Lieferanten entstehen (WOLTERS 1999 S. 255).

Durch die Konzepte des *Single* und *Modular Sourcing* entfällt auf der einen Seite ein hoher Kommunikationsaufwand für die Koordination vieler verschiedener Lieferanten, denn durch die vermehrten Entwicklungspartnerschaften zeigt der Trend deutlich Richtung sinkender Wertschöpfungs- und Entwicklungsanteile der Hersteller – bei gleichzeitiger Zunahme dieser Aktivitäten auf Seiten der Modullieferanten (vgl. WILDEMANN 2000b S. 34, vgl. VDA 2000 S. 48). Auf der anderen Seite entsteht ein intensiver Abstimmungsbedarf mit den Single- und Modullieferanten, der jedoch nicht immer in persönlichen Treffen oder mithilfe von Telefongesprächen befriedigt werden kann (vgl. PIONTEK 1999 S. 397). Daraus resultieren Einsatzpotenziale für Telepräsenzsysteme, die schwerpunktmäßig in Form von Raum- und Desktop-Videokommunikation eingesetzt werden können.

3. Einsatz der Telepräsenz im Integrierten Marketing

Der Einsatz der Telepräsenz wird in den nachfolgenden Ausführungen anhand typischer Beschaffungsphasen erläutert; konkret sind dies die Bedarfsanalyse, Beschaffungsmarkt- und Lieferantenanalyse, Lieferantenverhandlungen sowie die Beschaffungskontrolle (vgl. KOPPELMANN 2000 S. 85, vgl. PALUPSKI 1998 S. 202-211). Diese Phasen sind in Abb. 3-4 mit charakteristischen Informationsflüssen dargestellt.

Abb. 3-4 Telepräsenz in den Beschaffungsphasen

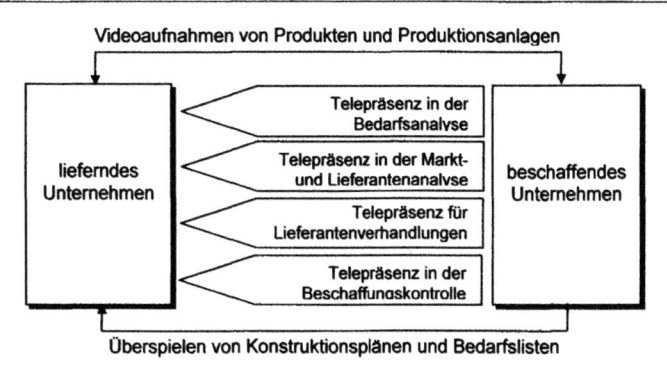

```
           Videoaufnahmen von Produkten und Produktionsanlagen
    ┌──────────────┐     ┌──────────────────────────┐     ┌──────────────┐
    │              │ ←── │ Telepräsenz in der       │     │              │
    │              │     │ Bedarfsanalyse           │     │              │
    │  lieferndes  │ ←── │ Telepräsenz in der Markt-│ ←── │ beschaffendes│
    │  Unternehmen │     │ und Lieferantenanalyse   │     │  Unternehmen │
    │              │     │ Telepräsenz für          │     │              │
    │              │     │ Lieferantenverhandlungen │     │              │
    │              │ ←── │ Telepräsenz in der       │     │              │
    │              │     │ Beschaffungskontrolle    │     │              │
    └──────────────┘     └──────────────────────────┘     └──────────────┘
           Überspielen von Konstruktionsplänen und Bedarfslisten
```

Eigene Darstellung

3.5.2 Telepräsenz in der Bedarfsanalyse

Eine wichtige Aufgabe des Beschaffungsmarketing ist die Bedarfsanalyse. Fehler, die hier entstehen, können nur mit großem Aufwand behoben werden. Bedarfsauslöser können z.B. Produktneu- bzw. -weiterentwicklungen, die Ausweitung des Produktionsprogramms oder der Ersatz alter Produktionsanlagen sein. Zu unterscheiden ist grundsätzlich in Primärbedarf (z.B. komplette Baugruppen), Sekundärbedarf (z.B. Einzelteile) und Tertiärbedarf (z.B. Dienstleistungen). Die Bedarfsäußerungen kommen somit aus den verschiedensten Funktionsbereichen wie der Konstruktion oder der EDV-Abteilung (vgl. KOPPELMANN 1995 Sp. 222, PALUPSKI 1998 S. 203). Der Einkauf muss zunächst die Fachabteilungen dabei unterstützen ihre Bedarfe zu konkretisieren, um diese später auf dem Beschaffungsmarkt umzusetzen. Dies gilt insbesondere für die Bedarfsermittlung im Rahmen wichtiger Innovationsprojekte (KOPPELMANN 2000 S. 156). Zu beachten gilt, dass sich Konstruktionsentscheidungen in der Produktentwicklung immer auch auf die benötigten Zulieferprodukte auswirken. Dabei beeinflusst die Arbeit der Konstrukteure stets auch die Arbeit der Beschaffer, die oftmals nur noch begrenzte Wahlmöglichkeiten im Einkauf erhalten. Hinzu kommt, dass die kaufmännisch orientierten Einkäufer und die technisch geprägten Konstrukteure eine unterschiedliche „Sprache" sprechen und somit Missverständnisse entstehen lassen. Die Folge sind oftmals Konflikte zwischen den beiden Funktionsbereichen innerhalb des Unternehmens. Persönliche Gespräche wirken diesen Kommunikationsproblemen entgegen, da die Beteiligten ihre konfliktären Ansichten verdeutlichen können (vgl. POHLMANN 1995 S. 220). Für die reibungslose Kommunikation werden die Beteiligten in einigen Unternehmen am selben Standort angesiedelt – z.B. befinden sich die Einkäufer von BMW im Forschungs- und Ingenieurzentrum FIZ (CARDUCK 1999 S. 30). Dagegen entstehen größere Schwierigkeiten, geografisch verteilte Beschaffungsstellen in eine regelmäßige Kommunikation einzubinden. Einfache Kommunikationsmittel wie Telefon, Telefax und E-Mail reichen oftmals für die Bedarfsabstimmung nicht aus, denn zwischenmenschliche Kommunikationsschwierigkeiten sind damit nur bedingt lösbar (LUCZAK & EVERSHEIM 1999 S. 4f.).

Aus den Defiziten der traditionellen Medien ergeben sich Einsatzpotenziale für die Telepräsenz. Telepräsenzsysteme können dabei zur Unterstützung wichtiger Kommunikationsprozesse im Rahmen der Bedarfsermittlung eingesetzt werden. Für die *interne Abstimmung* kommen in erster Linie raumbasierte Videokommunikationssysteme zum Einsatz, um mehrere Teilnehmer an jedem Standort einzubinden. Sie vereinfachen zum einen die Beziehungen zwischen der Beschaffung und anderen Funktionsbereichen des Unternehmens. Beispielsweise leistet der regelmäßige Telepräsenzeinsatz einen Beitrag zum gegenseitigen Verständnis zwischen Einkaufs- und Konstruktionsstellen, weil zur Klärung technischer und kaufmännischer Belange eine Diskussion „Angesicht-zu-Angesicht" und das Anzeigen von Dokumenten und Objekten am Bildschirm sehr wichtig sind. Inhaltlich können dabei konstruktionstechnische Anforderungen an die zu beschaffenden Objekte aufgezeigt und bzgl. der Ziele des Einkaufs und der Konstruktion diskutiert und abgestimmt werden.

Weiterhin dienen Telepräsenzsysteme zur Kommunikation zwischen den internen Beschaffungsstellen des Unternehmens. Dies bietet sich an, wenn regelmäßige Sitzungen abgehalten werden müssen, aber die Beteiligten nicht an einem Standort angesiedelt sind. Beispielsweise nutzt der Volkswagenkonzern diese Möglichkeit, um die einmal pro Woche face-to-face stattfindenden Beschaffungsmeetings vorzubereiten. In Videokonferenzen stimmen sich die Einkäufer aller VW-Marken gemeinsam über die markenspezifischen und -übergreifenden Beschaffungsbedarfe ab. Wenn Themenbereiche auf diese Weise für Entscheidungen vorbereitet werden, dann werden sie in der drei Tage später terminierten persönlichen Konferenz dem Top-Management vorgelegt. Zudem ist die Telepräsenz ein Hilfsmittel, um sehr eilige Sitzungen mit mehreren Teilnehmern einzuberufen und um kurzfristige Beschaffungsbedarfe zu besprechen (WANING 28.03.2001).

Telepräsenzsysteme unterstützen zudem die Bedarfsermittlung in der *externen Kommunikation* mit Lieferanten. Hierbei bietet sich der Einsatz arbeitsplatzbasierter Videokommunikation an, wenn Konstrukteure mit Fachkollegen des Lieferanten gemeinsam und zeitgleich (synchron) an Konstruktionszeichnungen arbeiten. In dringenden Fällen ist es sogar möglich, einen verantwortlichen Einkäufer in die telepräsente Sitzung einzubeziehen und somit den Einkaufsprozess unmittelbar anzuschieben.

3.5.3 Telepräsenz in der Markt- und Lieferantenanalyse

Im Rahmen der Beschaffungsmarktanalyse werden Leistungs-, Kosten- und Risikomerkmale untersucht. Ferner werden die Marktstellungen des Beschaffers und möglicher Lieferanten betrachtet (vgl. KOPPELMANN 1995 Sp. 221). Im nächsten Schritt erfolgt die Lieferantenanalyse. Hierbei werden die potenziellen Lieferanten nach Kriterien wie Preise, Qualität, Logistik sowie Technik bewertet (ARNOLD 1995 S. 168-170). Die verstärkte internationale Beschaffung verlangt für die Markt- und Lieferantenanalyse eine rasche Übermittlung relevanter Informationen aus der ganzen Welt. Hinzu kommt, dass die Informationslücken größer werden, je weiter die Entfernung zum Heimatmarkt ist. Aus diesem Grunde errichten einige Unternehmen dezentrale Einkaufsbüros in ausländischen Märkten, um kontinuierlich die lokalen Märkte und ihre aktuellen und potenziellen Zulieferer zu analysieren (vgl. WOLTERS 1999 S. 259). Die Ergebnisse werden regelmäßig an den zentralen Einkauf kommuniziert. Dabei werden in der *traditionellen* Kommunikation – also ohne Telepräsenzeinsatz – dokumentierbare Informationen wie z.B. Bewertungstabellen asynchron über Telefax oder E-Mail verschickt. Ferner werden für strategische Beschaffungsthemen neben Face-to-Face-Treffen sehr häufig Telefongespräche und -konferenzen zur regelmäßigen Abstimmung genutzt (vgl. LARSON & KULCHITSKY 2000 S. 36).

Als Telepräsenzsysteme werden in dieser Analysephase hauptsächlich raumbasierte Videokommunikationssysteme eingesetzt. Ihr Potenzial ist in der internen sowie externen Kommunikationsrichtung zu erkennen. In der *intern Kommunikation* offerieren sie gute Möglichkeiten, um dezentrale Einkaufsbüros untereinander und mit der Zentrale zu verbinden. Als Beispiel sei wiederum der Volkswagenkonzern herangezogen: Er hat im Zuge der Global Sourcing-Strategie in allen wichtigen Märkten sog. Local Purchasing Teams (LPT) installiert und informationstechnisch vernetzt (vgl. WOLTERS 1999 S. 259). In diesem Zuge sind die LPT ebenfalls mit Videokommunikationssystemen ausgerüstet worden. Volkswagen nutzt die Systeme primär dazu, dass sich die Beschaffungsabteilungen über Marktbedingungen sowie zur Lieferantenanalyse abstimmen. Die lokalen Einkäufer untersuchen im Vorfeld einer Konferenz die Bedingungen aktueller und neuer Lieferanten. Erfüllt ein Unternehmen die gesetzten Belieferungsanforderungen, dann schlägt das zuständige LPT den Lieferanten in der wöchentlich stattfindenden Videokonferenz vor und stellt Einzelheiten zur Diskussion. Durch die Möglichkeit der regelmäßigen telepräsenten Beschaffungsmeetings hält Volkswagen die Beteiligten stets auf einem Wissensstand. Auf Grundlage des kontinuierlichen Vergleichs von Kosten und Leistungen aktueller und potenzieller Lieferanten werden im Bedarfsfall zügig Zulieferer ersetzt (WANING 28.03.2001).

Neben den internen existieren auch *externe Einsatzpotenziale* der Telepräsenz. Besitzt der potenzielle Lieferant eigene Videokommunikationssysteme, dann kann sich der zentrale Einkauf aus der Ferne ein erstes Bild von dem liefernden Unternehmen und seinen Produkten machen. Zeit- und kostenaufwendige Reisen entfallen. Zudem wird auf diese Weise eine effiziente Vorauswahl getroffen, indem viele Unternehmen in kurzer Zeit telepräsent kontaktiert werden. Anschließende Lieferantenbesuche lassen sich somit gezielt vorbereiten (vgl. SCHLOBACH 1989 S. 122). Des Weiteren zeigt sich bereits in der Analysephase, ob der Zulieferer bereit und fähig ist, innovative Informations- und Kommunikationstechnologien einzusetzen, um somit eine telepräsente Zusammenarbeit zu gewährleisten.

Es ist zu vermuten, dass zukünftig Telepräsenz-Komponenten in internetbasierte Business-to-Business-Marktplätze integriert werden. Bereits heute treffen sich Beschaffer und Lieferanten in sog. „Online Trade Shows". Als ein Beispiel aus dem Automobilbereich ist hier „Covisint" zu nennen. In dem Online-Marktplatz – an dem u.a. neben DaimlerChrysler, General Motors und Ford zahlreiche Lieferanten teilnehmen – sollen neben der reinen Beschaffungs- und Auktionsmöglichkeit zukünftig auch sog. Collaboration-Tools für die Hersteller-Zulieferer-Zusammenarbeit integriert werden. Die Kommunikation erfolgt zunächst über E-Mail oder Chat-Rooms. Der nächste Schritt ist – im Zuge der Bandbreitensteigerung des Internet – die synchrone Nutzung der Videokommunikation, um den Lieferanten-Abnehmer-Kontakt in der Anbahnungsphase weiter zu verbessern (vgl. KONICKI & GILBERT 2001 S. 18).

3.5.4 Telepräsenz für Lieferantenverhandlungen

In der Verhandlungsphase versucht das beschaffende Unternehmen, die eigenen Bedarfsanforderungen möglichst kostengünstig in der gewünschten Qualität durchzusetzen (KOPPELMANN 2000 S. 277). In Vorfeld der Verhandlungen übermittelt der Beschaffer dem Lieferanten die Anforderungen an das Produkt bezüglich dessen Eigenschaften, Serviceanforderungen, Preis- und Konditionenwünsche sowie Bezugs- und Kommunikationspolitik (vgl. KOPPELMANN 2000 S. 319, 328). Mit diesem Anforderungskatalog klärt der Lieferant im eigenen Unternehmen, inwieweit die Wünsche des einkaufenden Unternehmens erfüllbar sind. Daraufhin ist er dann in der Lage, mit fundierten Vorschlägen in die Endphase der Verhandlungen einzutreten.

Verhandlungsgespräche können nur im geringen Umfang durch Telepräsenz ersetzt werden, denn hohe finanzielle Volumen machen für den Lieferanten ein persönliches Treffen unabdingbar. Ferner benötigt die inhaltliche und soziale Struktur von Verhandlungen (Diskussionen, Konflikte etc.) das persönliche Gespräch zwischen fremden Personen. Ansatzweise wird aber die Telepräsenz für das Vorbereiten von Verhandlungen eingesetzt, um potenziellen Lieferanten die Einkaufsbedarfe zu kommunizieren (vgl. SCHLOBACH 1989 S. 123). Hierbei kann der Beschaffer Konstruktionszeichnungen via Application Sharing anzeigen und gleichzeitig erläutern. Potenzielle Lieferanten können ihrerseits die Pläne speichern und ausdrucken, um nachfolgend konkrete Angebote vorzubereiten. Durch Multipoint-Konferenzen ist es möglich, eine größere Anzahl von Lieferanten gleichzeitig zu kontaktieren. Die Anwerbung leistungsfähiger Zulieferer wird auf diese Weise deutlich verkürzt[6].

3.5.5 Telepräsenz in der Beschaffungskontrolle

Im Rahmen der Beschaffungskontrolle werden die Beiträge der Beschaffung zur Sicherung der Erfolgspotenziale des Unternehmens ermittelt (ARNOLD 1995 S. 100). Als Kontrollinhalte kommen die Instrumentalziele der Beschaffung infrage. Nach KOPPELMANN (2000 S. 123, S. 387) werden Produkt-, Bezugs-, Kommunikations-, Service- und Entgeltziele als Sollgrößen eines Beschaffungscontrollings herangezogen. An dieser Stelle erfolgt eine Konzentration auf die sehr wichtige Qualitätskontrolle in der Beschaffung, da sich diese besonders gut für den Telepräsenzeinsatz eignet. Diese erfolgt entweder noch beim Lieferanten oder nach der Anlieferung beim beschaffenden Unternehmen. Es ist zurzeit eine Verlagerung der Qualitätssicherung zum Lieferanten zu beobachten. Der Abnehmer konzentriert sich dabei auf eine unterstützende Funktion. Aus der Verlagerung erwächst ein zunehmender Kommunikationsbedarf zwischen Lieferant und Abnehmer (vgl. FABER 1998 S. 198f.). Die Betrachtung traditioneller Kommunikationsprozesse der Qualitätssicherung zeigt ferner, dass beim Auftreten von Qualitätsproblemen – z.B. in der Produktion des liefernden Unternehmens – Mitarbeiter der Qualitätsabteilung zum Partner anreisen müssen, wenn sich die Probleme nicht per Telefon oder schriftlich klären lassen. Das wirft Zeitprobleme auf, wenn die Beschaffungsobjekte für die Weiterverarbeitung dringend benötigt werden (vgl. O.V. 2001c S. 95).

Potenziale für den Telepräsenzeinsatz in der Qualitätssicherung liegen vor, wenn die Lieferantenfertigung eine große Entfernung zum Standort des beschaffenden Unternehmens aufweist und zudem eine enge Zusammenarbeit im Zuge des Single bzw. Modular Sourcing besteht. Ein Beispiel liefert hier das Textilunternehmen s.Oliver: Die Textilbranche weist sehr kurze Produktlebenszyklen sowie weltweit verteilte Lieferanten auf. s.Oliver setzt die Videokommunikation ein, um mit hochauflösenden Spezialkameras Produktionschargen des Lieferanten zu überprüfen. Auf diese Weise sind selbst kleinste Webfehler für die Qualitätssicherer in der deutschen Zentrale zu erkennen (ebda S. 95f.). Ein weiterer Ansatzpunkt für die Telepräsenz ist die Sichtung der Maschinen und Anlagen, wenn Qualitätsprobleme bei den produzierten Teilen auftreten. Der Qualitätssicherer des Beschaffers greift so via mobiler Videokommunikationssysteme in die Fertigung des Lieferanten ein (vgl. O.V. 1998e S. 37).

Zusammenfassend ist festzuhalten, dass die Telepräsenz insbesondere im Rahmen des Global Sourcing eingesetzt werden kann. Ferner bedürfen die Strategien des Modular und Forward

---

[6] Zur telepräsenten Zusammenarbeit in der Produktentwicklung zwischen Abnehmer und Lieferant siehe 3.6.2.1.

Sourcing einer intensiven Kommunikation zwischen beschaffendem und lieferndem Unternehmen. Hier kann der Telepräsenzeinsatz sowohl die Beziehungen zwischen der Einkaufsabteilung und der fremden Konstruktion und Produktion als auch zwischen den Konstruktionsbereichen beider Unternehmen verbessern. Einsatzbereiche sind die Phasen der Bedarfsanalyse, Markt- und Lieferantenanalyse, Lieferantenverhandlungen sowie die Beschaffungskontrolle. Es ist zu vermuten, dass der Telepräsenzeinsatz in der Beschaffung – ähnlich wie in der Produktentwicklung – Zeitvorteile im Wettbewerb erbringt. Ferner ist herauszustellen, dass die partnerschaftliche Zusammenarbeit unterer Hierarchieebenen durch diese Form der Kommunikation besonders unterstützt wird.

3.6 Telepräsenz im Absatzmarketing

3.6.1 Einsatz der Telepräsenz in der Marktforschung

Die Aufgaben der Marktforschung liegen in der Sammlung, Aufbereitung, Analyse und Interpretation von Daten über Marktgegebenheiten zum Zweck des Fundierens von Marketingentscheidungen (HERRMANN & HOMBURG 1999 S. 15). Durch den zunehmenden nationalen und internationalen Wettbewerb sowie sich immer mehr verkürzende Produktlebenszyklen sind aktuelle, genaue und verlässliche Informationen über Marktgegebenheiten von hoher Relevanz (vgl. ebda S. 5). Jede Marktforschungsstudie ist ein Problemlösungsprozess, der aus einer idealtypischen Abfolge von einzelnen Phasen besteht: Die Problemdefinitions-, Design-, Feld-, Analyse- und Kommunikationsphase (vgl. NIESCHLAG et al. 1994 S. 685). Im Folgenden werden die Einsatzmöglichkeiten der Telepräsenz in den kommunikationsintensiven Phasen der Problemdefinition, der Feldarbeit bzw. Datenerhebung sowie der Kommunikation bzw. Präsentation dargestellt.

3.6.1.1 Telepräsenz in der Problemdefinitionsphase

In der Definitionsphase wird die Aufgabenstellung für die Marktforschung konkretisiert. Aus der Definition des Informationsbedarfs werden Untersuchungsziel und -gegenstand abgeleitet (BEREKOVEN et al. 1996 S. 34). Die Informationswünsche entstehen schwerpunktmäßig in den Unternehmensbereichen Marketing und Vertrieb, Forschung und Entwicklung sowie in der Geschäftsführung. Diese Abteilungen kontaktieren im Bedarfsfall die Marktforschungsstellen im Unternehmen (vgl. VORNKAHL 1997 S. 52). VORNKAHL (1997 S. 54f.) stellte in ihrer empirischen Untersuchung fest, dass bei der Bedarfsartikulation in der Marktforschung stets Face-to-Face-Kontakte bevorzugt werden. Einsatzpotenziale für Telepräsenzsysteme liegen aber dann vor, wenn die Gesprächspartner räumlich voneinander getrennt und somit keine direkten Treffen möglich sind. Dieser Sachverhalt ist oftmals bei internationalen Unternehmen anzutreffen, so dass die Bedarfsträger – z.B. Vertriebsabteilungen – dezentral in den Absatzmärkten und die Marktforschungsabteilung zentral im Heimatland lokalisiert sind (vgl. BAUER 1997 S. 295). Mit dem Einsatz von Multipoint-Videokonferenzen können in einem solchen Fall sogar mehrere Standorte verknüpft werden, um die länderspezifischen Informationsbedarfe einzubeziehen. Falls eine Auftragsvergabe an ein externes Marktforschungsinstitut vorliegt, dann kann dieses zusätzlich in die Konferenzschaltung integriert werden. Weiterhin bieten sich Telepräsenzsysteme für die Verbesserung der internen Kommunikation zwischen den Niederlassungen und Partnern der Marktforschungsinstitute an. Ein hoher Abstimmungsbedarf liegt insbesondere bei der länderübergreifenden Marktforschung vor, da die unterschiedlichen Bedingungen der Märkte bereits in der Definitionsphase berücksichtigt werden (vgl. BEREKOVEN et al. 1996 S. 326f.).

3.6.1.2 Telepräsenz in der Datenerhebungsphase

Im Rahmen der Datenerhebungsphase wird zwischen Sekundär- und Primärforschung unterschieden: Die *Sekundärforschung* gewinnt Informationen aus bereits vorhandenem Datenmaterial. Nach der Herkunft der Informationen sind interne und externe Datenquellen zu unterscheiden (vgl. HERRMANN & HOMBURG 1999 S. 24). Mittels Telepräsenzsystemen greifen Unternehmen sehr schnell auf bereits verfügbare Marktinformationen entweder an eigenen dezentralen Standorten oder bei externen Informationslieferanten zu. Dabei ist es möglich, das Datenmaterial – wie in einer realen Sitzung – am Bildschirm zu visualisieren und in einer Videokonferenz mit mehreren Personen zu diskutieren (vgl. PERRIN 1997a S. 21). Falls die Sekundärforschung nicht ausreicht, um den Informationsbedarf für Marketingentscheidungen zu decken, dann ist durch *Primärforschung* das entsprechende Datenmaterial zu erheben. Dabei sind grundsätzlich zwei Methoden relevant: Befragung und Beobachtung (vgl. HERRMANN & HOMBURG 1999 S. 26). In der Beobachtung werden bereits Videokameras eingesetzt, um z.B. das Verhalten bei der Nutzung neuer Medien aufzuzeichnen (vgl. SILBERER 1997b S. 353). Im Folgenden werden Befragungsinstrumente betrachtet, weil bei ihnen die Stärke der Telepräsenz als zwischenmenschliches Kommunikationsmittel zum Tragen kommt.

Das *freie Interview* (die sog. Exploration) ist eine persönliche, mündliche Befragung. Es ist dadurch gekennzeichnet, dass der Inhalt und die Reihenfolge der Fragen nicht vorgegeben sind. Der Interviewer lenkt den Gesprächsablauf nur so weit, um den Befragten ihre Äußerungen so leicht und ehrlich wie möglich zu machen (BEREKOVEN et al. 1996 S. 95f.). In einem mittels Telepräsenz durchgeführten freien Interview steuert der Befragende das Gespräch – vergleichbar mit einem realen Interview – sowohl verbal als auch nonverbal mit Gestik und Mimik. Gleichzeitig sieht der Interviewer nonverbale Reaktionen des telepräsenten Gegenübers. Ein wesentlicher Vorteil in der Telepräsenz-Befragung liegt darin, dass im Gegensatz zu einem Telefongespräch Gegenstände oder digitale Dokumente angezeigt und dass neben verbalen auch nonverbale Signale übertragen werden. Im Rahmen der vorliegenden Dissertation sind am Institut für Marketing und Handel der Universität Göttingen freie Expertenbefragungen mithilfe des Desktop-Videokommunikationssystems

„ProShare" von Intel durchgeführt worden. Dabei hat sich gezeigt, dass die Fragen durch die kontaktierten Fachleute (aus dem Telekommunikationsbereich) zum einen sehr gewissenhaft beantwortet wurden, zum anderen haben sich die Experten ausreichend Zeit genommen, um mit diesem Medium ausführlich zu antworten. Ferner bestätigte sich die Nützlichkeit des Videokanals, da die Interviewten u.a. neue Hardwareprodukte vorführen konnten.

Im Gegensatz zum freien Interview ist die *standardisierte mündliche Befragung* fixiert und genormt, also für alle Befragungen identisch. Damit sollen viele Fragebögen vergleichbar und überprüfbar gemacht werden. Im Rahmen der persönlichen Befragung sind die hohen Kosten und die Dauer der Erhebung nachteilig. Schneller und umfangreicher sind telefonische Interviews durchzuführen. Hier liegen die Nachteile aber darin, dass nonverbale Reaktionen und die Umgebung des Befragten verborgen bleiben. Ferner lassen sich keine Demonstrationsmaterialien und keine Fragebögen verwenden (vgl. BEREKOVEN et al. 1996 S. 108). Standardisierte Befragungen erfolgen bislang noch nicht via Telepräsenz (KEMMERZELL 08.05.2001). Durch die steigende Übertragungsqualität aller Netze sowie die wachsende Verbreitung der Videokommunikation sind jedoch auch bei diesem Befragungsinstrument Einsatzpotenziale vorhanden, denn die Verknüpfung der persönlichen und schriftlichen Befragung birgt Vorteile. Dabei könnte dem Gesprächspartner ein webbasierter Fragebogen angezeigt werden, welcher problemlos mit einem Internetbrowser geöffnet und später im Rechner ausgewertet werden kann. Gleichzeitig ermöglicht das übermittelte Videobild des Befragten ein Erkennen von nonverbalen Reaktionen. Der Befragte sieht seinerseits den Interviewer, was ein vertrauensvolles Gespräch erleichtert und dadurch motivierender wirkt als ein telefonisches Gespräch. Zusätzlich lassen sich ergänzende Materialien anzeigen sowie digitales Bild- oder Videomaterial einspielen. Die kognitive Belastung des Befragten wird durch die multimediale Darstellungsweise sowie durch das sofortige Reagieren auf Verständnisprobleme vermindert. Es ist zu vermuten, dass solche telepräsenzgestützten standardisierten Befragungen zunächst im Business-Bereich Anwendung finden könnten, da die Videokommunikation in einigen Branchen (z.B. Banken, Automobilindustrie) bereits heute sehr verbreitet ist. Mit einem zukünftig breitbandigerem Internet und einer stärkeren Verbreitung sog. Webcams, sind auch im Consumer-Bereich standardisierte Befragungen mit audiovisueller Komponente denkbar.

Die dritte telepräsenzgestützte Befragungsvariante ist die *Gruppendiskussion*. Sie soll im Gegensatz zur Exploration kein tiefes, sondern ein breites Spektrum von Meinungen, Ansichten und Ideen von mehreren Personen im gemeinsamen Gespräch liefern. Der Moderator führt i.d.R. mit einem schwach strukturierten Themenkatalog die Diskussion. Sechs bis zehn Personen gelten als ideale Gruppengröße (vgl. BEREKOVEN et al. 1996 S. 96). Einige Marktforschungsinstitute setzen bereits im Rahmen von Gruppendiskussionen Videokonferenzen ein, weil die auftraggebenden Marketingverantwortlichen nicht an mehreren geographisch auseinanderliegenden Gruppendiskussionen gleichzeitig teilnehmen können und weil die Kosten für die Teilnehmer äußerst hoch sind. Weltweit bietet z.B. die Firma FocusVision in Kooperation mit zahlreichen Marktforschungsinstituten 139 Videokonferenzeinrichtungen für Gruppen- und Einzeldiskussionen an. In Deutschland gehören neun Marktforschungspartner zu diesem Netzwerk (vgl. FOCUSVISION 2000 S. 1). Abb. 3-5 zeigt die Übertragung einer Gruppendiskussion via Inter- und Extranet. Die an ihren Arbeitsplätzen sitzenden Marketingmanager sehen dabei die Teilnehmer und können zusätzlich mittels Chat untereinander kommunizieren, um beispielsweise weitere Fragen für die Diskussion abzustimmen.

Abb. 3-5: Übertragung einer Gruppendiskussion

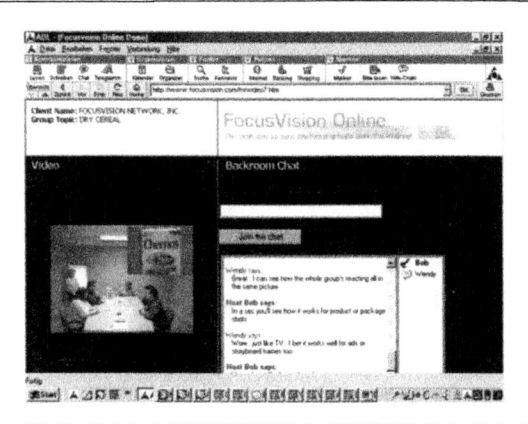

Quelle: FocusVision 2001

Ziel ist das „virtuelle", zeitgleiche Zusammenbringen mehrerer Diskussionen weit entfernter Standorte. Dadurch ist es den Verantwortlichen möglich, nicht nur unterschiedliche Sitzungen zu verfolgen, sondern auch Vorschläge und Anregungen aus einer Diskussionsrunde unmittelbar in eine andere einzubringen (vgl. BAUER 1997 S. 218). In diesem Rahmen erleichtert der Telepräsenzeinsatz ebenfalls die Darstellung schwer zugänglicher Produkte, z.B. im Ausland installierte Maschinen und Anlagen. Dabei werden mit Spezialkameras einzelne Produktmerkmale visualisiert. Die synchrone Kommunikation hat dabei den Vorteil, dass die entfernten Diskussionsteilnehmer die Kameraführung unmittelbar mit Anweisungen beeinflussen können (vgl. SILBERER 1995b S. 76). Am Ende einer Diskussion werden wiederum via Videokonferenz Nachbesprechungen durchgeführt. Beteiligte sind neben Vertretern des Auftraggebers und des Marktforschungsinstituts auch die Moderatoren der einzelnen Diskussionsrunden. Diese müssen abschließend ihren „realen" Eindruck der Gespräche an die Verantwortlichen vermitteln, da einzelne soziale Aspekte der Diskussion – z.B. Empfindungen und Reaktionen auf Produkte – nicht immer von den entfernten Gesprächspartnern wahrgenommen werden können (KEMMERZELL 08.05.2001).

3.6.1.3 Telepräsenz in der Präsentationsphase

Die letzte Phase einer Marktforschungsstudie besteht in der Dokumentation und Präsentation der Untersuchungsergebnisse. Die Präsentationen verfolgen das Ziel, die erlangten Ergebnisse an die Auftraggeber und weitere Interessengruppen im Unternehmen zu vermitteln. Dabei ist die Wahl der Präsentationsform bedeutend. Grundsätzlich ist sie in schriftliche sowie mündliche Präsentationsformen zu unterscheiden. Die mündliche Präsentationsform hat Vorteile durch Möglichkeiten der Visualisierung und Interaktion der Teilnehmer (vgl. VORNKAHL 1997 S. 169-174). Nachteilig ist jedoch, dass durch Vortragslänge, aufwendige Anreisen sowie einer begrenzten Teilnehmerzahl zeitknappe Manager nicht immer an Präsentationen teilnehmen können. Schriftliche Ergebnisberichte helfen zwar in dieser Situation; oftmals sind sie jedoch nicht in der Lage, auf individuelle Bedürfnisse der Leser einzugehen. An dieser Stelle ist der Einsatz von Telepräsenzsystemen sinnvoll (vgl. SILBERER & ZOU 2000 S. 22). Sie integrieren Marketingmanager in eine reale Konferenz, auch wenn sie sich an einem entfernten Ort aufhalten. Wenn bei der Präsentation digitale Beamer und Flipcharts genutzt werden, dann sehen die zugeschalteten Mitarbeiter alle dargestellten Grafiken auf ihren Bildschirmen. Durch Zeigen auf das digitale Flipchart greifen sie ähnlich einer realen Konferenz in die Präsentation interaktiv ein. Des Weiteren können die Vortragenden – ob interne oder externe Marktforscher – Spezialisten hinzuziehen, falls Klärungsbedarf in Spezialfragen aufkommt.

3.6.2 Einsatz der Telepräsenz in der Produktpolitik

Die Produktpolitik wird auch als das „Herz des Marketing" bezeichnet. Dem Produktmanagement kommt dabei die Aufgabe zu, innovative Neu- bzw. Weiterentwicklungen der Produkte zu sichern. Die Produkte werden trotz der Innovationen von den Kunden zunehmend austauschbarer wahrgenommen, so dass Dienstleistungen zur Profilierung des Kernproduktes immer bedeutender werden (vgl. MEFFERT 1998 S. 317, S. 322f.). Produktentwicklung und Kundendienst erweisen sich hinsichtlich des Telepräsenzeinsatzes als sehr weit fortgeschritten[7]. Der vorliegende Abschnitt greift diese Kernbereiche der Produktpolitik auf und untersucht im ersten Schritt den Einsatz der *Telepräsenz in der Produktentwicklung* (Punkt 3.6.2.1). Im zweiten Schritt werden Einsatzmöglichkeiten der *Telepräsenz im Kundendienst* (Punkt 3.6.2.2) analysiert.

---

[7] Beispielsweise setzen die Ford Werke bereits seit 1984 Videokonferenzen für die Kommunikation zwischen ihren international verteilten Entwicklern ein (vgl. O.V. 1985 S. 90-95).

3.6.2.1 Einsatz der Telepräsenz in der Produktentwicklung

Unter Produktentwicklung subsumiert ZANGER (1996 Sp. 1426f.) alle Unternehmensaktivitäten, die die Ergebnisse der Grundlagen- und angewandten Forschung verwenden und diese auf die anwendungsorientierte Umsetzung neuer technischer und/oder marktbezogener Erkenntnisse und Ideen richten. Der Begriff „Produkt" umfasst dabei sowohl Sachgüter als auch Dienstleistungen. *Integrierte Produktentwicklung* bedeutet, dass – im Gegensatz zur konventionellen Entwicklung – alle am Entwicklungsprozess beteiligten Fachbereiche eng und unmittelbar zusammenarbeiten (EHRLENSPIEL 1995 S. 150). Bevor auf die Potenziale der Telepräsenz eingegangen wird, werden zunächst vor dem Hintergrund aktueller Herausforderungen relevante Kommunikationsbedarfe herausgearbeitet.

Herausforderungen für die Produktentwicklung und daraus resultierende Kommunikationsbedarfe

Die Produktentwicklung steht durch den starken Wettbewerb unter einem zunehmenden Zeitdruck. Untersuchungen zeigen, dass ein um sechs Monate verzögerter Markteintritt des Neuproduktes einen um 33% reduzierten Gewinn nach sich zieht (EVERSHEIM 1998 S. 5). Der Markt verlangt jedoch nicht nur nach neuen Innovationen in einer kürzeren Zeit, sondern auch nach einer steigenden Anzahl komplexerer und qualitativ hochwertiger Güter (REDEKER & SAUER 2000 S. 59). Die zunehmende Komplexität der Produkte – z.B. bestehen moderne Automobile aus ca. 10.000, Flugzeuge aus ca. 100.000 Einzelteilen – stellt ein Kernproblem der Produktentwicklung dar. Diese technische Komplexität spiegelt sich in der organisatorischen Komplexität der Entwicklungsprozesse wider. In diesem Zusammenhang müssen eine Vielzahl der Entwicklungsaufgaben auf verschiedene interne und externe Aufgabenträger verteilt werden (GÖPFERT 1998 S. 140). Dabei senken herstellende Unternehmen kontinuierlich ihre Fertigungstiefe und verlagern Entwicklungsaufgaben an ihre Zulieferer. Zum einen durch diese Aufgabendelegation und zum anderen durch die zunehmend globaler agierenden Entwicklungsabteilungen ist eine Tendenz zu dezentralen und räumlich verteilten Entwicklungsprozessen zu beobachten. Die Dezentralisation erschwert jedoch die reibungslose Kommunikation zwischen den Beteiligten. Untersuchungsergebnisse des MIT besagen jedoch, dass Entwicklungsergebnisse in einem positiven Zusammenhang mit der Kommunikationsintensität stehen (ALLEN 1988 S. 111-115.). In der Studie hat sich ferner gezeigt, dass ein Großteil von realisierten Entwicklungsideen durch persönliche Kontakte entstehen, die jedoch mit zunehmender räumlicher Distanz signifikant abnehmen (ebda S. 240f.). Die geographisch verteilte Produktentwicklung wirft somit erhebliche Kommunikationsprobleme auf, die durch klassische Kommunikationsmittel nur ungenügend behoben werden können (vgl. EVERSHEIM 1998 S. 2).

Zur Darstellung und Planung von Produktentwicklungsprozessen haben sich Phasenpläne etabliert. Diese gliedern den Projektablauf in zeitlich logische Abschnitte und erlauben auch langlaufende Projekte überschaubar und kontrollierbar zu gestalten (vgl. EVERSHEIM 1996 S. 7/138). Die Phasen der Produktentwicklung lassen sich gemäß WHEELWRIGHT (1994 S. 22-24) und KNICKEL (1997 S. 5-7) in *Produktplanung, Konstruktion* sowie *Pilotproduktion/ Anlauf/Serie* gliedern[8]. In vielen Unternehmen wird dieses Phasenkonzept immer noch als sequentieller Ablauf verstanden (vgl. EHRLENSPIEL 1995 S. 148f., vgl. SPECHT & GERHARD 1999 S. 223). Mit einem solchen traditionellen Verständnis der Produktentwicklung sind jedoch gravierende Nachteile bezüglich der Information und Kommunikation der Beteiligten verbunden, denn die funktionenübergreifenden Abstimmungsprozesse beschränken sich häufig nur auf organisierte regelmäßige Besprechungen. In den Zeiträumen zwischen den Besprechungen erfolgt keine oder nur sporadische Kommunikation (BILLINGER 1998 S. 21).

Um die beschriebenen Herausforderungen zu bewältigen, setzen Unternehmen verstärkt das Konzept des sog. „Simultaneous Engineering" (SE) ein. Unter dieser integrierenden Vorgehensweise wird die zielgerichtete, interdisziplinäre Zusammen- und Parallelarbeit von allen beteiligten Funktionsbereichen verstanden (EHRLENSPIEL 1995 S. 176f.). Primäre Ziele des Simultaneous Engineering sind verkürzte Entwicklungszeiten, reduzierte Fertigungskosten sowie Qualitätsverbesserungen (ebda S. 177, EVERSHEIM 1998 S. 241). Durch die Einführung von Simultaneous Engineering erhöht sich jedoch auch der erforderliche Abstimmungs- und Koordinierungsaufwand zwischen den internen und externen Entwicklungspartnern. SPRINGER et al. (1996 S. 103f.) stellten im Rahmen einer empirischen Untersuchung des Tätigkeitsspektrums von SE-Leitern in der Automobilindustrie einen Kommunikationsanteil von 50% fest.

Die Ausführungen zeigen, dass der Bedarf an ungehinderter Kommunikation zwischen internen und externen Entwicklungsbeteiligten ansteigt. Trotz des hohen Abstimmungsbedarfes weisen dagegen empirische Studien auf Kommunikationsdefizite in der funktionenübergreifenden Produktentwicklung hin (vgl. z.B. SPECHT & GERHARD 1999 S. 226-233). Vor diesem Hintergrund soll in den folgenden Ausführungen zum einen gezeigt werden, wo häufige Kommunikationsprobleme in den oben genannten Phasen der Produktentwicklung auftreten und zum anderen, wie die Entwicklungsschritte mithilfe der Telepräsenz sinnvoll unterstützt werden.

Telepräsenz in der Produktplanung

In der Phase der Produktplanung werden Ideen und Informationen zu Marktchancen, Wettbewerbern, technischen Möglichkeiten sowie Produktionsanforderungen gesammelt. Als

---

[8] Siehe zu einer ähnlichen Phaseneinteilung EVERSHEIM (1998 S. 249) und ANDERL et al. (1998 S. 6).

Ergebnisse sind Marktstudien, Anforderungskataloge und Produktfunktionsbeschreibungen (sog. Pflichtenhefte) sowie grafische und physische Designstudien zu erarbeiten. Weiterhin werden bereits in der Produktplanung Kostenaspekte (z.B. Herstell-, Vertriebs-, Instandhaltungskosten) berücksichtigt (vgl. KNICKEL 1997 S. 6f.). Im traditionellen, sequentiellen Entwicklungsprozess ist in der Produktplanung vorrangig die Entwicklungsabteilung beteiligt und nur in seltenen Fällen das Marketing oder der Vertrieb (SPECHT & GERHARD 1999 S. 223). Dadurch fließen eher technik- und weniger kundenbezogene Anforderungen in die Produktentwicklung ein (vgl. BROCKHOFF 1994 S. 22). Erschwerend kommt hinzu, dass mögliche Aufgabenträger sich nicht immer vor Ort befinden (z.B. internationale Vertriebsabteilungen). Hauptsächliche Kommunikationsmittel sind in dieser Phase Face-to-Face-Konferenzen für die Ideensammlung und klassische Medien wie Telefon, Telefax und E-Mail für das Abstimmen von Teilaufgaben. Diese Kommunikationsmedien erlauben hingegen bei komplexen und zeitkritischen Projekten keine ausreichende Verständigung (vgl. LUCZAK et al. 1995 S. 135).

Im Rahmen moderner Entwicklungskonzepte – wie es das Simultaneous Engineering darstellt – sind jedoch interdisziplinär alle relevanten Funktionsbereiche und auch Kunden und Lieferanten einzubinden (vgl. z.B. SPECHT & GERHARD 1999 S. 224). Telepräsenzsysteme können dabei Kommunikationsvorgänge ermöglichen, die auf traditionellem Wege nicht entstehen würden. Die wichtigsten Aufgabenträger können mittels *raumbasierter Videokommunikation* an einen „virtuellen Tisch" gebracht werden. Raum-Videokommunikationssysteme eignen sich insbesondere für größere Team-Sitzungen mit strategischem Charakter, die in der Planungsphase verstärkt für Koordinationstätigkeiten benötigt werden. Inhaltlich tauschen die Beteiligten Ideen, den Status des Projektfortschritts sowie Entscheidungen zum weiteren Vorgehen aus (vgl. BAHLOW et al. 1997 S. 19, FOLTZ et al. 1998 S. 26). Es werden mittels Telepräsenz räumlich entfernte Aufgabenträger sowohl aus dem technischen als auch aus dem nicht-technischen Bereich in die Produktplanung integriert, die aus geografischen oder aus Zeitgründen traditionell nicht involviert sind. Auf der einen Seite können dadurch Fertigungsmitarbeiter miteinbezogen werden. Trotz Anwesenheitspflicht an den Produktionsstätten bringen sie die wichtige Sichtweise der Fertigung frühzeitig in die Produktplanung ein (vgl. BAHLOW et al. 1997 S. 19). Auf der anderen Seite kann das Marketing in dieser Phase die technischen Partner kontinuierlich über Markt- und Wettbewerbsentwicklungen unterrichten. Des Weiteren treten das Marketing und die Entwicklungsabteilung in einen regelmäßigen Dialog über die Kundenbedürfnisse (vgl. DOMSCH et al. 1990 S. 1056f.). Durch den Telepräsenzeinsatz ist dies spontan und häufiger möglich, so dass die traditionell starren Kommunikationsgrenzen zwischen technischer Entwicklung und Marketing abgebaut werden[9]. Beispielsweise kann ein Hersteller von Maschinen und Anlagen in dieser Phase mit seinen Kunden Konzeptentwürfe und Designstudien bereits sehr früh diskutieren, ohne dass für jede Änderung eine Geschäftsreise notwendig wird. Über eine Multipoint-Konferenz sind sogar Lieferanten des Maschinenbauers zuschaltbar, damit diese wiederum ihren Arbeitsfortschritt präsentieren.

Ferner werden in der Produktplanung *arbeitsplatzbasierte Videokommunikationssysteme* für operative Tätigkeiten eingesetzt. Dies geschieht zum heutigen Zeitpunkt vor allem zur Erarbeitung von Designstudien zwischen eigenen Entwicklern und Mitarbeitern der Lieferanten (vgl. EVERSHEIM 1998 S. 248). Denkbar ist zusätzlich die Erleichterung der Kooperation zwischen Entwicklern und Produktcontrolling, falls sich dieses an einem anderen Standort befindet. Gemeinsam können zum einen Kostenkalkulationen am PC bearbeitet werden, zum anderen bringt sich das Controlling auf diesem Wege regelmäßig und unabhängig vom Standort in den Entwicklungsprozess ein und unterstützt somit das Erreichen angezielter Preise für das Endprodukt.

Telepräsenz in der Konstruktion

In der Konstruktion, teils auch als Produktentwicklung i.e.S. bezeichnet, werden die Ergebnisse der Produktplanung in ein konkretes, technisch funktionierendes Produkt umgesetzt. Ferner werden Prototypen und zugehörige Fertigungsprozesse sowie Werkzeuge und Anlagen entwickelt (WHEELWRIGHT 1994 S. 23). Dabei steigt mit zunehmender Konkretisierung der Entwicklung die Anzahl der Abhängigkeiten zwischen den Teilfunktionen des Produktes. Entscheidungen für das Ändern eines Bauteils wirken sich sowohl auf angrenzende als auch auf entfernte Bauteile aus. Die Folge ist ein erhöhter Kommunikationsbedarf zwischen den Entwicklern der entsprechenden Teilfunktionen (HOFFMANN 1997 S. 87). Im Rahmen der *traditionellen* Vorgehensweise sind wie in der Produktplanungsphase während der Konstruktion überwiegend Mitarbeiter der internen und externen Entwicklung involviert (vgl. SPECHT & GERHARD 1999 S. 223). Als Grundlagen fungieren physische Skizzen, Plots und Prototypen. Intern wird dabei vor allem in persönlichen Team-Sitzungen konferiert. Externe Auftragnehmer müssen in der Regel anreisen. Mit Lieferanten und Werkzeugbauern wird bei spontanen Anlässen via Telefon und Telefax kommuniziert. Zusätzlich werden oftmals CAD-Dateien (Computer Aided Design) asynchron verschickt, die als Basis für weitere telefonische Besprechungen dienen. Probleme bereiten dabei Medienbrüche, Inkompatibilitäten der eingesetzten CAD-Software sowie daraus resultierende Zeitverzögerungen

---

[9] Siehe zu Interaktionsproblemen zwischen Marketing und Produktentwicklung zusammenfassend EURINGER (1994 S. 26f.), zu empirischen Studien z.B. GUPTA & WILEMON (1988) und SAGHAFI et al. (1990).

3. Einsatz der Telepräsenz im Integrierten Marketing

und Missverständnisse in der Kommunikation (vgl. LUCZAK & EVERSHEIM 1999 S. 4f., vgl. WIDMER 1997 S. 78).

Der moderne Konstruktionsprozess weist durch seinen hohen Kommunikationsbedarf auf ein erhebliches Potenzial für den Einsatz von Telepräsenzsystemen hin. Dies gilt sowohl für den technischen als auch für den nicht-technischen Bereich der Konstruktion. Die moderne technische Konstruktionstätigkeit ist von der Arbeit an leistungsfähigen Rechnern geprägt. Dabei werden vielfach CAD-Programme verwendet, die sowohl 2- als auch 3-dimensionale Abbildungen auf dem Bildschirm ermöglichen. CAD-Abbildungen lassen sich auf zweierlei Art in die Telepräsenzumgebung einbetten: (1) Entwürfe können als Vektorgrafik in den elektronischen Notizblock (auf das sog. Whiteboard) eines *Desktop-Videokommunikationssystems* kopiert werden. Das Shared Whiteboard verfügt über Zeichen- und Beschriftungsfunktionen, so dass die Entwickler interaktiv Notizen und Markierungen anbringen können. Mit diesem visuellen Abbild des originalen CAD-Modells sind zusätzlich Visualisierungsoperationen wie Drehen und Zoomen möglich (vgl. LUCZAK & EVERSHEIM 1999 S. 63). Die Konstrukteure sind in der Lage, Entwürfe auszudrucken und zu speichern und sie somit für weitere Bearbeitungsschritte zu dokumentieren. Darauf aufbauend kann ein Zulieferer die Konstruktionspläne ändern und sie kurze Zeit später seinen Auftraggebern erneut präsentieren. Auf diese Weise werden Inkompatibilitätsprobleme umgangen, Medienbrüche sind allerdings weiterhin vorhanden. (2) Um die Abstimmung zusätzlich zu beschleunigen, besteht ferner die Möglichkeit, gemeinsam mittels Application Sharing an einer CAD-Datei zu arbeiten. Änderungen werden somit zeitgleich eingepflegt und beide Seiten sehen das Ergebnis unmittelbar auf ihren Bildschirmen. Diese Vorgehensweise ist sehr effizient. Für die Übertragung werden jedoch breitbandige Telekommunikationsnetze benötigt, da zur Dokumentation ein kompletter Austausch der CAD-Dateien notwendig ist (vgl. SPRINGER et al. 1997 S. 438). Weiterhin können international und zeitlich versetzt arbeitende Konstruktionsteams ihre Tagesergebnisse via Dateitransfer und Videobesprechung übergeben, so dass kontinuierlich an einem Entwicklungsprojekt gearbeitet werden kann (vgl. SILBERER 1995a S. 13).

Neben der geschilderten Entwickler-Entwickler-Kommunikation ist auch die Verständigung zu anderen technischen Funktionsbereichen in der Konstruktion bedeutend. Externe Werkzeugbauer werden beispielsweise nach erfolgter Änderung des Konstruktionsplanes via Telepräsenz einbezogen. Dem Werkzeugbauer wird dann ebenfalls durch CAD-Conferencing das Konstruktionsmodell erläutert, woraufhin er sofort mögliche Auswirkungen der Modifikationen auf den Werkzeugbau überprüfen kann und dann gegebenenfalls mit dem überspielten Datenmodell modifiziert (vgl. LUCZAK & EVERSHEIM 1999 S. 9). Der Telepräsenzeinsatz in der Konstruktion besitzt zudem den Vorteil, dass auch solche Konstrukteure unterer Hierarchiestufen in den regelmäßigen Kunden- und Lieferantenkontakt integriert werden, die im traditionellen Entwicklungsprozess außen vor bleiben würden (MÜLLER 22.03.2001).

Auch nicht-technische Bereiche – wie z.B. der Vertrieb – lassen sich in den telepräsenten Entwicklungsprozess integrieren. Das ist sinnvoll, wenn länderspezifische Vertriebserfahrungen in die Produktgestaltung einfließen sollen; die Mitarbeiter jedoch weltweit verteilt sind. In einer *raumbasierten Videokommunikation* werden allen relevanten Vertriebsmitarbeitern die aktuellen Prototypen zur Diskussion vorgestellt, ohne dass die Teilnehmer anreisen müssen. Gleichzeitig berichten die Vertriebsmitarbeiter von aktuellen Marktentwicklungen in ihren Gebieten. Kostenintensive Produktänderungen, die im traditionellen Produktentwicklungsprozess erst sehr spät bemerkt werden, lassen sich somit vermeiden (vgl. WIDMER 1997 S. 78). In Team-Sitzungen sollten ferner Vertreter des Produktcontrollings teilnehmen. Dadurch führt die laufende Gegenüberstellung der aktuellen Herstellkosten mit den Zielkosten zu einer hohen Kostentransparenz während des Entwicklungsprojektes. Das ist außerordentlich wichtig: Eine Analyse von industriellen Entwicklungsprojekten ergab, dass ein Überschreiten der Produktkosten um 9% zu Gewinneinbußen von 22% führt (EVERSHEIM 1998 S. 5, S. 245f.).

Telepräsenz in der Pilotproduktion sowie Anlauf- und Serienfertigung

In der Pilotproduktionsphase werden die einzelnen Teile und Komponenten des Produktes unter Serienbedingungen gefertigt. Es wird zunächst eine begrenzte Anzahl hergestellt, um bei auftretenden Abstimmungsschwierigkeiten zwischen Produkt, Anlagen, Zulieferern und Produktionsmitarbeitern nur geringe Kosten zu verursachen (KNICKEL 1997 S. 7). In der Pilotproduktion herrscht ein hoher Abstimmungsbedarf und häufig Zeitdruck, da Produktionsanlagen und Werkzeuge installiert sowie Zuliefererteile mit der Eigenleistung erstmals zusammengeführt werden. Gleichzeitig beginnen Marketingaktivitäten wie Vertriebstrainings und Werbevorbereitungen. Verschiebt sich der Beginn der Serienproduktion, dann hat dieses erhebliche Konsequenzen für die gesamte Markteinführung (vgl. WHEELWRIGHT 1994 S. 229).

In der *konventionellen* Vorgehensweise sind die beteiligten Mitarbeiter aus der Konstruktion, Fertigung und Qualitätssicherung beim Beginn der Pilotfertigung im Werk anwesend. Es entsteht dabei ein aufwendiger Reisebedarf, da nicht alle Fachbereiche am Produktionsstandort lokalisiert sind. Wenn ferner ein gleichzeitiger standortübergreifender Anlauf – evtl. sogar in verschiedenen Ländern – geplant ist, dann müssen die Projektmitglieder unter großem Zeitdruck von Werk zu Werk reisen. Treten überdies überraschend an entfernten Maschinen oder Montagebändern Probleme auf, ohne dass der zuständige Mitarbeiter vor Ort ist, werden diese i.d.R. fotografiert und per Telefax oder E-Mail übermittelt und anschließend telefonisch besprochen (vgl. LUCZAK et al. 2000b S. 164f.).

Mittels *mobiler Videokommunikationssysteme* können Spezialisten in dieser Situation schnell eingreifen, indem ihnen das Problem mit einer hochauflösenden mobilen Kamera angezeigt

3. Einsatz der Telepräsenz im Integrierten Marketing

wird. Der entfernte Spezialist unterbreitet sofort seinem Kollegen Lösungsvorschläge. Der Automobilhersteller BMW hat in seinen Werken sog. Kommunikationsinseln mit Videokommunikationssystemen eingerichtet. Experten in der Münchner Zentrale unterstützen via Telepräsenz die Kollegen im PKW-Werk Südafrika und im Motorad-Werk Berlin sowohl beim Anlauf neuer Modelle als auch in der Serienproduktion. Probleme werden dabei direkt vom Montageband in die virtuelle Sitzung eingespielt (O.V. 1998d S. 11, O.V. 2000e S. 120). Bei softwaregesteuerten Maschinen wird über Application Sharing sogar von entfernter Stelle in die Anlagenbedienung eingegriffen. Zudem werden die erarbeiteten Problemlösungswege direkt digital dokumentiert (vgl. LIST & POLLMANN 1997 S. 123-106). Die Dokumentation wird nachfolgend für Qualifizierungsmaßnahmen der Fertigungsmitarbeiter herangezogen. Darüber hinaus werden Videokommunikationssysteme auch für die Live-Schulung der Maschinenbediener in der Produktionsvorbereitung eingesetzt (vgl. FOLTZ et al. 1998 S. 26). Ebenso wie Entwicklungsingenieure greifen Marketingverantwortliche durch mobile Videokommunikationssysteme in die Anlaufphase ein. Dies ist beispielsweise dann sinnvoll, wenn der Serienanlauf in verschieden Ländern durch ein zentrales Marketing betreut wird. Auf diese Weise können noch vor der Serienfertigung ungeplante Abweichungen, z.B. Farbveränderung bei Produktverpackungen oder Etiketten, festgestellt werden. Änderungen lassen sich unmittelbar mit den lokalen Mitarbeitern erörtern und können nach erfolgter Änderung erneut präsentiert werden (vgl. O.V. 2001c S. 96).

Es ist zu berücksichtigen, dass erstmalige Strategiegespräche mit Kunden und Lieferanten sowie Konfliktbewältigungen in der Produktentwicklung trotz moderner Telekommunikation weiterhin persönlich durchgeführt werden müssen. Aktuelle Telepräsenzsysteme sind hierbei noch nicht in der Lage, sozial- und krisenorientierte Gespräche gänzlich zu ersetzen (vgl. MEIER 2000 S. 161f.). Insgesamt ist aber festzuhalten, dass sich alle Beteiligten mittels Telepräsenz zeitnaher in den Entwicklungsprozess integrieren lassen. In diesem Zusammenhang leistet die Telepräsenz einen Beitrag zur Internationalisierung der Produktentwicklung. Es wird unabhängig von der physischen Anwesenheit eine höhere Kommunikationsintensität erreicht. Da durch die verbesserte Kommunikation nachträgliche Produktänderungen vermieden werden, ergibt sich eine erhebliche Durchlaufzeitenverkürzung in der Produktentwicklung. LUCZAK & EVERSHEIM (1999 S. 10) haben Zeitvorteile von bis zu 80% unter Verwendung synchroner und asynchroner Telekooperationssysteme festgestellt. Weiterhin steigt die Qualität des Innovationsprozesses, denn durch die häufigere Kommunikation werden mehrere Alternativen angedacht und die Entwicklungsprozesse unterliegen einer größeren Kontrolle durch die Projektleitung. Es wird ferner durch die Integration ansonsten separierter Mitarbeiter eine höhere Motivation und Qualifizierung der Beteiligten erreicht (ebda S. 10f.).

3.6.2.2 Einsatz der Telepräsenz im Kundendienst

Durch die bereits angesprochene zunehmende Produktkomplexität sowie durch die Nachfrage nach kombinierten Sach- und Dienstleistungsbündeln gewinnt der Kundendienst kontinuierlich an Bedeutung (MEFFERT 1998 S. 854). Neben der Differenzierung zu Wettbewerbern bietet der Kundendienst zudem Chancen zur Angebotserweiterung, da sich erheblich höhere Gewinnbeiträge erzielen lassen: FRIEDRICH (zit. nach LUCZAK et al. 2000a S. 4) ermittelte eine durchschnittliche Umsatzrendite des technischen Kundendienstes von 39%. Vor diesem Hintergrund stehen Investitionsgüterunternehmen – z.B. der Automobil-, Maschinen- und Anlagenbau[10] – vor der Herausforderung, ihren Service schnell und kostengünstig in der ganzen Welt bereitzustellen (vgl. SIMON 1993 S. 8). Der Kundendienst lässt sich auf folgende Weise näher charakterisieren: Er findet produktbegleitend statt und steht im engen Zusammenhang mit der eigentlichen Sach- bzw. Dienstleistung. Der Kundendienst ist zum einen nach dem Inhalt in kaufmännischen und technischen Service zu unterscheiden. Zum anderen wird kaufphasenbezogen in Vorkaufkundendienst (Pre-Sales Service) und Nachkaufkundendienst (After-Sales Service) unterschieden (vgl. BACKHAUS 1995 S. 258, PEPELS 2000b S. 156).

An dieser Stelle erfolgt eine Konzentration auf die Einsatzmöglichkeiten der Telepräsenz im Nachkaufkundendienst (wobei in die wichtigen technischen Servicebereiche der *Montage und Inbetriebnahme*, *Wartung und Instandhaltung* sowie *Schulung* unterschieden wird, siehe Abb. 3-6), weil dieser für die Aufrechterhaltung und den Ausbau von Geschäftsbeziehungen eine überragende Rolle besitzt (vgl. z.B. MEFFERT 1998 S. 854). Es sei ferner hinsichtlich telepräsenter Beratung *vor* dem Kauf auf die Ausführungen zur akquisitorischen Distribution im Punkt 3.6.3.1 verwiesen.

---

[10] Die Ausführungen beziehen sich schwerpunktmäßig auf diese Branchen. Zum einen benötigen die hochkomplexen Produkte einen intensiven Service, zum anderen liegen hier bereits erste Erfahrungen mit Teleservice-Anwendungen vor.

3. Einsatz der Telepräsenz im Integrierten Marketing

Abb. 3-6: Telepräsenz im Nachkaufkundendienst

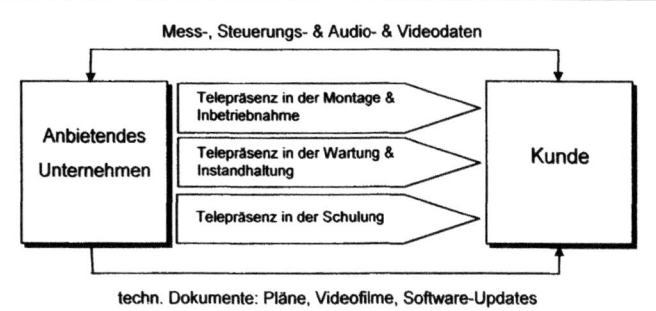

```
                    Mess-, Steuerungs- & Audio- & Videodaten
        ┌──────────────┬─────────────────────────────────────┬──────────┐
        │              │ Telepräsenz in der Montage &        │          │
        │ Anbietendes  │ Inbetriebnahme                      │          │
        │              ├─────────────────────────────────────┤  Kunde   │
        │ Unternehmen  │ Telepräsenz in der Wartung &        │          │
        │              │ Instandhaltung                      │          │
        │              ├─────────────────────────────────────┤          │
        │              │ Telepräsenz in der Schulung         │          │
        └──────────────┴─────────────────────────────────────┴──────────┘
                    techn. Dokumente: Pläne, Videofilme, Software-Updates
```

Eigene Darstellung

Telepräsenz in der Montage und Inbetriebnahme

Wesentliche Kundendienstleistungen nach dem Kauf von Maschinen und Anlagen sind ihre Montage und Inbetriebnahme. Als *Montage* sind alle Tätigkeiten zu verstehen, die am Ort der Maschine notwendig sind, bevor die Inbetriebsetzung beginnen kann. Dabei werden neben den Maschinen auch Schaltschränke und sonstige Hardware aufgestellt und installiert. Ferner erfolgt die Strom- und Telekommunikationsverkabelung. Die *Inbetriebnahme* ist eingangs durch die elektrotechnische Überprüfung aller Anlagenkomponenten gekennzeichnet. Nachfolgend wird die neu installierte Anlage hinsichtlich der Integration in den Gesamtfertigungsprozess geprüft und angepasst. Die hierbei anfallenden Aufgaben sind technisch meistens komplex und erfordern ein breites Wissensspektrum (z.B. zu Themen wie Regelungstechnik und Programmiersprachen) der angereisten Servicemitarbeiter vor Ort (vgl. v. PIERER 1993 S. 91f.). Im traditionellen Montage- und Inbetriebnahmeprozess treten typische Abstimmungsprobleme zwischen Servicepersonal und Kunden auf der einen Seite und Experten im zentralen Servicebereich auf der anderen Seite auf. Für komplizierte Installationsprobleme müssen Spezialisten häufig anreisen. Gleichzeitig stehen sie aber dann für andere Einführungsprojekte nicht mehr zur Verfügung (vgl. PECK et al. 1996 S. 25).

Die beschriebenen Probleme des traditionellen Kundendienstes bieten Ansatzpunkte für die *telepräsente Unterstützung* in der Montage und Inbetriebnahme komplexer Anlagen und Maschinen. Technische Voraussetzung ist die Einrichtung von PC-gestützten und mobilen Videokommunikationssystemen beim Kunden. Weiterhin sind Netzverbindungen in Reichweite der Maschinen des Kunden notwendig. In der Regel werden Kamera und Kopfhörer-Mikrofoneinheit per Kabel oder in selteneren Fällen per Funkverbindungen mit dem mobilen Videokommunikationssystem verbunden (vgl. VÖLLER 1999 S. 36). Treten überraschend Probleme bei der Montage oder Inbetriebnahme auf, dann werden entfernte

Spezialisten hinzugezogen. Diese hochqualifizierten Mitarbeiter bleiben somit an ihrem Arbeitsplatz auch für weitere Konsultationen verfügbar (vgl. WESTKÄMPER & WIELAND 1998 S. 9). Sie können an zentraler Stelle auf technische Dokumente zugreifen, diese via Application Sharing präsentieren und mit den Monteuren beim Kunden besprechen. Sind z.B. Software-Modifikationen an der Maschinensteuerung erforderlich, dann werden diese erst telepräsent diskutiert, nachfolgend in der Zentrale programmiert sowie anschließend online zum Kunden überspielt (siehe Abb. 3-6). Des Weiteren kann bereits während der Inbetriebnahme eine Einweisung und Schulung der Kunden via Telepräsenz erfolgen. Auf diese Weise verbleiben sowohl die Schulungsteilnehmer als auch die Trainer an ihrem Arbeitsplatz (vgl. HERMSEN & ZUTHER 2000 S. 16f.).

Telepräsenz in der Wartung und Instandhaltung

Die schnelle und kompetente Wartung und Instandhaltung soll beim Kunden kostspielige Produktionsstillstände verhindern (vgl. WESTKÄMPER & WIELAND 1998 S. 9). Im traditionellen Prozess besteht dabei die erste Hilfe oftmals aus der telefonischen Beratung. Häufig können technische Störungen der Produktionsanlagen nur schwerlich verbal beschrieben werden. Im nächsten Schritt müssen Servicemitarbeiter zum Kunden reisen, um oft nur Kleinigkeiten an einer Maschine zu reparieren (vgl. LAUTZ 1995 S. 201). Es kommt zudem vor, dass der angereiste Experte einen Schaden feststellt, für dessen Behebung er keine Ersatzteile mit sich führt. Folglich muss er diese bestellen und später erneut anreisen. Die Folge sind auf der Kundenseite kostenintensive Produktionsausfälle über einen längeren Zeitraum. Auf Anbieterseite entstehen hohe Reisekosten. Für den Inlandservice können bis zu 30% und für den Auslandservice bis zu 50% der Gesamtservicekosten auf Reisekosten entfallen (PECK et al. 1996 S. 7, O.V. 1999a S. 10f.).

Im Rahmen des telepräsenten Kundendienstes wird der Serviceprozesses neugestaltet. Sehr große Maschinen (z.B. Druckmaschinen von MAN Roland[11]) verfügen sogar über mehrere fest installierte Kameras, damit sich die anfälligsten Maschinenbereiche aus der Ferne warten lassen (O.V. 1998e S. 37). Kommt es zu einem Störfall beim Kunden, dann nimmt der Maschinenbediener im *ersten Schritt* Kontakt über das Telepräsenzsystem mit dem Maschinenhersteller auf. Einige Anbieter warten die ausgelieferten Maschinen kontinuierlich online, so dass sich der Servicemitarbeiter im Falle einer Störung selbständig beim Kunden meldet (vgl. O.V. 1999b S. 54). Der Techniker des Kunden erläutert nachfolgend das Problem. Hierbei hilft den Kommunikationspartnern bereits das gegenseitige Sehen, um Sprachbarrieren im internationalen Service zu überwinden. Der Kunde kann parallel zum

---

[11] Ein weiterer Vorreiter in Deutschland sind die Heidelberger Druckmaschinen AG; in den USA der Brauereimaschinen-Hersteller Hartness International (vgl. z.B. PERRIN 1997a S. 17, S. 38).

3. Einsatz der Telepräsenz im Integrierten Marketing 105

Erläutern mit einer mobilen Kamera die Problemstelle an der Maschine zeigen und Geräusche mit dem Mikrofon aufnehmen. Für besonders enge Stellen kommen stabähnliche Endoskop-Kameras mit einer Lichtquelle am Stabende zum Einsatz (O.V. 1998e S. 37). Mit diesen Informationen erfolgt eine erste Fehlerdiagnose. Für eine tiefergehende Analyse werden bei softwaregesteuerten Anlagen zusätzlich Messdaten zum entfernten Spezialisten überspielt und dort ausgewertet (vgl. WANDERSLEB & HÖROLD 1999 S. 484, siehe Abb. 3-7).

Abb. 3-7: Telepräsenz in der Wartung und Instandhaltung

Quelle: O.V. *1999b S.* 56

Falls das Problem sofort zu beheben ist, leitet der Spezialist im *zweiten Schritt* den Maschinenbediener bei der Reparatur an. Werden dagegen Ersatzteile benötigt, so bestellt der Servicemitarbeiter diese direkt von seinem Arbeitsplatz aus. Die Ersatzteile werden entweder von einem anreisenden Serviceexperten oder wiederum per telepräsenter Anleitung vom Maschinentechniker vor Ort eingebaut (vgl. O.V. 2000d S. 5). Im letztgenannten Fall werden dem Kunden online technische Einbaupläne und Bedienungsanleitungen angezeigt und gemeinsam mit ihm besprochen. Liegen digitalisierte Videofilme für den Teileeinbau vor, so können diese zusammen in der Telepräsenzsitzung angeschaut werden (siehe Abb. 3-7). Darüber hinaus ist der telepräsente Servicespezialist mittels Application Sharing in der Lage, auf die Maschinen-Software zuzugreifen und sie von seinem Arbeitsplatz aus zu steuern (sog. Tele-Operations). Der Mitarbeiter des Kunden sieht wiederum alle Eingaben des Experten. Software-Updates können im selben Zuge auf den Maschinenrechner überspielt werden. In einem dritten und *letzten Schritt* lässt sich der gesamte Anleitungs- und Einbauvorgang digital aufzeichnen, um ihn für spätere Problemfälle und Schulungen zu archivieren (vgl. WESTKÄMPER & WIELAND 1998 S. 10f.). Falls im Laufe des dargestellten Prozesses ad hoc weitere Experten hinzugezogen werden müssen, z.B. Software-Spezialisten, dann können diese durch Multipoint-Schaltungen an der telepräsenten Sitzung teilnehmen.

Die bisherigen Ausführungen konzentrierten sich schwerpunktmäßig auf den Anlagen- und Maschinenbau. Auch andere Branchen kommen für den Einsatz des telepräsenten Kundendienstes infrage. Beispielsweise bietet ein Software-Unternehmen nach der Installation der betriebswirtschaftlichen Standardsoftware SAP R/3 einen After-Sales Service mittels PC-gestützter Telepräsenz an. Der Kunde kann beim Auftreten eines Problems direkt einen „virtuellen" Berater hinzuziehen. Der Experte greift dann durch die Nutzung von Application Sharing auf das verwendete Modul des Kunden zu und kann unter Einsichtnahme des Kunden Hilfestellung bieten und sogar Änderungen am Programm vornehmen. Hauptvorteile sind der Wegfall von Wartezeiten für die Anreise des Beraters sowie die damit verbundenen niedrigeren Betreuungskosten (vgl. O.V. 1996 S. 69). Analog sind zukünftig auch Kundendienste zu Privatkunden denkbar. Dabei wird das Internet und die Integration der dialogischen Serviceleistung in dem Web-Auftritt die größte Rolle spielen. Beispielsweise könnten Versicherungen mit Privatkunden über geringere Sachschäden kommunizieren. Dabei kann ein Schaden dem Sachbearbeiter gezeigt und die Regulierung schneller veranlasst werden (vgl. SILBERER 1995a S. 23).

Zusammenfassend ist festzustellen, dass der telepräsente Nachkaufservice sowohl Vorteile für den Kunden als auch für den Anbieter besitzt. Die Inbetriebnahme und die Instandsetzung nach einem Störfall können in viel kürzerer Zeit als im traditionellen Serviceprozess erfolgen. Damit verbunden sind geringere Produktionsausfälle beim Kunden. Zudem muss dieser keine eigenen hochqualifizierten Spezialisten vorhalten, um auf gelegentliche Probleme zu reagieren. Der Anbieter von Kundendienst per „Teleservice" kann auch ohne eigene Service-Vertretungen in regionalen Märkten seine internationale Präsenz ausbauen. Neben der Reduzierung von Servicekosten bedeutet der Telepräsenzeinsatz eine stärkere Bindung des Kunden an das Unternehmen. Wichtig ist für den Anbieter ferner, dass er eine höhere Verfügbarkeit seiner Spezialisten erreicht.

3.6.3 Einsatz der Telepräsenz in der Distributionspolitik

Die Distributionspolitik schafft für die Unternehmensleistungen die notwendige Präsenz im Markt. BECKER (1998 S. 527) bezeichnet diese Präsenzleistung auch als „Pipeline" des Marketing. Sie ist notwendig, um mit den geschaffenen Produkten die anvisierten Zielgruppen auch tatsächlich zu erreichen. Die Distributionspolitik wird in zwei zentrale Aktionsbereiche gegliedert: In die akquisitorische und die physische Distribution (vgl. z.B. SPECHT 1992 S. 34, NIESCHLAG et al. 1994 S. 429). Im Mittelpunkt der akquisitorischen Distribution steht das Management der Absatzwege und -organe. Für viele Unternehmen spielt dabei die Gestaltung des persönlichen Verkaufs eine herausragende Rolle. Die physische Distribution bezieht sich auf den körperlichen Transfer der Güter vom Anbieter zu den Nachfragern (vgl. NIESCHLAG et al. 1994 S. 429, vgl. SCHARF & SCHUBERT 1997 S. 275). Die folgenden Ausführungen untersuchen die Einsatzmöglichkeiten der Telepräsenz in der akquisitorischen und physischen Distribution. Der Schwerpunkt liegt auf der akquisitorischen Distribution, da sie den höheren zwischenmenschlichen Kommunikationsbedarf aufweist.

3.6.3.1 Einsatz der Telepräsenz in der akquisitorischen Distribution

Der akquisitorischen Distributionspolitik kommt beim Management der Absatzwege und -organe die wichtige Aufgabe zu, die Schnittstellen zu Kunden und Vertriebspartnern zu gestalten. In diesem Zusammenhang stehen folgende zwei Fragen im Zentrum dieses Abschnitts: Wie kann der Telepräsenzeinsatz die *Schnittstelle zu den Abnehmern* gestalten? Auf welche Weise lassen sich die *Vertriebspartner* mittels Telepräsenz unterstützen?

(1) Einsatz der Telepräsenz an der Schnittstelle zu den Abnehmern

Der persönliche Verkauf besitzt im Marketing eine Sonderstellung, weil er meist das zentrale Bindeglied zwischen Unternehmen und Kunden darstellt. Kundennähe wird dabei erst durch die kontinuierliche und intensive Kommunikation mit den Absatzmittlern und den Abnehmern erreicht (vgl. SCHARF & SCHUBERT 1997 S. 311). Die zentralen Verkaufsfunktionen liegen dabei in der Vorbereitung, Durchführung und Nachbereitung des Verkaufsgesprächs (SILBERER & KRETSCHMAR 1999 S. 15). Wenn die physische Anwesenheit des Verkäufers nicht möglich ist, werden diese Verkaufsaufgaben nur zum Teil durch klassische Kommunikationsmittel wie Telefon oder Telefax unterstützt (vgl. NIESCHLAG et al. 1994 S. 491). Telepräsenzsysteme lassen dagegen neben sozialen Interaktionen auch ein gemeinsames Bearbeiten von Dokumenten im „virtuellen" Verkaufsgespräch zu und können somit den Verkaufsprozess in allen Phasen unterstützen. Zu unterscheiden sind hierbei erstens der selbstbediente Videokontakt des Kunden zum entfernten Verkäufer und zweitens die über einen Berater vor Ort initiierte und moderierte Videokommunikation zu einem entfernten Spezialisten, der das Verkaufsgespräch unterstützt.

Der selbstbediente Kundenkontakt zum entfernten Verkaufsspezialisten

Der direkte Kontakt des Kunden zu einem Verkäufer via Telepräsenz entsteht durch die eigene Anwahl (passive Ansprache) oder durch Anruf des Beraters (aktive Ansprache). Der Privat- oder Geschäftskunde kann sich während des Kommunikationsvorgangs zu Hause bzw. im Büro, im Verkaufsraum des Anbieters oder an einem fremden Standort befinden. Als Telepräsenzmedien kommen Desktop-Videokommunikationssysteme und Kioskterminals infrage, die entweder über Internet/Intranet oder ISDN mit dem Unternehmen verbunden sind.

In *Verkaufsräumen* und Foyers von Banken[12] werden derzeit 30% bis 40% des gesamten Bankgeschäfts der Kunden durch Selbstbedienung (SB) an Multifunktionsterminals durchgeführt (SALMONY & DENCK 1999 S. 68). Standardfunktionen der SB-Terminals sind die Geldausgabe, das Drucken von Kontoauszügen und die Überweisungsmöglichkeit. Weiterhin werden zu diesen Standardangeboten verstärkt Informationen zu weiteren Bankleistungen wie Lebens-versicherungen, Immobilienangeboten, Krediten und Geldanlagen bereitgestellt (vgl. ebda S. 69). Diese Bankprodukte sind jedoch sehr komplex und daher erklärungsbedürftig. Möchte der Kunde weitergehend beraten werden, so muss er sich an das Personal in der Filiale wenden oder eine elektronische Nachricht im System hinterlassen, auf die sich die Bank beim Kunden meldet. Nachteile dieses Informations- und Kommunikationsprozesses sind entstehende Medien- und Zeitbrüche, die sogar zum Verlust des Produktinteresses beim Kunden führen können (vgl. KOCH & WÜNDERLICH 1999 S. 42).

Einzelne Unternehmen der europäischen Finanzbranche griffen Ende der neunziger Jahre die geschilderten Nachteile des klassischen Informationsprozesses an SB-Systemen auf und integrierten eine Videoschnittstelle in ihre Terminals (vgl. z.B. SILBERER & HANNECKE 1999a S. 5). Prinzipiell sind auch Videokommunikationssysteme denkbar, die in einen Personal Computer im Verkaufsraum integriert sind. Diese sind jedoch den Kioskterminals hinsichtlich Benutzerfreundlichkeit unterlegen. Falls der Kunde beim Navigieren durch die Terminalinhalte Fragen oder Probleme zu den offerierten Produkten besprechen möchte, kann er sofort über Audio- und Videokommunikation einen Berater hinzuziehen. Der Kundenbetreuer sieht über Application Sharing dieselbe Informationsseite wie der Kunde und kann mit einer Zeigefunktion auf Inhalte optisch hinweisen. Er ist in der Lage, dem Kunden weitere Grafiken, Dokumente oder auch Videos zu präsentieren und zugleich verbale Erklärungen mitzuliefern. Gemeinsam werden Informationsmaterialien und sogar Verträge erstellt und anschließend am Terminal des Kunden ausgedruckt (vgl. SCHÜTT 1999 S. 8-10). Die Bank of America[13] bietet sogar die Möglichkeit einer Unterschrift mittels eines „Electronic-Pen" an. Sowohl Kunde als auch Bankberater unterschreiben auf diese Weise gemeinsam erarbeitete Formulare und drucken diese anschließend aus (vgl. AMBROS 1995 S. 126f.). Bisherige Beispielprojekte sind im Bankenbereich u.a. von der Bank GiroTel und der Volksbank Eichstätt, im Automobilbereich von Mercedes-Benz Lease Finanz (DaimlerChrysler) aufgelegt worden (vgl. BECKER 2000 S. 132-134, vgl. MOSER 2000 S. 14, vgl. SCHÜTT 1999 S. 8-10).

---

[12] Beim Telepräsenzeinsatz in der Distribution zeigen sich Finanzdienstleister als Vorreiter. Aus diesem Grunde beziehen sich die dargestellten Einsatzfelder und Beispiele schwerpunktmäßig auf diese Branche. Ein vergleichbarer Einsatz ist jedoch auch in anderen Branchen denkbar.

[13] Amerikanische Banken setzen Videokommunikation zum Privatkunden bereits seit 1994 ein. Pioniere sind hierfür die Bank of America und die Royal Bank of Canada (vgl. AMBROS 1995 S. 118-129).

3. Einsatz der Telepräsenz im Integrierten Marketing 109

Telepräsenzgestützte Kioskterminals sind nicht nur im Verkaufsraum des Unternehmens einsetzbar. Sinnvoll sind auch *fremde Standorte* wie Supermärkte, Einkaufscenter, Bahnhöfe und öffentliche Plätze. Diese Standorte weisen meist eine höhere Kundenfrequenz auf als Verkaufsräume der Unternehmen. Da die in Supermärkten und Einkaufscentern lokalisierten Bankfilialen und SB-Standorte nur selten hochqualifiziertes Beratungspersonal bereitstellen, bietet sich hier der Einsatz von Video-Terminals zur Selbstbedienung an. Beispielsweise wurde der „Consultant on Demand" (CoD) von DaimlerChrysler für eine spätere Ausbauphase für fremde Standorte geplant (DOMMASCHK 11.05.2001): Zu denken ist hierbei etwa an Verkaufsförderungsmaßnahmen für neue Modelle in Einkaufcentern. Interessierte Passanten könnten Fahrzeuginformationen über den direkt neben dem Auto platzierten CoD abrufen und falls sie komplexere Fragen stellen möchten, z.B. zu Finanzierungen und Leasing, könnten sie diese an einen räumlich entfernten Verkäufer in einem sog. Video-Call Center richten.

Wie eine Beratungsseite eines videogestützten Bankterminals gestaltet sein kann, zeigt der in Abb. 3-8 dargestellte Prototyp der Firma engram aus Bremen.

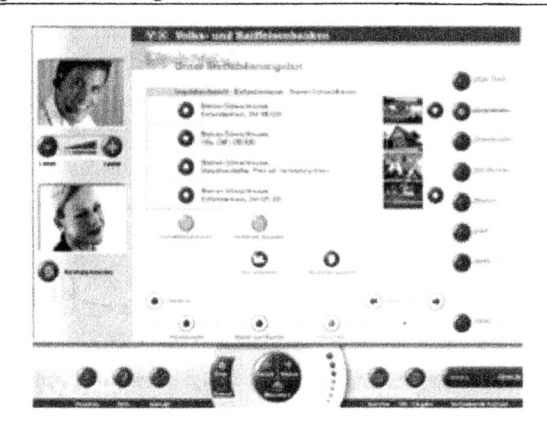

Abb. 3-8: Videogestützte Beratung an einem SB-Bankterminal

Quelle: ENGRAM 2000 o. S.

Der telepräsenzgestützte Verkaufskontakt ist ferner vom *Standort des Kunden* möglich. Zurzeit kommen Büros und Privatwohnungen der Kunden infrage. Die im Aufbau befindliche UMTS-Übertragungstechnik wird es zukünftig ermöglichen, dass alle bisher an das Festnetz gebundenen Angebote über Video-Handys ortsunabhängig abrufbar sein werden (vgl. z.B. PECH et al. 2001 S. 56). Zielgruppen sind neben Privatkunden insbesondere Geschäftskunden. Ein erstes Projekt mit dem Ziel, Top-Kunden via Bildtelefon zu betreuen, wurde 1997 von der Deutschen Telekom und der Commerzbank ins Leben gerufen. Die Bank bot ausgewählten Kunden an, im Bedarfsfall sofort vom vertrauten Bankmitarbeiter beraten zu werden. Als

Zielgruppe wurden beruflich stark eingebundene vermögende Kunden identifiziert, die bislang wichtige Anlageentscheidungen telefonisch mit ihren Anlageberatern diskutieren konnten (vgl. O.V. 1998c S. 13f.). Dieses Projekt ist von der Commerzbank nicht weitergeführt worden. Zum einen wurde die von der Deutschen Telekom außerordentlich breit angelegte Vermarktung des Bildtelefons „T-View 100" erfolglos eingestellt, zum anderen konnten die eigentlichen Videoconferencingvorteile – das Anzeigen von Grafiken und Vorlagen etc. – auf dem zu kleinen Bildtelefonmonitor nicht genutzt werden. Ferner empfanden einige Kunden das Sehen der Privatsphäre durch den Kundenberater als unangenehm (GERLACH 31.05.2001). Zudem hat sich in den vergangenen Jahren das Direct-Banking via Telefon und Internet durchgesetzt. Obwohl bisher die Technologie „Bildtelefon" scheiterte, sind trotzdem semi-persönliche Beratungsangebote via Telepräsenz denkbar. Während in der Geschäftskundenkommunikation v.a. Raumsysteme mit ISDN-Wählverbindungen bedeutend sind, wird es im privaten Bereich zukünftig verstärkt über das Internet zum telepräsenten Verkaufskontakt kommen. Voraussetzung hierfür sind allerdings qualitativ gute Audio- und Videoströme im Internet (vgl. ROßBACH & BRAUN 1999 S. 34).

Im Internet bieten sich neben dem bereits angesprochenen Finanzbereich eine Reihe weiterer Branchen für den persönlichen Verkauf via Telepräsenz an. Anhand des Automobilhandels im Internet sollen nachfolgend weitere Telepräsenzpotenziale beispielhaft dargelegt werden. Seit 1997 vollzieht sich eine rasante Entwicklung der Online-Märkte für gebrauchte Automobile in Deutschland (vgl. SILBERER & MEISSNER 1998, vgl. MEISSNER & MEHRLE 2000). Das Internet zeigt sich auf der einen Seite zwar als gutes Präsentationsinstrument, auf der anderen Seite sind die Kommunikationsmöglichkeiten mit den Händlern bislang nur auf E-Mail, Telefon und Telefax begrenzt. Weil auch hier Medien- und Zeitbrüche in der Kommunikation entstehen, werden nicht alle Potenziale zur Kaufanbahnung ausreichend genutzt. Hinzu kommt, dass gebrauchte Fahrzeuge nicht „blind" vom Händler gekauft werden. Der Kunde möchte sich sowohl vom Auto als auch vom Händler einen umfassenden Eindruck machen. Ausführliche Fahrzeugdaten und Finanzdienstleistungen werden schon heute in den Gebrauchtwagenbörsen und auf den Händler-Homepages angeboten. Zukünftig ist daran zu denken, dass der Kunde, wenn er ein Auto im Internet gefunden hat, einen Videokontakt zum Verkaufsberater aufnimmt, um weitere Details über das Auto zu erfragen und um ein „Live-Bild" des Verkäufers und evtl. auch des Autos zu erhalten. Zusätzlich kann der Verkäufer Finanzprodukte erläutern und dadurch Cross-Selling-Chancen nutzen[14].

---

[14] Ein Vertragsabschluss ist per Videokommunikation ohne weiteres möglich. Er wird rechtlich als Vertrag unter Anwesenden behandelt und einem telefonischen Vertragsabschluss gleichgestellt. Für diesen sieht § 147 Abs. 1 BGB vor, dass, sofern keine Annahmefrist nach § 148 BGB vereinbart wurde, ein Angebot nur sofort angenommen werden kann. Es gilt allerdings festzuhalten, dass diese Thematik in der zivilrechtlichen Literatur und Rechtsprechung keine explizite Erwähnung findet.

Bezüglich des direkten Kundenkontaktes ist *zusammenfassend* festzustellen, dass telepräsente Beratungs- und Verkaufsgespräche durchaus vorteilhaft sind, wenn Bedingungen wie räumliche Entfernungen, komplexe und vertrauliche Besprechungsthemen sowie der Wunsch nach persönlicher Atmosphäre gegeben sind. Aus einem flüchtigen und zeitversetzten Kontakt des Kunden mit den offerierten Leistungen des Unternehmens wird durch den Videokontakt ein intensiver und sofortiger, quasi-persönlicher Kontakt aufgebaut. Unter vertriebsstrategischen Gesichtspunkten ist beachtenswert, dass mit der selbstbedienten videogestützten Beratung Hersteller zukünftig ihre Vertriebspartner noch stärker umgehen könnten, da hochqualifizierte Beratung zentral vom Produzenten geleistet wird.

Es gilt aber zu erwähnen, dass einige Projekte im Bereich der SB-Videoterminals nicht über die Testphase hinaus fortgesetzt wurden. So begann in Deutschland die Bank GiroTel 1998 mit dem Aufbau videogestützter SB-Terminals in Einkaufszentren. Das Projekt wurde jedoch im Jahr 2000 eingestellt (ÖCHSNER 2000 S. 29). Auch der CoD von DaimlerChrysler ist nach einer Testphase wieder aus den Showrooms der Händler und Niederlassungen entfernt worden (DOMMASCHK 11.05.2001). Vielversprechender erscheint vorerst der Ansatz, den telepräsenten Kontakt zu einem Spezialisten durch eine Verkaufsperson vor Ort initiieren und moderieren zu lassen.

Der moderierte Kundenkontakt zum entfernten Verkaufsspezialisten

Unternehmen vieler Branchen müssen trotz enormen Kostendrucks hochwertige Beratungsqualität und individuelle Problemlösungen sowohl in kleineren Vertriebsstellen des Unternehmens als auch durch den Außendienst am Standort des Kunden anbieten. Diese Problematik ist besonders ausgeprägt bei *stationären Vertriebsstellen* für Finanzprodukte im Banken- und Automobilsektor. Aufgrund der wachsenden Komplexität der Finanzdienstleistungen offerieren die Vertriebspartner und Filialen vermehrt nur noch Standardleistungen. Trotzdem müssen viele filialorientierte Unternehmen – v.a. Sparkassen und Volksbanken – weiterhin in der Fläche präsent sein (vgl. KOCH & WÜNDERLICH 1999 S. 43). Wenn in einem traditionellen Beratungsvorgang in einer Bankfiliale spezialisiertes Wissen, z.B. bei der Wertpapierberatung, nachgefragt wird, und der Filialmitarbeiter hiermit überfordert ist, dann wird ein zweiter Termin mit einem Wertpapierspezialisten vereinbart. Zu dem neuen Termin wird der Kunde in die Bankzentrale oder der Fachmann in die Filiale geladen (MARWYK 1999 S. 184). Damit die lokalen Mitarbeiter die Kunden dennoch sofort umfassend beraten können, kann ihnen die Möglichkeit angeboten werden, einen Videokontakt zu einem entfernten Fachexperten zu initiieren. Das erfolgt entweder vom Arbeitsplatz des Beraters aus (siehe hierzu Abb. 3-9, die das Desktopsystem der Sparkasse Bonn darstellt) oder von einem eigens hierfür eingerichteten Besprechungsraum aus. Der entfernte Mitarbeiter wird kurz durch den lokalen Betreuer auf die vorliegende Problemstellung hingewiesen und richtet darauf aufbauend eigene Lösungsvorschläge direkt an den Kunden. Er stellt z.B. anhand von Charts oder Sparplänen einzelne Anlageobjekte vor und lässt diese durch den lokalen Betreuer ausdrucken. Beide Seiten können mittels Application Sharing auf den angezeigten Dokumenten navigieren. Falls sich der Kunde aufgrund der erlangten Informationen zu einer Anlage entscheidet, werden die notwendigen Formulare durch den lokalen Betreuer vorbereitet und abschließend durch den Kunden unterschrieben (ZANDER 10.04.2000).

Abb. 3-9: Das Desktopsystem der Sparkasse Bonn

Eigenes Bildmaterial

In Deutschland bieten u.a. neben den Sparkassen Bonn und Offenburg auch die Kreissparkassen Recklinghausen und Osterode die Möglichkeit des Konsultierens eines entfernten Fachexperten via Videokommunikation an (HERMELING 19.09.2001, vgl. GEBHARDT 1999 S. 24). Zukünftig ist anzunehmen, dass sich dieser Beratungsansatz sowohl bei Banken als auch in anderen Branchen weiter verbreitet, da trotz Verschlankung der Vertriebsstrukturen kostengünstig Expertenwissen vor Ort verfügbar gemacht werden kann. Vor diesem Hintergrund liegen Anwendungsmöglichkeiten z.B. auch im Finanzdienstleistungsbereich des Automobilvertriebs, da Mitarbeiter der Autohändler und Niederlassungen aufgrund zunehmender Produktkomplexität bei der Kredit- und Leasingberatung oftmals überfordert sind (FRICKE 19.12.2000).

Neben dem Einsatz im stationären Vertrieb, ist auch ein beträchtliches Einsatzpotenzial von Telepräsenzanwendungen im *Außendienst* zu sehen. Der Außendienst ist oftmals gezwungen, mehrere Male seinen Gesprächspartner aufzusuchen, weil benötigte Informationen nicht immer vor Ort verfügbar sind (SILBERER & KRETSCHMAR 1999 S. 17). Dabei entstehen Zeitbrüche, weil der Außendienstmitarbeiter erst die benötigten Informationen einholen muss. Wenn dagegen unmittelbar Telepräsenzsysteme eingesetzt werden, dann kann der Informationsbedarf durch einen entfernten Experten gedeckt und evtl. durch das Einspielen von Dokumenten veranschaulicht werden. Es kann aber nicht nur ein Spezialist, sondern ebenso ein Entscheidungsträger „virtuell" konsultiert werden. Letzterer wird dann benötigt, wenn plötzlich vertragliche Entscheidungen anstehen, die nicht mehr in den Befugnisrahmen des Außendienstmitarbeiters fallen. Zudem ist es möglich, auch am Standort des Kunden immobile Produkte „live" zu präsentieren, indem beispielsweise eine Videoverbindung in die Ausstellungsräume des Anbieters geschaltet wird. Trotz dieser weitreichenden Möglichkeiten sind für den breiten Einsatz noch weitere technische Fortschritte notwendig. Soll die Videokommunikation mit einem Laptop des Außendienstes erfolgen, muss die Verbindung bisher mit dem ISDN-Anschluss des Kunden erfolgen. Der Einsatz telepräsenzfähiger Laptops wird zukünftig mit breitbandigen Handynetzen flexibler.

Zusammenfassend ist festzuhalten, dass Unternehmen mit dem Angebot des direkten oder über einen lokalen Betreuer initiierten Expertenkontaktes ihre Arealstrategie in der Fläche umsetzen können. Damit verbunden ist der effektive Einsatz hochqualifizierter Mitarbeiter in der Zentrale bzw. in einem Call Center. Diese sind somit einen Großteil ihrer Arbeitszeit mit Kundenkontakten betraut. Zudem können die Unternehmen mehr als nur Standardprodukte in kleinen Filialen anbieten. Der Vorteil der durch den lokalen Betreuer initiierten Videokommunikation ist auch darin zu sehen, dass auf diese Weise die Kunden an das neue Medium herangeführt werden. Es ist zu vermuten, dass in Zukunft auf diesen Erfahrungen aufbauend auch die bisher wenig akzeptierten videogestützten SB-Terminals umfassender eingesetzt werden (vgl. KOPPENHAGEN 1999 S. 12). Das Beratungsangebot per Videokommunikation über einen SB-Terminal oder vom Kundenstandort aus kann ferner außerhalb der gesetzlichen Ladenöffnungszeiten erfolgen. Damit wird eine Differenzierung zu klassischen Betriebsformen und eine Angleichung an Online-Shops und -Banken erreicht (vgl. SALMONY & DENCK 1999 S. 68).

(2) Einsatz der Telepräsenz an der Schnittstelle zu den Distributionspartnern

Im Rahmen der Distributionspartnerpolitik geht es für den Hersteller auf der einen Seite um die Auswahl und Gewinnung seiner Vertriebspartner. Auf der anderen Seite spielt die Führung, Motivation und Qualifikation der Distributionspartner im Absatzkanal eine wichtige Rolle (vgl. KOTLER & BLIEMEL 1999 S. 836). Diese Vertriebsaufgaben weisen einen sehr hohen Kommunikationsbedarf auf (vgl. BIERHALS & HUDETZ 1990 S. 259). Sie werden daher im Folgenden auf ihr Potenzial für den Telepräsenzeinsatz an der Schnittstelle zu den Distributionspartnern analysiert. Besondere Unterstützungsmöglichkeiten liegen im Bereich der *Vertriebspartnerqualifikation* und in der *Unterstützung von Geschäftsprozessen* der Distributionspartner durch den Hersteller.

Integration der Telepräsenz in die Vertriebspartnerqualifikation

Die intensive und schnelle Qualifikation der Vertriebspartner ist angesichts rascher Produkt- bzw. Modellwechsel in vielen Branchen ein wichtiger Wettbewerbsfaktor (vgl. BROBMANN 1997 S. 19). Die möglichen Zielgruppen der Qualifikationsmaßnahmen sind neben dem zentralen Vertrieb, regionale Vertriebszentralen, Niederlassungen und Händler sowie Außendienstmitarbeiter. Typische Schulungsinhalte sind Themen zum Markt-, Unternehmens- und Produktwissen, zum Verkaufs- und Überzeugungsprozess sowie zur Organisation der Verkaufsarbeit (BECKER 1998 S. 547). Geht es um den Einsatz neuer Medien im Bereich der Mitarbeiter- und Vertriebspartnerqualifikation, dann ist dies in der Regel eine Domäne des Business Television. Das gilt v.a. bei Schulungen großer Zielgruppen mit wenigen Interaktionsangeboten (SEIBOLD & SIEBERT 1997 S. 163). Die Einführung und Nutzung von BTV für ein kleineres Auditorium ist sehr kostenintensiv, so dass sich in diesem Bereich ein wachsendes Anwendungsfeld für Telepräsenzsysteme ergibt (vgl. OSWALD 2000 S. 94).

Besonders sinnvoll ist der Einsatz von Telepräsenzsystemen im Rahmen von Neuproduktpräsentationen und -schulungen. Der traditionelle Informations- und Kommunikationsfluss läuft dabei i.d.R. auf folgende Weise ab: Regional- bzw. Niederlassungsleiter reisen in die Zentrale des Herstellers, um neue Produkte sowie Markt- und Unternehmensentwicklungen kennen zu lernen. Mit neuen Dokumenten in Form von Produktbroschüren und Informationsblättern reisen sie zurück in ihre Verkaufsregionen. In der Folgezeit wird ein Besprechungstermin mit den Verkaufsmitarbeitern vereinbart, um die zentral erhaltenen Informationen weiterzugeben und um aufkommende Fragen zu beantworten. Der dargestellte Vorgang wiederholt sich entsprechend der Produktwechsel. Nachteile dieses Kommunikationsprozesses sind zum einen die zeitlichen Verzögerungen, die auftreten, bis alle Verkaufsmitarbeiter informiert sind. Zum anderen besteht die Gefahr, dass nicht alle Informationen an die Mitarbeiter gelangen. Um diese Probleme zu vermeiden, hat beispielsweise die Textilfirma s.Oliver ihre sieben Regionalzentren (sog. „Showrooms") mit raumbasierten Videokommunikationssysteme ausgestattet. Wird eine neue Kollektion vorgestellt, verfolgen alle Mitarbeiter die Präsentation über eine ISDN-Multipointkonferenz. Durch eine hochwertige Kamera-Ausstattung der Zentrale ist das hochauflösende und farbechte Vorführen der Modelle möglich. Durch die bidirektionale Verbindung der Teilnehmer können alle Verkaufsberater parallel zur Präsentation Fragen an die Designer stellen. Vorteilhaft ist, dass Reisen und damit verbundener Arbeitszeitverlust unterbleiben sowie alle Beteiligten gleichzeitig auf einen Wissensstand gebracht werden. Positiv ist weiterhin, dass die zentralen Vertriebsmanager ihrerseits Fragen an die Mitarbeiter der „Verkaufsfront" stellen können (MONTEAGUDO 08.06.2000).

Vergleichbar mit der geschilderten Neuproduktpräsentation unterstützt der Telepräsenzeinsatz die Kommunikation von Marketingstrategien an die nachgelagerten Vertriebsstellen. In diesem Zusammenhang lassen sich neue Werbe- und Verkaufsförderungsmaßnahmen schnell und interaktiv vorstellen. Ferner kann die telepräsente Qualifikation der Vertriebspartner bei der Einführung neuer und komplexer Preis- und Finanzierungsformen erfolgen. Vorteile liegen in der Motivation der Distributionspartner, die im traditionellen Kommunikationsprozess nur wenig einbezogen werden und auch kaum Feedback-Angebote erhalten (vgl. KIENEL et al. 1998 S. 5).

Integration der Telepräsenz in die Geschäftsprozesse des Vertriebspartners

Telepräsenzsysteme werden aber nicht nur für Qualifizierungsmaßnahmen eingesetzt, sondern auch für die Unterstützung der internen Geschäftsprozesse der Vertriebspartner. Die internen Prozesse, z.B. im Werkstattservice des Automobilhandels, werden jedoch angesichts individualisierter Produktion und Elektronisierung des Autos ständig komplexer und stellen dadurch das Servicepersonal oftmals vor unlösbare Aufgaben. Als klassischen handelsgerichteten Service bieten Automobilhersteller eine Produktbetreuung via Telefon oder die kostenintensive Anreise von Experten an (vgl. BROßMANN 1995 S. 55f.). Da für die Beratung das Visualisieren der Problembereiche häufig unumgänglich ist, bietet sich an dieser Stelle ein videogestützter Service an. Es ist beispielsweise denkbar, dass ein Automobilhändler bei für ihn nicht lösbaren Reparaturen das Problem einem zentralen Experten des Produzenten erläutert und zudem den Problembereich mit einer mobilen Videokommunikationsanlage vorführt. Alternativ könnte dies mit einer digitalen Videokamera oder einem digitalen Fotoapparat offline geschehen und später in einer Telepräsenzsitzung abgespielt werden. Beide Kommunikationspartner können mittels Application Sharing auf einem eingeblendeten Bild zeigen und markieren. Neben der Kamera können auch zusätzliche Mikrofone als Eingabemedien in der Werkstatt eingesetzt werden. Wie Bilder werden Geräusche dem entfernten Experten übertragen, der darauf aufbauend einen Diagnosevorschlag unterbreiten kann (vgl. HAMMERSCHMIDT 1995 S. 6).

Eine weitere Integration der Telepräsenz in die Geschäftsprozesse von Vertriebspartnern wurde in der Kfz-Schadensabwicklung zwischen Versicherungen und Reparaturwerkstätten umgesetzt. Im herkömmlichen Prozess vergehen zwischen Schadenssichtung, Auftragsannahme und der Reparaturfreigabe mindestens ein bis drei Arbeitstage (DAT 2001 S. 1). Der Werkstattmitarbeiter zeigt mittels mobiler Videokommunikationsanlage – ähnlich wie bei der o.g. Problembetreuung – dem Versicherungssachbearbeiter den Unfallschaden. Rückfragen und Einwände werden auf diese Weise von der Versicherung unmittelbar formuliert. Die notwendigen Reparaturen können anschließend freigegeben werden. Der Vorteil für den Fahrzeughalter ist ein sofortiger Beginn der Instandsetzungsarbeiten. Gegenüber seinen Kunden zeigt sich der Werkstattbetrieb als schnelles, sachkundiges Unternehmen. Für die Versicherung bedeutet die direkte Kommunikationsbeziehung zu den Werkstätten ein

Umgehen von kostenintensiven Sachverständigen und verkürzte Ausfallzeiten der Fahrzeuge (vgl. SCHNURPFEIL 1998 S. 68).

Zusammenfassend ist festzuhalten, dass Qualifikationsmaßnahmen mittels Telepräsenz weitaus schneller unter Einbezug regional verstreuter Verkaufspersonen durchgeführt werden. Dadurch leisten Telepräsenzsysteme einen Beitrag zur Timing- und Arealstrategie des einsetzenden Unternehmens. Mit der Integration von Telepräsenzsystemen in die Geschäftsprozesse des Vertriebspartners wird neben einer kostengünstigen auch eine hochwertige Leistungserbringung realisiert, so dass sowohl Kosten- als auch Qualitätsstrategien unterstützt werden.

3.6.3.2 Einsatz der Telepräsenz in der physischen Distribution

Wesentliche Ziele der physischen Distribution liegen im Erreichen einer hohen Lieferqualität sowie einer kurzen Lieferzeit (NIESCHLAG et al. 1994 S. 504). Diese Ziele sind in der Automobilindustrie von besonderer Bedeutung. Zum einen haben gefragte Modellreihen oftmals eine mehrmonatige Lieferzeit, zum anderen sind einige Hersteller mit Transportschäden bei der weltweiten Auslieferung konfrontiert. Bei der herkömmlichen Sicherung der Auslieferungsqualität werden Schadstellen im Zielland fotografiert und per Post, Fax oder E-Mail nach Deutschland gesandt. Die Besprechung der Schäden erfolgt danach via Telefon. Haben die Fachleute in Deutschland weitere Fragen, muss erneut ein Foto erstellt und zum Telefon gegriffen werden. Beim Einsatz von Telepräsenzsystemen werden die schadhaften Stellen entweder mit einer Videokamera offline aufgenommen und während einer Videokonferenz eingespielt oder mit einer Spezialkamera online in die Sitzung übertragen. Der Vorteil dieses Verfahrens ist der Wegfall von Medien- und Zeitbrüchen, was eine beschleunigte Schadensbehebung bei den Fahrzeugen zur Folge hat. Darüber hinaus werden die aufgenommenen Schäden als digitale Fotos oder Videos in einer multimedialen Qualitätsdatenbank archiviert und dokumentiert (vgl. MARWYK 1999 S. 181f., siehe vertiefend zur multimedialen Dokumentation REHME 1997).

3.6.4 Einsatz der Telepräsenz in der Kommunikationspolitik

Sowohl die internen als auch die externen Zielgruppen eines Unternehmens sehen sich einer wachsenden medialen Informationsüberlastung ausgesetzt. So werden pro Tag über 3.000 TV-Spots und knapp 5.000 Radio-Spots übertragen. Hinzu kommen noch fast 5.000 Werbeanzeigen in Printmedien (vgl. BUNK 1995 S. 33f.). Geschäftsleute sind darüber hinaus täglich mit einem nicht unerheblichen Stapel Briefsendungen und Katalogen konfrontiert. Auch im internen Bereich der Unternehmen wächst die Informationsflut für die Mitarbeiter. Es werden mehr Informationen in Organisationen verbreitet als genutzt werden (vgl. BLOOMFIELD et al. 1999 S. 186). Neben dieser generellen Informationsüberlastung – die zu einer geringen Wirksamkeit traditioneller Kommunikationsmaßnahmen führt – treten weitere Defizite der Kommunikationspolitik: Externe Kommunikationsmaßnahmen müssen auf zwischen allen involvierten Abteilungen abgestimmt werden. Die Werbung ist oftmals der Marketingleitung zugeordnet, die Verkaufsförderung dagegen der Vertriebsabteilung. Sponsoring und Messeaktivitäten sind nicht selten beim PR-Bereich angesiedelt (vgl. KÖHLER 1993 S. 107). Zudem werden die externen Maßnahmen nicht immer ausreichend intern kommuniziert (BRUHN 1997 S. 96). Die im internen Bereich verwendeten traditionellen Kommunikationsinstrumente erweisen sich überdies als zu langsam, besitzen kaum Feedbackmöglichkeiten und erreichen nur schlecht entfernte interne Zielgruppen (STAUSS & HOFFMANN 1999 S. 373).

Um die aufgeführten Kommunikationsdefizite zu beseitigen, bedarf es einer „Integrierten Kommunikation". Integrierte Kommunikation definiert BRUHN (1997 S. 96) als „einen Prozess der Analyse, Planung, Organisation, Durchführung und Kontrolle, der darauf ausgerichtet ist, aus den differenzierten Quellen der internen und externen Kommunikation von Unternehmen eine Einheit herzustellen, um ein für die Zielgruppe der Unternehmenskommunikation konsistentes Erscheinungsbild über das Unternehmen zu vermitteln". Mit diesem Begriffsverständnis ist zum einen die Betrachtung des Managementprozesses verbunden. So sind die zu planenden, durchzuführenden und zu kontrollierenden Kommunikationsmaßnahmen mit allen beteiligten Personen zu koordinieren. Zum anderen umfasst die Integrierte Kommunikation interne und externe Aktivitäten, die sinnvoll aufeinander abzustimmen sind (vgl. ebda S. 97). Die Integrierte Kommunikation wird in den folgenden Ausführungen danach untersucht, ob und wie Telepräsenz die Instrumente der internen und der externen Kommunikationspolitik sinnvoll unterstützen kann.

3.6.4.1 Einsatz der Telepräsenz in der internen Kommunikationspolitik

Der Teil der Kommunikationspolitik, der sich an die Zielgruppe der Mitarbeiter richtet, wird als interne Kommunikationspolitik bzw. Mitarbeiterkommunikation bezeichnet (BRUHN 1999 S. 28). Die klassischen Instrumente der Mitarbeiterkommunikation lassen sich nach ihrer Wirkungsrichtung in Abwärts-, Aufwärts- sowie Seitwärtskommunikation unterscheiden. Medien der Abwärtskommunikation sind beispielsweise Mitarbeiterzeitschriften, Aushänge und Rundschreiben. Instrumente der Aufwärtskommunikation sind Mitarbeiterbefragungen, das betriebliche Vorschlagwesen sowie Betriebsversammlungen. Zur seitwärtsgerichteten Kommunikation gehören Abteilungs-, Projekt- und Teambesprechungen sowie die sog. „Open-Door-Policy" (STAUSS & HOFFMANN 1999 S. 371f.).

Im Rahmen der *abwärtsgerichteten Kommunikation* bevorzugen Unternehmen persönliche Gespräche. Sie werden aber insbesondere bei Unternehmen mit dezentralen Strukturen aufgrund von Kosten- und Zeitzwängen nicht immer durchgeführt. Um diesen Problemen auszuweichen, setzen einige Unternehmen Business Television (BTV) ein[15]. BTV ist ein geeignetes Medium, wenn Informationen nur zu verteilen sind sowie keine oder nur eine eingeschränkte wechselseitige Kommunikation benötigt wird. Business Television richtet sich an eine große Adressatengruppen. Falls das Management von einer kleineren Mitarbeitergruppe zusätzlich visuelles Feedback erhalten möchte, reicht BTV nicht aus, denn die Rückkopplungsofferten beschränken sich meist auf Fax- oder Telefonanfragen (vgl. ELIS 1998 S. 125). Für einen interaktiven Dialog eignen sich vor diesem Hintergrund Videokonferenzsysteme, die ein größeres Auditorium bei offiziellen internen Anlässen zulassen. Beispielsweise gründete Nissan Europe 1991 in Großbritannien zwei neue Technikzentralen in Cranfield und Sunderland. Bei der feierlichen Einweihung des Standortes Cranfield musste Nissan die Mitarbeiter aus Sunderland einladen. Aus Kostengründen konnten nicht alle Mitarbeiter in das 240 Meilen entfernte Cranfield reisen, um an den Feierlichkeiten teilzunehmen. Das Management setzte daher an beiden Standorten Videokonferenzanlagen mit großen Leinwänden ein und integrierte auf diese Weise alle Mitarbeiter. Durch das angebotene audiovisuelle Medium entstanden Gespräche zwischen Mitarbeitern beider Seiten (vgl. DONNEMILLER 2000 S. 1). Auf ähnliche Weise bringt die Chemiefirma Boehringer Ingelheim ihre Forschungsmitarbeiter zusammen: Im Rahmen eines jährlichen Innovationstages werden alle Kollegen der weltweit verstreuten Standorte mit den deutschen Führungskräften in Ingelheim mittels Raum-Videokonferenzen zusammengeführt (vgl. O.V. 1997c S. 6). Die dargestellten Beispiele verdeutlichen, dass sich mit den telepräsenzvermittelten Feedback-Möglichkeiten aus der abwärtsgerichteten leicht eine *aufwärts- und seitwärtsgerichtete Kommunikation* gestalten lässt.

Telepräsenz ist weiterhin in der Lage, klassische Kommunikationsmittel für die *seitwärtsgerichtete interne Kommunikation* zu ergänzen. Beispielsweise werden Telepräsenzsysteme als Instrument für Besprechungen von Ergebnissen und Zielen zwischen Führungskräften eingesetzt. Dieser Einsatzbereich hat für dezentral und international agierende Unternehmen eine erhebliche Bedeutung, da sich die Manager nicht in kurzen Abständen an einem Ort treffen können. Eine der ersten Videokonferenzen bei der Henkel AG war die Präsentation von Geschäftszahlen der amerikanischen Tochtergesellschaft für Manager der deutschen Zentrale in Düsseldorf. Dabei wurden Großleinwände sowohl für das eingehende Videobild als auch für die Ergebnisdarstellung verwendet (vgl. GRATZFELD 1996 S. 24). Um neue Geschäftsziele für das kommende Geschäftsjahr zu diskutieren, trifft sich das Management der FAG Kugelfischer AG via Videokonferenz. Sieben weltweit verteilte Standorte werden auf diese Weise integriert. Die sechs Tochtergesellschaften setzen dabei Raum-Videokonferenzsysteme ein. Um möglichst viele Führungskräfte der deutschen Zentrale

---

[15] Für einen Überblick über Business TV-Projekte in Deutschland siehe ELIS 1998 S. 128f.

einzubeziehen, wird dort in einem geräumigen Saal die Videokonferenz auf eine Großleinwand projiziert (GLAS, 23.01.01).

3.6.4.2 Einsatz der Telepräsenz in der externen Kommunikationspolitik

Das Instrumentarium der externen Kommunikationspolitik setzt sich aus folgenden Aktivitäten zusammen: Klassische Werbung, Verkaufsförderung, Public Relation (PR)/ Öffentlichkeitsarbeit, Messen und Ausstellungen, Event- und Direct-Marketing, persönliche Kommunikation, Multimedia-Kommunikation sowie Sponsoring (BRUHN 1997 S. 130). Durch den Einsatz neuer Medien im Marketing verschwimmen die Grenzen zwischen einzelnen Instrumenten, so dass sich nicht immer klar zwischen Werbung, Verkaufsförderung und akquisitorischer Distribution unterscheiden lässt. Das gilt insbesondere für Telepräsenzanwendungen, da der semi-persönliche Kontakt via Video zwar stets informierende Wirkungen (Werbung) besitzt, aber auch übergangslos in ein Verkaufsgespräch (akquisitorische Distribution) münden kann. Nachfolgend wird der Einsatz von Telepräsenzsystemen (1) in der Werbung, (2) auf Messen und Ausstellungen sowie (3) auf Events analysiert. Die persönliche Verkaufskommunikation wurde wegen ihrer Nähe zur Distributionspolitik bereits in Punkt 3.6.3.1 berücksichtigt. Die Öffentlichkeitsarbeit wird im Rahmen des Public Marketing auf Einsatzmöglichkeiten der Telepräsenz untersucht (siehe Punkt 3.6).

(1) Einsatz der Telepräsenz in der Werbung

Werbung bedeutet nach NIESCHLAG et al. (1994 S. 531f.) den bewussten Versuch, die Marktpartner mithilfe eines spezifischen Mix an Mitteln zu einem bestimmten, unternehmenspolitischen Zielen dienenden Verhalten zu veranlassen. Unternommen wird dieser Versuch mit Werbemitteln wie Print-Anzeigen, TV-Spots, Außenwerbung und Internetauftritten (vgl. KOTLER & BLIEMEL 1999 S. 974, vgl. SILBERER 2000a S. 567). Um die Integration der Telepräsenz in die Werbearbeit von Unternehmen aufzuzeigen, wird zum einen die Unterstützung in der *Werbemittelproduktion* und zum anderen Telepräsenz als Bestandteil der *Online-Werbung* beleuchtet.

Telepräsenz in der Werbemittelproduktion

Das Erarbeiten von Werbemitteln ist durch das Zusammenwirken externer (z.B. Werbe- und Internetagenturen) und interner Stellen (z.B. Marketing- und Werbeabteilungen des Unternehmens) geprägt (vgl. BRUHN 1999 S. 218f.). Das auftraggebende Unternehmen und die *externe Werbeagentur* liegen oftmals räumlich weit auseinander. Daraus folgt, dass die Beteiligten während eines Werbeprojektes häufig reisen müssen. Ferner sind viele kürzere Abstimmungsgespräche im Laufe des Vorhabens notwendig. Unter Zeitdruck müssen einige Zwischenabstimmungen mit grafischen oder filmischen Vorschlägen per Telefax, E-Mail oder Videokassette gesendet und als Diskussionsgrundlage am Telefon besprochen werden. Daraus entstehen Medienbrüche mit erheblichen Zeit- und Qualitätsnachteilen (vgl. HEINEMANN 1995 S. 48-50).

Werden in der Werbemittelproduktion Telepräsenzsysteme – in Form von Desktopsystemen für einzelne Mitarbeiter oder Raumsysteme für Gruppen – eingesetzt, dann können spontan und häufiger Abstimmungsgespräche erfolgen. Das gleichzeitige Betrachten von Storyboards und Rohschnitten der Werbespots via ISDN oder Internet erlaubt den Beteiligten die sofortige Diskussion der Vorlagen. Es lassen sich beispielsweise Details wie die Platzierung von Logos oder Fotos in Anzeigen gemeinsam betrachten und direkt am Rechner ändern. Umfangreichere Änderungswünsche des Auftraggebers werden nach einer telepräsenten Sitzung durch die Werbeagentur eingearbeitet und können innerhalb weniger Stunden zur Wiedervorlage gebracht werden. Der Auftraggeber wird somit während des gesamten Produktionsprozesses einbezogen, was spätere zeit- und kostenintensive Änderungen vermeidet (vgl. SCHNURPFEIL 1992 S. 29). Die Werbeagentur kann ihrerseits mit den eigenen Lieferanten via Videokommunikationssysteme in Kontakt treten. Beispielsweise werden Requisiten für TV-Spots häufig extern eingekauft. Die Agentur ist durch die Telepräsenznutzung in der Lage, sich telepräsent an deren Entstehungsprozess zu beteiligen und eigene Gestaltungsvorschläge einzubringen (vgl. HANISCH 1997 S. 314).

Die Deutsche Telekom hat im Rahmen des Projektes „AgenturKom" mit den Werbeagenturen Team/BBDO, Lintas und SEA bereits am Anfang der neunziger Jahre über Videokommunikation kooperiert und auf diese Weise versucht, mit den gesammelten Erfahrungen den breiten Einsatz von Videokonferenzen in dieser Branche anzustoßen. Das Projekt basierte seinerzeit auf dem kostspieligen Glasfasernetz der Deutschen Telekom. Die Gebühren von 1.500 DM monatlich und bis zu 600 DM pro Stunde schreckten viele – besonders kleinere – Unternehmen vom Videokommunikationseinsatz ab (vgl. ebda). Heute laufen die Besprechungen mit Werbeagenturen über das weit verbreitete und kostengünstigere ISDN. Wie die Abstimmungen zwischen Auftraggeber und Werbeagentur während der Produktion eines Fernsehspots mittels Telepräsenz aussehen können, zeigt Abb. 3-10.

Abb. 3-10: Abstimmung eines TV-Spots zwischen Auftraggeber und -nehmer

Arbeitsschritt	Bisheriges Vorgehen	Vorgehen mit Telepräsenz
Briefing	Reise	Reise oder Telepräsenz
Präsentation und Abstimmung Konzept	Reise	Telepräsenz
Zwischenabstimmung	aus Zeitgründen unmöglich oder per Telefon/E-Mail/Fax/Kurier	Telepräsenz
Präsentation Storyboard/Layoutspot	Reise	Telepräsenz
Zwischenabstimmung	Telefon/E-Mail/Fax/Brief/Kurier	Telepräsenz
Abstimmung Filmvorführung, Vorführung Musterrollen	Reise	Telepräsenz
Abstimmung Video-Casting/Location	Reise	Telepräsenz
Zwischenabstimmung	aus Zeitgründen unmöglich oder per Telefon/E-Mail/Fax/Kurier	Telepräsenz
Pre-Production-Meeting	Reise des Werbeleiters zur Agentur	Reise des Werbeleiters zur Agentur oder Telepräsenz
Präsentation Rohschnitt	Reise	Reise
Präsentation und Freigabe Sendefassung	Reise	Telepräsenz

Quelle: vgl. TELEKOM *1991 o. S.*

Die im AgenturKom-Projekt im Jahre 1991 ermittelten Prozessschritte lassen sich auch heute noch zum Verdeutlichen der Potenziale heranziehen. Sie sind ebenso auf die Produktion anderer Werbemittel zu übertragen. Dies gilt insbesondere für die Zusammenarbeit mit Internetagenturen, die die Webpräsenz eines Unternehmens gestalten. Da die Websiteproduktion mittels spezieller Software (z.B. Microsoft FrontPage) in der Internetagentur geschieht, lassen sich viele Zwischenabstimmungen via PC-basiertem Desktop-Videokommunikationssystem durchführen. Auch hier können die Verantwortlichen des Auftraggebers das Entstehen des Internetauftritts häufiger – und zwar vom eigenen Schreibtisch aus – kontrollieren und steuernd eingreifen (vgl. o.V. 1998a S. 5).

Die bisherigen Ausführungen erstreckten sich auf die externe Projektkoordination mit Werbepartnern. Es sind aber auch im *internen Bereich* eines Unternehmens Abstimmungen vorzunehmen. Dabei müssen sich vor allem einzelne Kommunikationsabteilungen (z.B. Mediawerbung und Verkaufsförderung) im Unternehmen untereinander abstimmen, denn nur auf diese Weise kann dem Gedanken der Integrierten Kommunikation Rechnung getragen werden (vgl. BRUHN 1997 S. 354). Diese Koordination zwischen den Beteiligten der Kommunikationsarbeit besitzt wiederum Potenzial für den Telepräsenzeinsatz: Beispielsweise sind internationale Werbekampagnen zu koordinieren, um einen einheitlichen Marktauftritt in verschiedenen Ländern zu garantieren. Durch die verschiedenen Standorte internationaler Tochtergesellschaften bietet sich die Kommunikation über Telepräsenz in hohem Maße an. Als Beispiel ist De Beers herauszustellen: Das Unternehmen – führend bei der Exploration von Diamanten – koordiniert Werbemaßnahmen in 31 Ländern. Dies geschieht zum einen mit den internationalen Marketingabteilungen und zum anderen mit der betreuenden Werbeagentur J. Walter Thompson. Die leitende Niederlassung in London führt regelmäßig Gespräche mit den anderen Niederlassungen mittels Videokonferenzen, um mit dem Feedback aus den Standorten die weltweite Werbekampagne auf die länderspezifischen Bedarfe abzustimmen. Darüber hinaus berichten die internationalen Agenturtöchter von J. Walter Thompson via Telepräsenz an die zentrale Stelle von De Beers nach London (vgl. PICTURETEL 1997 o.S.)

Telepräsenzsysteme werden nicht nur als Kommunikationsinstrument in der Werbemittelproduktion eingesetzt; sie können ebenfalls in die Werbung eines Unternehmens integriert werden.

Telepräsenz in der Online-Werbung

Das Internet hat sich in den letzten Jahren rasant entwickelt. Laut der siebten Erhebungswelle des GfK Online Monitors sind in Deutschland am Anfang des Jahres 2001 über 24 Millionen Menschen online (GFK 2001 S. 31). Die Bedeutung des Internet wächst entsprechend für die Absatzwerbung von Unternehmen. Das Internet spricht durch seine weltweite Verbreitung neue Zielgruppen und neue Absatzgebiete an. Die Inhalte eines Online-Auftritts setzen sich aus Informations-, Unterhaltungs-, Dialog- und Transaktionsangeboten zusammen. Die Dialogkomponente im Online-Auftritt besteht vor allem aus E-Mail, Diskussionsforen und Chat-Rooms. Über E-Mail werden Kundenanfragen schnell und kostengünstig beantwortet. Diskussionsforen und Newsgroups dienen dem produktbezogenen Meinungsaustausch zwischen Unternehmen und Kunden sowie zwischen den Kunden untereinander (vgl. RENGELSHAUSEN 1997 S. 111, S. 127-130). Durch erweiterte Möglichkeiten der sozialen Interaktion mittels Telepräsenz kann insbesondere die Dialogkomponente im Internet nicht nur ergänzt werden, sondern vielmehr eine völlig neue Qualität erlangen (vgl. SILBERER 1997a S. 11).

3. Einsatz der Telepräsenz im Integrierten Marketing

Einige Unternehmen bieten ihren Kunden zusätzlich die Möglichkeit, über eine Chatfunktion direkten schriftlichen Kontakt zu einem Mitarbeiter oder einem weiteren User (z.B. einem zeitgleich surfenden Nutzer) aufzunehmen. Das Ziel der Interaktionsofferte ist es dabei, dem User parallel zum Surfen eine synchrone persönliche Hilfestellung zu geben, falls Fragen zu den auf der Homepage offerierten Leistungen aufkommen. Diese Dialogoption offeriert in Deutschland z.B. das Reisebüro Hegenloh (http://www.hegenloh.de). Neben der Beantwortung von Fragen zu den angebotenen Reiseleistungen bietet der Mitarbeiter aktiv das Zusenden weiterer Prospektmaterialien an. Hiermit verspricht sich der Reiseanbieter eine bessere Kundendatengewinnung als durch die traditionelle Bestellfunktion mittels Reisekatalogen. Der nächste geplante Schritt zur Verbesserung des akquisitorischen Potenzials ist bei Hegenloh die Integration einer Videoverbindung zwischen Mitarbeiter und Kunde (vgl. ZELLER 2001 S. 12). Das US-amerikanische Online-Reisebüro ByeByeNow.com hat dies bereits realisiert: Auf Basis der (kostenlosen) Konferenzsoftware Microsoft NetMeeting baut sich eine Videoverbindung zu einem Berater auf, wenn der Kunde Unterstützung sucht (http://www.byebyenow.com). Der Nutzer sieht in diesem Fall stets ein Videobild seines Beraters und formuliert seine Fragen weiterhin schriftlich per Chat-Funktion oder per Internet-Telefonie. Auch die Beate Uhse AG – Anbieter für Erotikartikeln – offeriert auf ihren Internetseiten einen Videokontakt zu Produktberatern (siehe Abb. 3-11). Damit zielt das Unternehmen auf die Vertiefung des persönlichen Kontaktes mit den ansonsten anonymen Besuchern der Website. Weil generell die Übertragungsqualität von Video- und Audiodaten zurzeit noch nicht für einen ruckelfreien Dialog ausreicht, versuchen die Unternehmen die Telefonnummern der Surfer zu erfragen, um daraufhin ein telefonisches Beratungsgespräch zu führen. Wenn der Kunde eine eigene Internet-Kamera (Webcam) besitzt, kann er wahlweise sein Bild dem Gegenüber zeigen. Durch das Sehen des Mitarbeiters soll die Kommunikation und das Vertrauen zum Unternehmen gesteigert werden.

Abb. 3-11: Videoberatung bei Beate Uhse

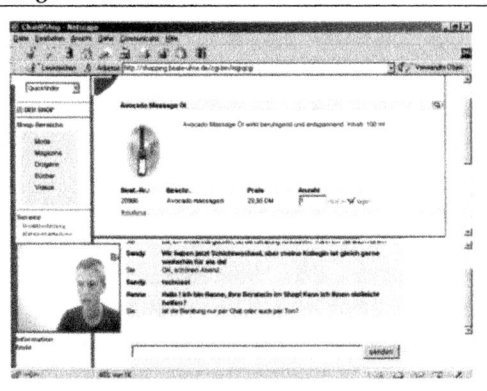

Quelle: http://www.beateuhse.de (03.07.2001)

Neben einem mitarbeitergerichteten Online-Dialog ist auch ein Telepräsenzkontakt zwischen Kunden denkbar, die zur gleichen Zeit eine Website besuchen. Die Internetnutzer – z.B. Freunde, die gemeinsam ein Geschenk aussuchen möchten – könnten sich gemeinsam ein Produkt ansehen und gleichzeitig darüber diskutieren. Die übermittelte Gestik und Mimik des Gesprächspartners zeigt schnell, ob dem „Gegenüber" das Produkt gefällt oder nicht. Erste Ansätze dieser Kommunikationsbeziehung zeigen sich bereits in der Praxis: Die amerikanische Textilfirma Land´s End ermöglicht den Besuchern ihrer Homepage das gemeinsame Chaten parallel zum Betrachten des Online-Sortiments (LAND´S END 2001 S. 1). Es erscheint hier als nächster Schritt durchaus denkbar, dass sich die Kunden zukünftig auch gegenseitig Sehen und Hören können.

(2) Einsatz der Telepräsenz auf Messen und Ausstellungen

Als Messen und Ausstellungen werden zeitlich begrenzte und wiederkehrende Veranstaltungen bezeichnet, auf der eine Vielzahl von Ausstellern das wesentliche Angebot eines oder mehrerer Wirtschaftszweige darlegt und an gewerbliche Weiterverkäufer, gewerbliche oder private Endabnehmer vertreibt oder zum Zweck der Absatzförderung informiert (PEPELS 2000a S. 680). Messen und Ausstellungen bieten zwei wichtige Ansatzpunkte für einen Telepräsenzsystemeinsatz: Zum einen werden Ausstellungsgegenstände „live" übertragen, zum anderen wird ein persönlicher Kontakt mit räumlich entfernten Mitarbeitern angeboten.

Ausstellungsobjekte, wie z.B. sehr große Maschinen, können entweder nicht oder nur unter sehr hohen Transport-, Auf- und Abbaukosten auf einer Messe präsentiert werden. Um aber trotzdem eine Live-Vorführung der Maschine den Messegästen zu zeigen, setzen Unternehmen wegen ihrer Beweglichkeit Rollabout-Videokommunikationssysteme ein. Im Gegensatz zu Videobandaufnahmen ist die Maschine unter realen Einsatzbedingungen zu begutachten. Mit einer beweglichen Kamera werden hierbei Details der Maschine dem Messebesucher vorgeführt. Ein Spezialist erläutert die Funktionsweise und antwortet auf Fragen des Kunden (vgl. SCHLOBACH 1989 S. 121). Es ist nicht davon auszugehen, dass Kunden bedeutende Beschaffungsentscheidungen nur auf Basis der Videovorführung vollziehen. Es kann jedoch auf diese Weise ein hochwertigerer Kundenkontakt als mit Offline-Medien erzielt werden.

Messen und Ausstellungen besitzen durch den direkten, persönlichen Kontakt zu bestehenden und potenziellen Kunden, Lieferanten, Medienvertretern und Wettbewerbern eine besondere Stellung im Kommunikations-Mix eines Unternehmens (vgl. PEPELS 2000a S. 681). Aber Spezialisten und Vertreter des Top-Managements können nicht immer die gesamte Messezeit anwesend sein. Werden diese jedoch überraschend für ein Gespräch benötigt, lassen sie sich via Telepräsenz-Schaltung spontan kontaktieren. Dies ist einerseits für eigene Mitarbeiter interessant, die sich schnell über einen Sachverhalt in der Zentrale informieren möchten;

3. Einsatz der Telepräsenz im Integrierten Marketing

andererseits werden Telepräsenzsysteme dann eingesetzt, wenn alle Messestandmitarbeiter mit wichtigen Kunden ausgelastet sind, man aber andere Besucher nicht auf einen späteren Termin vertrösten möchte (vgl. ALLARD 1998 S. 3).

(3) Einsatz der Telepräsenz im Event-Marketing

Unter einem Event ist nach BRUHN (1997 S. 777) „... eine besondere Veranstaltung oder ein spezielles Ereignis, das multisensitiv vor Ort von ausgewählten Rezipienten erlebt und als Plattform zur Unternehmenskommunikation genutzt wird ..." zu verstehen. Ein Event stellt für den Teilnehmer etwas Besonderes oder sogar Einmaliges dar. Wichtige externe Ziele von Events sind die Befriedung des Bedürfnisses nach Kommunikation, Erreichen von Glaubwürdigkeit durch Dialogmöglichkeiten, Produktbekanntmachung und Informationsvermittlung. Im internen Bereich wird zudem auf die Motivation und Integration der Mitarbeiter, die Teambildung sowie die Vermittlung von Informationen und Kundenbewusstsein abgezielt (ebda S. 795).

Telepräsenzsysteme besitzen für Events zwei wesentliche Einsatzchancen: Zum einen können „virtuelle Events" mittels Telepräsenz realisiert werden, zum anderen ist eine Integration in reale Events möglich. Im Rahmen von *virtuellen Events* kommen die Teilnehmer nicht mehr an einem physischen Ort zusammen. Der Informationsaustausch findet vollständig in Computernetzen statt (vgl. BRUHN 1997 S. 814f.). Der Telepräsenzeinsatz wird zu einem virtuellen Event, wenn er als besonderes Ereignis mit einer gewissen Einmaligkeit organisiert wird. Hierfür eignet sich die Telepräsenztechnologie besonders gut, da sie als innovative Telekommunikationsform per se etwas Besonderes darstellt. Als Beispiel sei die Nutzung eines Desktop-Videokommunikationssystems durch Georg W. Bush genannt, der im Wahlkampf auf diese Weise Fragen von Schülern und Journalisten beantwortete und damit seine Technologiekompetenz bewusst demonstrieren wollte (O.V. 2001b S. 1).

Eine *Integration der Telepräsenz in Events* erfolgt, wenn es zur gezielten Unterstützung „realer" Event-Veranstaltungen kommt. Auf diese Weise lassen sich Event-Veranstaltungen wie Pressekonferenzen, Händlerpräsentationen, Außendienstversammlungen und Kongresse unterstützen. Beispielsweise kann ein Vertreter des Vorstandes via Videoconferencing Händler und Außendienstmitarbeiter begrüßen, auch wenn die Veranstaltungen an verschiedenen Orten stattfinden und ein physischer Besuch nicht möglich ist. Kongresse und Konferenzen werden ebenfalls durch Telepräsenzsysteme unterstützt, wenn entfernte Diskussionsteilnehmer intensiv einzubeziehen sind. In den Jahren 1997 bis 2000 fand die weltweite Finanzkonferenz „Global 24" in neun Städten statt. An jedem Ort trafen sich Experten und Gäste, um über ein aktuelles Thema zu diskutieren. Mithilfe von Videokonferenzsystemen wurden alle Konferenzstädte vernetzt, um die wichtigsten Statements überall erlebbar zu machen (vgl. O.V. 1998b S. 6, vgl. PICTURETEL 1999 o.S.).

Abschließend ist auf die Notwendigkeit der Integration von Telepräsenzofferten in die gesamte Unternehmenskommunikation hinzuweisen (vgl. SILBERER 1997a S. 17). Ähnlich wie E-Mail-Adressen und Homepage-Hinweise sollte das Angebot zur Videokommunikation in klassischen und neuen Werbemitteln berücksichtigt werden. So kann die Angabe der ISDN- oder IP-Nummer für Videoconferencing auf Visitenkarten, Briefköpfen, Direct-Mails und Anzeigen nicht nur Medienkompetenz demonstrieren, sondern auch bereits bestehende Kontakte intensivieren oder sogar neue aufbauen. Ferner muss auch in Intra- und Internet darauf hingewiesen werden, dass der einzelne Mitarbeiter oder die Abteilung einen Zugang zu Telepräsenzsystemen besitzt und für einen telepräsenten Kontakt zur Verfügung steht.

Zusammenfassend ist festzuhalten, dass Telepräsenzsysteme das Potenzial besitzen, interne Zielgruppen einfacher miteinander zu verbinden und damit einen in vielen Fällen nicht möglichen Dialog zu erreichen. Mit der Integration von telepräsenzgestützten Interaktionsofferten im Online-Auftritt lässt sich zum einen eine Differenzierung zu Wettbewerbern erreichen, zum anderen sind erste Ansätze zu beobachten, die ein echtes Dialogmarketing von „Angesicht zu Angesicht" versprechen. In der Werbemittelproduktion erfolgt eine wichtige Zeit- und Qualitätsverbesserung gegenüber herkömmlichen Kommunikationsmitteln, da öfter und intensiver intern sowie extern kommuniziert werden kann. Der Telepräsenzeinsatz auf Messen und Events demonstriert nicht nur Technologieaffinität, er kann auch zu intensiverer Kundennähe beitragen. Darüber hinaus werden die involvierten Mitarbeiter durch den Wegfall von Reisen nicht aus ihrer Arbeitsumgebung gerissen.

3.7 Telepräsenz im Public Marketing

Das Public Marketing ist – wie einleitend in 3.1 dargestellt – neben dem Absatz- und Beschaffungsmarketing als die dritte Säule des strategischen Marketing anzusehen. Im Zentrum steht das konsequente Ausrichten aller betrieblichen Ziele, Aktivitäten und Leistungen an den Anforderungen der Gesellschaft und der direkten und indirekten Austauschpartner (RAFFÉE & WIEDMANN 1989 S. 667). Das Konzept des Public Marketing unterscheidet sich zu anderen Ansätzen der Public Relations (PR) durch die betonte Gesellschaftsorientierung des Unternehmens; dabei treten absatzbezogene PR-Maßnahmen zugunsten gesellschaftsorientierter Aktivitäten in den Hintergrund (vgl. BRUHN 1997 S. 550)[16]. Das Public Marketing bietet mit dieser Sichtweise ein breites Spektrum für Public Relations-Maßnahmen. PR-Instrumente umfassen Medienarbeit, PR-Anzeigen und -Spots, persönliche Kommunikation, Öko- und Sozialbilanzen, Online-PR, PR-Events, Dialogprogramme, Sponsoring sowie Spenden und Sozioprogramme (MARQUARDT 2001 S. 23-28). Werden die Einsatzmöglichkeiten der Telepräsenz im Public Marketing betrachtet, dann sind ähnlich wie bei der

---

[16] Zur vertiefenden Darstellung unterschiedlicher PR-Konzepte siehe MARQUARDT (2001 S. 9-16).

Werbung zwei grundsätzliche Einsatzebenen festzustellen: Zum einen ist dies die Erarbeitung von PR-Kampagnen, zum anderen ist es die Unterstützung klassischer PR-Instrumente mittels Telepräsenz.

3.7.1 Telepräsenz in der Erarbeitung von PR-Maßnahmen

Das Erarbeiten von PR-Kampagnen ist grundsätzlich mit der Werbemittelproduktion (siehe Punkt 3.6.4.2) vergleichbar. Ein Anwendungsbeispiel des Videokonferenzherstellers PictureTel zeigt, dass Telepräsenzsysteme nicht nur für Zwischenbesprechungen, sondern auch für bislang stets persönlich abgehaltene Besprechungen eingesetzt werden: PictureTel forderte 1996 erstmals verschiedene PR-Agenturen auf, Angebotspräsentation (sog. Pitches) via Videokonferenzen abzuhalten. Neben der deutschen Niederlassung waren auch die Konzernzentrale in den USA und die Europazentrale in Großbritannien an der Auswahl der PR-Agentur für den deutschen Markt involviert. Es mussten sich fünf Agenturen via Multipoint-Videokonferenz präsentieren. Im Anschluss an die Agenturdarstellungen berieten sich die PictureTel-Verantwortlichen wiederum via Telepräsenz, um eine schnelle Entscheidung zu fällen. Vorteile dieser Vorgehensweise sind das Vermeiden langwieriger und kostspieliger Geschäftsreisen der räumlich verstreuten Entscheider. Unternehmen gewinnen damit sowohl einen Zeit- als auch einen Kostenvorteil. Ferner wird auf diese Weise die zukünftige telepräsente Zusammenarbeit mit der PR-Agentur gestartet (vgl. KUHNERT 1997 S. 185).

3.7.2 Telepräsenz in der Umsetzung von PR-Maßnahmen

Zukünftig steigt die Bedeutung der zwischenmenschlichen Kommunikation für die Umsetzung von PR-Konzepten (MARQUARDT 2001 S. 24). Oftmals entscheidet sich erst im direkten Dialog zwischen Unternehmensvertretern und Akteuren der Zielgruppen, ob Glaubwürdigkeit und Vertrauen geschaffen, Beiträge zur Lösung gesellschaftlicher Probleme akzeptiert oder PR-Krisen verhindert werden (vgl. KAAS 1994 S. 868). Interaktionsorientierte PR-Maßnahmen sind v.a. Pressekonferenzen und -gespräche, persönliche Kommunikation sowie Online-PR. Sie bieten interessante Ansatzpunkte für einen Telepräsenzeinsatz:

Telepräsenzsysteme können im Rahmen der Medienarbeit auf *Pressekonferenzen* eingesetzt werden. Sinnvoll ist ein Telepräsenzeinsatz immer dann, wenn bestimmte Zielgruppen nicht bei der traditionellen Pressekonferenz anwesend sein können oder viele Konferenztermine in kurzem Abstand geplant sind. Durch den Telepräsenzeinsatz nehmen weltweit verteilte Journalisten oder Analysten – falls es sich um Bilanzpressekonferenzen oder Hauptversammlungen handelt – an der Veranstaltung teil. Wichtig ist es zu unterscheiden, ob die Zielgruppen einseitig informiert oder mit ihnen interagiert werden soll. Wenn beabsichtigt ist, die Teilnehmer nur einseitig zu informieren, dann sind Business TV-Applikationen (siehe Punkt 2.2.3.2) oder Internetübertragungen einzusetzen. Zu einem semi-persönlichen Dialog kommt es jedoch nur mithilfe interaktiver Telepräsenzanwendungen. Die Journalisten und

Analysten erhalten dabei die Möglichkeit des direkten Fragens mit einem visuellen Rückkanal. Beispielsweise ermöglichte die Hoechst AG 100 Journalisten und Analysten sowie den Geschäftsführern der ausländischen Tochtergesellschaften die Teilnahme an der Bilanzpressekonferenz 1997 durch ISDN-fähige Videokommunikationssysteme (vgl. WESEMANN 1998 S. 1). Besitzen die Zielgruppen keine eigenen Videokommunikationssysteme, dann erscheint es sinnvoll, diese in die nächstgelegenen Unternehmensstandorte einzuladen. Eine weitere Integration der Telepräsenz in Pressekonferenzen erfolgt durch das situative Hinzuziehen von Experten. Auf diese Weise unterstützen Fachspezialisten aus der Unternehmenszentrale die Vorstände, wenn spezielle Fragen zu ihren Fachgebieten gestellt werden (vgl. SCHMIEDERER-VOLLMER 1998 S. 116). Neben Pressekonferenzen ist die Telepräsenz ebenfalls in einzelnen *Pressegesprächen* einsetzbar. Dabei können gezielte Hintergrundgespräche mit einzelnen Zielgruppen oder Meinungsführern geführt werden (ZERFAß 1998 S. 49f.). Traditionelle Pressegespräche laufen entweder persönlich oder telefonisch ab. Telefongespräche haben jedoch den Nachteil, dass Dokumente nicht gemeinsam diskutiert werden können. Ferner ist es für den Unternehmensvertreter sehr schwer, die Reaktion des Gegenüber einzuschätzen. Multimediale Telepräsenzsysteme bieten dagegen neben der Übermittlung von Gestik und Mimik des Gesprächspartners auch die Darstellung von Sachverhalten mittels Application Sharing, Shared Whiteboards und Videosequenzen an. Durch diese Vorteile erscheint die Telepräsenz im Rahmen der Krisen-PR besonders leistungsfähig. Zudem sind mit Telepräsenzsystemen in kurzer Zeit viele Pressevertreter weltweit ansprechbar.

Telepräsenzsysteme werden zukünftig auch im Rahmen der *Online-PR* an Bedeutung gewinnen und dabei die klassische Medienarbeit ergänzen. Auf den Homepages der Unternehmen werden bereits heute neben produktbezogenen auch unternehmens- und gesellschaftsbezogene Leistungen präsentiert. Für die Kommunikation mit dem Unternehmen werden schwerpunktmäßig E-Mail und Chat-Rooms angeboten (vgl. MARQUARDT 2001 S. 28). Bereits heute offerieren dreiviertel der im Deutschen Aktienindex (DAX) gelisteten Unternehmen die Übertragung von Pressekonferenzen und Hauptversammlungen über das Internet. Dabei können Internetnutzer die Unternehmensvertreter live am Bildschirm sehen und hören. Diskutiert wird (vorerst noch) per Chat-Room oder E-Mail (vgl. MATTAUCH 2001 S. 114). Es ist zu vermuten, dass mit steigender Qualität der synchronen Datenübertragung zukünftig auch der Rückkanal des Webusers mit Video- und Audio-Daten ausgestattet sein wird (vgl. o.V. 2000g S. 108). Neben dieser geplanten Kommunikation im Rahmen von Pressekonferenzen und Hauptversammlungen ist ferner die Ad-hoc-Verständigung mit einem PR-Mitarbeiter denkbar. Wenn heute Besucher der Homepage eines Unternehmens Fragen zu PR-Themen stellen, ist dies entweder per E-Mail oder Telefon möglich. Zukünftig können Fragen mittels internetbasierter Videokommunikation direkt an den zuständigen Unternehmensvertreter gestellt werden.

3. Einsatz der Telepräsenz im Integrierten Marketing

Zusammenfassend ist festzuhalten, dass die Telepräsenz im Rahmen des Public Marketing zum einen für das schnelle und weltweite gemeinsame Erarbeiten von PR-Kampagnen eingesetzt werden kann. Zum anderen unterstützt die telepräsente Kommunikation klassische Instrumente wie Pressekonferenzen und -gespräche besonders gut, wenn mit den Medienvertretern ein hochwertiger Dialog beabsichtigt ist.

3.8 Zwischenfazit

Der Einsatz der Telepräsenz im Integrierten Marketing bietet ein breites Spektrum an Anwendungsmöglichkeiten: Telepräsenzsysteme lassen sich in das Beschaffungs- und Absatzmarketing sowie in das Public Marketing integrieren. Dabei offerieren sie nicht nur im Innenbereich des Unternehmens Einsatzchancen, es liegen vielmehr auch eine Vielzahl von externen Anwendungspotenzialen vor. Dabei ist festzuhalten, dass die telepräsente Kommunikation weitreichende *Integrationsaufgaben für das Marketing* übernehmen kann. Zur Verdeutlichung wird auf ausgewählte, in Punkt 2.2.2.1 erläuterte, Strukturmerkmale der Kommunikation zurückgegriffen:

In der *internen horizontalen Kommunikation* lassen sich mithilfe der Telepräsenz Marketingmaßnahmen – z.B. internationale Werbe- oder PR-Aktionen – abstimmen. Vorteile sind in Zeit- und Qualitätsgewinnen gegenüber traditionellen Medien zu sehen. Zudem ergeben sich bedeutende Kosteneinsparungen, wenn regelmäßige Routinebesprechungen via Telepräsenz und nicht mit Dienstreisen abgehalten werden. Im Volkswagen-Konzern wird z.B. auf diese Weise einmal wöchentlich in horizontaler Richtung mit den dezentralen Einkaufsbüros konferiert.

Auch die *interne vertikale Kommunikation* wird mit dem Telepräsenzeinsatz gestärkt: Das Top-Management diskutiert mit Managern der mittleren Ebene über Ziele und Ergebnisse des Unternehmens. Darüber hinaus lassen sich untere Hierarchieebenen nicht nur via Telepräsenz einseitig informieren, sie können auch in direkte Diskussionen mit der Geschäftsführung eingebunden werden. Telepräsenz-Konferenzen können auf diese Weise sogar zu „virtuellen Events" mit Erlebnischarakter für die Mitarbeiter gestaltet werden.

Die *externe vertikale Kommunikation* bietet ebenfalls interessante Integrationspotenziale der Telepräsenz: Neben der Verbesserung der Kommunikation zu Absatzmittlern – z.B. mit dem Angebot telepräsenter Qualifizierungsmaßnahmen – wird auch die Kommunikation mit den Kunden gestärkt. Diese konzentriert sich zurzeit zwar hauptsächlich noch auf die Business-to-Business-Beziehungen, doch ist zukünftig mit dem Ausbau des Business-to-Consumer-Bereichs zu rechnen. Ausgewählte Beispiele aus dem Banken- und Automobilsektor weisen in diese Richtung.

Zudem können mit der Telepräsenz die *interne und externe Kommunikation* zusammengeführt werden. Beispielsweise lassen sich im Rahmen von Produktentwicklungs- oder Einkaufsprojekten nicht nur eigene Mitarbeiter *horizontal*, sondern auch externe Lieferanten und Kunden *vertikal* in Telepräsenz-Konferenzen integrieren. Dabei werden digitale Materialien wie Konstruktionszeichnungen gemeinsam bearbeitet und wichtige Entscheidungen sofort getroffen. Von erheblichen Effekten auf die Verkürzung der Entwicklungszeiten marktreifer Modelle berichtet beispielsweise der Autokonzern Ford (vgl. KUHNERT 1997 S. 183).

Abb. 3-12 baut auf den Grundgedanken des Integrierten Marketing auf und erweitert die einleitend dargestellte Abb. 3-1 um die in diesem Kapitel erläuterten telepräsenten Kommunikationsbeziehungen. Die Abbildung stellt die Kommunikationsrichtungen der Telepräsenz sowohl nach innen als auch nach außen dar:

Abb. 3-12: Telepräsenz im Integrierten Marketing

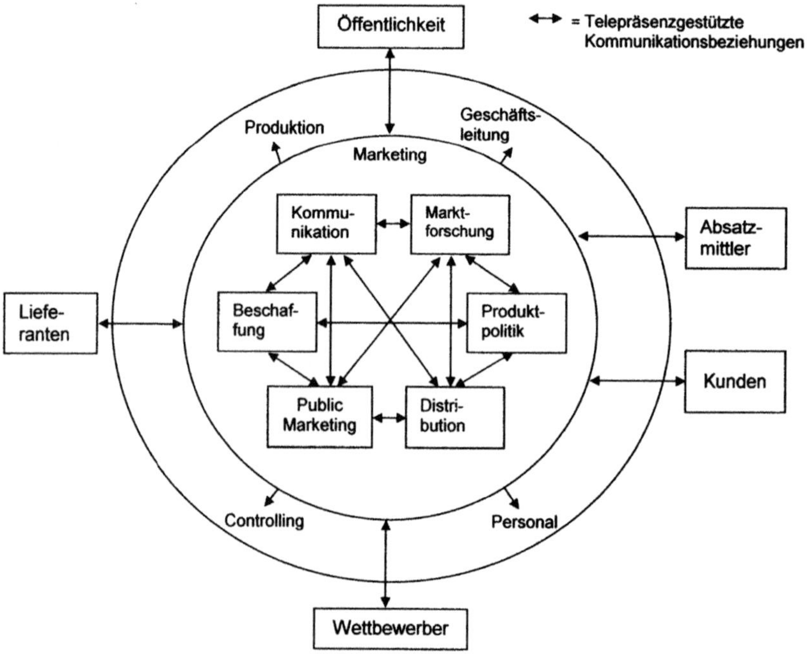

Eigene Darstellung

4. Ein Bezugsrahmen für die Analyse der Determinanten und Wirkungen der Telepräsenz im Marketing

Ziel dieses Kapitels ist das Aufstellen eines theoretischen Bezugsrahmens, der den komplexen Sachverhalt des Telepräsenzeinsatzes in Unternehmen untersucht. Unter einem theoretischen Bezugsrahmen ist ein Grundkonzept zu verstehen, das mittels verschiedener grundlegender theoretischer Ansätze ein komplexes reales System strukturiert. Er bildet die Basis für tiefergehende theoriegeleitete Aussagensysteme und dient damit der Generierung und Strukturierung von Beschreibungs- und Erklärungsleistungen (vgl. SILBERER 1979 S. 39).

Um einen Einblick in die bisherige empirische Telepräsenzforschung zu bekommen, werden im Abschnitt 4.1 zunächst aktuelle Untersuchungen analysiert und auf ihre Aussagekraft hin geprüft. Für die Strukturierung eines Bezugsrahmens werden dann in Abschnitt 4.2 Determinanten und Wirkungen der Telepräsenz im Lichte theoretischer Ansätze beleuchtet. Darauf aufbauend werden Determinanten (Abschnitt 4.3) und Wirkungen (Abschnitt 4.4) systematisiert und Hypothesen abgeleitet. In diesem Rahmen erfolgt die Hypothesenbildung. Abschließend wird im Abschnitt 4.5 der Bezugsrahmen nochmals als Modell erfasst sowie die erarbeiteten Hypothesen zusammenhängend dargestellt.

4.1 Zum Stand der empirischen Forschung im Bereich Telepräsenz

Die in diesem Abschnitt besprochenen empirischen Studien sollen einen Einblick in die bisherige Telepräsenzforschung liefern. Dieses Forschungsfeld stellt sich als interdisziplinär dar, so dass die Untersuchungsergebnisse aus unterschiedlichen wissenschaftlichen Blickwinkeln stammen. Die vorliegende Auswahl kann somit keinen Anspruch auf Vollständigkeit erheben. Die Spannbreite weiterer Forschungsfelder, die hier nicht vertiefend ausgeführt werden können, reicht von der Ergonomie von Telepräsenzsystemen (vgl. O'MALLEY et al. 1996) über Studien zum Distance Learning (vgl. KODAMA 2001) bis hin zur Wirtschaftsgeographie (vgl. SCHULTE 1993 und RANGOSCH-DU MOULIN 1997a).

4.1.1 Laborstudien

Laborstudien über Wirkungen neuer Telekommunikationsformen nahmen ihren Ausgangspunkt in den siebziger Jahren. Die größte Beachtung fanden die Arbeiten der Communications Studies Group (CSG) (vgl. zusammenfassend SHORT et al. 1976). Mithilfe ihres sozialpsychologischen Ansatzes versuchten die Forscher mit der Zusammenfassung der Ergebnisse von Laborexperimenten und Befragungen das Substitutionspotential neuer Kommunikationstechniken zu erfassen. Es wurden vor allem Vergleiche von Face-to-Face-Meetings mit Audio- und Videokonferenzen durchgeführt (HÖFLICH & WIEST 1990 S. 64). Die CSG-Forscher identifizierten allerdings auch Konferenztypen, die nicht durch Telekonferenzsysteme substituierbar waren. Hierzu zählten sie Konferenzen mit heterogenen

Aufgaben, konfliktträchtige Besprechungen, Verhandlungen sowie personalorientierte Konferenzen (vgl. ANDERS 1983 S. 70). Hauptkritikpunkte der CSG-Forschung sind die mangelnde externe Validität der Laboruntersuchungen und die eingegrenzte Sichtweise auf das Substitutionspotential der Telekommunikation (ebda S. 71-74.). Trotz weitreichender Kritik wurde das Grundmuster der CSG-Forschung in späteren experimentellen Arbeiten genutzt. So versuchte man, Vor- und Nachteile von medienvermittelten und herkömmlichen Konferenzen für die Aufgabenerfüllung in Abhängigkeit von verschiedenen Variablen wie Art und Komplexität der Aufgabe, Gruppengröße sowie der verwendeten Technik zu erfassen (HÖFLICH & WIEST 1990 S. 63).

Nachfolgend werden zwei Laboruntersuchungen dargestellt, die einen aktuellen Einblick in die Telepräsenzforschung liefern. Sie fußen auf raumbasierten Videokonferenzsystemen (WEINIG-Studie) sowie auf desktopbasierten Videokommunikationssystemen (ANDERSON et al.-Studie).

Die experimentelle Untersuchung von WEINIG (1996) zu den Wirkungen der Videokommunikation auf die zwischenmenschliche Kommunikation

Mit einer vergleichenden Analyse von herkömmlichen Face-to-Face-Konferenzen und Videokonferenzen versucht die Studie „Wie Technik Kommunikation verändert" von WEINIG (1996), Gemeinsamkeiten und Unterschiede zwischen unvermittelter und technisch vermittelter Kommunikation aufzuzeigen. Die theoretische Basis der empirischen Studie bilden Erkenntnisse der Kommunikationswissenschaften, der sozialpsychologischen Kleingruppenforschung und der linguistischen Gesprächsanalyse (ebda S. 109). Darauf aufbauend stellt der empirische Teil der Studie drei als Laborversuche durchgeführte Videokonferenzen und drei Face-to-Face-Konferenzen mit je vier studentischen Teilnehmern gegenüber. Als Erhebungsmethoden dienten Beobachtung und Befragung der Konferenzteilnehmer, die in einem Rollenspiel vorgegebene Problemstellungen bearbeiten mussten (ebda S. 9 und S. 118). Um die Wirkungen zu beschreiben, stellt die Autorin eine Vier-Ebenen-Systematik der Kommunikation auf. Diese besteht aus der *Zeichenebene*, der *Inhaltsebene*, der *Beziehungsebene* und der *Ebene der subjektiven Wahrnehmung* (ebda S. 75f.).

Die Ergebnisse auf der *Zeichenebene* zeigen eine sehr deutliche Zunahme verbaler und nonverbaler Verhaltensweisen bei Videokonferenzen. Die Gestik nahm um 128% zu, da die Teilnehmer diese als Sprachunterstützung einsetzten. Mit ihr versuchten die Beteiligten, ihre Informationen über zwei Kanäle abzusenden (ebda S. 161f.). Auf der *Inhaltsebene* war eine große Steigerung sozioemotionaler Äußerungen zu verzeichnen. So wurde durch die vermehrte persönliche Ansprache der technisch bedingte Blickkontaktmangel ausgeglichen. Weiterhin fanden in den Videokonferenzen mehr und kürzere Diskussionsphasen statt. Die vorgegebene Aufgabenstellung wurde in den Videokonferenzen qualitativ besser gelöst (ebda

S. 159). Auf der *Beziehungsebene* ließ sich bei Videokonferenzen eine gleichmäßigere Diskussionsbeteiligung festgestellten. Im Vergleich zu Face-to-Face-Konferenzen fungierte kein Teilnehmer als dominierendes Kommunikationszentrum (ebda S. 165). Auf der *Ebene der subjektiven Wahrnehmung* zeigte sich, dass die Teilnehmer der Videokonferenzen mit dem Diskussionsergebnis und mit der Problembehandlung zufriedener waren. Der Zeitdruck wurde in Videokonferenzen im Sinne gesteigerter Effizienz als durchaus positiv empfunden. Jedoch wurden die Diskussionen als weniger strukturiert bewertet, und auch die Gesprächsatmosphäre wurde deutlich negativer empfunden (ebda S. 160f.).

Die Studie von WEINIG erbringt aufschlussreiche Informationen über die menschliche Kommunikation in technisch vermittelten Konferenzen. Jedoch müssen die Befunde angesichts des experimentellen Charakters der Untersuchung als nur eingeschränkt auf den betrieblichen Alltag übertragbar angesehen werden. Die Teilnehmer waren vollständig ungeübt mit dieser Technik und es ist zu erwarten, dass sich das Verhalten der Nutzer, die Videokonferenzen häufig für ihre Arbeitsziele einsetzen, durchaus von ungeübten Nutzern unterscheidet (ebda S. 119 sowie CHIDAMBARAM et al.1998 S. 112).

Die Untersuchung der Wirkungen von simulierten Servicekontakten via Desktop-Videokommunikation von ANDERSON et al. (1996)

ANDERSON et al. (1996) untersuchten die Wirkungen der Desktop-Videokommunikation mit Hilfe eines Laborexperiments und konzentrierten sich dabei auf den *Erfolg der Aufgabenerfüllung*, die *Länge* und die *Struktur der Dialoge* sowie auf die *Nutzerzufriedenheit* (ebda S. 194). Die Untersuchung baut auf der Theorie der sozialen Präsenz (siehe Punkt 4.2.3.1) auf. Das Experiment wurde mit je zehn Studenten durchgeführt, die die gestellte Aufgabe – eine Reiseroute ausarbeiten – durch Face-to-Face- sowie mit Telefon-Kommunikation absolvieren sollten. Daneben erfüllten wiederum je zehn Teilnehmer die „Travel Game"-Aufgabe mithilfe der PC-gestützten Videokommunikation sowie mit PC-gestützter Kommunikation ohne Video- aber mit Audiokanal (vgl. ANDERSON et al. 1996 S. 196).

Die Befunde zeigen hinsichtlich des *Erfolgs der Aufgabenerfüllung* sowohl bei der Konstellation Face-to-Face- versus Audio-Kommunikation als auch bei der PC-gestützten Kommunikation mit versus ohne Videoübertragung keine objektiv messbaren Unterschiede. Die *Dialoglänge* haben ANDERSON et al. durch die Anzahl der gesprochenen Worte gemessen und stellten dabei fest, dass der Reiseberater im Face-to-Face-Kontakte 22% weniger Worte sprach als über Telefon. Die zweite Versuchsanordnung erbrachte allerdings keine Unterschiede in der Dialoglänge. Die *Dialogstruktur* untersuchten die Wissenschaftler anhand der Häufigkeit von gegenseitigen Gesprächsunterbrechungen. Hierbei stellten sie eine leicht geringere Unterbrechungsrate bei videogestützter Kommunikation fest. Die Kombination von visuellen Signalen mit der eher formellen Computerkommunikation scheint folglich das gegenseitige Unterbrechen zu reduzieren (ebda S. 199). Die Autoren nahmen an, dass die Reisekunden die Berater bei einer höheren sozialen Präsenz leichter zu zusätzlicher Recherchearbeit bewegen könnten. Diese Annahme wurde für den Face-to-Face-Kontakte bestätigt. Dagegen konnten die Berater über den Videokontakt nicht zum Herausarbeiten weiterer Reiserouten bewegt werden (ebda S. 199f.).

Die Theorie der Sozialen Präsenz wird mit den Untersuchungsergebnissen insofern bestätigt, da die Videokommunikation bisher keinen vollwertigen Ersatz für einen direkten zwischenmenschlichen Kontakt darstellt: Die Stärke der Einflussnahme von telepräsenten Personen entspricht nicht der von tatsächlich Anwesenden. Diese Studie zeigt jedoch auch, dass der zugeschaltete Videokanal keine objektiven Vorteile gegenüber audiogestützter Computerkommunikation besitzt.

4.1.2 Feldstudien

Neben Laborstudien, die eher Grundlagencharakter besitzen, ist die Feldforschung die zweite wichtige Methode zur Erforschung der Telekommunikation. Mit ihr werden Determinanten und Auswirkungen neuer Kommunikationstechniken unter natürlichen Bedingungen in realen Organisationen erfasst (vgl. ANDERS 1983 S. 79). Um auch hier einen aktuellen Einblick in die vorhandene empirische Forschung zu ermöglichen, werden im folgenden vier Feldstudien vorgestellt.

Die Feldstudie von ANTONI (1990) zu Einstellungen und Erfahrungen von Videokonferenznutzern

Mit einer Feldstudie versuchte ANTONI (1990), die methodischen Mängel experimenteller Untersuchungen von Videokonferenzen auszugleichen. In der Studie werden die Einflussfaktoren auf die *Nutzung* von Videokonferenzen, die Veränderungen in der *Teilnehmerstruktur* und im *Konferenzverhalten* sowie die Auswirkungen von Videokonferenzen auf die Nutzung unterschiedlicher Kommunikationsmöglichkeiten untersucht (vgl. ANTONI 1990 S. 125). Der Autor befragte 87 Nutzer und 51 Nicht-Nutzer von Gruppen-Videokonferenzen in einem internationalen Unternehmen. Die Befragten stammten vor allem aus den Unternehmensbereichen Entwicklung, Verwaltung und Fertigung. Aufgrund datenschutzrechtlicher Gründe erfolgte die Stichprobenziehung willkürlich (ebda S. 129).

Die Analyse des beobachtbaren *Nutzungsverhaltens* zeigte, dass die Nutzer im Vergleich zu den Nicht-Nutzern älter waren, eine längere Betriebszugehörigkeit aufwiesen und eine höhere hierarchische Position bekleideten. Auch wurden die Nutzer der Videokonferenzsysteme im Gegensatz zu den Nicht-Nutzern früher in den Einführungsprozess der Systeme eingebunden (ebda S. 132). Die Auswirkungen auf die *Teilnehmerstrukturen* zeigten eine tendenziell höhere Expertenbeteiligung in Videokonferenzen als in Direktkonferenzen. Wirkungen auf

4. Ein Bezugsrahmen für die Analyse der Determinanten und Wirkungen 135

das *Konferenzverhalten* äußerten sich in einem sachlicheren, disziplinierteren aber auch distanzierteren Verlauf einer Videokonferenz[1]. 34% der Befragten bereiteten sich intensiver auf Videokonferenzen vor als auf herkömmliche Besprechungen (ebda S. 132). In einem begrenzten Ausmaß reduzierten sich bei den Nutzern die Dienstreisen. Der primäre Vorteil der Videokonferenzen wurde in der Erhöhung der Reaktionsflexibilität bei kurzfristig auftretenden Problemen gesehen (ebda S. 133).

Die Feldstudie von ANTONI zeigt durch das praxisnahe Untersuchungsdesign erhebliche Vorteile gegenüber Laborexperimenten. So weist sie einige relevante Determinanten und Auswirkungen der organisatorischen Kommunikation nach. Die Untersuchung beschränkt sich jedoch auf das ausgewählte Unternehmen. Vergleiche oder generelle Aussagen sind auf diese Weise indes nicht möglich.

Die Untersuchung von KÖHLER (1993) zur Implementierung und Nutzung von Videokonferenzen

Die Studie von KÖHLER (1993) „Einführung, Nutzung und Folgen von Videokonferenzen" basiert auf einer Expertenbefragung von Mitarbeitern aus 25 deutschen Unternehmen. Die ausgewählten Firmen aus unterschiedlichen Branchen reichen von internationalen Konzernen bis hin zu kleinen Einzelbetrieben (vgl. KÖHLER 1993 S. 1).

Die Befunde ergeben als Ziele des Videokonferenz-Einsatzes die Reduzierung von Reisezeiten und -kosten, die Verbesserung des Informationsaustausches sowie die Reduzierung der Produktentwicklungskosten. Der Autor stellt allerdings fest, dass nur knapp die Hälfte der befragten Unternehmen eine Wirtschaftlichkeitsberechnung vor der Investition in diese Systeme durchgeführt hat (ebda S. 10-12.). Die Videokonferenzsysteme, die auf Gruppenlösungen basierten, wurden durch die Abteilungen Organisation und Datenverarbeitung oder die Fernmelde- und Postabteilung betreut (ebda S. 16). Weiterhin zeigt die Untersuchung, dass fast alle Konferenzen unternehmensintern erfolgten und dass Erstkontakte der Teilnehmer per Videokonferenz äußerst selten waren. Auch wurde ein Trend zu kürzeren Konferenzzeiten festgestellt. Im Mittel betrug die Besprechungszeit ca. 60 Minuten (ebda S. 19f.).

Die Nutzer der Videokonferenzen stammten zum größten Teil aus den Unternehmensbereichen Forschung und Entwicklung, Produktion sowie Qualitätssicherung. Innerhalb dieser Bereiche wurden die Videokonferenzen häufig für Abstimmungsprozesse zwischen den Unternehmensstandorten und für die Projektkoordination eingesetzt. Die Studie wies eine

---

[1] Zu dem Befund einer strukturierteren und aufgabenorientierteren Kommunikation mittels Videokonferenzen kommen auch HART et al. (1995 S. 45) in ihrer Feldstudie mit der Befragung von 89 Anwendern eines Unternehmens.

geringe Nutzung in den Bereichen Marketing und Vertrieb aus (ebda S. 22). Die Analyse der Auswirkungen von Videokonferenzen auf die Kommunikationsprozesse zeigte eine im Durchschnitt um den Faktor 1,5 erhöhte Teilnehmerzahl. Dabei stellt KÖHLER ebenso wie ANTONI (1990 S. 133) eine verstärkte Expertenbeteiligung fest. Auf eine bessere Besprechungsvorbereitung sowie das spontane Hinzuziehen von Unterlagen und Experten folgte eine effizientere und flexiblere Erfüllung der Arbeitsziele. Dagegen erkannten 44% keine Verbesserung der Wettbewerbsfähigkeit ihres Unternehmens (vgl. KÖHLER 1993 S. 24). Organisationsstrukturelle Veränderungen und positive Imageeffekte wurden nur in wenigen Unternehmen identifiziert (ebda S. 25). Die größten Probleme sahen die befragten Experten in der fehlenden Vorbildfunktion bei der Systemnutzung durch das obere Management. Ebenfalls stellten zentrale Videokonferenzstudios eine Nutzungshürde für die Mitarbeiter dar, da lange Anfahrtswege zu den Studios eine Einschränkung der Spontanität und Flexibilität der möglichen Videokonferenz-Nutzer bedeuteten (ebda S. 30).

Die Studie von KÖHLER zeigt interessante Aspekte der Nutzung und Wirkung von Videokonferenzsystemen auf, jedoch sind auch einige Defizite der Untersuchung nicht zu übersehen: Die Untersuchung basiert nicht auf theoretischen Grundlagen. Einige Fragenkomplexe konnten von den Experten nur unzureichend behandelt werden, da zum Untersuchungszeitpunkt in 1992 noch keine ausführlichen Informationen über die betreffenden Sachverhalte des Videokonferenzeinsatzes vorlagen (ebda S. 2).

Die Begleitstudie zur Multimedia-Kommunikation im Bürobereich von RACHOR (1994)

Die Untersuchung des Fraunhofer-Instituts für Systemtechnik und Innovationsforschung (ISI) begleitete das Projekt „Office Broadband Communication" (OBC) im Rahmen des BERKOM-Projekt. Im OBC-Projekt wurde ein Bürokommunikationssystem entwickelt, das die Funktionen eines Personal Computers und des Vermittelten Breitbandnetzes (VBN) integriert. Die Zielsetzungen der Begleitstudie waren die Identifikation von Anwendungsmöglichkeiten, das Aufzeigen von Nutzen und Kosten sowie die Dokumentation und die Wirkungsanalyse des Piloteinsatzes (RACHOR 1994 S. 1f.). Die empirische Untersuchung legt den Schwerpunkt auf die Erfassung der Auswirkungen, die aus dem OBC-Einsatz resultierten. Sie beinhaltete die Befragung von Nutzern vor, während und nach dem Piloteinsatz in den Jahren 1991 und 1993. Die Anwendergruppen setzten sich aus Mitarbeitern der Deutschen Telekom AG zusammen, die an verteilten Standorten in Deutschland arbeiteten. Es wurden insgesamt 47 Kommunikationsvorgänge ausgewertet (ebda S. 39f.).

Die Studienergebnisse zeigten die Bedeutung der Videokomponente des Systems, denn in 45 der 47 erfassten Vorgänge wollten die Anwender ihren Kommunikationspartner sehen (ebda S. 88). Die Befragten gaben zu 98% an, dass das OBC-System die Besprechungen „gut" unterstützte. Somit wurden die Vorgänge meist ohne Hilfe anderer Kommunikationsmittel

4. Ein Bezugsrahmen für die Analyse der Determinanten und Wirkungen

abgeschlossen (ebda S. 102). Aufschlussreich sind die Befunde hinsichtlich der Veränderung der Kommunikationssituation für die Nutzer: Die Mitarbeiter waren an ihren Arbeitsplätzen durch den Wegfall von Geschäftsreisen besser erreichbar. Daraus folgten aber auch erhöhte Arbeitsunterbrechungen (ebda S. 107). Die Teilnehmer bestätigten in den Interviews, dass die Kommunikation mit dem System spontaner und intensiver verlief und somit die Informationen direkter und schneller flossen. Daraufhin wurden mehr Arbeitsvorgänge in derselben Zeit erledigt (ebda S. 109). Auf Unternehmensebene erkennt die Autorin eine steigende Qualität der Arbeitsergebnisse sowie eine verbesserte Aufteilung der Personalressourcen. Die Studie zeigt auch eine intensivere Kommunikation mit externen Kooperationspartnern. Daraus folgert RACHOR eine steigende Flexibilität der Unternehmen (ebda S. 111f.). Die Teilnehmer verspürten allerdings infolge der Systemnutzung eine zunehmende Arbeitsbelastung hinsichtlich Stress und Termindruck (ebda S. 114).

Die Untersuchung ist als Begleitstudie konzipiert und verzichtet auf einen theoretischen Bezugsrahmen. Problematisch ist weiterhin, dass die Teilnehmer vor allem aus Telekommunikationsunternehmen stammten. Insofern ist davon auszugehen, dass diese ein originäres Interesse am Erfolg des untersuchten Systems besaßen. Zudem gelten technische Mitarbeiter als schnelle Adopter von Telekommunikationssystemen (vgl. ROGERS 1995a S. 397). Damit bestand bei der Untersuchung die Gefahr einer generell positiven Sicht der Systemnutzer.

Die Untersuchung zu Erfolgsfaktoren der Videokommunikation von SCHRADER et al. (1996)

Die Studie von SCHRADER et al. (1996) analysiert einzelne Einflussfaktoren, die das Ergebnis von Videokonferenzen bestimmen. Die theoretische Grundlage der empirischen Untersuchung bildet ebenfalls die Theorie der Sozialen Präsenz. Weiterhin greifen SCHRADER et al. auf das Konzept der „Media Richness" zurück (siehe Punkt 4.2.3.1). Auf der Grundlage von Expertengesprächen, einer Pilotstudie und einer Literaturauswertung wurden erste Erfolgsparameter von Videokonferenzen identifiziert. Diese Faktoren wurden anschließend in Form einer Nutzerbefragung von 140 Gruppen-Videokonferenzen in 17 Unternehmen empirisch überprüft (ebda S. 32). Die Autoren identifizierten auf diese Weise vier Einflussgrößen, die den Erfolg von Videokonferenzen determinieren. Hierzu zählen sie die zu bearbeitende *Aufgabe*, den *Kommunikationsprozess*, die *Leitung und Führung* der Videokonferenzen sowie *Rahmenfaktoren* wie Zeitmangel und Gruppengröße (ebda S. 33).

Die Ergebnisse geben einige wichtige Hinweise auf Determinanten und Wirkungen der untersuchten Telepräsenzanwendung. Die im Rahmen der Videokonferenzen zu lösenden *Aufgaben* wiesen einen planbaren und strukturierten Charakter auf. 53% der Befragten stuften die Aufgaben als komplex ein. Es überwogen ferner sachbezogene und inhaltliche Tätigkeiten (ebda S. 34f.). Die Befragten waren mit der Problemlösung, Konsensfindung und

Zielerreichung durch die Videokonferenzen sehr zufrieden. Jedoch zeigte sich, dass die Art der Aufgabenstellungen in keinerlei Korrelation mit dem Ergebnis der Videokonferenzen standen. Daraus schließen die Autoren, dass Videokonferenzen für einfache, strukturierte und planbare Aufgaben sowie auch für komplexe, unstrukturierte und im Vorfeld nicht genau bestimmte Vorhaben effektiv eingesetzt werden können. Dieser Befund steht folglich nicht mit den weitverbreiteten Annahmen der CSG im Einklang. Diese sprachen Telekonferenzen eine Eignung für komplexe und unstrukturierte Aufgaben ab (siehe Punkt 4.1.1). Im *Kommunikationsprozess* erwies sich der Informationsaustausch als wichtigster Faktor zur Zielerreichung. Kommunizierten aber die Teilnehmer auf einer Konferenzseite informal, ohne dass es die Gegenseite bemerkte, wurde die Zielerreichung negativ beeinflusst. Somit stellte die Zusammenarbeit beider Seiten ein Erfolgskriterium dar. Bei der *Leitung und Führung* einer Videokonferenz zeigten sich die Strukturierung durch eine Agenda und der Einsatz eines Chairman als wichtige Erfolgskriterien (ebda S. 36f.). Die Befragten tauschten in Videokonferenzen nicht weniger Informationen aus als in Besprechungen mit direktem persönlichen Kontakt. Allerdings zeigten sich Qualitätsdefizite gegenüber direkten Gesprächen. 25% der Befragten gaben an, dass in informalen Gesprächen vor und nach einem Face-to-Face-Treffen zusätzliche Informationen ausgetauscht werden (ebda S. 37).

Die Untersuchung von SCHRADER et al. bezieht vor allem die interne Kommunikation ein. Jedoch sind auch Wirkungen auf die Zusammenarbeit mit externen Kooperationspartnern und Kunden von großem Interesse. Die beschriebenen Determinanten sind wichtige Anhaltspunkte zur erfolgreichen Gestaltung von Videokonferenzen. Die Studie befasst sich allerdings nicht mit organisatorischen Aspekten.

Die Untersuchung einer automobilen Entwicklungsabteilung von SPRINGER (2001)

Die im Rahmen eines Habilitationsprojektes an der RWTH Aachen entstandene Feldstudie von SPRINGER (2001) konzentriert sich auf ein Unternehmen der Automobilbranche. Als theoretische Grundlagen werden Kommunikations- und Medienwahltheorien aufgeführt. Auf eine theoriegeleitete Hypothesenbildung wurde jedoch verzichtet. Im Rahmen der Erhebung sind sowohl 40 Nutzer von raum- als auch 34 Anwender von desktopbasierten Videokommunikationssystemen befragt worden. Der Untersuchungszeitraum lag allerdings bereits im Jahr 1997 (ebda S. 71, S. 78).

Die Ergebnisse der Befragung zu *Videokonferenzen* zeigen, dass die hierüber abgewickelte Kommunikation primär interner Art ist. Interessanterweise hat sich diese Einseitigkeit bislang noch nicht zugunsten externer Kommunikation verschoben. Ferner stellt der Autor eine Geplantheit der Videokonferenzen fest. Über 50% der virtuellen Sitzungen werden länger als eine Woche im voraus gebucht. Über 80% der Anwender reduzieren nicht die Anzahl persönlicher Treffen. Videokonferenzen werden offensichtlich in dem untersuchten Unternehmen zur Intensivierung der Kommunikation genutzt; aber nicht zur Substitution von Dienstreisen. Bezüglich der Benutzung fand SPRINGER noch immer technische Probleme: Nur bei knapp 30% der Anwender laufen die Konferenzen ohne technische Probleme ab. Hauptkritikpunkte richten sich gegen die Monitorgröße, die Auflösung des Videosignals sowie die Audioqualität. Die Betrachtung des Nutzungsgrades zeigt, dass die Videokonferenzsysteme von 80% der Mitarbeiter nie benutzt werden. Aufschlussreich ist ferner der Befund hinsichtlich der Kenntnis der Videokonferenzmöglichkeiten in der Abteilung: Nur 50% der Mitarbeiter kannten den Ansprechpartner für die Systeme (ebda S. 71-76).

Die Untersuchung zu den in der betrachteten Entwicklungsabteilung eingesetzten *Desktop-Videokommunikationssystemen* (ProShare von Intel) zeigt eine spontanere Kommunikationsanbahnung als bei Raum-Videokonferenzen. 80% der Sitzungen wurden nur vier Stunden zuvor oder noch kurzfristiger vereinbart. Weil die untersuchten Kommunikationsbeziehungen ausschließlich über die gleichen Systeme abgewickelt werden, wurden nur sehr geringe technische Probleme aufgrund von Kompatibilitätshindernissen registriert. Bezüglich der Hilfswerkzeuge zeigt sich, dass Whiteboards sehr häufig genutzt werden (80%), Application Sharing jedoch eher selten (ca. 10%)[2] (ebda S. 78-82).

Zusammenfassend ist festzuhalten, dass zum einen der Vergleich von Desktop- und Raum-Videokommunikationssystemen sehr aufschlussreich ist. Zum anderen zeigen sich am Ende der neunziger Jahre noch gravierende Einsatzprobleme in der untersuchten Organisation. Die Untersuchung hat eher Fallstudiencharakter. Aussagen, die die gesamte Automobilbranche betreffen, können daher nicht abgeleitet werden. Besonders die im Automobilbereich interessante Hersteller-Zulieferer-Beziehung wurde nur wenig berücksichtigt.

4.1.3 Fazit zu der bisherigen empirischen Telepräsenzforschung

Die in diesem Abschnitt behandelten empirischen Studien liefern eine Reihe interessanter Ergebnisse hinsichtlich des Einsatzes und der Auswirkungen der jeweils untersuchten Telepräsenzsysteme. Es sind aber auch Grenzen der Untersuchungen vorzufinden: Laborexperimente mit Telepräsenzsystemen sind grundsätzlich wegen ihrer mangelnden externen Validität skeptisch zu betrachten. Insbesondere dann, wenn Aussagen zum Telepräsenzeinsatz im organisationalen Umfeld angestellt werden sollen. Es hat sich auch gezeigt, dass in einigen Feldstudien noch unerfahrene Nutzer bzw. Experten einbezogen wurden (z.B. bei RACHOR). Ein grundsätzlicher Vergleich der Untersuchungsergebnisse ist wegen der z.T. sehr unterschiedlichen Systeme und Telekommunikationsnetze schwierig. Einige Studien machen überhaupt keine Angaben zu den während der Erhebung verwendeten Telepräsenzsystemen

---

[2] Zu Whiteboards und Application Sharing siehe im Grundlagenteil Punkt 2.2.3.2.

und Bandbreiten. Die Vergleichbarkeit wird zudem dadurch erschwert, dass sowohl die Systeme als auch die Telekommunikationsnetze stetig verbessert werden. Des Weiteren ist die Vernachlässigung der externen Kommunikation auffällig. Da Telepräsenzsysteme auch als externes Kommunikationsmittel eingesetzt werden, sind Aussagen mit Bezug zu Kunden und Lieferanten wünschenswert. Mit Blick auf die theoretischen Grundlagen der hier analysierten Studien ist festzuhalten, dass einige Studien ohne theoretischen Hintergrund angelegt sind (z.B. die Studie von KÖHLER). Andere wiederum konzentrieren sich auf einen Partialansatz und lassen andere Theorien außen vor (z.B. ANDERSON et al.). Vor diesem Hintergrund wird deutlich, dass empirische Forschung, die sich dem Telepräsenzeinsatz im Feld widmet, ein möglichst breites Spektrum theoretischer Ansätze vereinigen muss, um die vielfältigen Einflussfaktoren des unternehmerischen Umfeldes zu erfassen. Vor dem Hintergrund dieser Schlussfolgerung werden im folgenden Abschnitt 4.2 relevante theoretische Ansätze auf ihren Beitrag zur Bildung eines Bezugsrahmens überprüft.

4.2 Theoretischer Bezugsrahmen der Analyse

Kapitel 3 hat ausführlich gezeigt, dass ein erhebliches Einsatzpotenzial der Telepräsenz im Integrierten Marketing existiert. Bevor es zu einer empirischen Untersuchung des Telepräsenzeinsatzes kommt, bedarf es im Vorfeld einer theoriegeleiteten Analyse von Ursachen und Wirkungen, auf deren Grundlage ein Bezugsrahmen entwickelt werden kann. Eine umfassende „Theorie der Telepräsenz" liegt bislang nicht vor. Es existiert aber ein Spektrum an Theorien, mit denen sich zumindest Teilbereiche der Telepräsenznutzung und -wirkungen in Unternehmen erklären lassen. Die Ansätze stammen aus verschiedensten Forschungsbereichen. Zu den relevanten Theoriebereichen zählen Theorien und Modelle der Kommunikationswissenschaften[3], der Organisationsforschung, des Medienwahlverhaltens sowie der Adoptions-/Diffusionsforschung. Jeder dieser theoretischen Ansätze vermag nur einen Teil der Determinanten und Wirkungen des Einsatzes von Telepräsenzsystemen zu erklären. Jedoch ermöglicht erst eine Verknüpfung dieser Ansätze, einen angemessenen theoretischen Bezugsrahmen für die Ursache-Wirkungs-Forschung zu bilden, der die komplexe Thematik der Telepräsenz im Unternehmen beleuchtet.

4.2.1 Gratifikations- und Kapazitätsprinzip als Leitideen

Als methodische Leitideen wird für die vorliegende Untersuchung ein verhaltenstheoretischer Ansatz gewählt, weil das Phänomen des Einsatz von Telepräsenzsystemen als organisationales Handeln angesehen werden kann. Das organisationale Handeln basiert seinerseits auf menschliches Verhalten (vgl. SCHANZ 1977 S. 184). Dabei wird angenommen, dass das

---

[3] Siehe zum pragmatischen Kommunikationsmodell von WATZLAWICK et al. Punkt 2.2.1.1.

Nutzungsverhalten gegenüber Telekommunikationssystemen mithilfe individueller Verhaltensgesetzmäßigkeiten erklärbar sei. Um nun verschiedene theoretische Ansätze auf Determinanten und Auswirkungen der Telepräsenz zu untersuchen, kann auf elementare Leitprinzipien zurückgegriffen werden (vgl. SILBERER & RAFFÉE 1984 S. 18). Leitideen kommt eine wichtige heuristische Funktion zu, da sie als Wegweiser zur methodischen Gewinnung neuer Erkenntnisse dienen. Sie besitzen einen eher theorieübergreifenden Charakter und spielen deshalb für die Gewinnung neuer Theorien eine wichtige Rolle (vgl. FRITZ 1984 S. 90). Im Folgenden werden die besonders relevanten Leitideen *Gratifikations- und Kapazitätsprinzip* kurz vorgestellt, weil sie als Grundpfeiler wesentliche Elemente des verhaltenswissenschaftlichen Bezugsrahmens darstellen.

4.2.1.1 Das Gratifikationsprinzip

Das Gratifikationsprinzips besagt, dass in erwarteten und/oder tatsächlichen Belohnungen bzw. Bestrafungen – was allgemein als Gratifikationen zu bezeichnen ist – von Verhaltens- und Handlungsweisen die maßgeblichen Determinanten individuellen und organisationalen Verhaltens und Handelns gesehen werden müssen (vgl. SCHANZ 1977 S. 99, vgl. FRITZ 1984 S. 135). SCHANZ (1977 S. 190) definiert Gratifikationen als „... alle jene Faktoren, die das Verhalten der Organisationsteilnehmer in irgendeiner Weise tangieren". Das Gratifikationsstreben bzw. das Streben nach Belohnungen und das Vermeiden von Bestrafungen kann auch als Verhaltensmotivation für den Einsatz von Telepräsenzsystemen aufgefasst werden. Gratifikationserwartungen gegenüber Telepräsenzsystemen liegen darin, dass Nutzer ihren *persönlichen Zeitdruck* zu mindern suchen und somit statt aufwendigere Face-to-Face-Gespräche anzustreben, den oder die Kommunikationspartner telepräsent kontaktieren. Mit einem solchen „Entlastungsstreben" (SILBERER 1981 S. 36) vermag die Telepräsenznutzung Zeitressourcen für andere, evtl. private Aktivitäten freizumachen. Ferner sind Gratifikationserwartungen auch im Streben nach *persönlichen Erfolg* zu sehen (ebda S. 52). Beispielsweise unterstützt die Telepräsenznutzung die individuelle Effizienz der Mitarbeiter bei ihrer Aufgabenerfüllung. Mit dem Steigern der persönlichen Leistung in Organisationen sind im allgemeinen Erwartungen an Belohungen verbunden. Es kann sich dabei um Geld sowie auch um Aufstieg in der Hierarchie handeln (vgl. SCHANZ 1994 S. 93). Die Telepräsenznutzung vermag des Weiteren Gratifikationserwartungen zu erfüllen, indem potenzielle Systemnutzer *technologiespezifische Kompetenzen* anstreben. Diese Kompetenzgewinnung hinsichtlich innovativer Telekommunikationsdienste ist häufig mit *sozialer Anerkennung* im Unternehmen verbunden. Neben diesen erwarteten „Erträgen" der Telepräsenznutzung erwarten die Anwender ebenfalls Kosten, die mit der Medienverwendung auf sie zukommen. Diese Kosten sind im Aufwand an Zeit, Geld und Energie zu sehen (SILBERER 1979 S. 262). Es ist zu erwarten, dass die Nutzer vor der Medienwahl abwägen, ob sich Kosten – wie z.B. die Distanz zu entfernt liegenden

Videokonferenzräumen – für sie im Verhältnis zu den erwarteten Gratifikationen aufrechnen (vgl. KRAUT et al. 1990 S. 185).

4.2.1.2 Das Kapazitätsprinzip

Bei der Erklärung des Verhaltens und Handelns von Individuen und Organisationen ist festzustellen, dass deren Aktions- und Reaktionsspielräume in verschiedener Hinsicht durch eine Reihe von Faktoren begrenzt sind (FRITZ 1984 S. 132). Diese verhaltensbezogenen Restriktionen lassen sich auf begrenzte verbale, kognitive und soziale Fähigkeiten, auf begrenzte Erfahrungen und Kenntnisse und auf begrenzte Ressourcen an Zeit, Geld und Energie zurückführen (SILBERER 1981 S. 51). Bezogen auf den Einsatz moderner Telekommunikation in Unternehmen sagt das Kapazitätsprinzip aus, dass der Erfolg der Telepräsenz von vorhandenen Fähigkeiten, Kenntnisse sowie zeitlichen, finanziellen und personellen Ressourcen des Unternehmens abhängt. Beispielsweise ist zu erwarten, dass Unternehmen mit umfangreichen *Vorkenntnissen bzgl. interaktiver Medien* einen einfacheren Zugang zu Telepräsenztechnologien finden. Kapazitätsgrenzen sind des Weiteren in begrenzten *personellen Ressourcen* zu sehen: Es werden i.d.R. keine neuen Stellen für die Betreuung der Telepräsenz geschaffen. Oftmals müssen Mitarbeiter aus der Telekommunikations- oder der Informationstechnologie-Abteilung das Telepräsenz-Management zusätzlich übernehmen. Für diese Mitarbeiter bedeutet dies, dass sie nur einen kleinen Teil ihrer Arbeitszeit auf die Systembetreuung verwenden oder aber erhebliche persönliche Mehrbelastungen einkalkulieren müssen. *Zeitliche Kapazitätsgrenzen* sind auch seitens der potenziellen Nutzer zu erwarten, wenn Zeitverschiebungen bei internationalen Kontakten auftreten. Beispielsweise muss die Kommunikation nach Australien aufgrund einer zehnstündigen Zeitverschiebung von Deutschland aus (im Winter) in den sehr frühen Morgenstunden oder in den späten Abendstunden stattfinden. *Finanzielle Kapazitätsgrenzen* waren in der Vergangenheit ein Hauptgrund, warum kostspielige Videokonferenzsysteme nicht angeschafft wurden (vgl. MÜHLBACH 1990 S. 217, vgl. SITKIN et al. 1992 S. 582). Mittlerweile rückt dieses Argument wegen stark fallender Preise in den Hintergrund. Trotzdem ist zumindest für kleine Unternehmen anzunehmen, dass auch die derzeitigen Investitionsbeträge oft noch zu hoch sind. Abschließend ist zu betonen, dass Kapazitätsgrenzen nicht erst verhaltensrelevant werden, wenn sich Telepräsenzsysteme bereits in der Nutzungsphase befinden. Sie beeinflussen die Investitionsentscheidung als Ganzes schon vorher, nämlich dann, wenn Unternehmen Planungsüberlegungen anstellen (vgl. SILBERER 1981 S. 52).

4.2.2 Organisationstheorien

Eine Untersuchung von Telepräsenzsystemen im Marketing kommt um die Betrachtung der Organisation nicht umhin. Auf der einen Seite ist anzunehmen, dass die Mediennutzung von organisationalen Faktoren beeinflusst wird; auf der anderen Seite ist mit Auswirkungen des

Telepräsenzeinsatz auf die Organisation zu rechnen. Aus diesem Grunde werden nachfolgend die Erklärungsleistungen der *verhaltenswissenschaftlichen Entscheidungstheorie* und des *Situativen Ansatzes* erläutert. Diese Ansätze erscheinen von hoher Relevanz, da in ihnen auch die beiden zuvor angeführten theoretischen Leitideen wirksam sind (vgl. FRITZ 1984 S. 149, S. 176).

4.2.2.1 Die verhaltenswissenschaftliche Entscheidungstheorie

Die verhaltenswissenschaftliche Entscheidungstheorie betrachtet das Verhalten der Organisation als Resultat individueller Entscheidungen und organisationaler Bedingungen (KIESER & KUBICEK 1978 S. 45). Das Erkenntnisinteresse gilt dabei der Frage, wie Organisationen ihren Fortbestand durch Anpassung an eine komplexe und veränderliche Umwelt sichern. Dieses Bestands- und Anpassungsproblem wird als Problem menschlichen (Entscheidungs-) Verhaltens formuliert, wobei den menschlichen Eigenschaften in Bezug auf beschränkte kognitive und motivationale Kapazitäten eine zentrale Bedeutung zukommt (vgl. BERGER & BERNHARD-MEHLICH 1999 S. 133). Eine besondere Rolle im Rahmen der verhaltenswissenschaftlichen Entscheidungstheorie nimmt die „Behavioral Theory of the Firm" von CYERT & MARCH (1963) ein. Ausgangspunkt dieser Theorie der Unternehmung ist die Interpretation der Organisation als Koalition verschiedener Individuen und Gruppen mit unterschiedlichen Interessen. Je nach Art und Ausmaß ihrer Bindung an die Organisation können dabei interne und externe Organisationsteilnehmer unterschieden werden. CYERT & MARCH (1963 S. 116-123) formulieren vier Schlüsselkonzepte der Theorie, die sie als „Herzstück" ihres Ansatzes bezeichnen:

(1) Quasi-Lösungen von Konflikten: Jedes System, in dem Entscheidungen getroffen werden, ist ein Konfliktlösungssystem. Ein typischer Konflikt liegt bei der Formulierung organisationaler Ziele, da diese in organisationsinternen Verhandlungen nicht konsistent formuliert werden können. Bei der Zielrealisierung treten dann i.d.R. Konflikte auf, welche über verschiedene „Quasi-Lösungen" erleichtert werden. Ferner wird postuliert, dass die Organisationsteilnehmer unterschiedliche Ziele besitzen, die sie im internen Verhandlungsprozess durchzusetzen versuchen. Werden diese Ziele von der Unternehmensführung akzeptiert, entstehen Organisationsziele (vgl. ebda S. 117, vgl. FRITZ 1984 S. 156). (2) Vermeiden von Unsicherheit: Das Entscheidungsverhalten von Organisation ist durch das Streben nach Vermeiden von Unsicherheiten gekennzeichnet. Dabei bestehen zwei sich ergänzende Strategien: Erstens lösen Organisationen vorwiegend kurzfristige Probleme. Zweitens wird Unsicherheit reduziert, indem mit externen Interaktionspartnern langfristige Verträge geschlossen werden (vgl. SCHANZ 1977 S. 58). (3) Problemgerichtetes Suchverhalten: Entscheidungsprozesse werden i.d.R. durch auftretende Probleme ausgelöst. Das Wahrnehmen einer Problemsituation setzt Suchaktivitäten zur Ermittlung von Problemlösungsalternativen in Gang. (4) Organisationales Lernen: Organisationen durchlaufen zwar nicht den selben Lernprozess wie

Individuen; sie passen sich jedoch im Verlaufe der Zeit an. Dabei bedient sich die Organisation ihrer Teilnehmer als Instrumente. CYERT & MARCH (1963 S. 99) betonen dabei, dass Organisationen ihre Ziele, ihre Aufmerksamkeit und ihr Suchverhalten durch Lernprozesse in Abhängigkeit von Erfahrungen verändern.

Vor dem Hintergrund der verhaltenswissenschaftlichen Entscheidungstheorie lassen sich eine Reihe von Annahmen ableiten, die für die Betrachtung des Telepräsenzeinsatzes in Unternehmen von Bedeutung sind. Das Gesamtunternehmen wurde als Untersuchungsebene gewählt. Dabei wird das Organisationsverhalten auf das Verhalten der Teilnehmer zurückgeführt. Diese Sichtweise findet sich im Einsatz von Telekommunikationssystemen wieder: Ihre Einführung kann als organisationale und ihre Nutzung als individuelle Entscheidung aufgefasst werden. Betrachtet man die oben skizzierten Schlüsselkonzepte von CYERT & MARCH, dann lassen sich folgende Annahmen treffen: Chancen bieten Telepräsenzsysteme – im Sinne des Gratifikationsprinzips – aus den jeweils anvisierten Telepräsenzzielen[4] (vgl. SILBERER 1979 S. 92). Das *Erreichen der gesteckten Ziele* ist zum einen für die Rechtfertigung der Telepräsenzeinführung bedeutend, zum anderen ist zu erwarten, dass mit der Zielerreichung ebenso zukünftige Investitionsentscheidungen verknüpft sind. Die Theorie richtet den Blick ferner auf die Annahme der Unsicherheitsaversion des Unternehmens. Telepräsenzsysteme stellen auf der einen Seite *Investitionsrisiken* dar, falls die Technologien nicht zu den erwünschten Zielen führen. Auf der anderen Seite könnte die Nicht-Einführung erhebliche *Image-Risiken* nach sich ziehen. Das in die verhaltenswissenschaftliche Entscheidungstheorie eingebettete Konzept des organisationalen Lernens ist für die vorliegende Untersuchung insofern bedeutend, da angenommen werden kann, dass die Telepräsenznutzung durch vorliegende *organisationale Erfahrungen* mit neuen Medien gefördert wird. Von der anderen Seite betrachtet: Mangelnde Erfahrungen mit Telepräsenzsystemen in der Organisation können restriktiv auf deren Nutzung wirken.

Kritikpunkte zur verhaltenswissenschaftlichen Entscheidungstheorie

Wesentliche Kritik an der verhaltenswissenschaftlichen Entscheidungstheorie richtet sich auf ihren eher konzeptionellen und deskriptiven statt explikativen Charakter. Ferner sind die Annahmen des rein reaktiven Suchverhaltens und der Präferenz für kurzfristig orientierte Maßnahmen für die Unsicherheitsreduktion in der heutigen Unternehmensrealität von der Wirklichkeit überholt (vgl. SCHANZ 1977 S. 62). Es ist festzuhalten, dass dieses theoretische Konzept eine Reihe von Weiterentwicklungen angeregt hat (siehe für eine Übersicht BERGER & BERNHARD-MEHLICH 1999 S. 148-160).

---

[4] Zu möglichen Telepräsenzzielen siehe Abschnitt 3.2.

4.2.2.2 Der Situative Ansatz der Organisationsforschung

Der Einsatz von Telepräsenzsystemen in Organisationen wirft die Frage auf, welche Organisationsstrukturen und welche situativen Rahmenbedingungen das Mediennutzungsverhalten in Unternehmen beeinflussen. Zur Untersuchung dieser Fragestellung kann der Situative Ansatz der Organisationsforschung herangezogen werden. Sein Hauptanliegen ist in der situationsorientierten *Erklärung von Organisationsstrukturen* zu sehen. Weiterhin fragt der Ansatz nach den *Auswirkungen* situativer Faktoren und unterschiedlicher Organisationsstrukturen auf das Verhalten der Organisationsmitglieder und auf die Effizienz der Organisation (vgl. KIESER & KUBICEK 1978 S. 112).

Die Dimensionen der Organisationsstruktur werden von unterschiedlichen Situationsfaktoren beeinflusst. Zu den *internen Einflussfaktoren* zählen die Organisationsgröße, das Leistungsprogramm, die geographische Streuung sowie die vorhandene Informations- und Kommunikationstechnologie einer Organisation. Die *externen Determinanten*, die die Struktur beeinflussen, sind u.a. die Konkurrenzverhältnisse, das Kundenverhalten und die technologische Dynamik (vgl. KIESER & KUBICEK 1992 S. 209, S. 221). Die Organisationen verfügen über eine Reihe von Aktionsparametern, um auf bestimmte Situationsbedingungen zu reagieren. Hierzu zählen u.a. die Strukturdimension der Arbeitsteilung (Spezialisierung), der Koordination und Konfiguration sowie die Verteilung von Leitungs- und Entscheidungsbefugnissen (vgl. EBERS 1992 Sp. 1818).

Mit Blick auf die Telepräsenz ist auf Grundlage des Situativen Ansatzes darauf zu schließen, dass sowohl situative als auch organisationsstrukturelle Bedingungen das organisationale Nutzungsverhalten bezüglich Telepräsenzsystemen beeinflussen. In diesem Zusammenhang ist anzunehmen, dass die *Größe eines Unternehmens* sowie die *Dezentralisierung* als interne situative Faktoren auf die Nutzung von Telepräsenzsystemen einwirken. Ebenso ist anzunehmen, dass vorhandene kommunikationstechnische Infrastrukturen (z.B. leistungsfähige IP-Netze) die Einführung der Telepräsenz vereinfachen (vgl. ROGERS 1995b S. 30). Des Weiteren lenkt der Situative Ansatz den Blick auf externe Determinanten des Telepräsenzeinsatzes. Eine hohe *Konkurrenzintensität* kann ein Unternehmen veranlassen, Telepräsenzsysteme sowohl in internen als auch in externen Kommunikationsprozessen mit dem Ziel der Differenzierung zu Wettbewerbern einzusetzen. Die *Kundenstruktur* beeinflusst den Einsatz multimedialer Telepräsenz im Unternehmen, denn Unternehmen müssen bei einer hohen Abhängigkeit häufig das eigene Mediennutzungsverhalten an das ihrer Kunden anpassen (vgl. MEISSNER 1999 S. 15).

Der Ansatz versucht weiterhin das *Verhalten* – inklusive des Kommunikationsverhaltens – der Organisationsmitglieder in Abhängigkeit der Organisationsstrukturen zu erklären. Je höher die Arbeitsteilung und je breiter die Entscheidungsdelegation, desto eher werden

Telepräsenzsysteme eingesetzt. Ebenso ist bei Organisationsstrukturen, die durch eine ausgeprägte Kommunikationskultur gekennzeichnet sind, auf einen verstärkten Bedarf an telepräsenter Kommunikation zu schließen (vgl. KARCHER 1982 S. 293-302). Der Situative Ansatz erlaubt zudem, neuere Unternehmensentwicklungen zu berücksichtigen: Mit der zunehmenden Internalisierung (siehe Abschnitt 2.1) geht eine steigende räumliche und damit organisatorische Dezentralisierung einher. Es ist anzunehmen, dass aus dieser Entwicklung ein steigender Bedarf an telepräsenter Kommunikation erwächst (vgl. GOECKE 1997 S. 82).

Informations- und Kommunikationstechnologien sind im Sinne des Situativen Ansatzes ebenso als Einflussgrößen auf die Organisationsstruktur anzusehen (vgl. KIESER & KUBICEK 1992 S. 349-365). Mit dieser Sichtweise werden Auswirkungen des Telepräsenzeinsatzes auf Organisationsstrukturen betrachtet. Bisherige Untersuchungen gaben bezüglich des Zentralisierens und Dezentralisierens von Entscheidungen allerdings noch keine befriedigende Antwort (vgl. z.B. KÖHLER 1993 und RACHOR 1994). Einerseits ist damit zu rechnen, dass die Kommunikation und damit die Aufgabenbewältigung *dezentraler* organisatorischer Einheiten durch die Telepräsenz erheblich verbessert und gestärkt wird. Andererseits ist anzunehmen, daß die Informationsversorgung von Entscheidungsträgern mittels Telepräsenz verbessert wird und somit Entscheidungen stärker *zentralisiert* werden (vgl. KIESER & KUBICEK 1992 S. 360, KILIAN-MOMM 1988 S. 31). Des Weiteren muss das Telepräsenz-Management organisatorisch eingebunden werden, was zu Veränderungen der Organisationsstruktur führt (vgl. ROGERS 1995a S. 395). Diese Ausführungen machen deutlich, daß zukünftige Untersuchungen versuchen müssen, den Einfluss von Telepräsenzmedien auf Organisationsstrukturen aufzuklären.

Kritikpunkte zum Situativen Ansatz

Es liegen eine Reihe an *Kritikpunkten* zum Situativen Ansatz der Organisationsforschung vor[5]. Es seien im Folgenden nur jene ausgewählt, die einen erkennbaren Bezug zum Untersuchungsgegenstand „Telepräsenz" besitzen. Eine fundamentale Kritik stellt die Annahme infrage, dass gegebene Situationen nicht verändert werden können (vgl. KIESER 1999 S. 185). Beispielsweise ist das Management in der Lage, die bereits oben genannten IuK-Infrastrukturen explizit für den Telepräsenzeinsatz zu verändern, wenn deren bisherige Leistungen nicht ausreichen. Ferner verleitet der Ansatz zu der Annahme, Telekommunikationssysteme verändern einseitig die Organisationsstruktur. Vielmehr ist es möglich, bestimmte Arbeitsorganisationen mit der Telepräsenz zu kombinieren, so dass sich organisatorische Gestaltungsspielräume ergeben (ebda S. 187). Als Beispiel sei die bereits praktizierte Unterstützung von Videokonferenzen in Netzwerk- und Telearbeitorganisationen genannt (vgl. z.B. GODEHARDT

---

[5] Zu einer ausführlichen Kritik siehe KIESER (1999 S. 183-191).

& LIST 1999 S. 118-120). Die organisatorischen Annahmen des Situativen Ansatzes sind dennoch für die Gestaltung eines Bezugsrahmens, der Beziehungen zwischen Organisation und Telepräsenz untersucht, zu beachten. Die ausgeführte Kritik muss im Rahmen der vorliegenden Arbeit aber auch dazu beitragen, empirische Ergebnisse kritisch zu betrachten.

Der Situative Ansatz richtet sich sehr stark auf formale Strukturmerkmale und vernachlässigt dabei wichtige aufgabenbezogene und soziale Einflussfaktoren (vgl. KIESER 1999 S. 183). Daher müssen weitere theoretische Ansätze angeführt werden, die sich explizit mit organisationalen Aufgaben und denen zu ihrer Erledigung verwendeten Kommunikationstechnologien (Theorie der Sozialen Präsenz und Media Richness-Theorie) sowie mit sozialen Einflussfaktoren (Social Influence-Theorie) beschäftigen:

4.2.3 Theorien der Medienwahl

Mit dem verstärkten Aufkommen von Telekommunikationsdiensten in Organisation eröffneten sich seit den siebziger Jahren in der Kommunikationsforschung ein neues Untersuchungsfeld: die Media-Choice-Forschung. Die Forschung zur Medienwahl stellt folgende Frage in den Mittelpunkt: In welcher Kommunikationssituation wird in Abhängigkeit von welchen Faktoren welches Medium gewählt? Die wesentlichen theoretischen Ansätze sind hierbei die *Theorie der Sozialen Präsenz*, die *Theorie der Media Richness* und die *Theorie sozialer Einflussprozesse*.

4.2.3.1 Die Theorie der Sozialen Präsenz

Die Theorie der Sozialen Präsenz hat ihren Ausgangspunkt in den Arbeiten der bereits genannten CSG an der Universität London. SHORT et al. (1976 S. 65) definieren Soziale Präsenz auf folgende Weise: "We regard Social Presence as being a quality of the communications medium. Although we would expect it to affect the way individuals perceive their discussions, and their relationships to the persons with whom they are communicating, it is important to emphasize that we are defining Social Presence as a quality of the medium itself." Die Soziale Präsenz hängt von der Übertragungsleistung sowohl verbaler als auch nonverbaler Äußerungen ab (siehe ausführlich Punkt 2.2.1.2). Im Vordergrund stand die – noch immer aktuelle – Frage, inwiefern neuartige Konferenzsysteme (Audio- und Videokonferenzen) klassische Face-to-Face-Konferenzen unter Kosten- und Effizienzkriterien in Organisationen ersetzen können. Dabei lautet eine wesentliche These, dass unterschiedliche Formen von Kommunikation über verschiedene Möglichkeiten der Informationsübertragung, über eine unterschiedliche Bandbreite an Kommunikationskanälen und damit über unterschiedliche Qualitäten verfügen (vgl. SHORT et al. 1976 S. 61f.). Die Theorie geht ferner von einem rationalen Medienwahlverhalten aus: Menschen sind sich nicht nur der sozialen Präsenz bewusst, über das ein Medium verfügt, sondern wählen in einer Handlungssituation i.d.R. das

Kommunikationsmittel aus, das den für die jeweilige Aufgabe (z.B. Problemlösen, Entscheiden etc.) adäquaten Grad an Sozialer Präsenz aufweist (vgl. WIEST 1995 S. 34). Empirische Studien haben das Konzept der Sozialen Präsenz untermauert. Es ist jedoch festzuhalten, dass die Theorie der Sozialen Präsenz die Medienwahl nur aus Sicht objektiver Medienmerkmale betrachtet und den Einfluss des organisationalen Umfelds nur unzureichend erklärt (vgl. FULK et al. 1990 S. 118).

4.2.3.2 Die Theorie der Media Richness

Neben der Theorie der Sozialen Präsenz hat auch die Theorie der Media Richness die Kommunikationsforschung nachhaltig beeinflusst. Die Theorie der Media Richness (Medienreichtum) unterscheidet in „arme" und „reiche" Kommunikationsformen. Nach diesem Ansatz haben technische und nicht-technische Kommunikationsmittel unterschiedliche Kapazitäten zur authentischen Übertragung analoger und digitaler Informationen. Ausgangspunkt des ursprünglichen Modells ist die These, dass die von Managern ausgelösten Kommunikationsprozesse v.a. dazu dienen, Unsicherheit (uncertainty) sowie Mehrdeutigkeit (equivocality) zu reduzieren. Aus dieser Perspektive betrachtet sind Organisationen informationsverarbeitende Systeme, deren Erfolg davon abhängt, ob sie Informationen dergestalt produzieren können, dass sich Unsicherheiten und Mehrdeutigkeiten abbauen lassen (vgl. DAFT & LENGEL 1986 S. 554f.). Eine wichtige Rolle spielt in diesem Zusammenhang die Wahl des richtigen Kommunikationsmittels. Zur Beurteilung des Mediengehalts eines Kommunikationsmittels werden folgende Faktoren herangezogen: (1) die Möglichkeit des unmittelbaren Feedbacks, (2) die Anzahl zur Verfügung stehender Kommunikationskanäle sowie (3) die Möglichkeiten, die Botschaft persönlich zu gestalten und die natürliche Sprache zu verwenden. Nach der Media Richness-Theorie unterscheidet die Übereinstimmung zwischen den Anforderungen der Kommunikationsaufgabe und den Eigenschaften des eingesetzten Mediums über den Erfolg der Aufgabenerfüllung (ebda S. 560f.).

Nach der Theorie der Media Richness sind zudem „gehaltvollere" Medien (z.B. Face-to-Face-Gespräche) eher in der Lage, Unsicherheiten und Mehrdeutigkeiten zu reduzieren. Diesen Situationen sehen sich häufig Führungskräfte gegenüber; sie benötigen informationsreiche Medien, um den Beziehungsaspekt in ihrer Kommunikation zu vermitteln. Dies bedeutet aber nicht, dass reiche Medien die stets bessere Wahl darstellen; der Bereich effektiver Kommunikation liegt zwischen einer unnötigen Komplizierung (overcomplication) und einer unangemessenen Simplifizierung (oversimplification). Welches Medium „passt", hängt entscheidend von der *Komplexität der Aufgabe* ab, die zu erledigen ist (vgl. PICOT et al. 1996 S. 94-96). Abb. 4-1 stellt die nach dem „Mediengehalt" geordneten Kommunikationsformen im Zusammenhang mit der Aufgabenkomplexität dar:

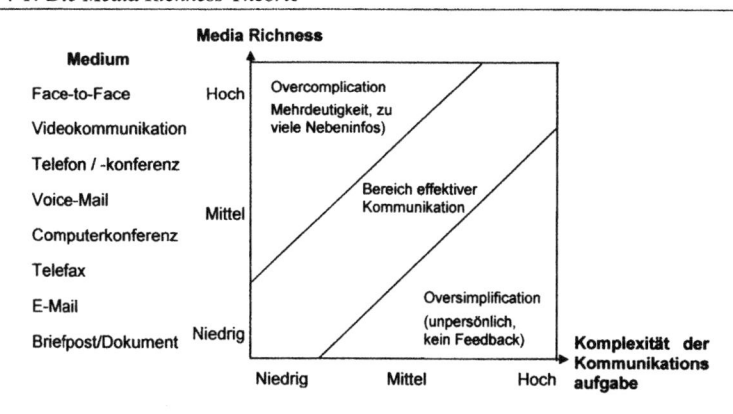

Abb. 4-1: Die Media Richness-Theorie

Medium	Media Richness	
Face-to-Face	Hoch	Overcomplication (Mehrdeutigkeit, zu viele Nebeninfos)
Videokommunikation		
Telefon / -konferenz		
Voice-Mail	Mittel	Bereich effektiver Kommunikation
Computerkonferenz		
Telefax		
E-Mail		Oversimplification (unpersönlich, kein Feedback)
Briefpost/Dokument	Niedrig	

Komplexität der Kommunikationsaufgabe: Niedrig – Mittel – Hoch

Quelle: PRIBILLA et al. 1996 S. 21

Kritikpunkte zu den Theorien der Sozialen Präsenz und Media Richness

Sowohl das Konzept der Sozialen Präsenz als auch das der Media Richness bleibt vage und nicht exakt definiert. Insbesondere hat sich die Operationalisierung in Felduntersuchungen als schwierig erwiesen, denn im Gegensatz zu Laboruntersuchungen sind im organisatorischen Umfeld nur selten Situationen zu finden, die exakt mit einer bestimmten Aufgabe verbunden sind. Vielmehr ist davon auszugehen, dass die Kommunikationsteilnehmer verschiedene Aufgaben innerhalb einer Kommunikationssitzung erledigen möchten (vgl. WIEST 1995 S. 36). Ein weiterer wesentlicher Kritikpunkt ist die Annahme der „ursprünglichen" Media Choice-Theorien, dass Kommunikation nur mit der Übermittlung von Informationen als Mittel zur Aufgabenerfüllung gleichgesetzt wird. Empirische Überprüfungen der Media Richness-Theorie haben diese Zweifel an dem reinen Erklärungsgehalt durch objektive Medieneigenschaften bestätigt (vgl. FULK et al. 1990 S. 120f.). Dabei wurde u.a. festgestellt, dass auch sehr komplexe Aufgaben mit dem „armen" Medium E-Mail erledigt werden. Ferner wurde der wichtige Einfluss der Verhaltensweisen und Einstellungen von Kollegen und Vorgesetzten auf die individuelle Nutzung von Videokonferenzen und E-Mail identifiziert (ebda).

4.2.3.3 Die Theorie sozialer Einflussprozesse

Die soeben genannten Feststellungen münden in einer Theorie sozialer Einflussprozesse. Diese Theorie bietet weitergehende Ansatzpunkte für die Erklärung des Mediennutzungsverhaltens als die Theorien der Sozialen Präsenz und der Media Richness. Sie berücksichtigt soziale Einflussfaktoren und stellt nicht mehr das *Medium*, sondern den *Nutzer* in den Mittelpunkt der Betrachtung. Die Theorie versucht, individuelles Handeln in Organisationen zu erklären, indem sie sich auf die vielfältigen Einflussprozesse bezieht, denen Individuen im organisationalen Kontext unterworfen sind. Kollegen und Vorgesetzte können durch direkte Statements die individuelle Medienwahl anderer beeinflussen. Ein weiterer sozialer Einfluss entsteht durch das Beobachten der Mediennutzung anderer Personen: Wenn die beobachtete Medienwahl positive Ergebnisse zeigt, dann wird die Bereitschaft erhöht, dieses Wahlverhalten nachzuahmen. Die Theorie berücksichtigt ferner die unterschiedlichen kognitiven Fähigkeiten der Individuen und den Grad der Vertrautheit mit einem neuen Medium. Des Weiteren werden organisationale Rahmenbedingungen wie der Zugang zu den Medien sowie zeitliche und geographische Restriktionen bei der Nutzung einbezogen (vgl. FULK et al. 1987 S. 540f., vgl. WIEST 1995 S. 41f.).

Diese sozialen Einflussfaktoren gehen in den theoretischen Bezugsrahmen ein, weil anzunehmen ist, dass das *Vorbildverhalten der Vorgesetzten und Kollegen*, die individuelle *Vertrautheit im Umgang mit neuen Medien* sowie der *organisationale Zugang* die Nutzung von Telepräsenzsystemen positiv oder negativ beeinflussen. Die recht umfassende Theorie der sozialen Einflussprozesse berücksichtigt – wie gezeigt wurde – ein breites Spektrum der Determinanten der individuellen Mediennutzung. Dennoch erscheint die Einführung und Nutzung von Kommunikationsmitteln als *Innovation* nicht ausreichend akzentuiert. So ist zu vermuten, dass Medienmerkmale wie die Kompatibilität und Faktoren wie die durchdachte Informationspolitik seitens des einsetzenden Unternehmens einen nicht unerheblichen Einfluss auf den Nutzungserfolg der Telepräsenz im Unternehmen besitzen. Ferner gilt es festzuhalten, dass die Theorie der sozialen Einflussprozesse auf der einen Seite zwar auf das Verhalten von (internen) Vorgesetzten und Kollegen hinweist, auf der anderen Seite werden aber einflussnehmende externe Personen nicht berücksichtigt. Zudem liegt die explizite Sichtweise der sozialen Einflüsse auf der *Mediennutzung*. Ohne die notwendige Verbreitung der Telepräsenz bei den Zielgruppen, können soziale Faktoren aber nur geringen Einfluss ausüben (vgl. MARKUS 1987 S. 506). Mithilfe der Beiträge der Innovationsforschung (Adoptions-/Diffusionstheorie und Promotoren-Modell) wird im Folgenden versucht, die genannten Lücken auszufüllen.

4.2.4 Beiträge der Innovationsforschung

Die Einführung und die Nutzung moderner Telekommunikationssysteme stellt für viele Unternehmen immer noch eine Innovation dar, obwohl sich Videokommunikationstechnologien bereits seit geraumer Zeit auf dem Markt befinden (siehe Punkt 2.3.1). Für das Unternehmens- und Telepräsenz-Management ist es daher vom großer Bedeutung zu wissen, welche Einflussfaktoren die organisationale sowie individuelle Übernahme der Telepräsenz bestimmen. Im Folgenden wird gezeigt, wie die *Adoptions- und Diffusionstheorie* sowie das *Promotoren-Modell* wichtige Beiträge für die Gestaltung eines Bezugsrahmens liefern können.

4.2.4.1 Die Adoptions- und Diffusionstheorie

Die Adoptionstheorie untersucht die Faktoren, die den Verlauf einer individuellen oder organisationalen Übernahme einer Innovation beeinflussen. Die Diffusionstheorie analysiert auf den Erkenntnissen der Adoptionstheorie aufbauend die zeitliche Entwicklung der Übernahme einer Innovation vom ersten bis zum letzten Adopter in einem sozialen System (WEIBER 1992 S. 3f., vgl. SCHMALEN 1993 Sp. 776). Der Adoptionsprozess wird in fünf *Teilphasen* untergliedert: (1) Kenntnisnahme, (2) Interesse, (3) Bewertung, (4) Versuch der Erprobung sowie (5) Übernahme/Adoption. Ferner spielen im Adoptionsprozess *leistungsangebotsspezifische Faktoren* eine besondere Rolle: Die Diffusionstheorie geht davon aus, dass die Wahrnehmung eines relativen Vorteils gegenüber dem Bestehenden, einer hohen Kompatibilität mit Werten, Erfahrungen und Bedürfnissen, einer niedrigen Komplexität sowie einer leichten Beobacht- und Erprobbarkeit der Innovation einen positiven Einfluss auf die Übernahmegeschwindigkeit von Innovationen besitzt. Neben diesen produktbezogenen Determinanten werden in der Diffusionsforschung ebenso adopter- und umweltspezifische Faktoren herangezogen, um die Ausbreitung von Innovationen zu erklären (vgl. BACKHAUS 1995 S. 381). Die Ausgangspunkte der klassischen Diffusionstheorie sind folgende Überlegungen: Es werden einzelne Produktkategorien, sog. Singulärgüter[6], betrachtet. Die Übernahme einer Innovation entspricht dem Erstkauf, wobei der Kaufakt als finales Element des Adoptionsprozesses angesehen wird. Die Nutzungsaspekte besitzen für die Diffusionsentwicklung von Singulärgütern keine Bedeutung (vgl. WEIBER 1995 S. 40).

Betrachtet man in einem ersten Schritt Telekommunikationssysteme, die den sog. Systemgütern[7] zuzurechnen sind, so ist festzustellen, dass diese eine Mindestanzahl von Anwendern benötigen, damit sie einen ausreichenden Nutzen für die langfristige Verwendung bei ihrem Anwenderkreis entwickeln können. Die Mindestanzahl an Anwendern wird auch als kritische Masse bezeichnet. Die Technologien werden entsprechend *Kritische Masse-Systeme* genannt (vgl. MARKUS 1987 S. 496, vgl. ROGERS 1995a S. 313). Aus der kritischen Masse erwachsen wichtige Unterschiede zum klassischen Diffusionsbegriff: Der Kaufakt bzw. die Verfügbarkeit eines Telekommunikationsendgerätes stellt noch nicht die finale Adoption dar. Darüber hinaus ist auch der Anschluss an ein Kommunikationssystem erforderlich (Anschlussakt) und die Adoption findet schließlich erst in der tatsächlichen Nutzung (Nutzungsakt) ihren Abschluss (vgl. WEIBER 1995 S. 53). Das Konzept der Kritischen Masse lässt sich aus der

---

[6] Singulärgüter sind durch nur einen singulären Nutzen für den Kunden bzw. Nutzer gekennzeichnet. Der originäre Nutzen ist vom Verbreitungsgrad unabhängig (WEIBER 1995 S. 41).

[7] Systemgüter besitzen keinen originären, sondern einen Derivatnutzen, der sich aus dem interaktiven Einsatz im Rahmen einer sog. Systemtechnologie bestimmt. Der Derivatnutzen ist umso höher, desto mehr Nachfrager die gleiche Systemtechnologie nutzen (ebda S. 43).

Perspektive des Gratifikationsprinzips interpretieren: Der Erhalt von Gratifikationen bei der Nutzung von Telekommunikationssystem ist nicht nur ein interpersonales, sondern vielmehr ein kollektives Phänomen mehrerer Teilnehmer. Ein kollektiver, unternehmensbezogener Nutzen ist jedoch nur dann zu erzielen, wenn eine bestimmte Mindestanzahl von Mitnutzern in der Organisation erreicht wird: Die zu erwartenden Gratifikationen jedes Nutzers steigen mit der Anzahl der potenziellen Kommunikationspartner (vgl. HÖFLICH 1994 S. 403).

Vor dem Hintergrund der allgemeinen Annahmen und unter besonderer Berücksichtigung der Telepräsenz als Kritische Masse-System liefert die Adoptions- und Diffusionstheorie in einem nächsten Schritt folgende wichtige Elemente für die Bildung eines Bezugsrahmens (vgl. MEISSNER 1999 S. 16f.): Der *Nutzungsakt* der Telepräsenz ist als zentrales Element der Adoption zu berücksichtigen. Es kann weiterhin angenommen werden, dass die potenziellen Nutzer solche Telepräsenzsysteme präferieren, die einen *relativen Vorteil* gegenüber alternativen Kommunikationsmöglichkeiten aufweisen. Der relative Vorteil der Telepräsenzmedien kann z.B. in der wirtschaftlichen Überlegenheit gegenüber Face-to-Face-Besprechungen liegen. Ein Vorteil kann allerdings auch ein höherer Prestigewert der Systemnutzung sein (vgl. SCHMALEN 1993 Sp. 702). Wenn Telepräsenzsysteme mit den vorhandenen EDV- und Wertesystemen sowie mit den Erfahrungen der Anwender *kompatibel* sind, dann ist damit zu rechnen, dass diese die Anwendungen leichter in den Kreis der regelmäßig genutzten Kommunikationsmedien aufnehmen. Wenn die potenziellen Anwender keine Schwierigkeiten besitzen, die Telepräsenzsysteme zu *verstehen* und zu *bedienen*, dann ist ebenfalls zu vermuten, dass die individuelle Übernahme positiv beeinflusst wird. Des Weiteren beseitigen *Erprobungsmöglichkeiten* Zweifel gegenüber diesen innovativen Kommunikationstechnologien (vgl. BACKHAUS 1995 S. 382). Ferner beeinflussen sog. *Innovationsinformationen* die Adoptionsbereitschaft potenzieller Telepräsenznutzer (vgl. SCHMALEN 1993 Sp. 778). Unternehmen müssen folglich sowohl im internen als auch im externen Bereich über die Möglichkeiten von Telepräsenzsystemen informieren und damit den erfolgreichen Einsatz der Telepräsenz unterstützen.

Ein zentraler *Kritikpunkt* richtet sich bei der Adoptions- und Diffusionstheorie auf die Betrachtungsweise, dass der Adoptionsprozess üblicherweise mit der Übernahme der Innovation durch die Entscheidungsträger zum Abschluss kommt. Es ist vielmehr davon auszugehen, dass bei organisationalen Adoptionsprozessen Entscheidungsträger und Nutzer der Telekommunikation nicht identisch sind (vgl. SCHÖNECKER 1980 S. 58f.).

Es erscheint eine ergänzende Betrachtung von Promotoren angebracht, die sowohl durch hierarchisches Machtpotenzial als auch durch Fachwissen die Adoption einer Innovation fördern.

4.2.4.2 Das Promotoren-Modell

Nach WITTE (1999 S. 15) sind Promotoren die Personen, die einen Innovationsprozess aktiv und intensiv fördern. Sie spielen deshalb eine große Rolle, weil sie helfen, Willens- und Fähigkeitsbarrieren, die sich in Organisationen einer Innovation hemmend entgegenstellen, zu überwinden (ebda S. 13). WITTE (1999 S. 16-18) unterscheidet ein Promotoren-Gespann, welches sich aus *Macht- und Fachpromotoren* zusammensetzt. Während sich erstere auf eine hohe hierarchische Position mit entsprechender Sanktionsgewalt berufen, stützen sich die Fachpromotoren auf ihre Expertenmacht. Als besonders effizient erwies sich in empirischen Untersuchungen eine als Gespannstruktur bezeichnete Art der Zusammenarbeit (Koalition) zwischen Macht- und Fachpromotor (vgl. STAEHLE 1999 S. 974). WITTES theoretisches Konzept basiert auf drei Grundannahmen (HAUSCHILDT & KIRCHMANN 1999 S. 92):

- Die Barriere des Nicht-Wollens wird durch hierarchisches Potenzial, die Barriere des Nicht-Wissens durch den Einsatz objektspezifischen Fachwissens überwunden. Dabei besteht eine Korrespondenz zwischen Widerstand und widerstandsüberwindender Energie („Korrespondenztheorem").

- Diese Überwindungsenergien werden von unterschiedlichen Personen bereitgestellt. Arbeitsteilig bringt der Machtpromotor sein hierarchisches Potenzial, der Fachpromotor sein objektspezifisches Wissen ein („Theorem der Arbeitsteilung").

- Der Innovationsprozess ist erfolgreich, wenn Machtpromotor und Fachpromotor koalieren und gut koordiniert sind („Interaktionstheorem").

HAUSCHILDT (1997 S. 167f.) ergänzt das Zwei-Personen-Modell von WITTE mit einer dritten Person: den *Prozesspromotor*. Er moderiert nicht nur zwischen dem Fach- und dem Machtpromotor, sondern unterhält auch Beziehungen zu externen Marktpartnern des Unternehmens (z.B. Unternehmensberater). Im letzteren Fall wird auch von einem *Beziehungspromotor* gesprochen. Er soll die speziellen Barrieren in der Kooperation mit externen, autonomen Partnern überwinden (vgl. GEMÜNDEN & WALTER 1999 S. 119).

Das Promotoren-Modell spielt auch für die Erklärung des erfolgreichen Telepräsenzeinsatz in Unternehmen eine wichtige Rolle. Es ist anzunehmen, dass die Entscheidung zum Einsatz der Telepräsenz nicht von einer Instanz allein getroffen wird, sondern dass verschiedene interne wie auch externe Ebenen an der Entscheidung mitwirken. Der positive Beitrag der Promotoren darf allerdings nicht mit der *Planung* und der vollzogenen *Einführung* von Telepräsenzsystemen enden. Vielmehr kommt es auch auf die weitergehende Unterstützung dieser Personengruppen im Rahmen der eigentlichen *Nutzung* multimedialer Telepräsenz an.

4.3 Determinanten der Telepräsenz

4.3.1 Zur Systematik relevanter Determinanten

Im Folgenden werden zunächst die relevanten *Kategorien* von Einflussfaktoren auf den Telepräsenzeinsatz erläutert. Darauf erfolgt die Betrachtung des Telepräsenzeinsatzes in einer *Phasenanalyse*, womit ihm als Innovationsprozess im Unternehmen Rechnung getragen wird.

Die relevanten Determinantenkategorien

Um die vielfältigen Einflussfaktoren auf den Telepräsenzeinsatz im Unternehmen zu analysieren, können vor dem Hintergrund der Diffusionstheorie und dem Situativen Ansatz interne und externe Bestimmungsfaktoren identifiziert werden: Zu den internen Determinanten zählen technologiespezifische, organisations- und personenbezogene Einflussfaktoren. Externe Determinanten sind umweltspezifische Bestimmungsfaktoren (vgl. GIERL 1987 S. 7, vgl. SCHMALEN 1993 Sp. 77). Damit ist eine Zuweisung der in Abschnitt 4.2 erläuterten theoretischen Ansätze angezielt.

Als *technologiespezifische Determinanten* werden Einflussfaktoren verstanden, die primär durch die Innovation – also durch Telepräsenzsysteme – und erst sekundär durch die potenziellen Nutzer beeinflusst werden (RENGELSHAUSEN 2000 S. 95). Dabei handelt es sich im wesentlichen um die vom Nutzer subjektiv *wahrgenommenen Systemmerkmale* (vgl. ROGERS 1995a S. 212f.): Der relative Vorteil der Telepräsenz gegenüber alternativen Kommunikationsmitteln sowie die Kompatibilität der telepräsenten Kommunikation mit dem Werte- und Normensystems des Adopters. Die Komplexität bezieht sich auf die Schwierigkeiten, die Innovation zu verstehen bzw. anzuwenden. Die Kommunizierbarkeit spricht die Problematik an, anderen die Potenziale der Telepräsenz zu vermitteln. Schließlich bezieht sich die Erprobbarkeit auf die Möglichkeit, die Telepräsenzsysteme zu testen. Die *anwendungsspezifischen Determinanten* beziehen sich auf die konkreten im Unternehmen eingesetzten Telepräsenzsysteme. Hierbei spielen neben den Systemarten (z.B. Raum- oder/und Desktopsysteme), die Systemanzahl sowie die Telekommunikationsinfrastruktur eine Rolle.

Wie bereits betont, erfolgt die Betrachtung der Telepräsenz aus *Sicht der Organisation*. Die Telepräsenznutzung spielt sich somit im organisationalen Umfeld ab. Die organisationsspezifischen Determinanten sind in *organisationsdemographische* und *organisationsstrukturelle Einflussfaktoren* zu differenzieren. Es erfolgt ferner eine Betrachtung *innovationsspezifischer interner Determinanten*. Damit wird der besonderen Eigenschaft der Telepräsenz als telekommunikative Innovation Rechnung getragen (vgl. MAHLER 1996 S. 33-37).

Telepräsenzsysteme werden in Organisationen durch Menschen benutzt. Eine Untersuchung der Telepräsenz ohne Berücksichtigung *personenbezogener Einflussfaktoren* auf den Tele-

4. Ein Bezugsrahmen für die Analyse der Determinanten und Wirkungen

präsenzeinsatz würde daher zu kurz greifen. Aus diesem Grunde werden aufbauend auf der Theorie der sozialen Einflussprozesse *soziale Einflussfaktoren* auf die Telepräsenznutzung dargestellt. *Kognitive Leistungen* der Telepräsenznutzer spielen hinsichtlich der Erfahrungen und Kompetenzen eine wichtige Rolle. Weiterhin wird der Einfluss *aufgabenbezogen situativer* und *hierarchischer Determinanten* auf den Telepräsenzeinsatz analysiert.

Das *Umfeld des Unternehmens* bildet den Hintergrund, vor dem die Organisation und die einzelnen Akteure handeln. Um die umweltbezogenen Einflussfaktoren zu analysieren, erfolgt eine Differenzierung in technologische, wettbewerbsspezifische sowie soziale und politisch-rechtliche Determinanten.

Die folgende Tab. 4-1 fasst die Systematisierung der relevanten Determinanten abschließend zusammen:

Tab. 4-1: Die relevanten Determinantenkategorien der Telepräsenznutzung

Technologie-spezifische Determinanten	Organisations-spezifische Determinanten	Personenbezogene Determinanten	Umweltspezifische Determinanten
- wahrgenommene Systemmerkmale - anwendungsspezifische Einflussfaktoren	- organisations-demographische Einflussfaktoren - organisations-strukturelle Einflussfaktoren - Innovations-spezifische interne Einflussfaktoren	- soziale Einflussfaktoren - kognitive Einflussfaktoren - situative Einflussgrößen	- technologiegetriebene Einflussfaktoren - wettbewerbsspezifische Einflussfaktoren - soziale und politisch-rechtliche Einflussfaktoren

Eigene Darstellung

Die relevanten Innovationsphasen

Der Einsatz moderner Telekommunikationssysteme in Unternehmen ist als Innovations- und Entscheidungsprozess aufzufassen (vgl. ROGERS 1995a S. 391). Ein typischer Entscheidungsprozess wird dabei in fünf Phasen aufgeteilt (vgl. RAFFÉE 1974 S. 96f., vgl. BIETHAHN et al. 2000 S. 114f.): (1) Anregungsphase: Aufnahme eines den Prozess auslösenden Impulses, (2) Suchphase: Beschaffen von Informationen über Alternativen und Ziele, (3) Bewertungsphase: Beurteilung von Alternativen, (4) Realisierungsphase und (5) Kontrollphase: Überwachung der getroffenen Entscheidung. Diese Phasen lassen sich nicht strikt voneinander trennen. In jeder Phase finden Informationsbewertungsprozesse statt, so dass es jederzeit zu Phasenüberschneidungen und zu Rückkopplungen kommen kann (vgl. BIETHAHN et al. 2000 S. 115). Auf diesen Entscheidungsprozess aufbauend, werden für die vorliegende Arbeit vier Phasen bestimmt, die den Gesamtkomplex „Telepräsenzeinsatz" gliedern: Die Planungs-,

Einführungs-, Nutzungs- und Kontrollphase. Nach KOSIOL (1966 S. 64) findet sich diese Phaseneinteilung „...in jeder Aufgabe als sachlich aufzufassender, genetischer Zusammenhang". Diese Phaseneinteilung wird gewählt, weil sie der Sichtweise der an Kritische Masse-Systemen angepassten Adoptionstheorie entspricht (vgl. WEIBER 1995 S. 53f., siehe Punkt 4.2.4.1) und weil hiermit eine sehr anschauliche, da chronologisch aufgebaute, Reduzierung des komplexen Phänomens des Telepräsenzeinsatzes erreicht wird. Es ist zudem davon auszugehen, dass die der Nutzung vorgelagerten Phasen einen erheblichen Einfluss auf den Nutzungserfolg besitzen (vgl. ROGERS 1995a S. 391).

(1) Die Planungsphase

Die oben genannten Anregungs-, Such- und Bewertungsphasen lassen sich auch unter dem Begriff *Planung* subsumieren. Planung wird als die gedankliche Vorwegnahme zukünftiger Aktivitäten bezeichnet (vgl. RAFFÉE 1974 S. 97). In dieser Phase wird der Bedarf an Telepräsenzleistungen erkannt. Die Bedarfswahrnehmung ist dadurch gekennzeichnet, dass ein spezifisches Problem erkannt wird, zu dessen Lösung der Einsatz der Telepräsenz als sinnvoll erachtet wird. Ein solches Problem ist z.B. das Erkennen des Abstimmungsbedarfs internationaler Werbekampagnen (siehe Punkt 3.6.4.2). Des Weiteren erfolgt in der Planung die Zieldefinition, die Identifikation potenzieller Zielgruppen und die strategische Ausrichtung der Telepräsenz (siehe Abschnitt 3.2 bis 3.4). Darauf aufbauend wird neben der Analyse der vorhandenen telekommunikativen Infrastruktur auch die Sammlung von Informationen zu relevanten Telepräsenzsystemen durchgeführt, die hinsichtlich ihrer Problemlösungsrelevanz bewertet werden (vgl. ROGERS 1995a S. 391-394, vgl. BIETHAHN et al. 2000 S. 224, S. 230).

(2) Die Einführungsphase

Die Einführungsphase ist durch den Kauf- und den Anschlussakt der Telepräsenzsysteme gekennzeichnet. Die durch den Kauf vollzogene Verfügbarkeit der Telepräsenz stellt eine erste notwendige Bedingung der Adoption dar (vgl. WEIBER 1995 S. 53). Im Zuge des Kaufaktes führt die einführende Organisation eine Kommunikationsanalyse durch, um den Status Quo der aktuellen Kommunikationsbeziehungen für die identifizierten Zielgruppen zu ermitteln (vgl. BÜHNER 1999 S. 49f.). Darauf aufbauend erfolgt der Vollzug des Anschlussaktes, der eine zweite notwendige Bedingung der Telepräsenz-Adoption darstellt (vgl. WEIBER 1995 S. 53). Des Weiteren werden in dieser Phase Organisationsstrukturen an die neue Technologie angepasst, indem aufbauorganisatorisch Betreuungsinstanzen eingerichtet und ablauforganisatorisch Prozesse neu strukturiert werden. Abschließend erfolgen in der Einführungsphase Informationsveranstaltungen, um den Organisationsmitgliedern das Einsatzpotenzial der Telepräsenz zu erläutern (vgl. ROGERS 1995a S. 395, S. 399).

4. Ein Bezugsrahmen für die Analyse der Determinanten und Wirkungen

(3) Die Nutzungsphase

Die Nutzungsphase der Telepräsenz kann als die wichtigste Phase angesehen werden, denn die Adoption der Telepräsenz endet erst mit dem tatsächlichen Einsatz der Systeme und ist somit als hinreichende Bedingung für die Adoption anzusehen. In diesem Zusammenhang ist es von entscheidender Bedeutung, wie hoch die Anschlusszahl der Telepräsenzsysteme bei den Zielgruppen ist (Effekt der Anschlusszahl). Eine hohe installierte Basis von Telepräsenzsystemen erbringt allerdings erst Nutzeffekte, wenn die Mitarbeiter auch regelmäßig telepräsent kommunizieren (Effekt der Nutzungsintensität). Die Nutzungsintensität spiegelt sich z.B. im Grad der regelmäßigen Nutzung, in der durchschnittlichen Länge der Nutzung und dem Konzentrationsgrad auf Telepräsenzsysteme wider (vgl. WEIBER 1995 S. 49f.). Nach MARKUS (1987 S. 499) wird die Nutzungsintensität auch als „Kommunikationsdisziplin" bezeichnet. Je höher die Kommunikationsdisziplin unter den potenziellen Telepräsenznutzern ausgeprägt ist, desto höher ist auch der Nutzen, den die Teilnehmer im Einzelnen und das Unternehmen im Ganzen aus der Telepräsenz gewinnen.

(4) Die Kontrollphase

Die Kontrollphase dient der Überwachung des Telepräsenzeinsatzes. Hier können Mängel oder Unstimmigkeiten in der Realisation des Telepräsenzprojektes erkannt werden (vgl. KOSIOL 1966 S. 188). Im operativen Sinn geht es bei der Kontrolle um die Betreuung und Wartung der eingesetzten Systeme und der genutzten Telekommunikationsinfrastruktur. In strategischer Hinsicht sind neben Ziel- auch Kosten- und Nutzenkontrollen[8] durchzuführen, um die Effekte der Telepräsenz im Normalbetrieb zu erkennen und bei Abweichungen gegebenenfalls steuernd einzugreifen (vgl. HEINRICH 1999 S. 173).

Nachfolgend wird die erläuterte Phaseneinteilung des Telepräsenzeinsatzes in Abb. 4-2 veranschaulicht:

---

[8] Siehe zu potenziellen Kosten- und Nutzeffekten der Telepräsenz Punkt 2.4.2.

Abb. 4-2: Die Phasen des Innovationsprozesses des Telepräsenzeinsatzes

Der Innovationsprozess des erfolgreichen Telepräsenzeinsatzes			
Planung	Einführung	Nutzung	Kontrolle
- Bedarfswahrnehmung - Zieldefinition - Zielgruppen - Analyse der TK-Infrastruktur - Marktanalyse der Telepräsenzsysteme	- Kauf - Anschluss - Organisatorische Anpassung	- Regelmäßige Nutzung - Betreuung	- Erfolgskontrolle - Überwachung - Steuerung

Eigene Darstellung

4.3.2 Technologiespezifische Determinanten

Werden Einflussfaktoren des Kritische Masse-Systems „Telepräsenz" betrachtet, dann sind sowohl *anwendungsspezifische Determinanten* als auch *wahrgenommene Systemmerkmale* zu betrachten:

(1) Anwendungsspezifische Determinanten

Für den Einsatz der Telepräsenz im Marketing müssen Ziele formuliert werden. Hierzu zählen, wie in 3.3 gezeigt, neben ökonomischen auch psychographische Ziele. Darauf aufbauend werden die Einsatzfelder für die Unternehmensbereiche bestimmt, die mit der Telepräsenz arbeiten sollen. Im Sinne der Diffusionstheorie spielt die Anzahl der Telepräsenzsysteme im eigenen Unternehmen eine wesentliche Rolle für den Adoptionserfolg. Die eingesetzten Systeme können auf verschiedenen Telekommunikationsnetzen (siehe Punkt 2.3.2.1) aufsetzen und somit auch unterschiedliche Bandbreiten zur Verfügung stellen. Die damit verbundene Übertragungsqualität ist ein Einflussfaktor auf die kontinuierliche Telepräsenznutzung im Unternehmen (vgl. MCCULLOCH & OBORNE 1999 S. 135). In diesem Zusammenhang ist ein weiteres technisches Merkmal zu berücksichtigen: Die Möglichkeit, mittels sog. Multipoint-Konferenzen mehrere verschiedene Systeme zu einer „virtuellen Konferenz" zusammenzuschalten. Im historischen Kontext ist die erstmalige Einführung von Telepräsenzsystemen im Unternehmen relevant, da sich anhand der Erfahrungen des Unternehmens mit der Telepräsenz auf eine breite Nutzung schließen lässt.

4. Ein Bezugsrahmen für die Analyse der Determinanten und Wirkungen

(2) Wahrgenommene Systemmerkmale

Die wahrgenommenen Systemmerkmale werden in der Diffusionstheorie als wesentliche Erklärung der Adoptionsrate einer Innovation verwendet (vgl. ROGERS 1995a S. 206). Sie werden im Folgenden für die Erklärung des Telepräsenzeinsatzes im Unternehmen herangezogen:

Die relative Vorteilhaftigkeit der Telepräsenz

Der relative Vorteil einer Innovation bezieht sich auf die wahrgenommene Verbesserung gegenüber dem Bestehenden. Grundsätzlich kann davon ausgegangen werden: Je größer der relative Vorteil einer Innovation angesehen wird, desto höher fällt die Adoptionsgeschwindigkeit aus (MAHLER 1996 S. 20). Mit Blick auf Telepräsenzsysteme bietet sich der Vergleich mit klassischen Face-to-Face- sowie Telefongesprächen und -konferenzen an. Dieser Vergleich liegt nahe, weil die aktuellen Raumsysteme der Videokommunikation dem persönlichen Gespräch sehr nahe kommen und weil v.a. Desktopsysteme eine ähnliche Spontanität wie Telefone zulassen. Die Wahrnehmung des relativen Vorteils bezieht sich jedoch nicht nur auf ökonomische Größen, sondern auch auf soziale Vorteile (vgl. ROGERS 1995a S. 212). Beispielsweise kommen Faktoren wie Effizienz- und Qualitätsvorteile bei der Aufgabenbewältigung sowie die Chance, mittels Telepräsenz eine gewisse Vertrauensbasis zu schaffen, die z.B. telefonisch nicht erreicht werden kann, infrage (vgl. WEINIG 1996 S. 160f.). Das Erkennen des relativen Vorteils ist für Nicht-Nutzer von Telepräsenzsystemen allerdings schwierig, da sich die gesamte Vorteilhaftigkeit erst durch intensive Nutzung offenbart. Aufgrund dieser Probleme zählen Telepräsenzsysteme auch zu Gütern mit „Erfahrungsgutcharakter" (vgl. WEIBER 1992 S. 97). Für die vorliegende Untersuchung lässt sich daher folgende Hypothese ableiten:

H_1: Die Nutzungsintensität der Telepräsenz im Unternehmen ist umso ausgeprägter, je höher der relative Vorteil der Telepräsenztechnologie eingeschätzt wird.

Die Kompatibilität der Telepräsenz

Die Kompatibilität bezeichnet den Umfang, mit dem eine Innovation als mit bestehenden Werten, Erfahrungen und Bedürfnissen vereinbar wahrgenommen wird. Je größer die Kompatibilität einer Innovation zu bereits eingesetzten Technologien ist, desto einfacher gestaltet sich die Anpassung an bestehende Systeme bzw. Verhaltensweisen (vgl. ROGERS 1995a S. 224). Der Widerstand gegen den Einsatz der Telepräsenz wird demnach umso geringer sein, je besser sich die telepräsente Kommunikation in die bestehenden personellen, technischen und organisatorischen Gegebenheiten einfügt (vgl. MAHLER 1996 S. 23). *Kompatibilität im technischen Sinne* bedeutet für die Telepräsenz, dass sich die verwendeten Systeme aller potenziellen Kommunikationspartner untereinander anwählen können. Grundlage bilden hierfür die in Punkt 2.3.2.2 erläuterten Standards, die erst eine reibungslose Verständigung der Systeme unterschiedlicher Anbieter sicherstellen. Zudem gewinnt die Kompatibilität mit unterschiedlichen Telekommunikationsnetzen an Bedeutung: So müssen Telepräsenzsysteme neben der klassischen Verbindungsform ISDN zukünftig auch über IP-Netze arbeiten können. Ferner ist die Kompatibilität der im Unternehmen eingesetzten Software mit den einzelnen Formen der Telepräsenz wesentlich, um Medienbrüche zu vermeiden (vgl. MAHLER & STOETZER 1995 S. 10). Die *personelle Kompatibilität* bezieht sich auf die Verträglichkeit der Telepräsenzeinführung mit den Anwendungs- und Handhabungsgebräuchen der potenziellen Nutzer. Ebenso sind für die personelle Kompatibilität Bedienungsprobleme und die mangelnde Akzeptanz bei internen und externen Kommunikationspartnern bedeutend. In *organisationaler Hinsicht* spielen Veränderungen von traditionellen Kommunikationsvorgängen und die häufig damit verbundenen organisatorischen Modifikationen eine Rolle (vgl. MAHLER 1996 S. 23). Innovationen, die ein hohes Maß an Kompatibilität mit der bisherigen Kommunikationsstruktur aufweisen, werden leichter akzeptiert (vgl. STEFFENHAGEN 1975 S. 114). Diese Überlegungen führen zu folgender Hypothese:

H_2: Die Nutzungsintensität der Telepräsenz im Unternehmen ist umso ausgeprägter, je höher die Kompatibilität der Telepräsenzsysteme zu bereits eingesetzten Kommunikationstechnologien im Unternehmen eingeschätzt wird.

Die Komplexität der Telepräsenz

Die Komplexität bezieht sich auf die Schwierigkeit, eine Innovation zu verstehen und zu nutzen. Innovationen, die einfach zu verstehen sind, werden i.d.R. schneller angenommen als solche, die vom Adopter das Erlernen von neuen Fähigkeiten und Kenntnissen erfordern (vgl. ROGERS 1995a S. 242f.). Empirische Studien zeigen, dass Telepräsenznutzer die komplizierte technische Bedienung als überaus bedeutende Schwierigkeit ansehen (vgl. SPRINGER 2001 S. 73-75). Die Beurteilung der Komplexität hängt im wesentlichen von den gemachten Erfahrungen der potenziellen Nutzer ab. Daraus folgernd ist zu erwarten, dass Anwender mit guten Telepräsenzkenntnissen ein geringeres Komplexitätsniveau wahrnehmen als Nutzer mit begrenzten Erfahrungen (vgl. STEFFENHAGEN 1975 S. 115). Es ist zu erwarten, dass dieses für die langsame Adoption der Telepräsenz bisher sehr bedeutsame Kriterium im Laufe der Zeit an Bedeutung verliert. Dies begründet sich mit zwei Entwicklungen: Zum einen befinden sich Telepräsenzsysteme in einigen Unternehmen bereits seit vielen Jahren im Einsatz (z.B. bei Banken und Automobilherstellern), zum anderen werden die angebotenen Videokommunikationssysteme immer bedienerfreundlicher. Letzteres zeigt sich sowohl bei arbeitsplatz- als auch raumbasierten Videokommunikationssystemen (vgl. MCCULLOCH & OBORNE 1999 S. 133). Hinsichtlich der Komplexität lässt sich nun nachfolgende Hypothese ableiten:

H₃: Die Nutzungsintensität der Telepräsenz im Unternehmen ist umso ausgeprägter, je geringer die Komplexität der Telepräsenztechnologie eingeschätzt wird.

Die Kommunizierbarkeit der Telepräsenz

Innovationen sind unterschiedlich gut zu *beobachten*: Beispielsweise lassen sich Menschen bei der Benutzung von Mobilfunkgeräten sehr gut beobachten. Schwieriger sind Telepräsenzsysteme wahrzunehmen, denn Raumsysteme befinden sich in speziellen Besprechungszimmern und die Nutzer von Desktopsystemen möchten während eines telepräsenten Gesprächs nicht gestört werden. Unbeteiligte können daher nur schwer die Nutzung beobachten. Unmöglich wird die Beobachtung im Normalbetrieb, wenn Telepräsenzsysteme erstmals im Unternehmen eingeführt werden. Aus diesem Grunde ist es wichtig, Innovationsmerkmale an potenzielle Anwender zu *kommunizieren* (vgl. MAHLER 1996 S. 27). Die Kommunizierbarkeit beschreibt das Ausmaß, wie sich die Technologieeigenschaften einer Innovation möglichen Adoptern bekannt machen lässt. Dies ist jedoch mit größeren Problemen verbunden als das Beobachten, weil sich der Nutzen und die Komplexität der Systeme oftmals schwieriger vermitteln lassen (vgl. BOCK 1987 S. 382). Die Ausführungen münden in folgender Hypothese:

H₄: Die Nutzungsintensität der Telepräsenz im Unternehmen ist umso ausgeprägter, je besser die Kommunizierbarkeit der Telepräsenztechnologie eingeschätzt wird.

Die Erprobbarkeit der Telepräsenz

Die Erprobbarkeit ist das Ausmaß, mit dem sich die Innovation mit begrenzten Aufwand testen lässt. Mit einer Innovation, die leicht erprobbar ist, kann die Ungewissheit über die Neuerung für den Adopter relativ einfach reduziert werden. Damit ist eine schnellere Adoptionsentscheidung verbunden (vgl. ROGERS 1995a S. 243). Die Möglichkeiten, Telepräsenzsysteme zu testen, sind für Unternehmen i.d.R. gegeben. Die Systemanbieter präsentieren ihre Produkte regelmäßig auf Messen (z.B. CeBIT, Systems); zusätzlich werden Vorführungen entweder direkt beim Kunden oder im eigenen Ausstellungsraum arrangiert. Trotz der angebotenen Testmöglichkeiten ist eine langfristige Erprobungsphase nur schwer möglich. Die Vorteilhaftigkeit der Telepräsenz wird aufgrund der hohen Komplexität häufig erst langfristig sichtbar (vgl. POHL 1994 S. 20). Weil bereits anwendende Unternehmen ihre vorhandenen Telepräsenzsysteme entweder weiter ausbauen oder regelmäßig erneuern müssen, ist anzunehmen, dass trotz der genannten Einschränkungen ein beständiger Erprobungsbedarf in den Unternehmen vorliegt. Folgende Hypothese soll daher überprüft werden:

H₅: Die Nutzungsintensität der Telepräsenz im Unternehmen ist umso ausgeprägter, je höher die Erprobbarkeit der Telepräsenztechnologie eingeschätzt wird.

Das wahrgenommene Risiko der Telepräsenz

Organisationen bewerten Innovationen nach dem von ihnen wahrgenommenen Risiko. Das wahrgenommenen Risiko steht dabei in einem engen Zusammenhang zu der Komplexität, Kompatibilität und der Erprobbarkeit einer Neuerung. Für Unternehmen bedeutet das wahrgenommene Risiko die subjektiv eingeschätzte Wahrscheinlichkeit, dass der Kauf einer Innovation zu einem relativen Verlust in der Zielerreichung führt (STEFFENHAGEN 1975 S. 114). In Bezug auf Telepräsenzsysteme als innovative Kommunikationsform ist das *finanzielle Risiko* hervorzuheben, dem eine Organisation gegenübersteht (vgl. ROGERS 1995a S. 397). Die Investitionen sind zu einem großen Teil von den Systemklassen (z.b. raum- vs. desktopbasierte Telepräsenz) und von der Anzahl der einzuführenden Geräte bestimmt[9]. Einige Autoren gehen davon aus, dass das hohe Investitionsrisiko von Videokonferenzsystemen maßgeblich für die sehr schwache Verbreitung in den siebziger und achtziger Jahren verantwortlich war (vgl. WITTE 1977 S. 363, vgl. ANTONI 1990 S. 127). Neben den Investitionsbewertungen dürften auch vom Unternehmen Risikoüberlegungen mit Marktbezug angestellt werden: Bei Marktkonstellationen, in denen Lieferanten in großer Abhängigkeit zu Abnehmern stehen, ist davon auszugehen, dass erhebliche *Image-Risiken* für den Lieferanten bestehen, wenn er kundenseitig gewünschte Kommunikationstechnologien nicht einführt (vgl. BACKHAUS 1999 S. 747-750). Aus der Erörterung der Risiken lassen sich die folgenden zwei Hypothesen aufstellen:

H$_6$: Die Nutzungsintensität der Telepräsenz im Unternehmen ist umso ausgeprägter, je geringer das Investitionsrisiko wahrgenommen wird.

H$_7$: Die Nutzungsintensität der Telepräsenz im Unternehmen ist umso ausgeprägter, je höher das Image-Risiko bei Nicht-Einführung wahrgenommen wird.

4.3.3 Organisationsspezifische Determinanten

Eine Reihe von organisationalen Determinanten beeinflussen den erfolgreichen Telepräsenzeinsatz. Für eine übersichtliche Gliederung dieser Determinanten bietet es sich an, in *organisationsdemographische, organisationsstrukturelle* und *innovationsspezifische* Einflussfaktoren zu unterscheiden (vgl. MAHLER 1996 S. 33-37). Die Auswahl einzelner Faktoren erhebt keinen Anspruch auf Vollständigkeit. Die gewählten Determinanten sind vielmehr hinsichtlich ihres vermuteten Einflusses auf die Unternehmenskommunikation ausgewählt und basieren auf den theoretischen Vorüberlegungen in Abschnitt 4.2 und auf Erkenntnissen der empirischen Innovations- und Telekommunikationsforschung.

---

[9] Zu den relevanten Kostenarten der Telepräsenz siehe Punkt 2.4.2.1.

Organisationsdemographische Determinanten

Eine vielfach untersuchte Variable in der Diffusionsforschung ist die *Größe eines Unternehmens* und ihre Beziehung zur Übernahmegeschwindigkeit einer Innovation. Begründet wird diese Vorgehensweise mit der einfachen Messbarkeit der Unternehmensgröße und der Vermutung, dass hinter ihr Faktoren wie personelle und finanzielle Ressourcen stehen. Es wird auch vermutet, dass neue Technologien leichter Skaleneffekte in großen Unternehmen generieren, da diese oft eine größere Anzahl technologischer Innovationen einführen als kleinere (vgl. ROGERS 1995a S. 379). Diese Vermutung bestätigen empirische Studien, die eine stärkere Verbreitung neuer Telekommunikationsdienste bei großen Unternehmen feststellen und Gründe wie höhere Vernetzungs- und Computerisierungsgrade anführen (vgl. z.B. SCHEDL 1994 S. 20-27, HERMANN et al. 1999 S. 35f.). Bezüglich der Telepräsenz ist zu vermuten, dass die Unternehmensgröße mit einer breiten Telepräsenznutzung korreliert. Im Sinne der Diffusionstheorie für Kritische Masse-Systeme steigen die Netzeffekte mit der wachsenden Zahl potenzieller Telepräsenznutzer (vgl. WEIBER 1995 S. 52). Letztere hängen wiederum mit der Organisationsgröße zusammen. Zudem zeigt sich, dass Unternehmen mithilfe der Telepräsenz überwiegend intern kommunizieren (vgl. z.B. SPREY 1997 S. 45, SPRINGER 2001 S. 73).

Ein weiterer organisationsdemographischer Einflussfaktor auf den Adoptionsprozess ist die *wirtschaftliche Situation* eines Unternehmens (vgl. MAHLER 1996 S. 34). Dabei wird angenommen, dass Unternehmen bei guter Geschäftslage unter einem geringeren Kostendruck stehen als in wirtschaftlich schlechten Zeiten. Aktuelle empirische Studien weisen ferner darauf hin, dass die Kostenreduktion nach wie vor ein dominierendes Einsatzziel der Telepräsenz ist (vgl. z.B. FUCHS-KITTOWSKI et al. 2000 S. 14). Darauf aufbauend ist zu vermuten, dass Unternehmen ihre Mitarbeiter im Falle eines vorherrschenden Kostendrucks stärker zur Telepräsenznutzung veranlassen als in wirtschaftlich guten Zeiten.

Basierend auf den Ausführungen zu den organisationsdemographischen Einflussfaktoren werden die folgenden zwei Hypothesen formuliert:

H_8: Die Nutzungsintensität der Telepräsenz im Unternehmen ist umso ausgeprägter, je größer die Unternehmen sind.

H_9: Die Nutzungsintensität der Telepräsenz im Unternehmen ist umso ausgeprägter, je größer der Kostendruck ist.

Organisationsstrukturelle Determinanten

Die *Zentralisation* einer Organisation bezeichnet den Grad, mit dem Macht und Kontrolle auf relativ wenige Personen im Unternehmen verteilt sind. Die Zentralisation steht in einem negativen Verhältnis zur Innovativität einer Organisation, denn neue Ideen setzen sich i.d.R. nur schwer gegen eine starke Machtkonzentration durch (vgl. ROGERS 1995a S. 380). Dagegen sind *dezentrale Strukturen* durch die Verteilung von Entscheidungen auf mehrere Personen gekennzeichnet. Ein weiteres Merkmal dezentraler Strukturen ist die räumliche Verteilung organisatorischer Einheiten (vgl. STAEHLE 1999 S. 699). Die Dezentralisierung steht im engen Zusammenhang mit der sowohl absatz- als auch beschaffungsseitig vorangetriebenen Internationalisierung. Im Gegensatz zu räumlich zentralisierten, weisen räumlich dezentral organisierte Unternehmen einen erheblich höheren Telekommunikationsbedarf auf (vgl. KARCHER 1982 S. 300, vgl. SCHULTE 1993 S. 146f.). Es ist zu vermuten, dass Unternehmen mit weltweit verstreuten Niederlassungen einen erhöhten Bedarf an telepräsenter Kommunikation besitzen.

Ein weiteres Strukturmerkmal der Organisation ist die *Arbeitsteilung*. Diese ist das Ausmaß, mit dem die Arbeit im Unternehmen in spezialisierte Rollen aufgeteilt ist (vgl. SCHREYÖGG 1999 S. 57). Die Spezialisierung zielt auf Effizienzsteigerungen, Zeitvorteile und die Erledigung komplexer Aufgaben (vgl. SCHANZ 1994 S. 10f.). Mit zunehmender Spezialisierung gehen zudem positive Impulse auf den Adoptionsprozess aus: Innovationen werden umso eher angenommen, desto mehr Spezialisten im Unternehmen tätig sind (vgl. STEFFENHAGEN 1975 S. 121). Die fortschreitende Arbeitsteilung besitzt jedoch auch negative Seiten: Es entstehen Kommunikationsprobleme zwischen den Funktionsträgern. Sie resultieren zum einen aus den Interpretationsproblemen, die sich aus verschiedenen Fachperspektiven der Realitätsbetrachtung ergeben. Zum anderen können unterschiedliche normative Grundhaltungen von Fachabteilungen – z.B. Markt- vs. Kostenorientierung – Kommunikationsprobleme verursachen. Um den entstehenden Schwierigkeiten entgegenzutreten, müssen verstärkte Integrations- und damit Koordinierungsaktivitäten durchgeführt werden (vgl. GEBERT 1992 Sp. 1118). Die Koordination bedarf ihrerseits der Kommunikation. Es kann vermutet werden, dass regelmäßige Abstimmungen unter den Funktionsbereichen die genannten Defizite abbauen. Wenn die Abstimmungen komplex und konfliktbehaftet sind, dann sind persönliche Treffen notwendig. Können diese nicht erfolgen, kann im Sinne der Media Richness-Theorie darauf geschlossen werden, dass sich Telepräsenzsysteme – als die medienreichsten Telekommunikationssysteme – als Ersatz eignen.

Aufbauend auf diesen Überlegungen lassen sich die folgenden zwei Hypothesen aufstellen:

H_{10}: Die Nutzungsintensität der Telepräsenz im Unternehmen ist umso ausgeprägter, je dezentraler die Anwenderorganisation strukturiert ist.

4. Ein Bezugsrahmen für die Analyse der Determinanten und Wirkungen 165

H_{11}: Die Nutzungsintensität der Telepräsenz im Unternehmen ist umso ausgeprägter, je arbeitsteiliger die Anwenderorganisation strukturiert ist.

Innovationsspezifische Determinanten

Die *Innovationsbereitschaft* repräsentiert das Ausmaß, mit dem der Adopter früher als andere Marktteilnehmer eine Innovation übernimmt. Dieser Grad an Innovativität bestimmt wesentlich die Geschwindigkeit, mit der die Phasen des Adoptionsprozesses durchlaufen werden (vgl. POHL 1994 S. 38). Die Innovationsbereitschaft ist als situative Determinante ebenfalls auf den Telepräsenzeinsatz zu werten. Sie ist Voraussetzung dafür, dass Neuerungen ohne übermäßige Umstellungen in die bisherigen Prozesse des Unternehmens eingegliedert werden können (vgl. STEFFENHAGEN 1975 S. 120). Innovationsbereite Organisationen sind durch eine hohe fachliche Kompetenz, Aufgabenkomplexität, Gruppenverantwortung, einen offenen Informationsaustausch sowie ein geringes Niveau an Formalisierung der Arbeitsabläufe gekennzeichnet (vgl. KOLLMANN 1996 S. 106f.).

Die *Erfahrung* und das *Know-how* mit Innovationen ist als eine weitere wichtige Determinante des Innovationserfolges aufzufassen (HAUSCHILDT 1997 S. 32). Die Erfahrung mit einem Gut hängt dabei von der Länge und der Intensität der Nutzung ab. Vor der erstmaligen Einführung der Telepräsenz ist aber davon auszugehen, dass das Unternehmen noch keine technologiespezifischen Erfahrungen sammeln konnte. Als Erfahrungssubstitut kann in diesem Falle die Erfahrung mit anderen multimedialen Informations- und Kommunikationssystemen herangezogen werden (vgl. POHL 1994 S. 23). Die organisatorischen, personellen und technischen Voraussetzungen sind für die Einführung der Telepräsenz auf diesem Wege häufig schon vorhanden. Auch kann auf eine höhere Bereitschaft geschlossen werden, die Systeme zu verwenden (vgl. MAHLER 1996 S. 37).

Telepräsenzsysteme sind Instrumente der Unternehmenskommunikation. Ihre Verwendung ist eingebettet in die *Kommunikationskultur* der Organisation. Die Kommunikationskultur ist wiederum Bestandteil der Organisationskultur. Hinter dem Konstrukt der Organisationskultur steht der Gedanke, dass jede Organisation für sich eine spezifische Kultur entwickelt, d.h. in gewisser Weise eine eigenständige Kulturgemeinschaft darstellt. Unternehmen entwickeln eigene unverwechselbare Vorstellungs- und Orientierungsmuster, die das Verhalten der Mitglieder nach innen und außen prägen (vgl. SCHREYÖGG 1999 S. 437). Die Organisationskultur bildet auf diesem Wege ebenfalls den Rahmen für das Kommunikationsverhalten im Unternehmen. Eine ausgeprägte Kommunikationskultur vereinfacht Abstimmungsprozesse der Mitarbeiter und Abteilungen untereinander: Informationen werden dabei schneller und direkter weitergegeben (ebda S. 463). Sie setzt zudem Normen, die die Adoption eines Mediums positiv oder negativ beeinflussen. Beispielsweise unterstützt eine starke Kommunikationskultur den persönlichen – auch informellen – Informationsaustausch der

Mitarbeiter, um auf diese Weise leichter das Entstehen und Verteilen von Ideen und Informationen zu fördern. Die Kommunikationskultur bildet aber nicht nur den Rahmen für persönliche Kommunikationssituationen, sondern ebenso für die Verwendung der Telekommunikation im Unternehmen (vgl. SITKIN et al. 1992 S. 584).

Wie in Punkt 4.2.4.2 ausgeführt, spielen auch *Promotoren* für den erfolgreichen Telepräsenzeinsatz im Unternehmen eine wichtige Rolle. Die Betrachtung ihrer Beiträge zum erfolgreichen Telepräsenzeinsatz sollte auf mehreren Ebenen im Unternehmen ansetzen, um möglichst differenzierte Aussagen über verschiedene Beteiligte zu treffen (vgl. SILBERER 1997a S. 17). Es ist intern nicht nur nach Abteilungen, sondern auch nach Hierarchieebnen im Unternehmen zu unterscheiden:

- Die *Geschäftsführungsebene* weist Merkmale des Machtpromotors auf, da sie die Ressourcen besitzt, um den Entscheidungs- und Durchsetzungsprozess einer telekommunikativen Innovation zu ermöglichen. Die Machtressourcen liegen in Entscheidungen über Budgets, Kapazitätszuweisungen und Personalbewilligungen (vgl. HAUSCHILDT 1997 S. 168). Die Geschäftsführung sorgt häufig für den Anstoß der Telepräsenzplanung und kann mittels ihrer Machtstrukturen für eine erfolgreiche Einführung und intensive Nutzung der Telepräsenz eintreten.

- Das *mittlere Management* weist Merkmale des Macht- und Beziehungspromotors auf. Als Machtpromotor kommen die hierarchisch unterhalb der Geschäftsführer angesiedelten Bereichsleiter und Abteilungsleiter der einsetzenden Organisationseinheiten (z.B. der FuE-Bereich) infrage. Der Beziehungspromotor moderiert zwischen den Macht- und Fachpromotoren. Dabei berichtet er nicht nur an die Geschäftsführung und koordiniert alle Aktivitäten mit internen und externen Partnern des Telepräsenzeinsatzes, er muss zudem die wichtigsten ökonomischen und sozialen Folgen des Telepräsenzeinsatzes überschauen. In dieser Rolle obliegt ihm die Aufgabe, mit seinem Fachwissen die Zielbildung bezüglich des Telepräsenzeinsatz zu steuern und das Einführungsprojekt zu organisieren (vgl. ebda S. 170). Organisatorisch ist ein solcher Promotor häufig der Leiter einer Telekommunikations-, Telekooperations- oder Videokonferenzabteilung im Unternehmen.

- Als Fachpromotoren treten die für die Telepräsenz zuständigen *Mitarbeiter* einer – i.d.R. technischen – Fachabteilung auf. Der Fachpromotor muss sowohl über ein hohes telepräsenzspezifisches Wissen verfügen als auch Planungs-, Einführungs- und Kontrollaufgaben umsetzen (vgl. WITTE 1999 S. 17). Wenn diese Mitarbeiter die Koordination externer Dienstleister (z.B. Systemlieferanten) übernehmen, dann sind sie ebenfalls als Beziehungspromotoren einzustufen (vgl. RENGELSHAUSEN 2000 S. 93).

Die Überlegungen zu den innovationsspezifischen Determinanten der Organisation führen zu den folgenden vier Hypothesen:

H_{12}: Die Nutzungsintensität der Telepräsenz im Unternehmen ist umso ausgeprägter, je höher die Innovationsbereitschaft der Anwenderorganisation ist.

H_{13}: Die Nutzungsintensität der Telepräsenz im Unternehmen ist umso ausgeprägter, je größer die Erfahrungen und das Know-how der Anwenderorganisation mit Neuen Medien sind.

H_{14}: Die Nutzungsintensität der Telepräsenz im Unternehmen ist umso ausgeprägter, je entwickelter die Kommunikationskultur der Anwenderorganisation ist.

$H_{15A,B,C}$: Die Nutzungsintensität der Telepräsenz im Unternehmen ist umso ausge- prägter, je höher der Einfluss der Promotoren in der (A) Planungs-, (B) Einführungs- und (C) Nutzungsphase ist.

4.3.4 Personenbezogene Determinanten

Wie bereits in der Betrachtung der Theorie der sozialen Einflussprozesse gezeigt, spielen individuelle Faktoren bei der Medienwahl eine besondere Rolle. Für die Diffusion des Kritische Masse-Systems „Telepräsenz" ist die Betrachtung von Nutzeraspekten von besonderer Bedeutung, weil sich erst mit der kontinuierlichen Verwendung der Telepräsenzsysteme durch Menschen im Unternehmen der eigentliche Technologienutzen entfalten kann (vgl. WEIBER 1995 S. 53f.). Das bedeutet auch, dass die Nutzer durch ihr regelmäßiges Zugreifen auf die Telepräsenz das Erreichen der gesteckten Ziele erst ermöglichen. Tun sie dies nicht, können sie durch die Nicht-Nutzung ein Telepräsenzprojekt vollständiges scheitern lassen (vgl. ANTONI 1990 S. 127). Aus diesem Grunde werden im Folgenden nutzerbezogene Einflussfaktoren auf die Telepräsenznutzung analysiert:

Soziale Einflussfaktoren

Die Theorie der sozialen Einflussfaktoren (siehe Punkt 4.2.3.3) betont, dass Medien nicht nur nach objektiven, sondern auch nach sozialen Aspekten von den Mitgliedern einer Organisation wahrgenommen und verwendet werden. SCHMITZ & FULK (1991 S. 493) definieren den sozialen Einfluss in einer Organisation als "... a process that involves complex cognitive processing of multiple direct and indirect information cues embedded in the individual's social world". Die sozialen Einflussfaktoren auf die individuelle Medienwahl können unterschiedlichste Formen annehmen. Sie reichen von Statements, Beobachten und Lernen von Vorgesetzten und anderen Mitarbeitern, Erzielen eigener Erfahrungen bis hin zu kommunikationsbezogenen Gruppennormen (FULK et al. 1990 S. 121-123). Diese Einflussfaktoren wurden z.B. in empirischen Studien zur Nutzung von E-Mail-Systemen bestätigt (vgl. z.B. SCHMITZ & FULK 1991 S. 502-507, TREVINO et al. 2000 S. 165).

Einen besonderen Einfluss üben *Vorgesetzte* aus. Sie sind nicht nur Machtpromotoren der Telepräsenz, sondern besitzen auch eine überaus wichtige Vorbildfunktion. Sie äußert sich gegenüber Mitarbeitern mittels direkter Statements über die Eigenschaften der Telepräsenz. Mitarbeiter nehmen diese verbalen Äußerungen im Rahmen ihres Meinungsbildungsprozesses auf und richten möglicherweise ihr Handeln danach aus. Ein zweite Form des Vorgesetzteneinflusses ist die beobachtbare Telepräsenznutzung: Wenn die Systemverwendung durch Vorgesetzte positive Effekte – z.B. in einer schnellen Aufgabenabwicklung – erkennen lässt, dann wird die Bereitschaft der beobachtenden Mitarbeiter, das Verhalten nachzuahmen, ungleich höher sein als bei negativen Erfahrungen anderer (vgl. WIEST 1995 S. 41). Somit ist zu vermuten, dass sich das Vorbildverhalten der Vorgesetzten positiv auf die Nutzungsintensität der Mitarbeiter auswirkt. Aus den Überlegungen zum sozialen Einfluss der Vorgesetzten wir die nachfolgende Hypothese abgeleitet:

H_{16}: Die Nutzungsintensität der Telepräsenz im Unternehmen ist umso ausgeprägter, je stärker die Vorbildfunktion der Vorgesetzten bzgl. der Telepräsenznutzung ist.

Kognitive Einflussfaktoren

Die *Nutzerfähigkeiten* mit neuen Kommunikationstechniken umzugehen, haben sich in früheren empirischen Untersuchungen als positiv korrelierend mit der Mediennutzung erwiesen. So ermittelten z.B. CHIDAMBARAM et al. (1998 S. 112), dass erfahrene E-Mail-Nutzer signifikant häufiger die E-Mail-Technik im Unternehmen nutzen als unerfahrene Nutzer. Erfahrene Telepräsenznutzer dürften ebenfalls die angebotenen Systeme intensiver nutzen als unerfahrene. Das Sammeln von Erfahrungen hängt von den aktuellen Telepräsenzangeboten des Unternehmens ab. Befinden sich im Arbeitsumfeld der Mitarbeiter Telepräsenzsysteme, dann sind sie eher in der Lage, diese für die Aufgabenbewältigung einzusetzen. Für das Erreichen einer ausreichenden Expertise dürfen sich Unternehmen jedoch nicht nur auf persönlich erreichte Qualifikationen verlassen. Vielmehr können Telepräsenz-Kenntnisse aktiv mithilfe von speziellen *Schulungen* an die potenziellen Nutzer herangetragen werden. Schulungen dienen dazu, neben einer Vermittlung der Kenntnisse auch Hemmungen gegenüber der neuen Kommunikationsform abzubauen. Dabei geht es nicht nur um technische Aspekte der Telepräsenz, sondern auch um das Aufzeigen von Anwendungschancen in den jeweiligen Funktionsbereichen (vgl. PICOT & REICHWALD 1984 S. 170).

H_{17}: Die Nutzungsintensität der Telepräsenz im Unternehmen ist umso ausgeprägter, je größer die Fähigkeiten der potenziellen Nutzer sind mit Telepräsenzsystemen umzugehen.

H_{18}: Die Nutzungsintensität der Telepräsenz im Unternehmen ist umso ausgeprägter, je umfangreicher die potenziellen Nutzer geschult wurden.

Aufgabenbezogene situative Einflussfaktoren

Kommunikationstechnologien gewinnen erst dann ihre Bedeutung, wenn Menschen diese zur Erfüllung ihrer Aufgaben heranziehen (SCHRADER et al. 1996 S. 33f.). Die Mediennutzung wird dabei von situativen Einflüssen wie Entfernungen zwischen den Kommunikationspartnern, Anforderungen an den Kommunikationsprozess, Zeitrestriktionen bei der Nutzung und Zugängen zu den Kommunikationsmedien beeinflusst (vgl. TREVINO et al. 1987 S. 559, vgl. FULK et al. 1990 S. 127):

Nicht alle Kommunikationsmittel entsprechen den Anforderungen, die sich aus dem situativen Aufgabenzusammenhang ergeben. Die *Anforderungen an den Kommunikationsvorgang* sind von der jeweiligen Managementaktivität und der Einschätzung des Aufgabenträgers abhängig und werden in der Organisationsforschung in die Bereiche „Genauigkeit", „Schnelligkeit", „Vertraulichkeit" sowie „Komplexität" unterschieden (PICOT & REICHWALD 1984 S. 46f., STAUFFERT 1991 S. 465): Die *Genauigkeit* der Kommunikation hat in bürokratischen Führungsprozessen eine hohe Bedeutung. Hierbei kommt es auf die administrative Exaktheit, die Dokumentationsfähigkeit und die Weiterbearbeitungsmöglichkeiten der ausgetauschten Informationen an. Genaue Kommunikationsprozesse werden z.B. im Rahmen von Entwicklungskooperationen sowie in Beschaffungsvorgängen benötigt (vgl. PRIBILLA et al. 1996 S. 22). Die Forderung nach *Schnelligkeit* in einem Kommunikationsprozess steht dann im Vordergrund, wenn es Informationen in möglichst kurzer Zeit und ohne größeren Aufwand auszutauschen gilt. Die Schnelligkeit der Kommunikation spielt beispielsweise bei Reaktionen auf unerwartete Ereignisse eine wichtige Rolle (ebda). Treten z.B. Störungen bei Maschinen auf, so muss der Hersteller umgehend Reparaturleistungen im Nachkaufservice anbieten, um lange Stillstandzeiten beim Kunden zu verhindern (vgl. WESTKÄMPER & WIELAND 1998 S. 9). Der Grad der *Vertraulichkeit* bei der Aufgabenbewältigung ist ein wesentlicher Faktor, der die Wahl von Medien beeinflusst (MÜLLER-BÖLING & RAMME 1990 S. 129, KARCHER 1982 S. 330). Die Anforderung an die Vertraulichkeit eines Kommunikationsvorganges steht dann im Vordergrund, wenn es um die Erzielung einer wertorientierten Übereinkunft (z.B. ein Vertragsabschluss) zwischen den Kommunikationspartnern geht (PRIBILLA et al. 1996 S. 22). *Komplexität* als Merkmal eines Kommunikationsprozesses liegt immer dann vor, wenn es um die Klärung schwieriger Inhalte geht, bei denen komplizierte sachliche und personenbezogene Themen wechselseitig verstanden werden müssen. Aufgaben mit solchen Inhalten bedürfen i.d.R. eines synchronen Dialogs mit wechselseitigen Feedback-Möglichkeiten der Teilnehmer (vgl. REICHWALD & GOECKE 1995 Sp. 168f.). Typische Kommunikationsinhalte sind in diesem Bereich Verhandlungen und gleichzeitiges Bearbeiten von komplexen Dokumenten. Laut der Media Richness-Theorie (siehe Punkt 4.2.3.2) eignen sich persönliche Treffen besonders gut für die Bearbeitung komplexer Aufgaben. Abb. 4-3 fasst die vier Grundanforderungen an Kommunikationsprozesse zusammen:

Abb. 4-3: Vier Grundanforderungen an einen Kommunikationsprozess

Genauigkeit - Übertragung des exakten Wortlauts - Dokumentierbarkeit der Nachricht - einfache Weiterverarbeitung - große Informationsmengen	**Schnelligkeit** - kurze Übermittlungszeit - kurze Erstellungszeit - schnelle Rückantwort - einfacher Kommunikationsvorgang
Vertraulichkeit - Übertragung vertraulicher Inhalte - Schutz vor Verfälschung d. Info - Identifizierbarkeit des Absenders - Interpersonelle Vertrauensbildung	**Komplexität** - Wunsch nach eindeutigem Verstehen - Übermittlung schwieriger Inhalte - Klärung von Konflikten - Lösung komplexer Probleme

Quelle: vgl. PICOT & REICHWALD 1984 S. 47

Die Arbeitssituation des Managements wird zunehmend schwieriger, denn fast alle Aktivitäten von Managern erfolgen unter hohen *Zeitrestriktionen*. Ein wesentlicher Stressfaktor ist dabei der Zeitdruck, unter dem die tägliche Arbeit erledigt wird. Untersuchungen zum Telefonnutzungsverhalten zeigen, dass Zeitdruck die Medienwahlentscheidung von Mitarbeitern stark beeinflusst (vgl. TREVINO et al. 1987 S. 559). Überträgt man diese Überlegungen auf die Telepräsenz, dann ist anzunehmen, dass die potenziellen Nutzer dann zu Telepräsenzsystemen greifen, wenn sie unter großen zeitlichen Druck stehen und z.B. für persönliche Treffen im Rahmen von räumlich verteilten Projekten die Zeit nicht ausreicht. Neben dem Zeitdruck ist eine weitere zeitbezogene situative Determinante zu berücksichtigen: Kommunikationspartner, die entweder intern oder extern auf anderen Kontinenten arbeiten, können oftmals nur unter *Zeitverschiebungen* kontaktiert werden. Das hat zur Folge, dass Mitarbeiter zu persönlich ungünstigen Zeiten telepräsent kommunizieren müssen. Erschwerend kommt hinzu, dass Telepräsenznutzer im Vergleich zu realen Sitzungen leichter ermüden, was auf die höhere Konzentration für das Empfangen sowohl sozialer als auch fachlicher Informationen zurückgeführt wird (vgl. STORCK & SPROULL 1995 S. 213). Schlussfolgernd ist zu vermuten, dass sich Kommunikationssituationen, die durch hohe Zeitverschiebungen geprägt sind, negativ auf die Nutzungsintensität der vorhandenen Telepräsenzsysteme auswirken.

Die *Erreichbarkeit* der potenziellen Telepräsenznutzer ist ein weiterer situativer Einflussfaktor. Dies bedeutet, dass Telepräsenzsysteme in erreichbarer Arbeitsplatznähe lokalisiert sein müssen, um für die Unterstützung der Aufgabenabwicklung Anreize zu bieten. Sind Telepräsenzsysteme zu weit vom Arbeitsplatz der Anwender entfernt, besteht die Gefahr, dass diese die „Zugangskosten" scheuen und andere, medienärmere Medien wie E-Mail oder Telefon bevorzugen (vgl. PICOT & REICHWALD 1984 S. 177, vgl. TREVINO et al. 1987 S. 559). Zudem erleichtert der einfache Zugang zu Telepräsenzsystemen die Erreichbarkeit der Mitarbeiter für externe Kommunikationspartner. Aus der Kundenperspektive bedeutet dies beispielsweise, dass der audiovisuelle Zugriff auf Service- oder Vertriebsansprechpartner leichter wird. Das Unternehmen erreicht durch einen umfassenden Systemzugang eine verbesserte „telepräsente Kundennähe" (vgl. SCHLOBACH 1989 S. 75f.). Es sei jedoch darauf hingewiesen, dass Unternehmen einen Kompromiss zwischen der optimalen Verfügbarkeit bei den Mitarbeitern und den dadurch entstehenden Kosten finden müssen. Die Folge sind oftmals nur eingeschränkte Zugangsmöglichkeiten zu den Telepräsenzsystemen (vgl. KLINGENBERG & KRÄNZLE 1983 S. 78).

Die Überlegungen zu den aufgabenbezogenen situativen Einflussfaktoren münden in die folgenden Hypothesen:

H_{19}: Die Nutzungsintensität der Telepräsenz im Unternehmen ist umso ausgeprägter, je stärker der Zeitdruck eingeschätzt wird, unter dem die potenziellen Telepräsenznutzer stehen.

H_{20}: Die Nutzungsintensität der Telepräsenz im Unternehmen ist umso ausgeprägter, je geringer die Zeitverschiebungen zu internationalen Kommunikationspartnern eingeschätzt werden.

H_{21}: Die Nutzungsintensität der Telepräsenz im Unternehmen ist umso ausgeprägter, je einfacher der Zugang zu den Telepräsenzsystemen für die Nutzer eingeschätzt wird.

4.3.5 Umweltspezifische Determinanten

Der Situative Ansatz zeigt, dass neben internen auch externe Faktoren auf organisationales Verhalten einwirken (siehe Punkt 4.2.2.2). Die externen Einflussfaktoren lassen sich auch als *betriebliche Umwelt* bezeichnen (vgl. MARR 1984 S. 74). Ein Telepräsenzprojekt ist wie jedes betriebswirtschaftliche Handeln vor diesem Hintergrund zu betrachten, um mögliche Umwelteinflüsse frühzeitig zu erkennen. Die Umwelt von Unternehmen lässt sich in technologische, makroökonomische, ökologische, politisch-rechtliche sowie sozio-kulturelle Einflussgrößen differenzieren (vgl. SCHREYÖGG 1999 S. 312f.). Für den Telepräsenzeinsatz im Unternehmen sind externe technologiegetriebene und wettbewerbsbezogene Einflussfaktoren von großer Bedeutung. Ferner werden soziale und rechtliche Determinanten betrachtet.

Technologiegetriebene Determinanten

Technologiespezifische Einflussfaktoren auf den Telepräsenzeinsatz beziehen sich auf die verfügbaren Telekommunikationsnetze und -endgeräte, auf die technische *Kompatibilität* der eingesetzten Systeme sowie auf den Verbreitungsgrad der Telepräsenztechnologie im Unternehmensumfeld. Die Telepräsenznutzung ist abhängig von den vorhandenen

Telekommunikationsnetzen[10]. Für den internen Einsatz müssen auf lokaler Ebene sog. Lokale Netzwerke (LANs) und auf überregionaler Ebene sog. Corporate Networks zur Verfügung stehen. Schwieriger gestaltet sich oftmals die Verfügbarkeit im externen Unternehmensbereich. Beispielsweise liegen in einigen Ländern noch keine ISDN-Netze vor. Dies erweist sich insbesondere für deutsche Unternehmen als Hemmnis, weil hierzulande Telepräsenzsysteme schwerpunktmäßig via ISDN arbeiten (vgl. LAUTZ 1995 S. 28). Die verwendeten Telekommunikationsnetze müssen zudem eine ausreichende *Verbindungsstabilität* und *Übertragungsqualität* gewährleisten, damit Telepräsenzsysteme die technologieimmanenten Vorteile der synchronen Bildübertragung und Dokumentenbearbeitung liefern können. Liegen nur wenige Verbindungsprobleme vor, dann ist mit einer positiven Wirkung auf die regelmäßige Telepräsenznutzung zu rechnen.

Telepräsenzsysteme können aber erst dann den Kommunikationsbedürfnissen eines Unternehmens gerecht werden, wenn nicht nur die Kompatibilität, sondern auch eine ausreichende *Verbreitung* der Telepräsenz im Unternehmensumfeld vorliegt. Für ein Kritische Masse-System gilt: Je größer die installierte Basis ist, desto besser wird das System der Zielsetzung eines multidirektionalen Kommunikationsflusses gerecht. Der Nutzen der Telepräsenz ist folglich umso größer, je größer die installierte Basis an kompatiblen Telepräsenzsystemen ist. Des Wieteren kann mit steigender Systemanzahl in der Unternehmensumwelt auch mit einer wachsenden Adoptionsbereitschaft der potenziellen Nutzer gerechnet werden (vgl. WEIBER 1992 S. 57). Vor diesem Hintergrund ist für den erfolgreichen Telepräsenzeinsatz der Verbreitungsgrad der Telepräsenz bei den relevanten Kommunikationspartnern in der Unternehmensumwelt bedeutend. Als Kommunikationspartner kommen v.a. Kunden, Lieferanten, Händler sowie Wettbewerber infrage. Es ergibt sich folgende Hypothese:

H_{22}: Die Nutzungsintensität der Telepräsenz im Unternehmen ist umso ausgeprägter, je höher der Verbreitungsgrad der Telepräsenztechnologie bei Lieferanten, Kunden, Händlern sowie Wettbewerbern ist.

Wettbewerbsspezifische Determinanten

Im wettbewerblichen Umfeld spielt die Branchenzugehörigkeit des telepräsenzeinsetzenden Unternehmens eine Rolle. Es ist zu vermuten, dass Branchen Unterschiede bei der Adoption der Telepräsenztechnologie aufweisen: Marktuntersuchungen zeigen, dass z.B. Handelsunternehmen zu den weniger starken Telepräsenznutzern zählen (vgl. STOETZER 1994 S. 24, vgl. DTI 1999 S. 66). Dieser Umstand lässt sich mit der Telepräsenz-Entwicklung in den Unternehmen begründen: Industrieunternehmen erkannten schon sehr früh die *Bedeutung* von

---

[10] Zu den Telekommunikationsnetzen siehe grundlegend Punkt 2.3.2.1.

4. Ein Bezugsrahmen für die Analyse der Determinanten und Wirkungen 173

Telepräsenzsystemen im Entwicklungsbereich, um auf diese Weise Wettbewerbsvorteile zu erringen (vgl. z.B. FÄRBER 1993 S. 46). Unternehmen mit geringeren FuE-Aktivitäten starteten ungleich später mit dem Telepräsenzeinsatz (siehe Punkt 2.3.1.2). Zudem sind Industrieunternehmen ähnlich wie Finanzdienstleister weitaus internationaler und dezentraler aufgestellt als Vertreter des Handelssektors. In den Branchen, in denen die Bedeutung der Telepräsenz relativ hoch eingeschätzt wird, ist zudem davon auszugehen, dass einzelne Unternehmen eine hohe telepräsenzbezogene Innovationsfreude besitzen. Konkurrierende Unternehmen folgen oftmals den Branchen-Pionieren, um keine Wettbewerbsnachteile zu erleiden (vgl. ROBRA-BISSANTZ 2000 S. 32). Es ist folglich anzunehmen, dass eine hohe wahrgenommene Bedeutung der Telepräsenz für die Branche auf die Systemnutzung einwirkt (vgl. BOCK 1987 S. 60). Daraus ergibt sich folgende Hypothese:

H_{23}: Die Nutzungsintensität der Telepräsenz im Unternehmen ist umso ausgeprägter, je höher die Bedeutung der Telepräsenz für die Branche eingeschätzt wird.

Soziale und politisch-rechtliche Determinanten

Der Staat und multinationale Staatengemeinschaften wie die Europäische Union wirken in vielfältiger Weise auf die politische und rechtliche Umwelt von Unternehmen ein (vgl. SCHREYÖGG 1999 S. 312). Eine für die Telekommunikation überaus wichtige *politisch-rechtliche Entscheidung* ist die Deregulierung des Telekommunikationsmarktes. Eine weitere wichtige Determinante sind *politische Krisen*: Unternehmen sahen sich z.B. im Laufe des Golfkriegs dazu veranlasst, Flugreisen wegen erhöhter Attentatsgefahr durch Videokonferenzen zu ersetzen (vgl. LAUTZ 1995 S. 27). Mit einem ähnlichen Effekt ist auch nach den Attentaten des 11. Septembers 2001 in New York und Washington zu rechnen. Einen soziokulturellen Einflussfaktor auf den Telepräsenzeinsatz könnte ferner die *öffentliche Meinung* darstellen. Diese ist z.B. mittels ökologischer Argumente in der Lage, Druck auf Unternehmen auszuüben, damit diese ihre Geschäftsreisen durch Telekommunikation substituieren. Die genannten Einflussfaktoren erscheinen jedoch recht vage und lassen zum geplanten Zeitpunkt der empirischen Erhebung dieser Arbeit keine nennenswerten Wirkungen auf die Nutzungsintensität der Telepräsenz erwarten[11].

Ein direkter Einfluss erscheint vielmehr durch *externe Promotoren* aus dem sozialen und politischen Umfeld zu erwachsen: Diese können ihren Einfluss sowohl in der Planungs- und Einführungs- als auch in der Nutzungsphase eines Telepräsenzprojektes geltend machen. Zu

---

[11] Es sei darauf hingewiesen, dass ein erhebliche Einfluss durch die genannten Attentate auf die Telepräsenznutzung zu vermuten ist. Diese Determinante führt an dieser Stelle jedoch zu keiner weiteren Berücksichtigung in Form einer Hypothesenbildung, da die empirische Studie im Mai 2001 abgeschlossen wurde.

den externen Promotoren zählen Kunden und Lieferanten. Je nach Marktmacht sind die Geschäftspartner in der Lage, Druck auf den Telepräsenzeinsatz und die kontinuierliche Nutzung auszuüben. Bedeutende Kunden sind z.b. fähig, entscheidenden Einfluss auf ihre Lieferanten auszuüben, um mit der Telepräsenznutzung die Lieferantenkommunikation zu verbessern. Mit der Auftragsvergabeentscheidung steht dem Kunden ein erheblicher Machtfaktor zur Verfügung, der ihn in diesem Fall zu einem Machtpromotor werden lässt (vgl. ROBRA-BISSANTZ 2000 S. 32). Ferner ist die Fachpresse zu nennen, die durch allgemeine Berichte über die Telepräsenz und mittels spezieller Artikel über die Telepräsenzanwendungen des Unternehmens für eine erhöhte Akzeptanz in der Anwenderorganisation sorgen kann (vgl. RENGELSHAUSEN 2000 S. 110). Des Weiteren kann die Wissenschaft als externer Promotor auftreten. Dies geschieht dann, wenn Unternehmen in Kooperation mit wissenschaftlichen Einrichtungen Begleituntersuchungen durchführen. Angezielt wird dabei, sowohl Chancen als auch (v.a. soziale) Risiken der Telepräsenz für die jeweilige Organisation zu ermitteln[12]. Die Folgende Hypothese soll in diesem Zusammenhang überprüft werden:

$H_{24A,B,C}$: Die Nutzungsintensität der Telepräsenz im Unternehmen ist umso ausgeprägter, je größer der positive Einfluss externer Promotoren in der (A) Planungs-, (B) Einführungs- und (C) Nutzungsphase eines Telepräsenzprojektes ist.

4.4 Die Wirkungen der Telepräsenz im Marketing

Die Untersuchung der Telepräsenz in Unternehmen darf nicht mit der Analyse von Einflussfaktoren haltmachen; sie muss vielmehr auch die weitreichenden Konsequenzen für Unternehmen berücksichtigen. Zudem hat die Analyse des aktuellen empirischen Forschungsstandes gezeigt, dass bislang kaum Studien zu Wirkungen aus Unternehmenssicht und *keine* Untersuchungen zu Wirkungen aus der Marketingperspektive vorliegen (siehe Abschnitt 4.1). Aus diesem Grunde integrieren die folgenden Abschnitte mögliche Wirkungsfelder der Telepräsenz in den Bezugsrahmen. Hierbei wird einer in der Marketingwissenschaft üblichen Einteilung gefolgt (vgl. BECKER 1998 S. 4): Es erfolgt die Betrachtung von Wirkungen auf marketingrelevante Ziele und Strategien. Ferner werden Effekte auf die Marketingfunktionsbereiche und die Organisation des Unternehmens dargestellt. Darüber hinaus sind Kosten und Investitionen der Telepräsenz zu berücksichtigen. Der Blick richtet sich dabei auf Unternehmen, die Telepräsenzsysteme in ihrer internen und externen Kommunikation einsetzen.

---

[12] Als ein Beispiel sei die in Punkt 4.1.2 vorgestellte Begleitstudie von der Deutschen Telekom und dem Fraunhofer Institut genannt (siehe RACHOR 1994).

4.4.1 Beitrag der Telepräsenz zur Zielerreichung

Den Ausgangspunkt einer Einführungsentscheidung für Telepräsenzsysteme bilden i.d.R. bestimmte, mehr oder weniger konkrete Zielvorstellungen des Unternehmens. Wie bereits in Abschnitt 3.2 verdeutlicht, kann der Telepräsenzeinsatz auf einem breiten Spektrum von Zielen basieren. Diese lassen sich in ökonomische und psychographische Ziele unterscheiden. Sie sind in Tab. 4-2 nochmals zusammengefasst:

Tab. 4-2: Ziele des Telepräsenzeinsatzes

Ökonomische Ziele	Psychographische Ziele
- Umsatzsteigerung - Kostenreduktion - Effizienzsteigerung der Aufgaben- bewältigung - Qualitätsverbesserung der Aufgabenerfüllung - Realisierung neuer Organisationsstrukturen - Kommunikationsverbesserung an Schnittstellenbereichen	- Verbesserung des Unternehmensimages - Verbesserung der Kundengewinnung & -bindung - Verbesserung der Lieferanten- gewinnung & -bindung - Verbesserung der internen und externen Informations- und Wissensvermittlung - Motivationssteigerung der Mitarbeiter - Verbesserung der Kommunikationsbereitschaft - Entlastung der Mitarbeiter

Eigene Darstellung

Die Zielformulierung besitzt im Telepräsenz-Management zwei wichtige Aufgaben: Zum einen hat sie eine Koordinations- und Kommunikationsfunktion, um alle Handlungen innerhalb des Unternehmens systematisch auf den gewünschten Zustand auszurichten. Zum anderen kommt der Formulierung von Zielen auch eine Evaluationsfunktion von Ergebnissen zu. Anhand des Vergleichs zwischen vorgegebenen und erreichten Zielen wird der Telepräsenzeinsatz bewertet (vgl. UNGER & FUCHS 1999 S. 85). Auf diesem Kontrollgedanken aufbauend, kann der Erfolg der Telepräsenz als *Erreichungsgrad* der gesteckten Ziele definiert werden (vgl. FRITZ 1992 S. 219, vgl. RIES 1996 S. 38). In der Literatur hat sich eine Errechnung des Zielerreichungsgrades herauskristallisiert, die auch in dieser Untersuchung zur Anwendung kommen soll. Abb. 4-4 stellt die heranzuziehende Formel dar:

Abb. 4-4: Formel des Zielerreichungsgrades

$$ZEG_i = \frac{\sum_{j=1}^{n} B_{ij} * E_{ij}}{k_i}$$

ZEG_i = Zielerreichungsgrad des Unternehmens i
B_{ij} = Bedeutung des Ziels j für das Unternehmen i
E_{ij} = Ausmaß der Erreichung des Ziels j für Unternehmen i
k_i = Anzahl der Ziele für das Unternehmen i

Quelle: vgl. RAFFÉE & FRITZ 1991 S. 1214, vgl. RIES 1996 S. 38

Es anzunehmen, dass die gesteckten Ziele erst durch eine intensive Verwendung der Telepräsenzsysteme im Unternehmen erreicht werden. Diese Überlegung ergibt die folgende Hypothese:

H_{25}: Die Zielerreichung der Telepräsenz ist umso höher, je ausgeprägter die Intensität der Telepräsenznutzung ist.

4.4.2 Strategische Wirkungen der Telepräsenz

Die strategische Planung stellt insbesondere in Phasen einer günstigen gesamtwirtschaftlichen Entwicklung einen wichtigen Erfolgsfaktor der Unternehmensführung dar (FRITZ 1997 S. 22). Telekommunikationssysteme werden für die Verfolgung von Unternehmens- und Marketingstrategien in vielfältiger Hinsicht eingesetzt (HERMANNS 1993 Sp. 2196). In Abschnitt 3.4 der vorliegenden Arbeit wurden die strategischen Möglichkeiten des Telepräsenzeinsatzes analysiert. Es wurde herausgearbeitet, dass Telepräsenzsysteme in strategischer Hinsicht (1) zur *Erarbeitung* von Strategien durch das Management und (2) zur *Umsetzung* der angestrebten strategischen Stossrichtungen eingesetzt werden können.

Die Geschäftsleitung nutzt die Telepräsenz primär zur Beschaffung und Diskussion strategisch wichtiger Informationen. Dadurch kann das Management schnell und an weit entfernten Orten Informationen bei seinen Mitarbeitern abrufen, so dass eine Anreise der Beteiligten entfällt (vgl. LAUTZ 1995 S. 178). Es ist anzunehmen, dass eine starke Telepräsenznutzung auf der Geschäftsführungsebene ein Indikator für den Umfang des *Erarbeitens von Unternehmens- und Marketingstrategien* ist. Der gezielte Einsatz der Telepräsenz soll Wettbewerbsvorteile gegenüber Konkurrenten schaffen. Vor diesem Hintergrund müssen sich die Telepräsenzanwendungen in die Unternehmens- und Marketingstrategien einfügen. Eine Betrachtung der Wirkungen des Telepräsenzeinsatzes im Rahmen der *Strategieumsetzung* bedarf daher der Identifikation aktueller Strategien des Unternehmens. Wie in Abschnitt 3.4

gezeigt wurde, liegen wesentliche Unterstützungspotenziale in den Bereichen der Marktfeld-, Marktstimulierungs-, Marktareal-, Wettbewerbs- sowie Timingstrategien. Es ist zu vermuten, dass durch den gezielten Telepräsenzeinsatz im Unternehmen die genannten strategischen Optionen unterstützt werden und dadurch Wettbewerbsvorteile errungen werden können.

4.4.3 Wirkungen der Telepräsenz auf die Marketingfunktionsbereiche

Wird die Telepräsenz im gesamten Unternehmen eingesetzt, dann ist mit Konsequenzen in den entsprechenden Teilbereichen der Organisation zu rechnen. Betrachtet man den Funktionsbereich *Marketing* und unterteilt diesen wiederum in seine Submixbereiche, dann sind Wirkungen auf das Produkt- und Preismanagement sowie auf die Kommunikations- und Distributionspolitik zu vermuten. Im Sinne des in 3.1 dargelegten Marketingverständnisses sind ferner mit Wirkungen auf das Beschaffungs- und Public Marketing zu rechnen. Unter dem Blickwinkel des Integrierten Marketing sind alle marktorientierten Aktivitäten innerhalb des Marketing sowie an der Schnittstelle zu angrenzenden Unternehmensbereichen abzustimmen (vgl. MEFFERT 1998 S. 669). An diesen Schnittstellenbereichen verspricht der Telepräsenzeinsatz Kosten- und Effizienzvorteile. Das Erfassen sämtlicher Wirkungen der Telepräsenz in den Funktionsbereichen des Marketing erweist sich jedoch als problematisch, weil aus forschungspraktischen Gründen nicht alle Veränderungen in der Zusammenarbeit der Kommunikationspartner ermittelt werden können. Des Weiteren unterscheidet sich der Telepräsenzeinsatz nach Art und Ausmaß zwischen verschiedenen Unternehmen und innerhalb der Submixbereiche sehr stark.

Ein Indikator für die veränderte Kommunikation im Unternehmen stellt die *Nutzungsintensität* der Telepräsenz in und zwischen einzelnen Marketingfunktionsbereichen dar. Das geeignete Instrument ist die Kommunikationsanalyse, die alle relevanten Organisationsbereiche berücksichtigt. Die Analyse kann in Form von Kommunikationsnetzen und -matrizen erfolgen. Dabei müssen neben der Intensität auch die Richtung des Telepräsenzeinsatzes analysiert werden (vgl. FANK 2001 S. 41). Ein weiterer Indikator ist im Aufbau von *Kompetenzen* hinsichtlich der Anwendung der Telepräsenz durch Mitarbeiter zu erkennen (vgl. RENGELSHAUSEN 2000 S. 119f.). Es ist anzunehmen, dass der Kompetenzaufbau gegenüber moderner Telekommunikation mit dem Grad der Telepräsenznutzung ansteigt. Auf diesen Überlegungen aufbauend kann die folgende Hypothese formuliert werden:

H_{26}: Der Kompetenzaufbau hinsichtlich der Anwendung von Telekommunikationssystemen ist umso höher, je höher die Nutzungsintensität der Telepräsenz in den Unternehmen ist.

4.4.4 Wirkungen der Telepräsenz auf die Marketingorganisation

Wie im Resümee zum Stand der empirischen Forschung bereits festgestellt, werden in den meisten Fällen organisatorische Konsequenzen des Telepräsenzeinsatzes nicht berücksichtigt.

Um diesem Wirkungsbereich näher zu betrachten, werden im Folgenden aufbau- und ablauforganisatorische Effekte der Telepräsenz erfasst.

Aufbauorganisatorische Wirkungen

Unter der Aufbauorganisation werden alle Fragestellungen subsumiert, die im Zusammenhang mit der vertikalen und horizontalen Zerlegung von komplexen Entscheidungsaufgaben, der Zuweisung abgegrenzter Aufgabenkomplexe auf organisatorische Einheiten sowie mit der Gestaltung von Weisungs- und Kommunikationsbeziehungen zwischen diesen Einheiten stehen (FRESE 2000 S. 7). Es wird seit dem Aufkommen von Informations- und Kommunikationstechniken die Frage diskutiert, ob Unternehmen im Rahmen ihrer Nutzung zur Zentralisierung oder eher zur Dezentralisierung von Entscheidungen neigen (vgl. WITTE 1977 S. 363). Vorteile des *Dezentralisierens* von Entscheidungen auf unteren Hierarchieebenen werden dabei in der hohen Motivation der Mitarbeiter sowie in der verbesserten Anpassungsfähigkeit der Organisation durch kürzere Kommunikationswege und größere Problemnähe gesehen (vgl. KIESER 1993 Sp. 2999). Der Telepräsenzeinsatz wirft vor diesem Hintergrund ebenfalls die Frage auf, ob sich mit seiner Hilfe Organisationsstrukturen dezentraler gestalten lassen oder ob ein Zentralisierungseffekt auftritt. Für die Dezentralisierung spricht das Potenzial der Telepräsenz, die Kommunikation zwischen autonomen organisatorischen Einheiten zu verbessern und damit Entscheidungen zu verlagern. An Videokonferenzen können durch die größere Teilnehmerzahl zudem auch Personen teilnehmen, die ansonsten nicht in die Entscheidungsfindung einbezogen werden würden. Dagegen könnten *Zentralisierungstendenzen* entstehen, weil mittels Telepräsenz die interne vertikale Kommunikation angeregt wird. Für multinationale Unternehmen bietet sich dabei die Möglichkeit, weltweit verteilte Tochtergesellschaften und Niederlassungen verstärkt zu kontrollieren (vgl. ANTONI 1990 S. 128, vgl. SCHULTE 1993 S. 151). WITTE hat bereits 1977 dieses Phänomen als „Management by Communication Policy" charakterisiert (ebda S. 363). Aus dieser Diskussion ist die folgende Hypothese zu formulieren:

H_{27}: Die Dezentralisierung ist umso stärker, je ausgeprägter die Telepräsenznutzung im Unternehmen ist.

Ablauforganisatorische Wirkungen

Die Ablauforganisation strukturiert die Informations- und Arbeitsprozesse eines Unternehmens (SCHREYÖGG 1999 S. 121). Diese ziehen sich durch das gesamte Unternehmen und werden bereits auf vielfältigste Weise durch den Einsatz moderner Informations- und Kommunikationssysteme unterstützt. Diese Unterstützungsleistungen verlaufen sowohl in

4. Ein Bezugsrahmen für die Analyse der Determinanten und Wirkungen

interne und externe als auch in vertikale und horizontale Richtung[13]. Beispielsweise setzen Unternehmen wie Microsoft und Accenture E-Mail ein, um vertikale Hierarchiestufen zu überspringen. Mitarbeiter dürfen direkt via Mail mit dem Top-Management kommunizieren. Die Distanz der Kommunikationspartner verliert dabei immer mehr an Bedeutung (vgl. DAFT 1998 S. 334). Neben dieser Beschleunigung der Kommunikationsprozesse sind zudem Qualitätseffekte der Telepräsenznutzung zu vermuten. So stellte APPEL (2000 S. 222) in einem Laborexperiment eine signifikant bessere Lösungsqualität bei komplexen Verhandlungsaufgaben mittels Desktop-Videokommunikation gegenüber E-Mail-Konferenzen fest. Mit dem Ergebnis wurde die Theorie der Media Richness bestätigt (ebda S. 227). Es ist zu vermuten, dass Unternehmen mit dem Einsatz von Telepräsenzsystemen die *Qualität der internen und externen Kommunikationsprozesse* verbessern können (vgl. FÄRBER 1993 S. 45).

Neben der Verbesserung der Kommunikationsqualität ist ein weiterer Telepräsenzeffekt anzunehmen: die *Steigerung des Vertrauens*. Vertrauen ist ein wichtiger Einflussfaktor der zwischenmenschlichen Interaktion und zudem Basis vieler (geschäftlicher) Beziehungen (vgl. RIEMER & KLEIN 2001 S. 710). Organisationale Entwicklungen wie vermehrte standortübergreifende Teamarbeit und überbetriebliche Kooperationen machen es aber Unternehmen immer schwerer, eine vertrauensvolle Zusammenarbeit zwischen den beteiligten Mitarbeitern zu gestalten. Eine wichtige Determinante der erfolgreichen Zusammenarbeit im und zwischen Unternehmen ist jedoch die zwischenmenschliche Kommunikation (vgl. ASHLEIGH & STANTON 1999 S. 323f.). Im Rahmen interpersonaler Kommunikation mithilfe von E-Mail oder Telefon werden jedoch nur im geringen Maße nonverbale Eigenschaften wie Gestik und Mimik der Kommunikationspartner ausgetauscht. Neben dieser geringen sozialen Präsenz kann eine zu lange Wartezeit auf die E-Mail-Antwort zu einem Vertrauensverlust zwischen den Interaktionspartnern führen. Über traditionelle Medien ist der Aufbau von Vertrauen folglich mit großen Schwierigkeiten verbunden und gestaltet sich besonders problematisch, wenn sich die Gesprächspartner nicht kennen. Telepräsenzsysteme vermögen einen weitaus größeren Grad sozialer Präsenz zu vermitteln, was auch empirische Studien unterstreichen (vgl. z.B. ANDERSON et al. 1996 S. 199f.). Es ist nun zu vermuten, dass sich Vertrauen zwischen den kommunizierenden Menschen in der Telepräsenz leichter ausbildet als über andere Telekommunikationssysteme. Aus den Überlegungen heraus werden nun folgende Hypothese formuliert:

H_{28}: Die Verbesserung der internen und externen Kommunikationsqualität ist umso höher, je ausgeprägter die Telepräsenznutzung im Unternehmen ist.

---

[13] Siehe zu Richtungen und Strukturen von Kommunikationsprozessen Punkt 2.2.2.1.

H$_{29}$: Die Telepräsenznutzung verbessert das Vertrauen zwischen den Kommunikationspartnern.

4.4.5 Investitionen und Kosteneffekte der Telepräsenz

Investitionen in die Telepräsenz fallen schwerpunktmäßig in der Planungs-, Einführungs- und Nutzungsphase an. In der Planungs- und Einführungsphase entstehen neben den Personalkosten auch Anschaffungskosten für die Telepräsenzsysteme und für die ihr zugeordnete Hard- und Software. Es sind ferner Raumkosten zu berücksichtigen, wenn spezielle Zimmer für die Telepräsenzsysteme umgestaltet werden müssen. In der Einführungsphase sind des Weiteren Kosten für Schulungsmaßnahmen sowie Marketingkosten für das Bekannt machen der Systeme im Unternehmen nach außen zu berücksichtigen.

Nach den Anfangsinvestitionen für den Aufbau der Telepräsenz im Unternehmen fallen *laufende Kosten* in der Nutzungsphase an (vgl. SCHUMANN 1992 S. 70). Zu den fixen Kosten sind die Anschlussgebühren der Telekommunikationsnetze sowie Hardware- und Softwareupdates zu zählen. Variable Kosten entstehen für das Unternehmen aus den Service- und Wartungskosten, den Schulungs- und Personalkosten sowie aus den Verbindungskosten (siehe ausführlich Punkt 2.4.2.1).

4.5 Basismodell und Hypothesen im Überblick

Das Basismodell im Überblick

Im Abschnitt 4.1 dieses Kapitels wurde die bisherige empirische Forschung zum Thema „Telepräsenz" analysiert. Als Fazit bleibt festzuhalten, dass eine Reihe von empirischen Erhebungen ohne theoretische Basis oder nur mit einem partiellen Realitätsausschnitt angelegt sind. Für eine umfassende für die Feldforschung ausgelegte Erklärung der Telepräsenz wurden nachfolgend im Abschnitt 4.2 sowohl Determinanten als auch Wirkungen im Lichte relevanter theoretischer Ansätze betrachtet. Auf diesen aufbauend, erfolgte in Abschnitt 4.3 die Erarbeitung einer Systematisierung der Einflussgrößen auf den Telepräsenzeinsatz im unternehmerischen Umfeld. Für eine möglichst breite Erfassung der Einflussfaktoren wurde dabei in technologie- und organisationsspezifische sowie in personen- und umweltbezogene Determinanten unterschieden.

Weil die Betrachtung der Telepräsenz im Marketing nicht mit der Analyse von Einflussgrößen enden darf, sind in Abschnitt 4.4 marketingrelevante Wirkungen des Telepräsenzeinsatzes berücksichtigt worden. Dabei wurde auf die der Marketingkonzeption zugrunde liegende Systematisierung in Ziele, Strategien, Instrumente und Organisation zurückgegriffen. Ferner erfolgte die Erfassung relevanter Investitionen und Kosten für die Telepräsenz.

4. Ein Bezugsrahmen für die Analyse der Determinanten und Wirkungen 181

Die folgende Abb. 4-4 veranschaulicht den erarbeiteten Bezugsrahmen mit den einzelnen Determinanten- und Wirkungsbereichen. Die Pfeile stellen die zu überprüfenden Zusammenhänge dar. Nicht dargestellt sind mögliche Rückkopplungen, um die Übersichtlichkeit nicht zu gefährden. Es kann aber davon ausgegangen werden, dass von den Wirkungen wiederum Einflüsse auf die Determinanten ausgehen. Als ein Beispiel sei der organisationale Bereich genannt: Wenn aktuelle Telepräsenzsysteme die Dezentralisierung der Organisationsstrukturen unterstützen, dann schaffen sie damit Voraussetzungen, die den Telepräsenzeinsatz im Zeitverlauf begünstigen. Ferner kann der erfolgreiche Telepräsenzeinsatz in einem Unternehmen seine Wettbewerber veranlassen, dem guten Beispiel zu folgen. Eine mögliche Option ist für den Pionier, eigene Telepräsenz-Kapazitäten weiter auszubauen, um die Pionierstellung zu verteidigen.

Abb. 4-5: Das Basismodell im Überblick

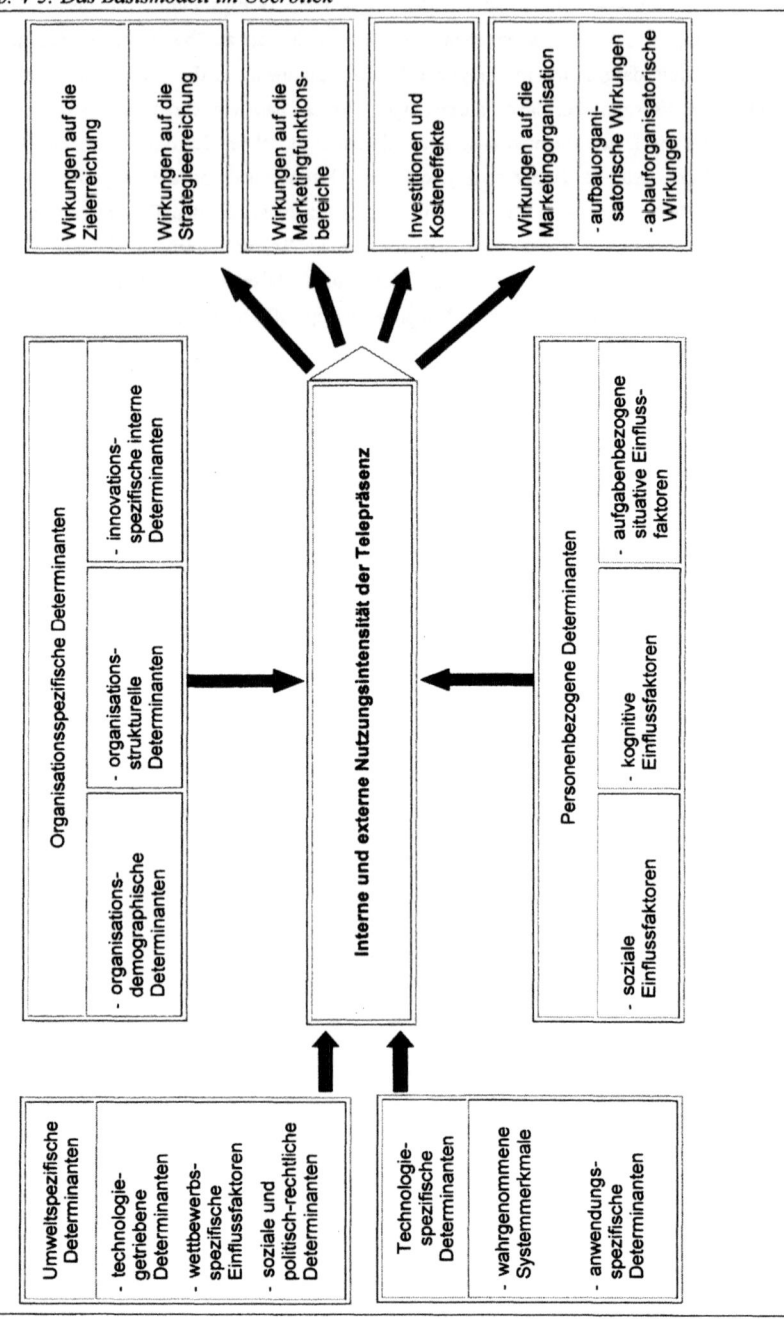

| Wirkungen auf die Zielerreichung | Wirkungen auf die Strategieerreichung | Wirkungen auf die Marketingfunktionsbereiche | Investitionen und Kosteneffekte | Wirkungen auf die Marketingorganisation | - aufbauorganisatorische Wirkungen
- ablauforganisatorische Wirkungen |

Interne und externe Nutzungsintensität der Telepräsenz

Organisationsspezifische Determinanten:
- organisationsdemographische Determinanten
- organisationsstrukturelle Determinanten
- innovationsspezifische interne Determinanten

Personenbezogene Determinanten:
- soziale Einflussfaktoren
- kognitive Einflussfaktoren
- aufgabenbezogene situative Einflussfaktoren

Umweltspezifische Determinanten:
- technologiegetriebene Determinanten
- wettbewerbsspezifische Einflussfaktoren
- soziale und politisch-rechtliche Determinanten

Technologiespezifische Determinanten:
- wahrgenommene Systemmerkmale
- anwendungsspezifische Determinanten

Eigene Darstellung

4. Ein Bezugsrahmen für die Analyse der Determinanten und Wirkungen   183

Die Hypothesen im Überblick

Die Hypothesen, die in den Abschnitten 4.3 und 4.4 erarbeitet wurden, werden nachfolgend zusammenfassend dargestellt.

Hypothesen zu den technologiespezifische Determinanten:

H_1:	Die Nutzungsintensität der Telepräsenz im Unternehmen ist umso ausgeprägter, je höher der relative Vorteil der Telepräsenztechnologie eingeschätzt wird.
H_2:	Die Nutzungsintensität der Telepräsenz im Unternehmen ist umso ausgeprägter, je höher die Kompatibilität der Telepräsenzsysteme zu bereits eingesetzten Kommunikationstechnologien im Unternehmen eingeschätzt wird.
H_3:	Die Nutzungsintensität der Telepräsenz im Unternehmen ist umso ausgeprägter, je geringer die Komplexität der Telepräsenztechnologie eingeschätzt wird.
H_4:	Die Nutzungsintensität der Telepräsenz im Unternehmen ist umso ausgeprägter, je besser die Kommunizierbarkeit der Telepräsenztechnologie eingeschätzt wird.
H_5:	Die Nutzungsintensität der Telepräsenz im Unternehmen ist umso ausgeprägter, je höher die Erprobbarkeit der Telepräsenztechnologie eingeschätzt wird.
H_6:	Die Nutzungsintensität der Telepräsenz im Unternehmen ist umso ausgeprägter, je geringer das Investitionsrisiko wahrgenommen wird.
H_7:	Die Nutzungsintensität der Telepräsenz im Unternehmen ist umso ausgeprägter, je höher das Image-Risiko bei Nicht-Einführung wahrgenommen wird.

Hypothesen zu den organisationsspezifischen Determinanten:

H_8:	Die Nutzungsintensität der Telepräsenz im Unternehmen ist umso ausgeprägter, je größer die Unternehmen sind.
H_9:	Die Nutzungsintensität der Telepräsenz im Unternehmen ist umso ausgeprägter, je größer der Kostendruck ist.
H_{10}:	Die Nutzungsintensität der Telepräsenz im Unternehmen ist umso ausgeprägter, je dezentraler die Anwenderorganisation strukturiert ist.
H_{11}:	Die Nutzungsintensität der Telepräsenz im Unternehmen ist umso ausgeprägter, je arbeitsteiliger die Anwenderorganisation strukturiert ist.
H_{12}:	Die Nutzungsintensität der Telepräsenz im Unternehmen ist umso ausgeprägter, je höher die Innovationsbereitschaft der Anwenderorganisation ist.
H_{13}:	Die Nutzungsintensität der Telepräsenz im Unternehmen ist umso ausgeprägter, je größer die Erfahrungen und das Know-how der Anwenderorganisation mit Neuen Medien sind.
H_{14}:	Die Nutzungsintensität der Telepräsenz im Unternehmen ist umso ausgeprägter, je entwickelter die Kommunikationskultur der Anwenderorganisation ist.
$H_{15A,B,C}$:	Die Nutzungsintensität der Telepräsenz im Unternehmen ist umso ausgeprägter, je höher der Einfluss der Promotoren in der (A) Planungs-, (B) Einführungs- und (C) Nutzungsphase ist.

4. Ein Bezugsrahmen für die Analyse der Determinanten und Wirkungen

Hypothesen zu den personenbezogenen Determinanten:

H_{16}: Die Nutzungsintensität der Telepräsenz im Unternehmen ist umso ausgeprägter, je stärker die Vorbildfunktion der Vorgesetzten bzgl. der Telepräsenznutzung ist.

H_{17}: Die Nutzungsintensität der Telepräsenz im Unternehmen ist umso ausgeprägter, je größer die Fähigkeiten der potenziellen Nutzer sind, mit Telepräsenzsystemen umzugehen.

H_{18}: Die Nutzungsintensität der Telepräsenz im Unternehmen ist umso ausgeprägter, je umfangreicher die potenziellen Nutzer geschult wurden.

H_{19}: Die Nutzungsintensität der Telepräsenz im Unternehmen ist umso ausgeprägter, je geringer der Zeitdruck eingeschätzt wird, unter dem die potenziellen Telepräsenznutzer stehen.

H_{20}: Die Nutzungsintensität der Telepräsenz im Unternehmen ist umso ausgeprägter, je geringer die Zeitverschiebungen zu internationalen Kommunikationspartnern eingeschätzt werden.

H_{21}: Die Nutzungsintensität der Telepräsenz im Unternehmen ist umso ausgeprägter, je einfacher der Zugang zu den Telepräsenzsystemen für die Nutzer eingeschätzt wird.

Hypothesen zu den umweltspezifischen Determinanten:

H_{22}: Die Nutzungsintensität der Telepräsenz im Unternehmen ist umso ausgeprägter, je höher der Verbreitungsgrad der Telepräsenztechnologie bei Lieferanten, Kunden, Händlern sowie Wettbewerbern ist.

H_{23}: Die Nutzungsintensität der Telepräsenz im Unternehmen ist umso ausgeprägter, je höher die Bedeutung der Telepräsenz für die Branche eingeschätzt wird.

$H_{24A,B,C}$: Die Nutzungsintensität der Telepräsenz im Unternehmen ist umso ausgeprägter, je größer der positive Einfluss externer Promotoren in der (A) Planungs-, (B) Einführungs- und (C) Nutzungsphase eines Telepräsenzprojektes ist.

Hypothesen zu den Wirkungen auf die Zielerreichung:

H_{25}: Die Zielerreichung der Telepräsenz ist umso höher, je ausgeprägter die Intensität der Telepräsenznutzung ist.

Hypothesen zu den Wirkungen auf die Marketingfunktionsbereiche:

H_{26}: Der Kompetenzaufbau hinsichtlich der Anwendung von Telekommunikationssystemen ist umso höher, je höher die Nutzungsintensität der Telepräsenz in den Unternehmen ist.

Hypothesen zu den Wirkungen auf die Marketingorganisation:

H_{27}: Die Dezentralisierung ist umso stärker, je ausgeprägter die Telepräsenznutzung im Unternehmen ist.

H_{28}: Die Verbesserung der internen und externen Kommunikationsqualität ist umso höher, je ausgeprägter die Telepräsenznutzung im Unternehmen ist.

H_{29}: Die Telepräsenznutzung verbessert das Vertrauen zwischen den Kommunikationspartnern.

5. Anlage und Ergebnisse einer Studie zur Telepräsenz im Marketing

Die bisherigen Darstellungen der multimedialen Telepräsenz im Marketing haben eine weites Spektrum der Einsatzmöglichkeiten offengelegt (Kapitel 3). Theoriegeleitete Überlegungen führten anschließend zu den wesentlichen Faktoren, die den Telepräsenzeinsatz im Unternehmen determinieren. Ferner wurden relevante Wirkungen der Telepräsenz auf das Marketing thematisiert (Abschnitte 4.2 bis 4.4). Das vorliegende Kapitel 5 ist wie folgt aufgebaut: Im ersten Abschnitt (5.1) wird zunächst die Anlage der empirischen Untersuchung dargestellt. In diesem Rahmen erfolgt die Erläuterung des Untersuchungsziels und der -methode, die Darstellung der Auswahl der Unternehmen und Experten, der Datenbasis und -auswertung sowie der Aufbau des Fragebogens. Anschließend werden die zentralen Ergebnisse der Untersuchung präsentiert (Abschnitt 5.2). Nach elementaren deskriptiven Ergebnissen (5.2.1 bis 5.2.4) werden die Determinanten des Telepräsenzeinsatzes im Marketing dargestellt (Punkt 5.2.5). Darauf folgend werden die festgestellten Wirkungen der Telepräsenz im Unternehmen und im Marketing erläutert (Punkt 5.2.6). Der letzte Abschnitt (5.3) fasst die wichtigsten Ergebnisse nochmals zusammen.

5.1 Untersuchungsanlage

5.1.1 Ziel der Untersuchung

Ziel der vorliegenden Untersuchung war die Erfassung und Analyse des Telepräsenzeinsatzes im Marketing. In diesem Rahmen sollte zunächst der aktuelle Stand eingesetzter Telepräsenzsysteme, deren Ziele und Zielgruppen sowie die Nutzungsintensität in der internen und externen Kommunikation ermittelt werden. Darauf folgend zielte die Determinantenanalyse auf die Identifikation der Faktoren, die für die Nutzung der Telepräsenz erforderlich sind. Als Systematik diente hierbei der in Punkt 4.3.1 erarbeitete Managementprozess für Telepräsenzprojekte, der sich aus den Phasen Planung, Einführung, Nutzung sowie Kontrolle der Telepräsenz zusammensetzt. Darüber hinaus sollten im Rahmen einer Wirkungsanalyse Erkenntnisse über die Effekte der Telepräsenz auf das Marketing gewonnen werden. Dabei interessierten die Wirkungen auf die Ziel- und Strategieerreichung, auf die Marketingfunktionsbereiche und Unternehmensorganisation sowie auf Investitionen und Kosten.

5.1.2 Zur Erhebungsmethode

Für das Erreichen der genannten Ziele bot sich eine Expertenbefragung als Erhebungsmethode an. Bei der Expertenbefragung werden Sachverständige, sog. Spezialisten, interviewt (HÜTTNER 1999 S. 68). Dies ist eine bewährte Methode, um mit Fachleuten über deren Erfahrungen, Einsichten und Meinungen zu dem Untersuchungsgegenstand „Telepräsenz" zu sprechen (vgl. BEREKOVEN et al. 1996 S. 277). Wichtig war zudem, dass die Telepräsenzexperten prognostische Aussagen zur Telepräsenz treffen konnten, um nicht nur einen Einblick in die aktuelle, sondern auch in die zukünftige Telepräsenznutzung zu erhalten (vgl. BEUTELMEYER & KAPLITZA 1999 S. 308).

Experteninterviews bieten sich insbesondere dann an, wenn ein Untersuchungsproblem noch weiter zu präzisieren ist, und wenn vielschichtige Einsichten gewonnen werden sollen. Die Expertenbefragung gehört zu den qualitativen Analyseverfahren der Marketingforschung und ist generell mit einem höheren Grad an Subjektivität verbunden als formale Verfahren. An die Stelle eines mathematischen Modells treten hierbei das Wissen und die Intuition der befragten Person. Der Befragte ist aufgrund seiner fachlichen Qualifikation in der Lage, die erforderlichen Informationen zu liefern (vgl. HAMANN & ERICHSON 1994 S. 347f.).

Die befragten Personen der Untersuchung sind Telepräsenzexperten in den ausgewählten Unternehmen. Es kann davon ausgegangen werden, dass diese Personengruppe als Promotoren die Innovation „Telepräsenz" begleiteten. Die Promotorentätigkeit wurde auf der Macht-, Beziehungs- oder Fachebene ausgeübt (vgl. HAUSCHILDT 1997 S. 168-170). Organisatorisch kamen dabei Aufgabenträger infrage, die in der Telekommunikationsabteilung oder – wenn eine gesonderte Abteilung nicht vorhanden war – in einem anderen verantwortlichen Funktionsbereich angesiedelt waren. Ausgewählt wurden Abteilungs- oder Projektleiter. Wenn auf diese nicht zurückgegriffen werden konnte, dienten in einigen Fällen auch Sachbearbeiter als Auskunftspersonen. Eine wesentliche Bedingung bei der Auswahl der Experten war eine mehrjährige Berufserfahrung im Bereich der Telepräsenz. Die Interviewpartner mussten sowohl über ein hohes telepräsenzspezifisches Wissen verfügen als auch Planungs-, Einführungs- und Kontrollaufgaben in diesem Bereich begleiten. Neben Erfahrungen aus der Konzeption und Betreuung der Telepräsenzsysteme waren zudem Kenntnisse als Nutzer der Telepräsenz gefordert.

5.1.3 Zur Auswahl der Unternehmen und der Experten

Für die vorliegende Untersuchung wurde die *Automobilbranche* in Deutschland ausgewählt. Zwei wesentliche Gründe sprachen für die Auswahl dieses Sektors: Die deutschen Automobilhersteller setzen seit etwa Mitte der achtziger Jahre Telepräsenzsysteme ein und besitzen somit als Pioniere einen breiten Erfahrungsschatz (vgl. O.V. 1985 S. 90-95). Ferner zeigten Vorgespräche, dass die Automobilindustrie ihre Telepräsenzsysteme auch zur externen Kommunikation einsetzt. Da bisherige Studien diese Kommunikationsrichtung weitgehend ausgeklammert haben, sollten auch an dieser Stelle Erkenntnisse gewonnen werden[1].

---

[1] Zu den Grenzen der bisherigen empirischen Telepräsenzforschung siehe Punkt 4.1.3.

5. Anlage und Ergebnisse einer Studie zur Telepräsenz im Marketing

Die Beziehungen zwischen den Automobilherstellern und -zulieferern lassen sich auf folgende Weise näher charakterisieren: Die Herstellerunternehmen werden als „Original Equipment Manufacturer" (OEMs) bezeichnet und sind organisationale Nachfrager, die Produkte als Teile oder Module bei Zulieferern beschaffen, um sie in ihre Endprodukte einzubauen (BACKHAUS 1999 S. 669). Die OEM-Zulieferbeziehung ist in der Autobranche sehr interaktionsintensiv, weil die Hersteller ihre Lieferanten schon früh in die Produktentwicklung integrieren (siehe auch den Abschnitt 3.5). Zudem besteht i.d.R. eine langfristige Geschäftsbeziehung, die meistens mit der Modelllaufzeit deckungsgleich ist (ebda S. 670-676). Für das Erreichen der Untersuchungsziele lag es nahe, sowohl die OEMs als auch die Zulieferer in Deutschland zu befragen.

Die *Grundgesamtheit der OEMs* bildeten alle in Deutschland produzierenden Hersteller sowie die hierzulande vertretenen Importeure ausländischer Automobilhersteller. Zu den deutschen OEMs zählen Audi AG, BMW AG, DaimlerChrysler AG, Dr. Ing. h.c. F. Porsche AG sowie Volkswagen AG. Zudem lassen sich die in Deutschland produzierenden Automobilunternehmen Adam Opel AG und die Ford Werke AG hinzuzählen. Sie sind von ihrer Identität her auch als deutsche Unternehmen einzustufen (VORNKAHL 1997 S. 25). Eine Vorstudie am Institut für Marketing und Handel der Universität Göttingen hat gezeigt, dass alle genannten deutschen Automobilhersteller Telepräsenzsysteme einsetzen (vgl. EGGERS 1999 S. 34). Bis auf die Adam Opel AG und die Volkswagen AG – die aus Personalmangel nicht bereit waren, an der Studie teilzunehmen – beteiligten sich alle deutschen Automobilhersteller an der vorliegenden Untersuchung. Im Vorfeld der Untersuchung wurden zudem *alle* in Deutschland angesiedelten Automobilimporteure[2] telefonisch danach befragt, ob sie regelmäßig Telepräsenzsysteme einsetzen. Die folgenden Unternehmen besitzen und verwenden regelmäßig Telepräsenzsysteme: Citroën Deutschland GmbH, Fiat Deutschland GmbH, Nissan Deutschland GmbH und Toyota Kreditbank GmbH. Die vier Gesellschaften erklärten sich bereit, an der Studie teilzunehmen.

Die *Grundgesamtheit der Automobilzulieferer* bildeten alle in Deutschland produzierenden Lieferanten. Ihre Anzahl ist im Vergleich zu den OEMs weitaus größer: Die Zeitschrift „Automobil-Produktion" erfasst in ihrer Publikation „Automobil-Zulieferer in Deutschland" für die Jahre 1999 und 2000 über 1.200 Unternehmen (EHRIG 1999)[3]. Um die hohe Zahl der Zulieferer für die vorliegende Untersuchung zu reduzieren, wurden folgende Grenzen gezogen: Die Unternehmen sollten einen Mindestumsatz von 1 Mrd. DM und international

---

[2] Als Grundlage diente die jährliche Veröffentlichung der Händlerentwicklung in Deutschland der Zeitschrift AUTOHAUS (2000 S. 38-43).

[3] Erfasst wurden System-, Modul- und Sublieferanten. Maschinen-, Anlagen- und Werkzeugbauer sowie Dienstleister sind in der genannten Zahl nicht berücksichtigt.

verteilte Produktionsstätten aufweisen sowie Erstausrüster mit Direktanlieferung an die OEMs sein. Die nachfolgenden Unternehmen erfüllten die genannten Anforderungen und erklärten sich bereit, an der Studie teilzunehmen: Continental Teves AG & Co. oHG, Delphi Automotive Systems Deutschland GmbH, FAG Automobiltechnik AG, Wilhelm Karmann GmbH, Sachs AG, Siemens AG (Bereich Automobiltechnik) und Webasto AG.

Insgesamt gingen auf diese Weise 16 Unternehmen in die Untersuchung ein. Die *Stichprobenziehung* erfolgte nach dem sog. „Cut-off-Verfahren", das zu den gängigen Verfahren der bewussten Auswahl nach dem Konzentrationsprinzip zählt. Es wurden nur solche Elemente der Grundgesamtheit erhoben, welche für den Untersuchungstatbestand ein besonderes Gewicht aufwiesen (BEREKOVEN et al. 1996 S. 57). Da auch bei diesem Vorgehen ein subjektiver Ermessensspielraum besteht und die Stichprobengröße als relativ klein angesehen werden kann, wird kein Anspruch auf Repräsentativität erhoben. Die Befragung war als Pilotstudie konzipiert.

Die potenziellen *Interviewpartner* wurden in einem ersten Schritt telefonisch ermittelt und mit dem Forschungsanliegen vertraut gemacht. Im zweiten Schritt wurde den Experten ein Anschreiben zur Vorbereitung des Gesprächs zugesandt, das auf den Themenkreis und die Ziele der Befragung sowie den Wunsch nach einem Interview hinwies. Darauf aufbauend wurde im nächsten Schritt ein Termin mit den sich bereit erklärenden Personen vereinbart. Die Befragung wurde am Standort der Unternehmen durchgeführt. Der Untersuchungszeitraum erstreckte sich von Oktober 2000 bis Mai 2001. Die Interviews dauerten in Abhängigkeit vom Interviewpartner zwischen zwei und drei Stunden. Die Befragung erfolgte in Form von strukturierten Interviews mithilfe eines standardisierten Fragebogens, womit eine Vergleichbarkeit der Antworten zu erreichen war (vgl. BEREKOVEN et al. 1996 S. 98). Von einer tontechnischen Aufzeichnung der Gespräche wurde verzichtet, um die Befragten aus Vertraulichkeitsgründen nicht von einem offenen Gespräch abzuhalten.

5.1.4 Datenauswertung

Um mithilfe statistischer Tests die Tragfähigkeit der Hypothesen zu ermitteln, musste zunächst festgelegt werden, unter welchen Bedingungen die Nullhypothese angenommen oder abgelehnt werden soll. In der empirischen Organisationsforschung ist es üblich, eine Nullhypothese erst dann zu verwerfen, wenn die Irrtumswahrscheinlichkeit kleiner oder gleich 5% oder sogar kleiner oder gleich 1% ist (vgl. WITTE 1974 Sp. 1274). Diese Grenzwerte werden auch als Signifikanzniveau oder α-Fehler-Niveau bezeichnet. In Abhängigkeit vom erreichten Signifikanzniveau werden im Laufe der Ergebnisdarstellung folgende, in der Literatur übliche, abgestufte Beurteilungen verwendet (vgl. BORTZ 1999 S. 111):

- nicht signifikant (n.s.) = $\alpha > 0{,}10$
- schwach signifikant = $\alpha \leq 0{,}10$
- signifikant = $\alpha \leq 0{,}05$
- sehr signifikant = $\alpha \leq 0{,}01$
- hoch signifikant = $\alpha \leq 0{,}001$

Für das Verwerfen von Nullhypothesen wurde für diese Arbeit ein Signifikanzniveau von $\alpha \leq 0{,}10$ als ausreichend festgelegt. Diese Entscheidung basierte auf dem Vorliegen einer relativ kleinen Anzahl untersuchter Unternehmen (n = 16). Zur Hypothesenüberprüfung wurde in der vorliegenden Untersuchung die Korrelationsanalyse nach Pearson angewendet. Der Korrelationstest überprüft die Signifikanz einer Produkt-Moment-Korrelation. Die Effektgröße des Signifikanztests ist der Korrelationskoeffizient r. Neben der Stärke einer Beziehung zwischen zwei Variablen wird bei einer Korrelation auch die Richtung der jeweiligen Beziehung betrachtet. Dabei gibt der Korrelationskoeffizient r lineare Zusammenhänge an, deren Stärke er in einer einzigen Maßzahl ausdrückt. Diese Maßzahl liegt in einem Wertebereich zwischen –1 und +1. Dabei wird die Nullhypothese getestet, dass der Koeffizient in der Grundgesamtheit nicht größer als Null ist (vgl. BORTZ & DÖRING 1995 S. 570). Durch Plausibilitätsüberlegungen, die im theoretischen Bezugsrahmen in den Abschnitten 4.3 und 4.4 angestellt wurden, erfolgten einseitige Signifikanztests.

Um die gewünschten Auswertungen durchzuführen, wurden bei den geschlossenen Fragen zur Messung der Variablen überwiegend sechsstufige Ratingskalen verwendet. In der Literatur herrscht die übereinstimmende Meinung vor, dass Messwerte von Ratingskalen unter bestimmten Voraussetzungen wie intervallskalierte Werte behandelt werden dürfen. Dies lässt mathematische Operationen zu. Die Voraussetzung dafür ist, dass die Abstände auf der Skala vom Befragten bei entsprechender grafischer Darstellung als gleiche Intervalle aufgefasst werden können (vgl. BORTZ & DÖRING 1995 S. 168f., vgl. BEREKOVEN et al. 1996 S. 74). Ein Großteil der Fragen wurde für ein besseres Verständnis als Aussage formuliert. Der Wert 1 spiegelt dabei die geringste Übereinstimmung mit der Aussage wider, wogegen der Wert 6 die höchste Übereinstimmung mit der Aussage kennzeichnet. Die Untersuchungsuswertung erfolgte mithilfe des Programmpakets SPSS (Superior Performing Software Systems) in der Version 9.0.

5.1.5 Zum Aufbau des Fragebogens

Die Interviews wurden mit einer kurzen Vorstellung des Forschungsprojektes eröffnet. Der erste Fragenblock befasste sich mit Angaben zur Auskunftsperson. Im Anschluss daran wurden Fragen zum Unternehmen und dessen EDV- und Multimediaeinsatz gestellt.

Der dritte Fragenkomplex beschäftigt sich mit den *Telepräsenzanwendungen* in den Unternehmen. Dabei wurde nach den im Einsatz befindlichen Systemarten und ihrer telekommunikativen Vernetzung gefragt. Ferner wurde geklärt, welche Peripherie den einzelnen Telepräsenzsystemen zugeordnet werden kann.

Im vierten Teil des Fragebogens wurden die Auskunftspersonen nach den *Zielen* des Telepräsenzeinsatz befragt. Dabei ist im ersten Schritt mittels einer sechsstufigen Skala nach der Bedeutung jedes einzelnen Ziels gefragt worden. Im nächsten Schritt wurden die Experten gebeten, wiederum mithilfe einer sechsstufigen Skala den Zielerreichungsgrad anzugeben. Des Weiteren erfolgte in diesem Teil die Erfassung der Einsatzgebiete der Telepräsenz. Dafür diente eine Matrix, in der die telepräsenzgestützten Kommunikationsbeziehungen zwischen allen marketingrelevanten Funktionsbereichen des Unternehmens erhoben wurden. In jeder Zelle der Matrix konnten die Gesprächspartner die Intensität der Telepräsenznutzung auf einer sechsstufigen Skala abtragen.

Die folgenden Fragenblöcke orientierten sich an den in Punkt 4.3.1 erläuterten Innovationsphasen. Es handelte sich dabei um die Planungs-, Einführungs-, Nutzungs- und Kontrollphasen. Sie dienten der Zuordnung von Determinanten, die für die einzelnen Phasen charakteristisch sind. Die befragten Experten wurden gebeten, die Fragen im chronologischen Kontext eines Telepräsenzprojektes zu betrachten.

Im Abschnitt der *Planungsphase* wurde nach Verantwortlichkeiten und Beteiligungsgraden an der Planung gefragt. Anschließend erfolgte die Betrachtung des Promotoreneinflusses sowie der internen Voraussetzungen in den Unternehmen. Nachfolgend wurden die Gesprächspartner gebeten, Risiken, die in Planungsüberlegungen eine Rolle spielen könnten, zu bewerten.

Der Fragenkatalog zur *Einführungsphase* ging wiederum auf Verantwortlichkeiten, Beteiligte und Promotoren in dieser Projektphase ein. Anschließend wurden Analysetechniken, Schulungs- und Informationsmaßnahmen betrachtet. Um die Erprobbarkeit der Telepräsenz zu ermitteln, sollten die Befragten die Erfahrungen bewerten, die im Einführungsprozess mit Testinstallationen gesammelt wurden.

Ein Schwerpunkt bildete der Abschnitt zum Thema *Nutzungsphase* der Telepräsenz. An dieser Stelle wurde nach der Nutzungsintensität der Telepräsenz in der internen und externen Kommunikation gefragt. Um die Komplexität der Telepräsenz bei den untersuchten Unternehmen zu beurteilen, mussten die Befragten organisationale und technische Barrieren der Videokommunikation einschätzen. Daran schlossen sich Fragen zum relativen Vorteil, zur Kompatibilität und zur Kommunizierbarkeit der Telepräsenztechnologie an.

Der anschließende Fragenteil befasste sich mit *marktumfeldbezogenen Einflussfaktoren* auf die Telepräsenznutzung. In diesem Rahmen wurde auf die Verbreitung von Telepräsenzsystemen im Unternehmensumfeld und auf die Bedeutung der Telepräsenz für die Automobilbranche eingegangen.

Die folgenden Fragen befassten sich mit den Wirkungen der Telepräsenz im Unternehmen. Ein erster Schritt ging auf die verfolgten *Absatz- und Beschaffungsstrategien* ein, um im nächsten Schritt das Ausmaß zu erfragen, in dem der Telepräsenzeinsatz diese unterstützen kann. Im nachfolgenden Fragenblock ist nach typischen Einsatzszenarien der Telepräsenz in *Funktionsbereichen des Marketing* gefragt worden. Ferner wurden die Auskunftspersonen gebeten, die zukünftige Nutzung der Telepräsenz in marketingrelevanten Funktionsbereichen des Unternehmens anzugeben.

Im Anschluss daran folgten Fragen zu den *Wirkungen auf die Organisation*. Dieser Bereich befasste sich mit den Effekten des Telepräsenzeinsatzes auf die Dezentralisation von Entscheidungen. Zudem erfolgte die Betrachtung von Kommunikationsverbesserungen durch die Telepräsenznutzung. Um einen Einblick in die *Investitions- und Kosteneffekte* zu erhalten, wurde im nächsten Schritt nach den Investitionssummen und deren Verteilung auf die einzelnen Projektphasen gefragt. Ferner waren die laufenden Kosten der Telepräsenz von Interesse. Der letzte Abschnitt des Fragebogens stellte auf die *zukünftigen Aktivitäten* der Unternehmen im Bereich Telepräsenz ab.

5.2 Ergebnisse der Expertenbefragung

5.2.1 Merkmale der befragten Unternehmen und Experten

Als zentrale Kriterien zur Bestimmung der Unternehmensgröße lassen sich der Umsatz und die Beschäftigtenanzahl heranziehen. Die folgende Tab. 5-1 zeigt die befragten Unternehmen anhand ihrer Umsätze und der Beschäftigten sowie die Anzahl der Produktionsstandorte der Unternehmen im Jahr 2000:

Tab. 5-1: Umsatz, Beschäftigte und Produktionsstandorte der Unternehmen

Unternehmen	Umsatz 2000 (in Mio. €)	Beschäftigte 2000	Produktions- standorte
Zulieferer			
ContiTeves	1.494	5.301	6
Delphi	1.210	4.000	258
FAG AT	615	3.976	7
Karmann	1.242	6.061	8
Sachs	2.487	21.249	52
Siemens AT	3.800	30.000	32
Webasto	1.107	4.598	46
OEMs			
Audi	19.953	49.396	8
BMW	35.356	93.624	23
DaimlerChrysler	162.384	416.501	161
Ford	25.644	38.417	k.A.
Porsche	3.649	9.320	2
Importeure			
Citroen	610	285	k.A.
Fiat	k.A.	k.A.	k.A.
Nissan	1.066	206	k.A.
Toyota	1.304	496	7 in Europa

Deutlich wird, dass die Automobilhersteller (OEMs) gemessen am Umsatz und an der Beschäftigtenzahl weitaus größer sind als die Zulieferer. Betrachtet man die Produktionsstandorte der Unternehmen, dann ist aber auch festzustellen, dass ein Großteil der Zulieferer ein internationales Standortnetz besitzt. Dabei wird die Entwicklung verdeutlicht, dass die Automobilzulieferer nicht nur ihre Produkte international anbieten, sondern auch dort Produktionsstätten aufbauen, wo ihre Kunden angesiedelt sind (vgl. VDA 2001 S. 54f.).

Für die Zielsetzung der vorliegenden Untersuchung war es notwendig, erfahrene Telepräsenzexperten in den jeweiligen Unternehmen zu befragen. Die Hälfte der Befragten ist seit mindestens acht Jahren in der aktuellen Funktion tätig (siehe Tab. 5-2). Zwölf Experten sind länger als acht Jahre in ihrem Unternehmen beschäftigt. Dadurch ist anzunehmen, dass die Interviewten eine genaue Kenntnis ihres Unternehmen aufweisen. Zudem zeigt sich, dass 13 Experten bereits in ihrer Funktion tätig waren, als die Systeme erstmals eingeführt wurden.

Damit ist sichergestellt, dass sie in der Lage sind, tiefgehende Fragen zu den Telepräsenzprojekten in ihrem Hause zu beantworten.

Tab. 5-2: Unternehmens- und Funktionszugehörigkeit der Experten

	Unternehmens-zugehörigkeit	Tätigkeit in der aktuellen Funktion	Einsatzdauer der Telepräsenz
bis 4 Jahre	4	5	3
bis 6 Jahre	0	1	6
bis 8 Jahre	0	2	2
bis 10 Jahre	3	3	1
über 10 Jahre	9	5	4

5.2.2 Die Telepräsenzanwendungen in den Unternehmen

Zunächst sollte überprüft werden, welche Telepräsenzsysteme in welcher Anzahl im Unternehmen zum Einsatz kommen. Dabei wurde nach den folgenden vier Systemklassen gefragt: Raum- und Desktop-Videokommunikationssysteme sowie Kompakt- und Rollabout-Videokommunikationssysteme[4]. Durch telefonische Gespräche stellte sich vorab heraus, dass zum Zeitpunkt des Untersuchungsbeginns noch keine mobilen Laptop- sowie Terminal-Videokommunikationssysteme eingesetzt wurden. Es zeigte sich, dass der bereits in Punkt 3.6.3.1 beschriebene „Consultant on Demand" von DaimlerChrysler aktuell nicht mehr im Einsatz ist. Ferner zeichnet sich eine Konvergenz von Raum-, Kompakt- und Rollabout-Systemen ab: Diese werden in der Praxis faktisch als festinstallierte Raumsysteme genutzt, weil die Qualität der Kompakt-Videokommunikationssysteme mittlerweile sehr gut und das Preisniveau niedrig ist. Ähnliches gilt für die Rollabout-Systeme, die sich durch hohe Beweglichkeit auszeichnen. Sie werden meist in einen Besprechungsraum gefahren, wo sie ebenfalls wie immobile Raumsysteme verwendet werden. Aufgrund der geschilderten Beobachtungen wird in den folgenden Ausführungen in *Raum-* und *Desktop*-Videokommunikationssysteme unterschieden.

Die folgende Abb. 5-1 stellt die Anzahl der Raum- (RVC) sowie der Desktop-Videoconferencingsysteme (DVC) im gesamten Unternehmen und im Marketing dar. Es wird ersichtlich, dass die Automobilhersteller mit durchschnittlich 98 Systemen eine sehr große Zahl raumbasierter Systeme einsetzen. Diese Systeme befinden sich in Reichweite der einsetzenden Funktionsbereiche. Knapp 50% der raumbasierten Telepräsenzsysteme ist so auch für das Marketing zugänglich. Die Anzahl der Desktopsysteme ist mit 82 zwar ähnlich hoch, sie erlauben aber durch ihre Schreibtischplatzierung i.d.R. keinen Zugriff durch andere

---

[4] Zu den einzelnen Telepräsenzsystemen siehe ausführlich Punkt 2.3.3.

Mitarbeiter. Zudem sind sie vorrangig in technischen Abteilungen vorzufinden. Daher verwundert nicht, dass nur 13 Systeme für die Marketingabteilungen der Hersteller zur Verfügung stehen.

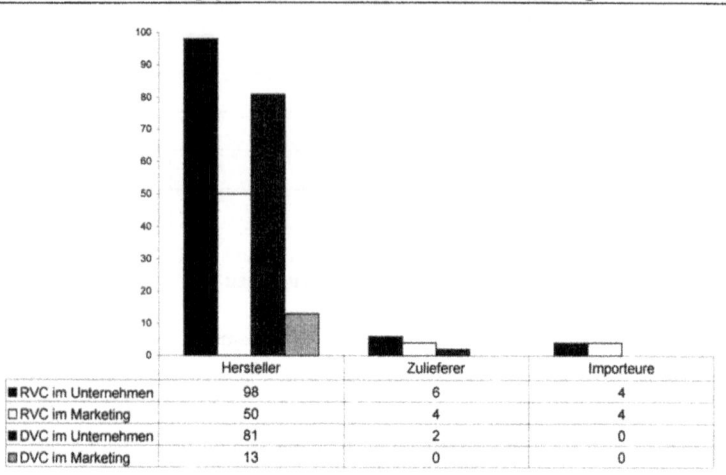

Abb. 5-1: Raum- und Desktopsysteme im Unternehmen und im Marketing

	Hersteller	Zulieferer	Importeure
■ RVC im Unternehmen	98	6	4
☐ RVC im Marketing	50	4	4
■ DVC im Unternehmen	81	2	0
▣ DVC im Marketing	13	0	0

Zulieferer und Importeure besitzen erwartungsgemäß im Vergleich zu den OEMs weitaus weniger raum- und arbeitsplatzbasierte Telepräsenzsysteme. Während zwei Drittel der Raumsysteme bei den Zulieferern auch für das Marketing zugänglich sind, können Marketingmitarbeiter bei den Importeuren alle verfügbaren Systeme benutzen. Diese setzen keine Desktopsysteme ein. Das überrascht nicht, da v.a. Abstimmungen auf Managementebene mit den Muttergesellschaften zu erwarten waren. Technische Telepräsenzsitzungen z.B. im FuE-Bereich fallen somit kaum an. Die geringe Anzahl der PC-gestützten Desktopsysteme erstaunt hingegen bei den Zulieferern. Weil alle befragten Unternehmen im Rahmen ihrer Tätigkeit als Systemlieferant in enger Entwicklungspartnerschaft mit den OEMs stehen, war bei diesen Systemen eine höhere Anzahl zu vermuten. Daraus ist ersichtlich, dass die telepräsente Zusammenarbeit größtenteils via raumbasierter Videokommunikation realisiert wird.

Alle Unternehmen benutzen für den Einsatz der Telepräsenz das ISDN. Dabei werden mindestens zwei B-Kanäle mit 128 Kbit/s verwendet. 50% der befragten Unternehmen setzen bis zu sechs B-Kanäle mit 384 Kbit/s ein. Zwei Firmen schalten acht B-Kanäle mit 512 Kbit/s und ein Unternehmen setzt auf 12 B-Kanäle mit 768 Kbit/s. Nur ein Unternehmen nutzt eine 2 Mbit/s-Standleitung im Konzernverbund. In seltenen Fällen erfolgt bei diesem Unternehmen die Verbindung über Satellit. Auffällig ist, dass Desktop-Videokommunikationssysteme größtenteils nur mit maximal 128 Kbit/s laufen. Dies ist damit zu erklären, dass bei der – v.a.

bilateralen – Kommunikation die Qualität des Videobildes eine untergeordnete Rolle spielt und mehr Gewicht auf Application Sharing und Dateitransfer liegt.

Werden die beiden Systemarten – Raum- und Desktopsysteme – hinsichtlich ihrer Ausstattung betrachtet (siehe Abb. 5-2), dann ist festzustellen, das 63% der Raumsysteme und 89% der Desktopsysteme mit einer Application Sharing-Funktion ausgestattet sind[5]. Sie ist z.B. für die gleichzeitige Bearbeitung eines Dokuments wichtig. Dagegen sind nur 19% der raumbasierten und 11% der arbeitsplatzbasierten Videokommunikationssysteme mit einem Shared Whiteboard versehen. Dies wird z.B. für das Zeigen von Dokumentenausschnitten am Bildschirm verwendet. Die Wichtigkeit einer zusätzlichen Dokumentenkamera wird von den Anwendern der Raumsysteme erkannt: 89% dieser Systeme verfügt über eine Spezialkamera, mit der sich physische Gegenstände wie z.B. Prototypen zeigen lassen. Dagegen sind nur bei 22% der Desktopsysteme Dokumentenkameras angeschlossen. Als sonstige Peripherie werden in seltenen Fällen Videorekorder an die Raumsysteme angeschlossen, um Sitzungen aufzuzeichnen oder Filme einzuspielen.

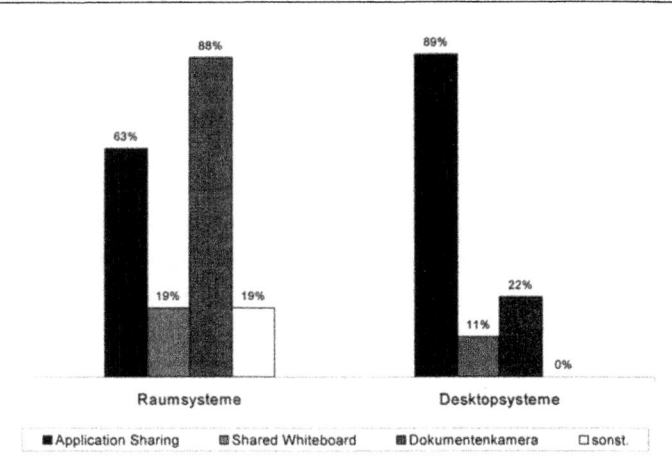

Abb. 5-2: Die Ausstattung der untersuchten Telepräsenzsysteme

In den telepräsenten Sitzungen werden Multipoint-Konferenzen insgesamt eher selten durchgeführt. Wenn es zum Zuschalten mindestens einer dritten Partei kommt, bevorzugen die Unternehmen Raumsysteme. Auf einer sechsstufigen Skala mit den Extrempunkten „sehr selten" (1) und „sehr häufig" (2), liegen raumbasierte Multipoint-Konferenzen mit dem Wert

---

[5] Zum Einsatz von Peripheriegeräten mit Telepräsenzsystemen siehe Punkt 2.3.3.

3,2 zwischen „eher selten" und „eher häufig". Der Einsatz von Multipoint-Konferenzen mittels Desktopsystemen liegt mit dem Durchschnittswert 1,6 zwischen „sehr selten" und „selten".

5.2.3 Ziele und Zielgruppen der Telepräsenz

Ziele der Telepräsenz

Das Ziel der Kostenreduktion spielt die wichtigste Rolle beim Einsatz der Telepräsenz (Abb. 5-3). Im Rahmen der vorliegenden Untersuchung nannten 15 von 16 Unternehmen die Kostenreduktion mittels Telepräsenz als Ziel. Der Blick auf ältere Studien zeigt, dass sich an der Wichtigkeit dieses Ziels in den letzten Jahren nichts verändert hat (siehe z.B. KÖHLER 1993 S. 10). Die befragten Experten messen zudem dem Kostenziel eine sehr hohe Wichtigkeit bei: Unter Verwendung einer sechsstufigen Skala mit den Bedeutungsausprägungen „sehr gering" (1) bis „sehr hoch" (6) ergibt sich ein Mittelwert von 5,53. Dass Telepräsenzsysteme zur Steigerung der Effizienz bei der Aufgabenbewältigung eingesetzt werden, zeigen 14 Nennungen und das Einschätzen einer hohen Bedeutung dieses Ziels mit dem Mittelwert 5,43. Die befragten Unternehmen versuchen mit dem Telepräsenzeinsatz die Kommunikationsbereitschaft ihrer Mitarbeiter zu erhöhen, um damit den Personaleinsatz zu flexibilisieren (14 Nennungen). Die Wichtigkeit dieses Ziels wird ebenfalls hoch bewertet (Mittelwert 4,86). Eng verbunden ist mit diesem Ziel das Entlasten der Mitarbeiter durch den Wegfall anstrengender Dienstreisen (zwölf Nennungen und ein Mittelwert der Bedeutung von 4,46). 13 Unternehmen haben sich das Ziel der Verkürzung von Produktentwicklungszeiten gesetzt (Mittelwert der Bedeutung 4,46). Hierbei deutet sich an, dass Telepräsenzsysteme weiterhin schwerpunktmäßig im Entwicklungsbereich eingesetzt werden. Eine hohe Wichtigkeit messen die befragten Unternehmen der internen Informations- und Wissensvermittlung mittels Telepräsenz bei (Mittelwert von 4,82 bei elf Nennungen). Aufschlussreich ist das Ergebnis bei dem Ziel der externen Informations- und Wissensvermittlung: Einerseits zielen nur fünf Unternehmen auf die externe Kommunikation mittels Videokommunikation, andererseits wird dieses Ziel aber als relativ wichtig betrachtet (Mittelwert 4,40). Offenbar wird bei diesen Unternehmen konsequent versucht, die Kommunikationsqualität zu den Marktpartnern mithilfe der Telepräsenz zu steigern. Bedeutend ist weiterhin das Ziel der Steigerung der Aufgabenqualität (Mittelwert 4,80 bei zehn Nennungen). Beispielsweise ermöglicht die Telepräsenz das Hinzuziehen entfernter Experten, wenn Probleme bei der Aufgabenbewältigung auftreten. Auch können im Vergleich zu traditionellen Meetings mehr Personen an einer telepräsenten Besprechung teilnehmen, da untere Hierarchielevel oftmals nicht oder nur selten reisen dürfen. Die Wichtigkeit der Umsatzsteigerung wird von den Unternehmen als eher gering beurteilt (Mittelwert 2,88 bei acht Nennungen). Damit deutet sich an, dass nach außen zwar die Kommunikationseffizienz gesteigert werden soll, aber mittels Telepräsenz keine zusätzlichen Vertragsabschlüsse generiert werden sollen. Nach Auskunft der Experten werden die

Systeme vielmehr für die Vertragsvorbereitungen durch Assistenten der Geschäftsführung genutzt. Der eigentliche Vertragsabschluss erfolgt in traditioneller Weise face-to-face.

Es lässt sich zusammenfassen, dass v.a. interne Ziele angestrebt werden. Externe Telepräsenzziele wie der nach außen gerichtete Wissenstransfer sowie die Kundengewinnung und -bindung werden seltener und mit geringerer Wichtigkeit angepeilt.

Abb. 5-3: Ziele des Telepräsenzeinsatzes (n=16)

Ziele	Nennungen	Bedeutung (Mittelwert)
Kostenreduktion	15	5,53
Steigerung der Effizienz der Aufgabenbewältigung	14	5,43
Verbesserung der Kommunikationsbereitschaft	14	4,86
Erhöhung der Produktivität	13	4,62
Verkürzung von Produktentwicklungszeiten	13	4,46
Entlastung der Mitarbeiter	12	4,58
Verbesserung der internen Info- & Wissensvermittlung	11	4,82
Steigerung der Qualität der Aufgabenerfüllung	10	4,80
Steigerung der Mitarbeitermotivation	10	2,60
Unterstützung neuer Organisationskonzepte	8	3,75
Verbesserung des Images bei den Kunden	8	3,63
Umsatzsteigerung	8	2,88
Abbau von organisatorischen Schnittstellenproblemen	7	4,43
Verbesserung der Lieferantenbindung	7	3,71
Differenzierung zu Wettbewerbern	7	3,00
Verbesserung der Kundenbindung	6	2,67
Verbesserung der externen Info- & Wissensvermittlung	5	4,20
Verbesserung der Lieferantengewinnung	5	3,20
Verbesserung der Kundengewinnung	5	2,60

Zielgruppen der Telepräsenz

Betrachtet man in einem nächsten Schritt die Zielgruppen für die Telepräsenz, dann ist festzustellen, dass die Systeme zunächst für den Einsatz beim Top-Management geplant wurden: In 15 von 16 Unternehmen wurde die Telepräsenz für die Geschäftsleitung bzw. den Vorstand eingeführt, und zwölf Unternehmen planten hierdurch die Kommunikation der Bereichsleiter zu verbessern (siehe Abb. 5-4). Es zeigt sich zudem, dass Telepräsenzsysteme die Arbeit von unteren Managementebenen unterstützen sollen, denn 13 Unternehmen setzten bereits bei der

Telepräsenzplanung auf die Gruppenleiter, die in ihren Teams die Rolle einer zentralen Informationsstelle einnehmen. Dass die Systeme aber nicht nur für das obere Management eingesetzt werden sollten, zeigt die hohe Anzahl der Unternehmen (13 Nennungen), die ihre Sachbearbeiter in die telepräsente Kommunikation einbeziehen wollten. Fünf der acht Lieferanten zielten auf die Telepräsenz-Kommunikation mit ihren Kunden – den Automobilherstellern. Aber auch zwei der OEMs führten ihre Systeme für die Verbindung zu Business-Kunden ein: Audi sieht sich als Lieferant im Volkswagen-Konzernverbund und Porsche entwickelt Komponenten im Auftrag anderer Hersteller. Mit Blick auf die Zielgruppe der Lieferanten fällt auf, dass auf der einen Seite zwar fast alle OEMs die Kommunikation mit ihren Zulieferern geplant hatten, andererseits aber nur drei (System-)Zulieferer ihre eigenen (Teile-)Lieferanten als potenzielle Nutzergruppe identifizierten. Kein Unternehmen zielte bislang mit der telepräsenten Kommunikation auf Endkunden und Händler.

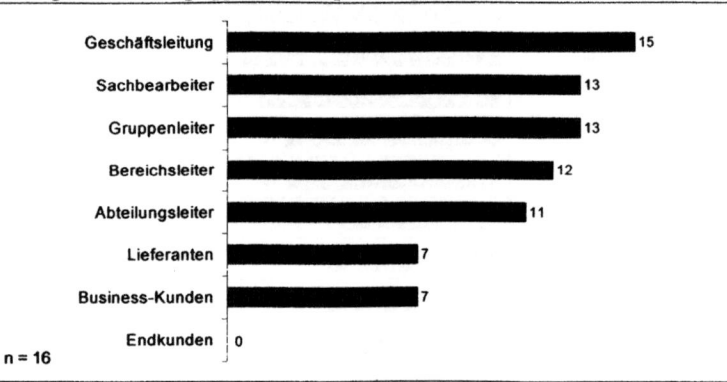

Abb. 5-4: Angezielte Nutzergruppen der Telepräsenzsysteme

Nutzergruppe	Anzahl
Geschäftsleitung	15
Sachbearbeiter	13
Gruppenleiter	13
Bereichsleiter	12
Abteilungsleiter	11
Lieferanten	7
Business-Kunden	7
Endkunden	0

n = 16

5.2.4 Die Nutzungsintensität der Telepräsenz

Wie in Punkt 4.3.1 des Bezugsrahmens ausgeführt, stellt die *installierte Basis* der Telepräsenzsysteme – also die verfügbaren Geräte in den Unternehmen – die hinreichende Bedingung der Technologieadoption dar (vgl. WEIBER 1995 S. 53). Die installierten Systeme der untersuchten Unternehmen wurden in Punkt 5.2.2. aufgezeigt. Der eigentliche *Nutzungsakt* der Telepräsenz kann erst als notwendige Bedingung der Adoption angesehen werden (ebda). Erst wenn die vorhandenen Telepräsenzsysteme regelmäßig eingesetzt werden, lässt sich von einer erfolgreichen Adoption sprechen. Damit kommt der *Nutzungsintensität* von Telekommunikationssystemen eine entscheidende Bedeutung zu. Diesem Grundgedanken folgend, wurde in der vorliegenden Untersuchung sowohl die interne als auch die externe Nutzungsintensität der Telepräsenz auf verschiedenen Hierarchieebenen abgefragt (siehe Abb. 5-5). Hierbei wurden die Befragungsteilnehmer gebeten, die Nutzungsintensität der Telepräsenz auf einer 6er Skala

5. Anlage und Ergebnisse einer Studie zur Telepräsenz im Marketing

mit den Ausprägungen „sehr gering" (1) bis „sehr hoch" (6) zu beurteilen. Zudem wurden die Telepräsenzexperten aufgefordert, die Nutzungsintensitäten der einzelnen Personengruppen untereinander im Verhältnis zu betrachten.

Es wird zunächst deutlich, dass die interne die externe Kommunikationsintensität via Telepräsenz stark übertrifft. Weiterhin erweisen sich die unteren Hierarchieebenen – Sachbearbeiter und Gruppenleiter – als die eifrigsten Telepräsenznutzer. Obwohl die interne Nutzungsintensität der Sachbearbeiter verglichen mit den anderen Personengruppen relativ hoch ist, wird sie in ihrem Ausmaß nur als „eher hoch" eingestuft. Die Nutzungsintensität der Gruppenleiter, Abteilungsleiter und Geschäftsführung wird sogar nur als „eher gering" angesehen. Die Bereichsleiter kommunizieren am geringsten mittels Telepräsenz: intern ist deren Nutzungsintensität gering und extern sogar sehr gering.

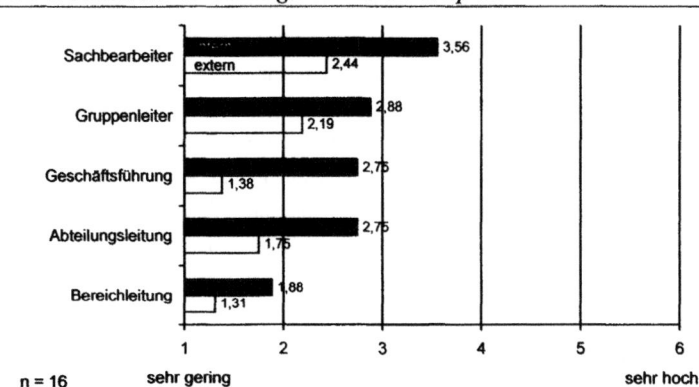

Abb. 5-5: Mittelwerte der Nutzungsintensität der Telepräsenz

	extern	intern
Sachbearbeiter	2,44	3,56
Gruppenleiter	2,19	2,88
Geschäftsführung	1,38	2,75
Abteilungsleitung	1,75	2,75
Bereichleitung	1,31	1,88

n = 16   sehr gering .... sehr hoch
         1   2   3   4   5   6

Die Betrachtung der Hierarchielevel in den Unternehmen zeigt Unterschiede in der Nutzungsintensität zwischen den einzelnen Personengruppen sowie zwischen interner und externer Kommunikation via Telepräsenz. Um einen Gesamteindruck der telepräsenten Unternehmenskommunikation zu erhalten, werden die Nutzungsintensitäten der einzelnen Hierarchieebenen in einem nächsten Schritt zusammengefasst (siehe Tab. 5-3). Es wird deutlich, dass die telepräsente Kommunikation in den untersuchten Unternehmen bislang nur als gering einzustufen ist. Die neu berechnete Variable „interne und externe Nutzungsintensität" geht in die folgende Determinantenanalyse als *abhängige Variable* ein.

Tab. 5-3: Zusammengefasste Variable „interne und externe Nutzungsintensität"

Variable	Mittelwert	Standardabweichung
interne und externe Nutzungsintensität	2,29	1,17

5.2.5 Determinanten der Telepräsenz im Marketing

5.2.5.1 Determinanten in der Planungsphase

Im Folgenden werden die Befunde zur Telepräsenzplanung vorgestellt. Die Ausführungen gehen auf die Verantwortungsträger und die Beteiligten an der Planung ein. Ferner werden die von den untersuchten Unternehmen in dieser Phase verwendeten betriebswirtschaftlichen Methoden dargestellt. Es erfolgt zudem die Prüfung der Hypothesen zu den in der Planungsphase wahrgenommenen Risiken, zu den organisationalen Determinanten sowie zum unterstützenden Einfluss von Promotoren.

Verantwortliche Instanzen der Telepräsenzplanung

Die *Verantwortung der Telepräsenzplanung* bei den untersuchten Unternehmen liegt schwerpunktmäßig in der Informationstechnologie- (IT) bzw. Telekommunikationsabteilung (TK). Bei sieben Firmen ist ein Projektleiter und bei drei Unternehmen ist jeweils der Abteilungsleiter aus der TK-Abteilung für die Planung verantwortlich. Bei drei weiteren Gesellschaften liegt die Verantwortung in den Händen von Abteilungsleitern einer Fachabteilung. Dies ist beispielsweise bei einem Zulieferer die Beschaffungsabteilung und bei einem Importeur eine kaufmännische Stelle. Selten sind Vertreter des Top-Management für die Telepräsenzplanung verantwortlich: Bei jeweils nur einem Unternehmen ist die Geschäftsleitung bzw. die Bereichsleitung für die Planung des Telepräsenzprojektes verantwortlich.

Beteiligte an der Telepräsenzplanung

Die Umsetzung der Planung erfolgt durch unterschiedliche Personengruppen in den Unternehmen (siehe Abb. 5-6). Die Mitarbeiter der IT- bzw. TK-Abteilungen sind am stärksten involviert. Ihr Beteiligungsgrad ist als hoch zu bezeichnen. Mit einem eher geringen Ausmaß involvierten sich an zweiter Stelle Abteilungsleiter aus der IT-/TK-Abteilung. Externe Unternehmensberater und Vertreter der liefernden Systemanbieter sind an dritter Stelle in einem geringen Umfang an der Planung der Telepräsenz beteiligt. Der Anstoß für Planungsüberlegungen kommt zwar häufig von oberen Hierarchieebenen des Unternehmens (z.B. bei Audi und Porsche vom Vorstand), diese sind allerdings nur gering in die Planung involviert. Offensichtlich vollziehen die Vertreter eines telekommunikationsnahen Bereichs die operative Planungsarbeit. Die sehr geringe Beteiligung externer Kommunikationspartner (Kunden und Lieferanten) weist darauf hin, dass die Telepräsenzsysteme vorrangig für eine interne Verwendung im Unternehmen geplant wurden.

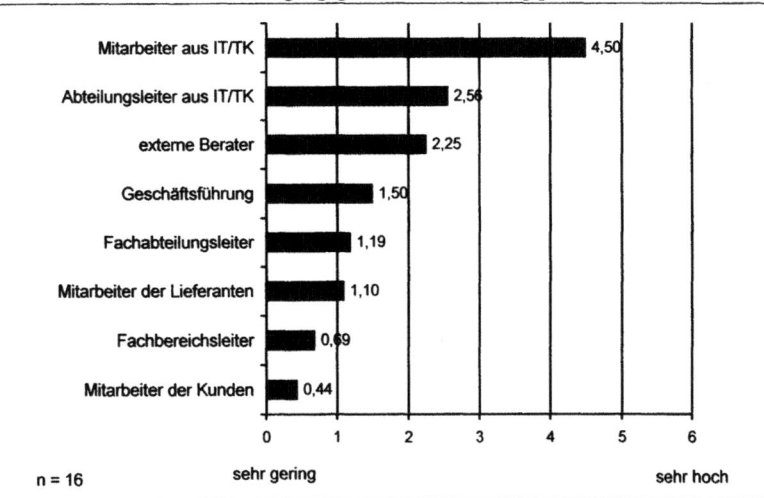

Abb. 5-6: Mittelwerte der Beteiligungsgrade an der Planungsphase

Beteiligte	Mittelwert
Mitarbeiter aus IT/TK	4,50
Abteilungsleiter aus IT/TK	2,56
externe Berater	2,25
Geschäftsführung	1,50
Fachabteilungsleiter	1,19
Mitarbeiter der Lieferanten	1,10
Fachbereichsleiter	0,69
Mitarbeiter der Kunden	0,44

n = 16, Skala: 0 = sehr gering, 6 = sehr hoch

Verwendung betriebswirtschaftlicher Methoden in der Telepräsenzplanung

Im Rahmen der Telepräsenzplanung sollten Unternehmen Überlegungen hinsichtlich der Einsatzziele, der strategischen Stoßrichtungen und des zu erwartenden Nutzens respektive der zu erwartenden Kosten anstellen. Für diese Überlegungen existieren eine Reihe von Methoden, die es dem Telepräsenzmanagement erlauben, die Kommunikationstechnologien bereits im Vorfeld zu bewerten. Diese Verfahren reichen von relativ einfachen Argumentebilanzen über strategische Wertketten- und Erfolgsfaktorenanalysen bis hin zu statischen und dynamischen Investitionsrechenmethoden (siehe ausführlich zu den einzelnen Verfahren BIETHAHN et al. 2000 S. 255-300 und S. 332-354). Die untersuchten Unternehmen setzen in der Planung eher einfache Analyseverfahren ein. So gaben zehn befragte Experten an, dass ihre Unternehmen in der Planung Argumentebilanzen nutzen, um Vor- und Nachteile der Telepräsenz abzuwägen. Neun Unternehmen verwenden statische Investitionsrechnungsverfahren, wobei der Schwerpunkt auf Kostenvergleichen liegt. Typischerweise werden Telefonkosten und Aufwendungen für zu substituierende Dienstreisen gegenübergestellt. Sechs Unternehmen verwenden die Nutzwertanalyse. Mit ihr lassen sich komplexe Sachverhalte mit geringem Rechenaufwand darstellen und leicht interpretieren (ebda S. 354, vgl. SCHUMANN 1993 S. 171). Aufwendigere dynamische Investitionsrechenmethoden, wie Portfolio- und Erfolgsfaktorenanalyse, setzt keines der befragten Unternehmen für die Telepräsenzplanung ein. Das Ergebnis einer seltenen Verwendung strategischer Analysemethoden ist überraschend, insbesondere weil diese Methoden zum Repertoire des Informationsmanagement gehören und u.a. für die Analyse betriebswirtschaftlicher Standardsoftware (z.B. SAP) eingesetzt werden (vgl. VAHRENKAMP & BREHM 1998 S. 97).

Systemmerkmale in der Planungsphase: Wahrgenommene Risiken

Das Risiko negativer Auswirkungen auf das *Unternehmensimage* bei Nicht-Einführung der Telepräsenz wird von den Experten als eher unwichtig eingestuft (Mittelwert 3,06). Begründet wurde diese Antwort damit, dass die Telepräsenz hauptsächlich für die interne Kommunikation im Unternehmen geplant wurde und auch nur selten Investitionsaufforderungen von außen herangetragen wurden. Das *Investitionsrisiko* wird von den Unternehmen als unwichtig eingestuft (Mittelwert 2,44). Dies begründet sich aus der stufenweisen Einführungsstrategie: Es werden zunächst wenige Systeme angeschafft, um die Funktionsweise und die Akzeptanz im Unternehmen zu erproben. Danach werden die Systeme auf andere Unternehmensbereiche ausgedehnt.

Sowohl das Image- als auch das Investitionsrisiko spielen für die spätere Nutzungsintensität keine Rolle. Die errechneten Korrelationen weisen auf keinen statistischen Zusammenhang zwischen der Wichtigkeit von in der Planung wahrgenommenen Risiken und der Nutzungsintensität der Telepräsenzsysteme hin (siehe Tab. 5-4). Damit sind die Hypothesen H_7 – *Die Nutzungsintensität der Telepräsenz ist umso ausgeprägter, je höher das Image-Risiko bei Nicht-Einführung wahrgenommen wird* – und H_6 – *Die Nutzungsintensität der Telepräsenz ist umso ausgeprägter, je höher das Investitionsrisiko bei Nicht-Einführung wahrgenommen wird* – zu verwerfen.

Tab. 5-4: Überprüfung der Zusammenhänge zwischen den wahrgenommenen Risiken und der Nutzungsintensität (n=16)

Wahrgenommene Risiken		Mittelwert	Standardabweichung	Korr. mit der NI nach Pearson	Signifikanz (1-seitig)
H_7	Image-Risiko	3,06	1,48	0,258	0,167
H_6	Investitionsrisiko	2,44	1,09	0,036	0,448

Organisationsspezifische Determinanten

In der Planungsphase von Telepräsenzsystemen sind *organisationale Rahmenbedingungen* vom Telepräsenz-Management zu berücksichtigen. Diese Faktoren lassen einen Einfluss auf die spätere Nutzungsintensität vermuten. Interessant ist das Ergebnis, dass die Unternehmensgröße (gemessen an der Beschäftigtenzahl) in keinem Zusammenhang mit der Nutzungsintensität steht (r = -0,011, siehe Tab. 5-5). Hypothese H_8 – *Die Nutzungsintensität der Telepräsenz ist umso ausgeprägter, je größer die Unternehmen sind* – ist zu verwerfen. Offenbar sind die Telepräsenzsysteme noch nicht soweit in das Kommunikationsverhalten der Unternehmen integriert, dass die potenzielle Anzahl der Kommunikationspartner die

Nutzungshäufigkeit der Systeme fördert. Die Aussagen der interviewten Experten unterstreichen dies: Die vorhandenen Telepräsenzsysteme werden immer wieder in denselben Kommunikationsbeziehungen eingesetzt (z.B. zwischen dem Top-Management). Nur selten werden spontan Kontakte via Telepräsenz zu anderen Funktionsbereichen geknüpft (z.B. zwischen Produktentwicklung und Marktforschung)[6].

Die befragten Telepräsenzexperten stufen die Kommunikationskulturen ihrer Unternehmen insgesamt als ausgeprägt ein (Mittelwert 4,75). Allerdings ergibt die Korrelationsanalyse keinen positiven Zusammenhang mit der Nutzungsintensität der Telepräsenz ($r = -0,011$, $p = 0,484$). Die Kommunikationskultur vermag sich bei den untersuchten Unternehmen nicht auf die Telepräsenznutzung auszuwirken. Die Hypothese H_8 – *je größer Unternehmen sind, desto intensiver nutzen sie ihre Telepräsenzsysteme* – ist aufrechtzuerhalten, die Hypothese H_{14} – *die Nutzungsintensität der Telepräsenz ist umso ausgeprägter, je entwickelter die Kommunikationskultur der Anwenderorganisation ist* – wird hingegen verworfen.

Die Betrachtung organisationsstruktureller Determinanten zeigt eine relativ hohe Arbeitsteilung (Mittelwert 4,41) sowie einen eher hohen Dezentralisationsgrad (Mittelwert 4,31). Die im theoretischen Bezugsrahmen angestellte Vermutung, dass dezentrale Organisationen einen erhöhten Telekommunikationsbedarf besitzen, wird durch die mittelstarke, signifikante Korrelation ($r = 0,463$, $p = 0,035$) bestätigt. Die Hypothese H_{10} – *die Nutzungsintensität der Telepräsenz ist umso ausgeprägter, je dezentraler die Anwenderorganisation strukturiert ist* – ist aufrechtzuerhalten. Hingegen ergibt sich nur eine geringe, nicht signifikante Korrelation zwischen der Arbeitsteilung und der Nutzungsintensität von Telepräsenzsystemen ($r = 0,198$, $p = 0,231$). Dies legt den Schluss nahe, dass sich die realisierte Arbeitsteilung noch nicht über so weite Distanzen verteilt, dass notwendigerweise ein erhöhter Telepräsenzbedarf entsteht. Die Hypothese H_{11} - *die Nutzungsintensität der Telepräsenz ist umso ausgeprägter, je arbeitsteiliger die Anwenderorganisation strukturiert ist* – wird daher verworfen.

In den untersuchten Unternehmen herrscht ein eher hoher Kostendruck (Mittelwert 3,87), der sich auch in der Bedeutung des Kostenziels (siehe Punkt 5.2.3) widerspiegelt. Diese Determinante weist einen schwach signifikanten Zusammenhang mit der Nutzungsintensität auf ($r = 0,340$, $p = 0,099$), so dass Hypothese H_9 – *die Nutzungsintensität der Telepräsenz ist umso ausgeprägter, je größer der Kostendruck ist* – bestätigt wird. Ferner ist eine eher hohe Innovationsbereitschaft in den Unternehmen vorzufinden (Mittelwert 3,87). Die Korrelationsanalyse zeigt auch hierbei einen tendenziell signifikanten Zusammenhang zwischen Innovationsbereitschaft und Nutzungsintensität ($r = 0,353$, $p = 0,090$). Erfahrungen und Knowhow bezüglich Neuer Medien sind eher gering ausgeprägt. Jedoch scheinen sie eine Rolle für

---

[6] Zur Kommunikation via Telepräsenz zwischen den Funktionsbereichen siehe Punkt 5.2.6.3.

die spätere Nutzungsintensität der Telepräsenzsysteme zu spielen: Es ist eine mittelstarke, signifikante Korrelation festzustellen (r = 0,479, p = 0,030). Die Hypothesen H_{12} – *die Nutzungsintensität der Telepräsenz ist umso ausgeprägter, je höher die Innovationsbereitschaft der Anwenderorganisation ist* – und H_{13} – *die Nutzungsintensität der Telepräsenz ist umso ausgeprägter, je größer die Erfahrungen und das Know-how der Anwenderorganisation mit Neuen Medien ist* – sind mit den vorliegenden Ergebnissen aufrechtzuerhalten.

Tab. 5-5: Überprüfung der Zusammenhänge zwischen organisationalen Determinanten und der Nutzungsintensität

	organisationale Voraussetzungen	Mittelwert	Standardabweichung	Korr. mit der NI nach Pearson	Signifikanz (1-seitig)
H_8	Unternehmensgröße: Beschäftigte (n=16)	45.562	105.753	-0,011	0,484
H_{14}	Kommunikationskultur (n=14)	4,75	1,34	-0,011	0,484
H_{11}	Arbeitsteilung (n=16)	4,41	1,30	0,198	0,231
H_{10}	Dezentralisationsgrad (n=16)	4,31	1,25	0,463*	0,035
H_9	Druck zur Kostensenkung (n=16)	3,87	1,45	$0,340^T$	0,099
H_{12}	Innovationsbereitschaft (n=16)	3,87	1,54	$0,353^T$	0,090
H_{13}	Erfahrung & Know-how Neue Medien (n=16)	3,13	1,31	0,479*	0,030

** Die Korrelation ist auf dem Niveau von 0,01 hochsignifikant.
* Die Korrelation ist auf dem Niveau von 0,05 signifikant.
T Die Korrelation ist auf dem Niveau von 0,10 tendenziell signifikant.

Promotoren in der Telepräsenzplanung

In der Planungsphase ist neben der Beteiligung wichtiger Personengruppen auch nach dem unterstützenden *Einfluss von Promotoren* zu fragen. Die Experteninterviews zeigen, dass die Geschäftsführung zwar den höchsten Einfluss ausübt, er aber als eher gering einzuordnen ist (siehe Abb. 5-7). Nachdem das Projekt angestoßen wurde, läuft die Telepräsenzplanung offensichtlich in den Prozessen sehr standardisiert ab. Dadurch müssen interne Promotoren keinen weiteren Einfluss auf die angelaufenen Prozesse ausüben. Der Einfluss der Fachpresse, der Kunden, der Wettbewerber und der Lieferanten ist in der Planungsphase nur sehr gering. Etwas höher stellt sich der Promotoreneinfluss der Wissenschaft dar. In einigen Unternehmen (z.B. BMW, Wilhelm Karmann) wurden Kooperationen mit wissenschaftlichen Einrichtungen – z.B. mit dem Fraunhofer-Institut – durchgeführt. Ergebnis solcher Kooperationen sind i.d.R. Machbarkeitsstudien.

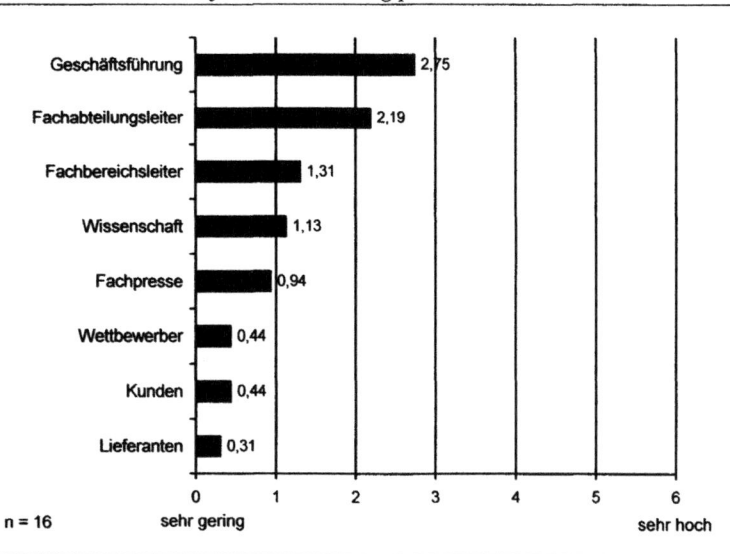

5. Anlage und Ergebnisse einer Studie zur Telepräsenz im Marketing

Abb. 5-7: Unterstützender Einfluss in der Planungsphase durch Promotoren

Rolle	Wert
Geschäftsführung	2,75
Fachabteilungsleiter	2,19
Fachbereichsleiter	1,31
Wissenschaft	1,13
Fachpresse	0,94
Wettbewerber	0,44
Kunden	0,44
Lieferanten	0,31

n = 16; Skala von 0 (sehr gering) bis 6 (sehr hoch)

Um die Hypothesen H_{15A} und H_{24A} – *Die Nutzungsintensität der Telepräsenz ist umso ausgeprägter, je höher der Einfluss der internen und externen Promotoren in der Planungsphase ist* – zu überprüfen, werden die Promotoren im nächsten Schritt zu internen und externen Gruppen zusammengefasst (siehe Tab. 5-6). Die unterstützende Tätigkeit der internen Promotoren korreliert signifikant mit der Nutzungsintensität (r = 0,507, p = 0,022). Hypothese H_{15A} wird somit aufrechterhalten. Dagegen weist der unterstützende Einfluss der externen Promotoren auf keinen signifikanten Zusammenhang mit der Nutzungsintensität hin (r = 0,163, p = 0,275). Die Planungsphase findet bei den Unternehmen sehr abgeschottet statt; so dass sich der externe Promotoreneinfluss nicht auf die spätere Telepräsenznutzung auswirkt. Aus diesem Grunde ist Hypothese H_{24A} zu verwerfen.

Tab. 5-6: Überprüfung der Zusammenhänge zwischen internen und externen Promotoren in der Planungsphase und der Nutzungsintensität (n=16)

Promotoren		Mittelwert	Standardabweichung	Korr. mit der NI nach Pearson	Signifikanz (1-seitig)
H_{15A}	interne Promotoren	2,08	1,06	0,507*	0,022
H_{24A}	externe Pomotoren	0,65	0,93	0,163	0,275

5.2.5.2 Determinanten in der Einführungsphase

Der folgende Abschnitt stellt die Befunde zur Telepräsenzeinführung dar. Zunächst werden die Verantwortungsträger und die Beteiligten an der Planung vorgestellt. Ferner wird der

Frage nachgegangen, ob die befragten Unternehmen sowohl die Kommunikationsstrukturen als auch die technischen Voraussetzungen für den Telepräsenzeinsatz untersuchten, und ob im Zuge der Einführung organisatorische Prozesse an die telepräsente Kommunikation angepasst wurden. Des Weiteren werden die Befunde zu den Informations- und Schulungsmaßnahmen präsentiert. Abschließend wird der Promotoreneinfluss in der Einführungsphase auf die Telepräsenznutzung überprüft.

Verantwortliche Instanzen der Telepräsenzeinführung

Auch während der Einführung der Telepräsenz sind Vertreter der IT-/TK-Abteilung die Hauptverantwortlichen: Bei acht Gesellschaften ist dies ein Projektleiter, bei vier Unternehmen ist es der Abteilungsleiter. Jeweils zwei Fachbereichsleiter und Fachabteilungsleiter zeichnen für die Telepräsenzeinführung verantwortlich. Es ist festzustellen, dass in der Einführungsphase häufiger die Zuständigkeit in die Unternehmensbereiche wechselt, in denen die Telepräsenzsysteme tatsächlich zum Einsatz kommen. So haben bei fünf befragten Unternehmen spezielle Projektleiter aus den betroffenen Fachabteilungen die Federführung für das Telepräsenzprojekt inne.

Beteiligte an der Telepräsenzeinführung

Wie in der Planungsphase, sind die Mitarbeiter und Abteilungsleiter aus dem Telekommunikationsbereich am stärksten an der Einführung der Telepräsenz beteiligt (siehe Abb. 5-8). Die Fachabteilungsleiter sind in dieser Phase etwas stärker involviert als in der Planung; insgesamt ist ihr Mitwirken allerdings immer noch gering. Dies überrascht insofern, weil diese Personengruppen für die Implementierung von Kommunikationstechnologien wertvolles Fachwissen besitzen. Insbesondere die Kenntnis abteilungsspezifischer Geschäftsabläufe ist für die Einführung der Telepräsenz von Bedeutung. Der Befund deutet darauf hin, dass die Einführungsprozesse von den eigenen Fachbereichen abgekoppelt ablaufen. Externe Stellen werden sehr wenig an der Einführung der Telepräsenz beteiligt. Ein Rückblick auf die Ziele zeigt, dass auf der einen Seite sieben Unternehmen ihre Lieferanten und sechs Unternehmen ihre Kunden mithilfe der telepräsenten Kommunikation stärker binden wollen (die Bedeutung dieser Ziele wurde als „eher hoch" eingeschätzt). Auf der anderen Seite beteiligen diese Firmen die externen Marktpartner kaum.

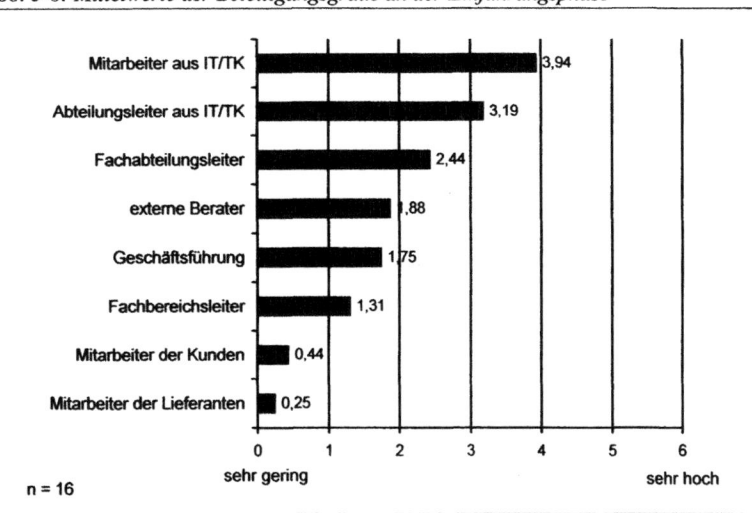

Abb. 5-8: Mittelwerte der Beteiligungsgrade an der Einführungsphase

Rolle	Wert
Mitarbeiter aus IT/TK	3,94
Abteilungsleiter aus IT/TK	3,19
Fachabteilungsleiter	2,44
externe Berater	1,88
Geschäftsführung	1,75
Fachbereichsleiter	1,31
Mitarbeiter der Kunden	0,44
Mitarbeiter der Lieferanten	0,25

n = 16, Skala: 0 sehr gering – 6 sehr hoch

Markt- und Telekommunikationsanalysen in der Einführungsphase

Im weiteren Verlauf der Untersuchung war zu klären, mit welchen Analysen die befragten Unternehmen die Einführung von Telepräsenzsystemen begleiteten. Für diesen Zweck wurden die interviewten Experten nach Kommunikations-, Infrastruktur- und Marktanalysen befragt.

Im Rahmen einer *Kommunikationsanalyse* gilt es zu klären, wer mit wem wie intensiv über welche Medien kommuniziert (vgl. FANK 2001 S. 41). Im Laufe der Einführung von Telepräsenzsystemen überprüften nur fünf von 16 Unternehmen die bisherigen Kommunikationsstrukturen der Bereiche, für die die Systeme geplant wurden. Zwei der fünf Unternehmen führten eine persönliche Befragung mithilfe von Interviews durch. Die anderen drei Gesellschaften setzten eine schriftliche Befragung ein und nur einmal wurden parallel die vorherrschenden Kommunikationsgewohnheiten beobachtet. Ein Automobilhersteller ließ zusätzlich zu der schriftlichen Befragung eine externe Studie von einer Unternehmensberatung anfertigen. Zwei der befragten Experten konnten hierzu keine Auskunft geben.

Um die telekommunikativen Voraussetzungen für den Telepräsenzeinsatz zu überprüfen, führten 13 Unternehmen eine Analyse der *technischen Infrastruktur* durch. Ferner erstellten 14 Unternehmen eine *Marktanalyse* der erhältlichen Videokommunikationssysteme. Zwei Importeure nahmen keine Marktprüfung vor, weil die Systeme jeweils von der Muttergesellschaft gestellt wurden. Die Analyseleistungen obliegen i.d.R. den betreuenden

Informationstechnologie- bzw. Telekommunikationsbereichen der Unternehmen. Diese haben zwar das entsprechende Know-how für die technischen Analyseleistungen, jedoch fehlt offensichtlich die Expertise und die notwendige Zeit für organisationale Kommunikationsanalysen.

Reorganisation von Geschäftsprozessen in der Einführungsphase

Die Einführung der Telepräsenz bietet Unternehmen die Chance, Prozesse in den telepräsenzgeeigneten Bereichen zu reorganisieren. Mit einer solchen Reorganisation werden Prozesse verbessert und der Telepräsenzeinsatz vereinfacht. Die Gespräche ergaben allerdings, dass nur zwei Unternehmen ihre Geschäftsprozesse überdachten. Dabei wurden Abläufe bei der Produktentwicklung mit entfernten Kollegen und Lieferanten verändert. Bei zwölf Unternehmen wurden keine Prozesse reorganisiert. Zwei Gesprächspartner konnten keine Angaben machen.

Informationsmaßnahmen zur Telepräsenz

Die Einführung von Telepräsenzsystemen stellt für die Anwenderorganisation eine Innovation dar und bedeutet damit einen Eingriff in das Kommunikationsverhalten der einzelnen Mitarbeiter. Um Telepräsenzsystemen weitreichende Akzeptanz zu sichern sowie Ängste und Widerstände abzubauen, müssen die Mitarbeiter bereits früh in der Einführungsphase über diese Neuerung informiert werden (vgl. MARTIN 1995 S. 120). In der vorliegenden Untersuchung zeigt sich, dass alle 16 Unternehmen auf *interne Informationsmaßnahmen* setzen. Dabei ist das Aktivitätsniveau auf einer 6er Skala (1 = sehr gering, 6 = sehr hoch) als „eher gering" einzuordnen (Mittelwert 3,38). Hauptsächlich werden Rundschreiben und Informationsveranstaltungen mit Vorführungen angeboten. Ferner wird in abteilungsinternen Besprechungen auf die Telepräsenzsysteme hingewiesen. Seltener kommt es zu einer Berücksichtigung in Mitarbeiterzeitschriften und im Intranet. Die vorwiegend interne Orientierung des Telepräsenzeinsatzes offenbart sich auch in der *externen Informationspolitik*: Nur sieben Unternehmen setzen während der Einführung auf Informationsmaßnahmen zur Telepräsenz. Das Aktivitätsniveau hierfür ist als nur gering anzusehen (Mittelwert 1,63). Hauptsächlich nutzen die Unternehmen dabei den persönlichen Kontakt der eigenen Mitarbeiter zu Vertretern der Kunden bzw. Lieferanten. Sehr selten werden Informationsschreiben an Kunden oder Lieferanten verschickt.

Schulungsmaßnahmen

Für den erfolgreichen Einsatz betrieblicher Informationssysteme wird gefordert, nicht nur die zukünftigen Nutzer, sondern auch das Top-Management möglichst früh zu integrieren. Auf diese Weise sollen die Machtpromotoren systemspezifische Fähigkeiten erlernen, so dass diese die Systeme später selbst einsetzen und fachkundig die Nutzung bei den unterstellten Mitarbeitern erläutern können (vgl. MARTIN 1995 S. 116). Bei der Implementierung von Telepräsenzsystemen versuchen Unternehmen dies durch Schulungsmaßnahmen in der Einführungsphase zu erreichen. Die Ebene der Sachbearbeiter wurde bei den untersuchten Unternehmen am meisten einbezogen (Mittelwert 4,13). Eher selten wurden die Fachabteilungsleiter geschult (Mittelwert 2,81). Die höheren Managementebenen der Bereichleiter und Geschäftsführer sind nur in einem geringen Ausmaß geschult worden (Mittelwerte 2,19 und 2,06). Kunden und Lieferanten wurden von den befragten Unternehmen nicht mit in die eigenen Schulungsmaßnahmen einbezogen.

Um die Hypothese H_{18} – *Die Nutzungsintensität der Telepräsenz ist umso ausgeprägter, je umfangreicher die potenziellen Nutzer geschult wurden* – zu prüfen, werden die Schulungsaktivitäten der Unternehmen zusammengefasst und eine Korrelationsanalyse durchgeführt (siehe Tab. 5-7). Es ergibt sich ein Mittelwert von 2,80 und eine mittelstarke, signifikante Korrelation (r = 0,460, p = 0,036). Damit wird die Vermutung bestätigt, dass sich Schulungsmaßnahmen positiv auf die Nutzungsintensität der Telepräsenz auswirken. Die Hypothese H_{18} ist somit aufrechtzuerhalten.

Tab. 5-7: Überprüfung des Zusammenhangs zwischen Schulungsmaßnahmen und der Nutzungsintensität (n=16)

Variable	Mittelwert	Standard-abweichung	Korr. mit der NI nach Pearson	Signifikanz (1-seitig)
H_{18} Schulung zur Telepräsenz	2,80	1,20	0,460*	0,036

Promotoren in der Telepräsenzeinführung

Im Laufe des Einführungsprozesses der Telepräsenz treten wiederum interne und externe Personengruppen als Machtpromotoren auf (siehe Abb. 5-9). Am stärksten übt die Geschäftsführung unterstützenden Einfluss auf die Einführung aus: Der Mittelwert liegt bei 3,69. Etwas schwächer treten die Fachabteilungs- und Bereichsleiter als Promotoren auf (Mittelwerte 3,06 sowie 2,56). Als gering ist der Einfluss der externen Promotorengruppen zu nennen. Lediglich zwei Lieferanten (Wilhelm Karmann und Siemens AT) stellten einen eher hohen unterstützenden Einfluss der Kunden fest. Seitens der Hersteller verbuchten wiederum nur zwei Unternehmen (Audi und BMW) Unterstützung von ihren Lieferanten.

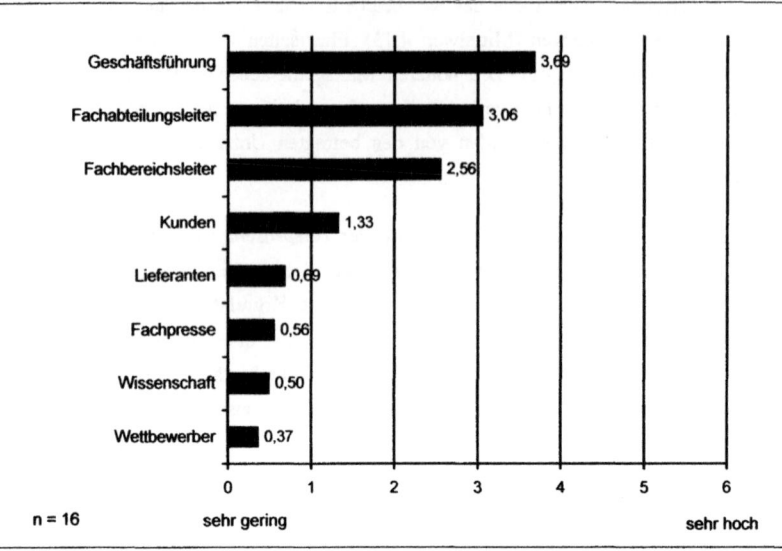

Abb. 5-9: Unterstützender Einfluss in der Einführungsphase durch Promotoren

Promotoren	Wert
Geschäftsführung	3,69
Fachabteilungsleiter	3,06
Fachbereichsleiter	2,56
Kunden	1,33
Lieferanten	0,69
Fachpresse	0,56
Wissenschaft	0,50
Wettbewerber	0,37

n = 16, Skala 0 (sehr gering) bis 6 (sehr hoch)

Fasst man die Promotoren erneut in interne und externe Gruppen zusammen, dann ist zunächst festzustellen, dass sich interne Stellen in der Einführungsphase stärker als in der Planungsphase einbringen (Mittelwert 3,10, siehe Tab. 5-8). Dagegen bleibt der unterstützende Einfluss der externen Promotoren auf gleichem, sehr geringen Niveau (Mittelwert 0,60). Zwischen dem Einfluss der internen Promotoren während der Einführung und der Nutzungsintensität besteht ein schwacher, tendenziell signifikanter Zusammenhang (r = 0,413, p = 0,056). Zwischen den Aktivitäten externer Promotoren und der Nutzungsintensität ist ein sehr signifikanter Zusammenhang festzustellen (r = 0,725, p = 0,001). Letzteres deutet darauf hin, dass sich – trotz der geringen Stärke – v.a. der Einfluss von den bereits genannten Kunden und Lieferanten in dieser Projektphase auf die spätere Nutzung auswirkt. Die Hypothesen H_{15B} und H_{24B} – *Die Nutzungsintensität der Telepräsenz ist umso ausgeprägter, je höher der Einfluss der internen und externen Promotoren in der Einführungsphase ist* – werden damit bestätigt.

Tab. 5-8: Überprüfung der Zusammenhänge zwischen internen und externen Promotoren in der Einführungsphase und der Nutzungsintensität (n=16)

Promotoren		Mittelwert	Standardabweichung	Korr. mit der NI nach Pearson	Signifikanz (1-seitig)
H_{15B}	interne Promotoren	3,10	1,58	0,413^T	0,056
H_{24B}	externe Promotoren	0,60	1,21	0,725**	0,001

5. Anlage und Ergebnisse einer Studie zur Telepräsenz im Marketing

Wahrgenommene Systemmerkmale in der Einführungsphase: Erprobbarkeit der Telepräsenz

Unternehmen bekommen von den Anbietern die Gelegenheit, Videokommunikationssysteme vor dem Kauf ausführlich zu testen. Die Tests können sowohl am Standort des Kunden als auch beim Anbieter ablaufen. Zwölf Unternehmen testeten raumbasierte Systeme in einem hohen Umfang (Mittelwert 4,42)[7]. Elf Experten gaben an, dass in ihrem Hause Desktop-Videokommunikationssysteme in einem eher hohen Ausmaß geprüft worden sind (Mittelwert 3,82). Nur zwei Unternehmen testeten Kompaktsysteme, und nur ein Unternehmen überprüfte die Leistung von Rollabout-Systemen.

Die Ergebnisse des Erprobens von raum- und desktopbasierten Systemen werden in einem nächsten Schritt zusammengefasst. Anschließend wird die neue Variable auf einen statistischen Zusammenhang mit der Nutzungsintensität mittels der Korrelationsanalyse nach Pearson hin überprüft. Das Ergebnis zeigt eine schwache, nicht signifikante Korrelation ($r = 0,255$, $p = 0,171$). Die Erprobung der Telepräsenzsysteme durch Testinstallationen kann zwar als eher hoch bezeichnet werden, sie ist aber offenbar nicht bedeutend für die spätere Nutzungsintensität in den Unternehmen. Hypothese H_5 – *Die Nutzungsintensität der Telepräsenz ist umso ausgeprägter, je höher die Erprobbarkeit der Telepräsenztechnologie eingeschätzt wird* – wird somit nicht bestätigt. Die Expertengespräche ergaben zudem, dass die Tests i.d.R. von den zuständigen Telekommunikationsspezialisten durchgeführt werden. Potenzielle Nutzergruppen wie Sachbearbeiter und Abteilungsleiter wurden nicht in die Systemtests eingebunden.

5.2.5.3 Determinanten in der Nutzungsphase

Im Folgenden werden die Ergebnisse aus der Nutzungsphase des Telepräsenzeinsatzes aufgezeigt. Zunächst werden die verantwortlichen Instanzen des Normalbetriebes vorgestellt. Für die Beschreibung der telepräsenten Kommunikation werden typische Inhalte, Anforderungen an den Kommunikationsprozess sowie das gegenseitige Kennen der Gesprächspartner dargestellt. Wie ausgeprägt die Fähigkeiten der Zielgruppen zur Telepräsenznutzung sind, zeigt die anschließende Analyse. Im darauf folgenden Schritt wird der Zusammenhang zwischen dem Einfluss von Promotoren in der Nutzungsphase und der Nutzungsintensität untersucht. Die Analyse der wahrgenommenen Systemmerkmale – relativer Vorteil, Kompatibilität, Komplexität und Kommunizierbarkeit – schließt den vorliegenden Abschnitt ab.

---

[7] Der Umfang gesammelter Erfahrungen durch Testinstallationen wurde mittels einer sechsstufigen Skala mit den Ausprägung „sehr gering" (1) bis „sehr hoch" (6) erhoben.

Verantwortliche Instanzen der Normalbetriebsphase

Die Verantwortlichkeiten für die Telepräsenz liegen schwerpunktmäßig bei der IT-/TK-Abteilung in den Unternehmen. In sieben der befragten Firmen betreut diese technische Abteilung allein den Normalbetrieb der Telepräsenzsysteme. Vier Experten gab an, dass die zentrale Verantwortung zwar im Bereich der Telekommunikation liegt, zusätzlich aber auch Stellen in Fachabteilungen mit der Betreuung bedacht sind. Diese Firmen versuchen, mit dem dezentralen Betreuungsservice möglichst nah an den Anwendern der Fachabteilung zu agieren. Fünf Unternehmen setzen gänzlich auf die Betreuung durch Fachabteilungen. Dies ist beispielsweise dann der Fall, wenn eine Abteilung Hauptanwender im Unternehmen ist: Bei zwei der untersuchten Automobilfirmen ist dies die Entwicklungsabteilung.

Inhalte der telepräsenten Kommunikation

Um die Kommunikationsinhalte während einer telepräsenten Sitzung zu erfassen, wurden die Experten nach typischen Tätigkeiten in der telepräsenten Kommunikation gefragt[8]. Es ist zu betonen, dass die befragten Personen selbst regelmäßig an Videokonferenzen teilnehmen, so dass sie auch über darin ablaufende Tätigkeiten gut informiert sind. Die Befragten sind sich übereinstimmend darin einig, dass in raumbasierten Videokonferenzsitzungen Fachprobleme gelöst werden. 80% gaben an, dass man sowohl Informationen austauscht als auch Koordinationsaufgaben erledigt (siehe Abb. 5-10). Häufig werden raumbasierte Systeme für Sitzungen genutzt, in denen Materialien gemeinsam zu bearbeiten und Entscheidungen zu treffen sind (jeweils 67%). 47% der Experten sind der Meinung, dass in ihrem Unternehmen Videokonferenzen zur Konfliktbewältigung eingesetzt werden und immerhin 40% gaben an, dass in den Sitzungen Kommunikationspartner motiviert werden. Die Befunde stehen im Einklang mit anderen Studien, die v.a. inhaltliche Tätigkeiten – sog. Lokomotionsaufgaben – in der Telepräsenz identifizieren (vgl. z.B. SCHRADER et al. 1996 S. 36). Für Tätigkeiten, bei denen die persönliche Beziehung eine besondere Rolle spielt – sog. Kohäsionsaufgaben – scheinen Telepräsenzsysteme nur einen begrenzten Spielraum zu bieten (vgl. auch PICOT et al. 1996 S. 381).

Die am häufigsten angegebenen Tätigkeiten – Problemlösen, Informationsaustausch, Koordinieren – sind typische Inhalte von Projektarbeiten, die in allen unternehmerischen Bereichen anfallen. Auch wenn diese Kommunikationsinhalte zurzeit noch schwerpunktmäßig für technische Fragestellungen in telepräsenten Sitzungen zum Tragen kommen, so weisen die Befunde doch darauf hin, dass auch Funktionsbereiche wie das Marketing und das Controlling von der Kommunikation via Telepräsenz profitieren können.

---

[8] Zu Inhalten organisationaler Kommunikation siehe Punkt 2.2.2.2.

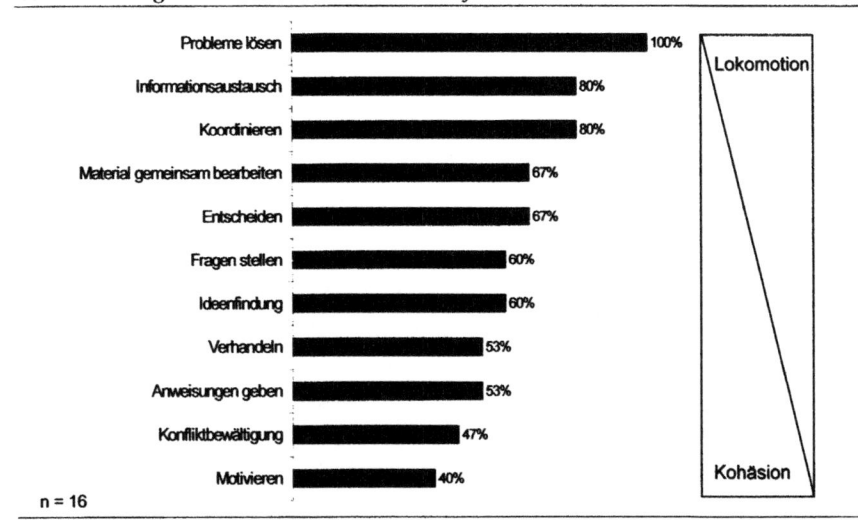

Abb. 5-10: Tätigkeiten in raumbasierten Videokonferenzen

Tätigkeit	%
Probleme lösen	100%
Informationsaustausch	80%
Koordinieren	80%
Material gemeinsam bearbeiten	67%
Entscheiden	67%
Fragen stellen	60%
Ideenfindung	60%
Verhandeln	53%
Anweisungen geben	53%
Konfliktbewältigung	47%
Motivieren	40%

n = 16

(Die oberen Tätigkeiten sind der Lokomotion zugeordnet, die unteren der Kohäsion.)

Gegenseitiges Kennen der Kommunikationspartner

In einem nächsten Schritt sollte überprüft werden, inwieweit sich die Kommunikationspartner kennen, die in Telepräsenzsitzungen zusammenkommen. Die Befunde zeigen sehr deutlich, dass sich die Gesprächspartner im Rahmen der internen Kommunikation sehr gut kennen: In knapp 80% der Sitzungen sind die Personen miteinander vertraut. Bei der Hälfte der telepräsenten Gespräche sitzen sich Menschen gegenüber, die sich bereits durch vorhergehende Kontakte bekannt sind. Nur bei 6% der internen Videokonferenzen treffen sich einander gänzlich unbekannte Mitarbeiter. Anders sieht das Bild bei externen Kommunikationspartnern aus: 69% der virtuellen Gespräche laufen unter einander bekannten Personen ab. Nur 19% sind miteinander vertraut, aber immerhin bei 19% der Sitzungen treffen sich einander nicht bekannte Personen (siehe Tab. 5-9).

Tab. 5-9: Bekanntheit der Kommunikationspartner in der Telepräsenz[9] (n=16)

Bekanntheit	unbekannt	bekannt	vertraut
interne Kommunikationspartner	6%	50%	81%
externe Kommunikationspartner	19%	69%	19%

---

[9] Für die Beantwortung dieser Frage waren Mehrfachantworten möglich, weil sich in Videokonferenzen gleichzeitig sowohl vertraute als auch sich völlig unbekannte Menschen gegenübersitzen können.

Anforderungen an die Kommunikation in der Telepräsenz

Menschen, die auf Telepräsenzsysteme zurückgreifen, stellen in geschäftlichen Situationen besondere Anforderungen an diese Medien. Die befragten Experten wurden daher gebeten, auf einer 6er Skala mit den Ausprägungen „trifft überhaupt nicht zu" (1) bis „trifft voll zu" (6) sowohl desktop- als auch raumbasierte Telepräsenzsysteme zu beurteilen, inwiefern diese kommunikationsbezogenen Anforderungen gerecht werden. Die Befunde zeigen, dass sowohl mittels raum- als auch mittels desktopbasierten Videokommunikationssystemen komplexe Aufgaben zu bewältigen sind (Mittelwert 3,73, siehe Abb. 5-11). Der Zeitvorteil, der mit der Nutzung der Telepräsenz verbunden ist, wird bei beiden Systemformen bestätigt (Mittelwert Raumsystem: 5,13, Mittelwert Desktopsystem: 5,29). Mit desktopbasierten Systemen lassen sich insbesondere Aufgaben erledigen, die einen genauen und gut dokumentierbaren Informationsaustausch erfordern (Mittelwert 4,43). Diese Anforderung erfüllt ein Raumsystem etwas schlechter (Mittelwert 3,80). Besondere Vorteile besitzen diese Systeme aber, wenn vertrauliche Informationen auszutauschen sind (Mittelwert 4,43). Eine vertrauliche Atmosphäre aufzubauen erscheint mit diesen Systemen möglich, da die separaten Besprechungsräume abschließbar und häufig schallisoliert sind. Dagegen lassen sich Gespräche via Desktop-Videokommunikation leichter mithören bzw. mitsehen, wenn sich die Geräte auf Schreibtischen in Großraumbüros befinden (Mittelwert 3,14).

Abb. 5-11: Anforderungen an den Kommunikationsprozess

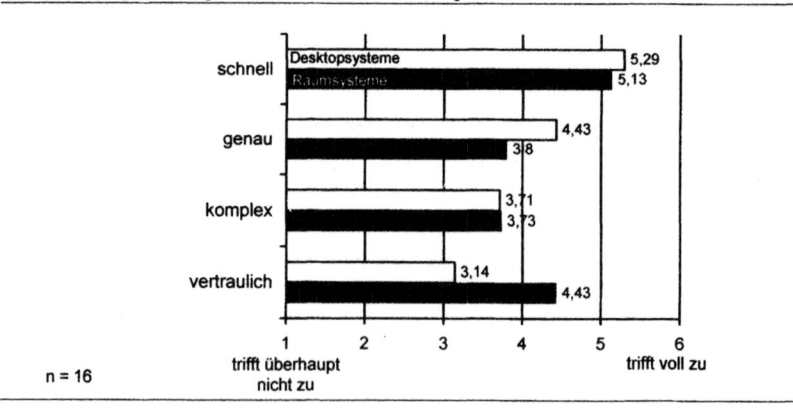

n = 16

Sozialer Einfluss der Vorgesetzten

Die interviewten Telepräsenzexperten wurden gebeten, soziale Einflussfaktoren auf die Telepräsenznutzung einzuschätzen. Mit Blick auf eine *Vorbildfunktion der Vorgesetzten* ergibt sich auf einer 6er Skala (1 = „trifft überhaupt nicht zu", 6 = „trifft voll zu") ein Mittelwert von 3,94. Die Korrelationsanalyse weist allerdings keinen signifikanten Zusammenhang mit der

Nutzungsintensität aus (r = -0,111, p = 0,341). Hypothese H_{16} – *Die Nutzungsintensität der Telepräsenz ist umso ausgeprägter, je stärker die Vorbildfunktion der Vorgesetzten bzgl. der Telepräsenznutzung ist* – ist zu daher zu verwerfen. Offensichtlich reicht das Vorbildverhalten der Vorgesetzten in den Unternehmen nicht aus, um das Ausmaß der Telepräsenznutzung zu steigern. Der Blick auf die Nutzungsintensität der Bereichs- und Abteilungsleiter zeigt, dass diese Hierarchieebenen am wenigsten die Telepräsenzsysteme nutzen (siehe Abb. 5-5). Mit den Befunden lässt sich die Aussage treffen, dass die Vorgesetzten die Telepräsenznutzung bislang zu wenig „vorleben".

Fähigkeiten der Unternehmen für die Telepräsenznutzung

Die befragten Telepräsenzexperten wurden gebeten, die *Fähigkeiten* verschiedener Nutzergruppen im Unternehmen bzgl. der Telepräsenznutzung einzuschätzen. Die spiegelbildliche Auswertung der Antworten, sowohl der OEMs als auch der Zulieferer, zeigt eine deutlich unterschiedliche Einschätzung eigener und fremder Fähigkeiten bzgl. der Telepräsenznutzung (siehe Abb. 5-12). Im Mittel gestehen sich die Hersteller eher hohe Fähigkeiten beim Telepräsenzeinsatz zu (Mittelwert 3,88). Sehr interessant ist die gegenseitige Bewertung der OEMs und der Zulieferer: Die Automobilhersteller schätzen die Lieferantenfähigkeiten eher hoch ein (Mittelwert 3,60); dagegen bewerten die Lieferanten ihre eigenen Fähigkeiten schwächer (Mittelwert 3,02). Zudem gestehen die Zulieferer ihren Kunden geringere Fähigkeiten zu, als diese sich insgesamt selbst einräumen (Mittelwerte 2,86 vs. 3,88). Die Zulieferer schätzen die Fähigkeiten ihrer eigenen Lieferanten gering ein (Mittelwert 2,29). Abb. 5-12 macht zudem auch deutlich, dass die Fähigkeiten bzgl. des Umgangs mit Telepräsenzsystemen mit sinkendem Hierarchiegrad ansteigen.

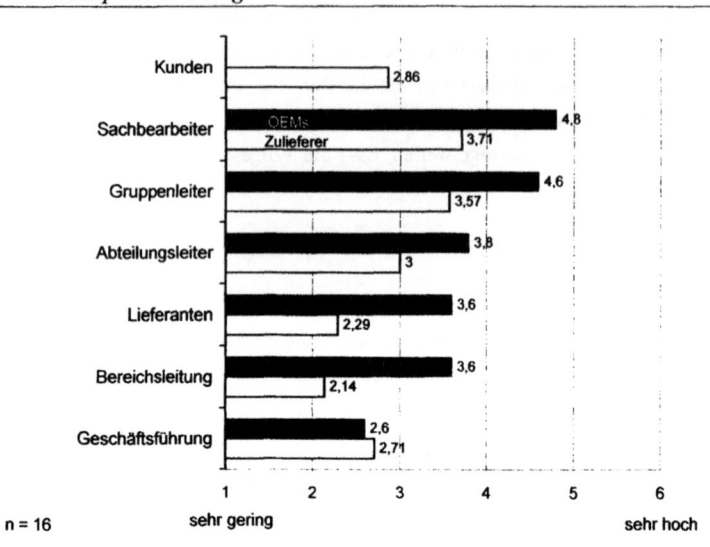

Abb. 5-12: Einschätzung der Fähigkeiten von OEMs und Zulieferer bzgl. der Telepräsenznutzung

Gruppe	OEMs	Zulieferer
Kunden		2,86
Sachbearbeiter	4,8	3,71
Gruppenleiter	4,6	3,57
Abteilungsleiter	3,8	3
Lieferanten	3,6	2,29
Bereichsleitung	3,6	2,14
Geschäftsführung	2,6	2,71

n = 16, Skala 1 (sehr gering) bis 6 (sehr hoch)

Im nächsten Schritt soll die Annahme überprüft werden, ob die Fähigkeiten der potenziellen Anwender in einem positiven Zusammenhang mit der Nutzungsintensität der Telepräsenzsysteme stehen (siehe Tab. 5-10). Die Korrelationsanalyse ergibt einen hoch signifikanten Zusammenhang mit der Nutzungsintensität (r = 0,803, p = 0,000). Je höher die Fähigkeiten der potenziellen Nutzergruppen sind, desto stärker werden die Telepräsenzsysteme genutzt. Die Hypothese H_{17} – *Die Nutzungsintensität der Telepräsenz ist umso ausgeprägter, je größer die Fähigkeiten der potenziellen Nutzer mit Telepräsenzsystemen ist* – wird aufrechterhalten.

Tab. 5-10: Überprüfung des Zusammenhangs zwischen Fähigkeiten der Telepräsenzanwender und der Nutzungsintensität (n=16)

	Fähigkeiten	Mittelwert	Standardabweichung	Korr. mit der NI nach Pearson	Signifikanz (1-seitig)
H_{17}	Fähigkeiten der pot. Nutzer	2,92	0,74	0,803**	0,000

Zeitrestriktionen für Telepräsenznutzer

In einem weiteren Schritt wurden die Experten gebeten, den allgemeinen *Zeitdruck* einzuschätzen, unter dem die Telepräsenznutzer in ihrer täglichen Arbeit stehen. Es zeigt sich, dass die Mitarbeiter der untersuchten Unternehmen unter einem erheblichen Zeitdruck stehen. Auf einer 6er Skala (1 = trifft überhaupt nicht zu, 6 = trifft voll zu) ergibt sich der Mittelwert 4,56.

Allerdings ist kein positiver Zusammenhang zwischen dieser Determinante und der Nutzungsintensität der Telepräsenz festzustellen (r = -0,209, p = 0,219). Die Hypothese H_{19} – *Die Nutzungsintensität der Telepräsenz ist umso ausgeprägter, je geringer der Zeitdruck eingeschätzt wird, unter dem die potenziellen Telepräsenznutzer stehen* – ist daher zu verwerfen. Dieses Ergebnis ist überraschend, weil Telepräsenzsysteme als schnelle Kommunikationsmittel bewertet werden (siehe Abb. 5-11). Die potenziellen Nutzer greifen offenbar nicht auf die Videokommunikation zu, wenn sie unter starkem Zeitdruck stehen, sondern wählen dann eher die arbeitsplatznahen Kommunikationsmittel Telefon oder E-Mail. Hinzu kommt, dass am Arbeitsplatz befindliche Desktopsysteme noch sehr selten eingesetzt werden, und Raumsysteme einen längeren Vorlauf benötigen – z.B. für Raumbuchungen und Terminvereinbarung mit den Kommunikationspartnern.

Des Weiteren wurde überprüft, ob *Zeitverschiebungen* restriktiv auf die Nutzungsintensität der Telepräsenz einwirken. Die Telepräsenzexperten wurden daher gebeten, auf einer 6er Skala mit den Ausprägungen „trifft überhaupt nicht zu" (1) bis „trifft voll zu" (6) anzugeben, inwieweit Zeitverschiebungen eine Barriere für die Telepräsenzkommunikation mit internationalen Gesprächspartnern darstellen. Es ergibt sich ein Mittelwert von 2,00. Zeitverschiebungen werden somit als wenig problematisch angesehen. Die Mitarbeiter scheinen sich gut auf die Zeiten ihrer internationalen Gesprächspartner einzustellen. Die Korrelationsanalyse zeigt keinen signifikanten Zusammenhang mit der Nutzungsintensität (r = 0,000, p = 0,500). Die Hypothese H_{20} – *Die Nutzungsintensität der Telepräsenz ist umso ausgeprägter, je geringer die Zeitverschiebungen zu internationalen Kommunikationspartnern eingeschätzt werden* – ist folglich zu verwerfen (siehe Tab. 5-11). Zeitverschiebungen stellen offenbar kein Problem für die telepräsente Kommunikation dar.

Tab. 5-11: Überprüfung der Zusammenhänge zwischen Zeitrestriktionen und der Nutzungsintensität (n=16)

	Zeitrestriktionen	Mittelwert	Standardabweichung	Korr. mit der NI nach Pearson	Signifikanz (1-seitig)
H_{19}	Zeitdruck	4,56	0,81	-0,209,	0,219
H_{20}	Zeitverschiebungen	2,00	1,37	0,000	0,500

Zugang zu den Telepräsenzsystemen

Der *Zugang* zu den Telepräsenzsystemen stellt in den untersuchten Unternehmen ebenfalls kein Problem dar: Auf der auch hier verwendeten 6er Skala (1 = „trifft überhaupt nicht zu", 6 = „trifft voll zu") ergibt sich ein Mittelwert von 2,31. Per Korrelationsanalyse errechnet sich ein negativer, aber nicht signifikanter Zusammenhang mit der Nutzungsintensität (r = -0,293, p = 0,135). Hypothese H_{21} – *Die Nutzungsintensität der Telepräsenz ist umso ausgeprägter, je einfacher der Zugang zu den Telepräsenzsystemen für die Nutzer eingeschätzt wird* – ist zu verwerfen. Die Zugänge zu den Telepräsenzsystemen scheinen für die Mitarbeiter keine

Nutzungsbarriere darzustellen. Offenbar wurden die Systeme für die Anwendergruppen gut zugänglich im Unternehmen verteilt.

Promotoren in der Nutzungsphase

In der Nutzungsphase treten die Fachabteilungsleiter als stärkste *Promotoren* auf (Mittelwert 3,19)[10]. Sie lösen die in der Einführungsphase stärker einflussnehmende Geschäftsführung ab, welche in den Hintergrund rückt, wenn sich Telepräsenzsysteme in der Normalbetriebsphase befinden (siehe Abb. 5-13). Die Fachbereichsleiter üben in der Nutzungsphase einen ähnlich hohen unterstützenden Einfluss wie in der Einführungsphase aus (Mittelwert 2,44). Der Einfluss externer Promotoren steigt im Vergleich zur Einführungsphase leicht an. Kunden und Lieferanten setzen sich nun etwas stärker für die Telepräsenznutzung ein.

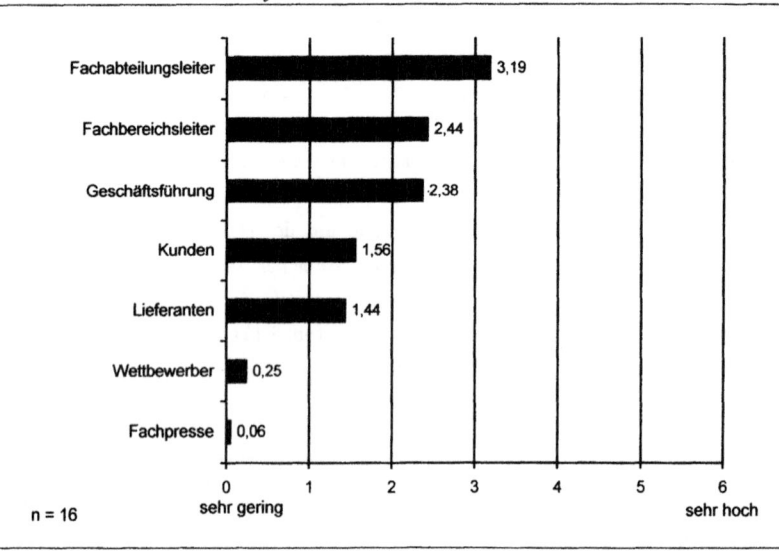

Abb. 5-13: Unterstützender Einfluss des Normalbetriebes durch Promotoren

Gruppe	Wert
Fachabteilungsleiter	3,19
Fachbereichsleiter	2,44
Geschäftsführung	2,38
Kunden	1,56
Lieferanten	1,44
Wettbewerber	0,25
Fachpresse	0,06

n = 16   sehr gering ... sehr hoch

Fasst man die Einflussgruppen in interne und externe Promotoren zusammen, ergibt sich bei den internen (Geschäfts-, Bereichs-, Abteilungsleitung) ein Mittelwert von 2,67 und bei den externen Promotoren (Kunden, Lieferanten, Wettbewerber, Fachpresse) ein Mittelwert von 0,83. Die Korrelationsanalyse zeigt, dass die erste neue Variable der *internen Promotorengruppe* tendenziell signifikant und die zweite neue Variable der *externen Promotoren* hoch signifikant mit der Nutzungsintensität korrelieren (siehe Tab. 5-12). Die Hypothesen H_{15C} und H_{24C} – *Die Nutzungsintensität der Telepräsenz ist umso ausgeprägter, je höher der Einfluss*

---

[10] Es wurde wiederum mit der 6er Skala 1 = "sehr gering" bis 6 = "sehr hoch" gearbeitet.

der internen und externen Promotoren in der Nutzungsphase ist – sind somit aufrechtzuerhalten[11].

Der Einfluss externer Stellen ist auf der einen Seite damit zu begründen, dass OEMs in einigen Fällen von ihren Zulieferern explizit den Einsatz der Videokommunikation zur Abwicklung von Entwicklungsprojekten sowie zur schnellen Kommunikation im Laufe der Serienfertigung fordern (z.B. bei SACHS durch den Einfluss von BMW). Auf der anderen Seite schlagen – in seltenen Fällen – auch Zulieferer ihren Kunden vor, Projekte via Telepräsenz zu unterstützen.

Tab. 5-12: Überprüfung der Zusammenhänge zwischen internen und externen Promotoren in der Nutzungsphase und der Nutzungsintensität (n=16)

Promotoren		Mittelwert	Standard-abweichung	Korr. mit der NI nach Pearson	Signifikanz (1-seitig)
H_{15C}	interne Promotoren	2,67	1,19	$0,412^T$	0,056
H_{24C}	externe Pomotoren	0,83	0,90	0,711**	0,001

Wahrgenommene Systemmerkmale in der Nutzungsphase

Die nachfolgenden Ergebnisdarstellungen befassen sich mit den wahrgenommenen Systemmerkmalen der Telepräsenz in der Nutzungsphase. Es erfolgt die Analyse des Einflusses des relativen Vorteils, der Kompatibilität, der Komplexität sowie der Kommunizierbarkeit auf die Telepräsenznutzung.

Relativer Vorteil

Die folgende Tab. 5-13 stellt die Mittelwerte und Standardabweichungen sowie die Ergebnisse der Reliabilitätsanalyse für die Items der Determinanten des *relativen Vorteils* dar. Besondere Vorteile bestehen erwartungsgemäß gegenüber der Kommunikation mittels Telefon. Als Vorteil wird insbesondere die bessere Darstellbarkeit von Problemen angesehen (Mittelwert 5,31). Ferner werden die Effizienz und die Qualität der Aufgabenbewältigung positiv bewertet (Mittelwerte 5,06 und 4,88). Geringe Vorteile werden aber auch gegenüber klassischen Face-to-Face-Treffen erkannt: Die Telepräsenzexperten beurteilen u.a. die Effizienz der Aufgabenerledigung und die Möglichkeiten der Wissensvermittlung via Telepräsenz recht positiv (Mittelwerte 4,12 und 4,00).

---

[11] Dieser statistische Befund stimmt mit der qualitativen Aussage eines Experten deutlich überein: „Wenn in unserem Unternehmen mehr Druck von höheren Instanzen aufgebaut werden würde, dann wären unsere Videokonferenz-Einrichtungen sicherlich besser ausgelastet" (POTYKA 26.11.200).

Um das komplexe Konstrukt „relativer Vorteil" zu messen, wurden zunächst 16 Fragen zu Vorteilen der Telepräsenz gegenüber Face-to-Face- und telefonischen Gesprächen gestellt. Um die Genauigkeit der Variablen „relativer Vorteil" zu erhöhen, lassen sich mittels der Reliabilitätsanalyse einzelne Items ausschließen[12]. Durch die Reliabilitätsanalyse werden schrittweise mehrere Items mit unzureichender Trennschärfe ausgeschlossen. Dadurch ließ sich der Trennschärfekoeffizient der Gesamtskala (Cronbach's Alpha) von 0,55 auf 0,75 erhöhen.

Die verbleibenden neun Items werden zu einer neuen Variablen „relativer Vorteil" verdichtet. Diese korreliert nicht signifikant mit der Nutzungsintensität der Telepräsenz (r = 0,140, p = 0,479), so dass die Hypothese H$_1$ – *Die Nutzungsintensität der Telepräsenz ist umso ausgeprägter, je höher der relative Vorteil der Telepräsenztechnologie eingeschätzt wird* – verworfen werden muss. In den Unternehmen werden zwar Vorteile der Telepräsenz gegenüber Face-to-Face- und telefonischen Gesprächen erkannt, doch reicht dies offensichtlich nicht aus, um die Intensität der Telepräsenznutzung zu erhöhen.

Tab. 5-13: Reliabilitätsanalyse der Items zur Variablen relativer Vorteil (n=16)

relativer Vorteil	Mittelwert	Standardabweichung	Trennschärfe
Darstellbarkeit von Problemen gegenüber Telefon	5,31	0,79	0,62
Effizienz der Aufgabenbewältigung gegenüber Telefon	5,06	0,93	0,59
Qualität der Aufgabenerfüllung gegenüber Telefon	4,88	0,96	0,49
Wissensvermittlung gegenüber Telefon	4,81	0,75	0,45
Aufbau von Vertrauen gegenüber Telefon	4,31	0,70	0,38
Effizienz der Aufgabenbewältigung gegenüber Face-to-Face	4,12	1,09	0,41
Wissensvermittlung gegenüber Face-to-Face	4,00	1,03	0,55
Motivation der Teilnehmer gegenüber Telefon	4,00	0,63	0,11
Darstellbarkeit von Problemen gegenüber Face-to-Face	3,63	1,15	0,33
Cronbach's Alpha: 0,75			

Kompatibilität

Die Determinante *Kompatibilität* wurde mittels Fragen zu Erfahrungen mit im Unternehmen eingesetzten Informations- und Kommunikationstechnologien erhoben (siehe Tab. 5-14). Einen hohen Erfahrungsgrad besitzen die Unternehmen mit dem Bürosoftwarepaket „Office"

---

[12] Zur Berechnung der Reliabilitätsanalyse mit der Statistiksoftware SPSS siehe BÜHL & ZÖFEL 2000 S. 501-509.

von Microsoft (Mittelwert 5,38). Ebenso haben die Mitarbeiter recht große Erfahrungen mit klassischen Präsentationsmedien gesammelt (Mittelwert 4,94). Die hohen Erfahrungswerte bei Intra- und Extranet (Mittelwert 4,88) unterstreichen die Vorreiterrolle der Automobilindustrie in diesem Bereich (vgl. z.B. VDA 2001 S. 15). In den untersuchten Unternehmen sind die Erfahrungen mit Groupware-Anwendungen eher gering (Mittelwert 3,31). Um den Zusammenhang der Determinante Kompatibilität mit der Nutzungsintensität zu überprüfen, wurden die vier Items zu einer Variablen zusammengefasst und anschließend auf eine Korrelation hin überprüft. Weil kein signifikanter Zusammenhang festzustellen ist ($r = -0,054$, $p = 0,422$), wird die Hypothese H_2 – *die Nutzungsintensität der Telepräsenz ist umso ausgeprägter, je höher die Kompatibilität zu bereits eingesetzten Kommunikationstechnologien im Unternehmen eingeschätzt wird* – verworfen.

Tab. 5-14: Kompatibilität mit gemachten Erfahrungen (n=16)

Kompatibilität	Mittelwert	Standardabweichung
Erfahrungen mit MS Office	5,38	0,81
Erfahrungen mit klassischen Präsentationsmedien	4,94	0,68
Erfahrungen mit Intra- & Extranet	4,88	1,41
Erfahrungen mit Groupware	3,31	2,36

Komplexität

Die Variable „*Komplexität*" wurde ebenfalls mithilfe mehrerer Fragen erhoben. Dabei wurden die Befragten gebeten, potenzielle Barrieren für die Telepräsenznutzung zu bewerten. Als eher problematisch wird in diesem Zusammenhang die unzureichende technische Ausstattung potenzieller Kommunikationspartner angesehen (Mittelwert 3,62). Weitere Probleme sehen die Experten in der geringen Stabilität der Videoverbindung (Mittelwert 2,94). Eine Reliabilitätsanalyse reduziert die ursprünglichen neun Items auf die in Tab. 5-15 aufgeführten sechs Items. Die verbleibenden Items werden zu einer neuen Variablen „Komplexität" zusammengefasst.

Mittels der Korrelationsanalyse nach Pearson konnte kein negativer Zusammenhang zwischen der Komplexität und der Nutzungsintensität der Telepräsenzsysteme festgestellt werden ($r = 0,708$, $p = 0,001$). Die Hypothese H_3 – *Die Nutzungsintensität der Telepräsenz ist umso ausgeprägter, je geringer die Komplexität eingeschätzt wird* – wird daher verworfen. Das Ergebnis weist darauf hin, dass die Technik der zurzeit im Einsatz befindlichen Videokommunikationssysteme als nicht zu schwierig empfunden wird. Eine Vereinfachung würde daher die Nutzungsintensität nicht weiter stimulieren. Ferner hat sich in den Expertengesprächen ergeben, dass die Telepräsenznutzer relativ umfassend betreut werden: Das Betreuungspersonal sorgt für den Auf- und Abbau der Verbindung und löst technische Probleme während einer Sitzung. An dieser Stelle der Untersuchung wird deutlich, dass die Automobilindustrie umfangreiche Erfahrungen mit der Telepräsenztechnologie besitzt. Der hohe Wissensstand der Nutzer führt dazu, dass die Möglichkeiten und Probleme der Telepräsenztechnologie besser eingeschätzt werden können.

Tab. 5-15: Reliabilitätsanalyse der Items zur Variablen Komplexität (n=16)

Komplexität	Mittelwert	Standard-abweichung	Trennschärfe
unzureichende technische Ausstattung potenzieller Kommunikationspartner	3,62	1,54	0,43
geringe Verbindungsstabilität	2,94	1,18	0,36
mangelnde Kompatibilität mit anderen Videokommunikationssystemen	1,94	1,06	0,43
möglicher Missbrauch kritischer Unterlagen	1,75	0,86	0,68
mangelnde Kompatibilität mit Software	1,63	0,89	0,57
mangelnde Akzeptanz bei externen Kommunikationspartnern	1,62	1,02	0,38
Cronbach´s Alpha: 0,72			

Kommunizierbarkeit

Die Eigenschaften und Funktionen der Telepräsenz sind insgesamt relativ einfach an die Nutzergruppen innerhalb und außerhalb des Unternehmens zu vermitteln. Die Telepräsenztechnologie lässt sich aus den Augen der untersuchten Zulieferer den Kunden, also den Autoherstellern, einfach kommunizieren (Mittelwert 5,17). Die Lieferanten sind sich der Fähigkeiten ihrer Kunden bewusst und sehen offenbar keine Probleme, die Telepräsenzvorzüge für gewisse Kommunikationsprozesse darzustellen. Vier OEMs sowie drei Zulieferer sehen ihrerseits keine Schwierigkeiten, die Eigenschaften der Telepräsenz ihren Lieferanten bzw. Sublieferanten mitzuteilen (Mittelwert 4,71). Im internen Bereich ist die Telepräsenz den eigenen Mitarbeitern offensichtlich am einfachsten zu vermitteln (Mittelwert 4,56). Der Geschäftsführung und dem mittleren Management sind die Eigenschaften und Funktionen der Telepräsenz eher einfach zu kommunizieren (Mittelwerte 3,81 und 3,69).

Um den Zusammenhang zwischen der Kommunizierbarkeit und der Nutzungsintensität zu überprüfen, wurden die einzelnen Ebenen zu einer Variablen „Kommunizierbarkeit" zusammengefasst (siehe Tab. 5-16). Die Korrelationsanalyse dieser Determinante mit der abhängigen Variablen „Nutzungsintensität" ergab keinen positiven signifikanten Zusammenhang ($r = -0{,}374$, $p = 0{,}077$). Daher wird die Hypothese H_4 – *Die Nutzungsintensität der Telepräsenz im Unternehmen ist umso ausgeprägter, je besser die Kommunizierbarkeit der Telepräsenztechnologie eingeschätzt wird* – nicht bestätigt.

Tab. 5-16: Kommunizierbarkeit der Telepräsenz

Kommunizierbarkeit	Mittelwert	Standardabweichung
gegenüber Kunden (n=6)	5,17	0,98
gegenüber Lieferanten (n=7)	4,71	0,76
gegenüber Mitarbeitern (n=16)	4,56	0,89
gegenüber Geschäftsführung (n=16)	3,81	1,42
gegenüber mittlerem Management (n=16)	3,69	1,54

5.2.5.4 Umweltspezifische Determinanten

Verbreitungsgrad der Telepräsenz

Um den *Verbreitungsgrad* der Telepräsenz im Umfeld der befragten Unternehmen zu ermitteln, wurden die Experten danach befragt, wie sie die Verbreitung verschiedener Formen von Telepräsenzsystemen einschätzen. Nachfolgend werden Lieferanten und Hersteller (OEM) getrennt betrachtet. Tab. 5-17 zeigt, dass die Lieferanten eine hohe Verbreitung von Raum-Videokommunikationssystemen bei ihren Kunden, den OEMs, vermuten (Mittelwert 5,14). Eher hoch schätzen sie die Verbreitung der desktopbasierten Videokommunikationssysteme ein (Mittelwert 3,71). Wie bereits oben erwähnt, werden Rollabout-Videokommunikationssysteme nur selten in der Automobilindustrie eingesetzt: Lieferanten schätzen deren Vorhandensein bei ihren Kunden sehr gering ein (Mittelwert 1,29). Die Ergebnisse weisen darauf hin, dass Lieferanten nicht nur ausgeprägte Fähigkeiten, sondern auch eine breite Telepräsenzausstattung bei ihren Kunden annehmen. Trotzdem ist festzuhalten, dass nur wenige Anstöße zur telepräsenten Kommunikation von den Lieferanten ausgehen.

Die Sublieferanten der hier befragten Systemlieferanten sind nur gering mit Raumsystemen ausgestattet (Mittelwert 2,00). Desktop- und Rollabout-Systeme sind sogar nur sehr wenig vorzufinden. Dieser Befund deckt sich mit den gering eingeschätzten Fähigkeiten der Sublieferanten (siehe Abb. 5-12). Die Telepräsenzexperten der Lieferanten schätzen die Verbreitung der raumbasierten Videokommunikation bei ihren Wettbewerbern am höchsten ein (Mittelwert 3,14). Desktopsysteme werden als gering und Rollabout-Systeme werden sogar als sehr gering verbreitet angesehen.

Tab. 5-17: Verbreitung der Telepräsenz im Umfeld der Lieferanten (n = 7)

Verbreitung der Telepräsenz	Mittelwert	Standardabweichung
bei den Kunden		
Raumsysteme	5,14	0,90
Desktopsysteme	3,71	1,11
Rollabout-Systeme	1,29	1,11
bei den Lieferanten		
Raumsysteme	2,00	1,15
Desktopsysteme	1,00	1,00
Rollabout-Systeme	0,86	1,10
bei den Wettbewerbern		
Raumsysteme	3,14	2,34
Desktopsysteme	2,14	2,12
Rollabout-Systeme	0,86	1,47

Die Verbreitung der Telepräsenz im Umfeld der Hersteller zeigt Tab. 5-18. Erwartungsgemäß besitzen die Privatkunden der fünf untersuchten OEMs noch keine Telepräsenzsysteme. Zwei Unternehmen (Audi und Porsche) liefern jedoch auch Leistungen an andere Hersteller; diese beiden Unternehmen schätzen den Verbreitungsgrad bei ihren Business-Kunden als eher hoch ein. Die Experten der Hersteller bewerten das Vorhandensein der raumbasierten Videokommunikation bei den Lieferanten als „eher hoch" (Mittelwert 3,80). Desktopsysteme werden bei diesen eher wenige vermutet (Mittelwert 2,60). Die Hersteller bewerten die Existenz von Rollabout-Systemen bei ihren Zulieferern als sehr gering (Mittelwert 1,00). Des Weiteren wird die Verbreitung der raumbasierten Videokommunikation von den OEMs bei ihren Wettbewerbern als „eher hoch" eingestuft (Mittelwert 3,80). Desktop- und Rollabout-Systeme sind dagegen „eher gering" und „gering" verbreitet (Mittelwerte 3,20 und 2,00).

Tab. 5-18: Verbreitung der Telepräsenz im Umfeld der Hersteller (n = 5)

Verbreitung der Telepräsenz	Mittelwert	Standardabweichung
bei den Kunden		
Raumsysteme	1,60	2,20
Desktopsysteme	1,20	1,64
Rollabout-Systeme	0,20	4,50
bei den Lieferanten		
Raumsysteme	3,80	1,48
Desktopsysteme	2,60	1,14
Rollabout-Systeme	1,00	1,73
bei den Wettbewerbern		
Raumsysteme	3,80	1,48
Desktopsysteme	3,20	1,30
Rollabout-Systeme	2,00	1,41

Im nächsten Schritt werden die Verbreitungsgrade der Zulieferer und die der Hersteller zusammengefasst, um die Gesamteinschätzung aus Sicht der jeweiligen Marktpartner zu erhalten. Es ergibt sich ein Mittelwert des Verbreitungsgrades im Umfeld der Lieferanten von 2,24 und im Umfeld der OEMs von 1,74. Eine Korrelationsanalyse zeigt, dass kein statistischer Zusammenhang zwischen der Telepräsenzverbreitung aus Lieferantensicht und der Nutzungsintensität der Telepräsenzsysteme besteht ($r = 0,048$, $p = 0,459$). Ferner ergibt sich eine schwache, aber nicht signifikante Korrelation zwischen dem Verbreitungsgrad und der Nutzungsintensität aus Sicht der Hersteller ($r = 0,412$, $p = 0,245$). Die Hypothese H_{22} – *Die Nutzungsintensität der Telepräsenz ist umso ausgeprägter, je höher der Verbreitungsgrad bei Lieferanten, Kunden, Händlern sowie Wettbewerbern ist* – ist zu verwerfen. Die Ergebnisse zeigen, dass die Marktpartner auf der einen Seite das Vorhandensein von Telepräsenzsystemen zwar relativ hoch einschätzen, auf der anderen Seite existiert aber kein statistischer Zusammenhang mit der Nutzungsintensität der Telepräsenzsysteme bei Herstellern und Lieferanten. Zur Begründung kann angeführt werden, dass die Hauptnutzung der untersuchten Firmen im internen Bereich liegt, und sich dadurch der Verbreitungsgrad außerhalb der Unternehmen nur wenig auf die Nutzungshäufigkeit der Telepräsenzanwendungen auswirkt (siehe Punkt 5.2.4). Ferner herrschen in den Geschäftsbeziehungen der untersuchten Unternehmen oftmals traditionelle Kommunikationsgepflogenheiten vor. Ein Anstieg der Systemverbreitung im Marktumfeld führt somit nicht zwangsläufig zu einer Erhöhung der Telepräsenznutzung. Beispielsweise gaben Auskunftspersonen der Lieferanten an, dass einzelne Projektteams, trotz des Ausbaus der Telepräsenzsysteme im eigenen Hause und bei wichtigen Kunden, weiterhin regelmäßige Face-to-Face-Meetings vorziehen.

Wettbewerbsspezifischer Einfluss

Als wettbewerbsspezifische Determinante wird im Folgenden die *Bedeutung der Telepräsenz für die Branche* der befragten Unternehmen betrachtet (siehe Tab. 5-19). Verwendet wurde erneut eine 6er Skala (1 = „sehr gering", 6 = „sehr hoch"). Die Branchenbedeutung wird von allen Befragten insgesamt als recht hoch erachtet (Mittelwert 4,69). In diesem Befund spiegelt sich die lange Erfahrung der Automobilindustrie mit Telepräsenztechnologien wider (siehe auch Punkt 5.2.1). Der Telepräsenzeinsatz ist zu einem festen Bestandteil der Kommunikationsaktivitäten geworden. Darüber hinaus weist die hohe Bedeutungseinschätzung auf das Selbstbewusstsein der Automobilindustrie hin, eine Vorreiterrolle im Bereich der Telekommunikation zu spielen.

Die Korrelationsanalyse ergibt einen hochsignifikanten Zusammenhang mit der Nutzungsintensität der Telepräsenzsysteme ($r = 0{,}615$, $p = 0{,}006$). Hypothese H_{23} – *die Nutzungsintensität der Telepräsenz ist umso ausgeprägter, je höher die Bedeutung der Telepräsenz für die Branche eingeschätzt wird* – ist somit aufrechtzuerhalten.

Tab. 5-19: Überprüfung des Zusammenhangs zwischen der Branchenbedeutung der Telepräsenz und der Nutzungsintensität (n=16)

Variable		Mittelwert	Standard-abweichung	Korr. mit der NI nach Pearson	Signifikanz (1-seitig)
H_{23}	Branchenbedeutung	4,69	1,08	0,615**	0,006

5.2.6 Wirkungen der Telepräsenz im Marketing

Ein weiteres, wesentliches Untersuchungsziel der vorliegenden Arbeit ist es, Informationen über Wirkungen des Telepräsenzeinsatzes im Unternehmen zu gewinnen. Dafür werden in den folgenden Ausführungen Ergebnisse dargestellt, die marketingrelevante Wirkungen auf die Ziele, Strategien und Funktionen betrachten. Ferner werden Aussagen der befragten Telepräsenzexperten zu Auswirkungen auf die Organisation sowie zu Kosten und Investitionen präsentiert.

5.2.6.1 Die Zielerreichung mithilfe des Telepräsenzeinsatzes

In Punkt 5.2.3 wurden bereits die Ziele betrachtet, die beim Einsatz der Telepräsenz in den untersuchten Unternehmen vorliegen (siehe auch Abb. 5-3). Die Auskunftspersonen wurden zudem gebeten, die einzelnen Ziele nach dem Erreichungsgrad zu beurteilen. Hierfür wurde wiederum eine 6er Skala mit den Ausprägungen von 1 = „sehr gering" bis 6 = „sehr hoch" genutzt. Tab. 5-20 zeigt neben der Bedeutung auch die Erreichung der mit dem Telepräsenzeinsatz verfolgten Ziele. Ferner werden die prozentualen Differenzen dargestellt, die angeben, wie stark die Über- oder Unterschreitung der gesteckten Ziele ausfällt.

Es wird deutlich, dass die fünf Telepräsenzziele, die am häufigsten genannt wurden, recht stark unterschritten werden. So werden Kostenreduktionen und Effizienzsteigerungen zu 17% nicht erreicht. Ein mit der Telepräsenz angezielter Produktivitätsgewinn wird sogar zu 20% unterschritten. Die Verbesserung der Kommunikationsbereitschaft der Telepräsenznutzung wird mit 12%, und die angepeilte Verkürzung von Produktentwicklungszeiten wird mit 14% nicht erreicht. Die Unternehmen, die mit dem Telepräsenzeinsatz ihre Umsätze steigern wollten, erkennen eine nur geringe Erreichung dieses Ziels: Die Differenz zur Zielbedeutung beträgt 26%. Ferner wird die Verbesserung der externen Informations- und Wissensvermittlung sowie das Steigern der Lieferantengewinnung nicht voll erreicht.

Es ist aber auch festzustellen, dass eine Reihe gesteckter Ziele erfüllt werden: Die Mitarbeiterentlastung sowie das Verbessern der internen Informations- und Wissensvermittlung werden auf einem hohen Niveau erreicht. Ebenso werden die Erwartungen an das Unterstützen neuer Organisationskonzepte – wie z.B. Telearbeit – sowie Image- und Differenzierungsziele erfüllt. Die Ziele Kunden- und Lieferantenbindung werden sogar gemessen an der Bedeutung leicht überschritten.

Tab. 5-20: Bedeutung und Erreichung von Telepräsenzzielen (n=16)[13]

Ziele	Bedeutung (Mittelwert)	Erreichung (Mittelwert)	Differenz in %
Kostenreduktion	5,53	4,60	-17
Steigerung der Effizienz der Aufgabenbewältigung	5,43	4,53	-17
Verbesserung der Kommunikationsbereitschaft	4,86	4,29	-12
Erhöhung der Produktivität	4,62	3,69	-20
Verkürzung von Produktentwicklungszeiten	4,46	3,85	-14
Entlastung der Mitarbeiter	4,58	4,50	-2
Verbesserung der internen Info- & Wissensvermittlung	4,82	4,82	0
Steigerung der Qualität der Aufgabenerfüllung	4,80	4,30	-10
Steigerung der Mitarbeitermotivation	2,60	2,40	-8
Unterstützung neuer Organisationskonzepte	3,75	3,62	-3
Verbesserung des Images bei den Kunden	3,63	3,50	-4
Umsatzsteigerung	2,88	2,13	-26
Abbau von org. Schnittstellenproblemen	4,43	4,14	-7
Verbesserung der Lieferantenbindung	3,71	3,75	1
Differenzierung zu Wettbewerbern	3,00	3,00	0
Verbesserung der Kundenbindung	2,67	2,83	6
Verbesserung der externen Info- & Wissensvermittlung	4,20	3,50	-17
Verbesserung der Lieferantengewinnung	3,20	2,60	-19
Verbesserung der Kundengewinnung	2,60	2,60	0

Um die untersuchten Unternehmen nach erfolgreichen und weniger erfolgreichen Telepräsenznutzern zu differenzieren, wird in einem nächsten Schritt mit den Befunden zur Bedeutung und dem Erreichen der einzelnen Ziele ein *Maß für die gesamte Zielerreichung* errechnet[14]. Der Wertebereich des Zielerreichungsmaßes liegt zwischen 0 und 36, wobei der Wert 36 das volle Erreichen eines mit sehr hoher Bedeutung versehenen Ziels repräsentiert. Der Durchschnitt aller Gesamterfolgswerte beträgt 18,84. Unternehmen, deren Zielerreichungsmaß oberhalb dieses Wertes liegt, sind als überdurchschnittlich erfolgreiche Telepräsenzanwender einzustufen. Unternehmen wiederum, deren Telepräsenz-Erfolgsmaß unterhalb von 18,84 liegt, sind als weniger erfolgreiche Telepräsenznutzer einzuordnen. Die

---

[13] Die Reihenfolge richtet sich auch in dieser Tabelle nach der Anzahl der Nennungen der einzelnen Ziele (siehe Abb. 5-3).

[14] Siehe zur Formel des Zielerreichungsgrades Punkt 4.4.1

Analyse der Unternehmen zeigt, dass acht davon zu den Efolgreicheren gezählt werden können. Das Unternehmen mit dem höchsten Zielerreichungsgrad von 30,13 ist Ford. Das Unternehmen mit dem geringsten Erreichungsgrad von 8,72 ist Audi.

Im Folgenden soll die Annahme überprüft werden, ob die Nutzungsintensität der Telepräsenz in einem positiven Zusammenhang zur Zielerreichung steht (Hypothese H_{25}). Zwischen der Determinante Nutzungsintensität der Telepräsenz und der abhängigen Variablen Zielerreichungsgrad ist mittels der Korrelationsanalyse nach Pearson kein signifikanter Zusammenhang festzustellen (siehe Tab. 5-21). Hypothese H_{25} ist somit zu verwerfen. Das Ergebnis weist darauf hin, dass die Intensität der Telepräsenznutzung nicht für das Erreichen der mit der Nutzung verbundenen Ziele verantwortlich ist. Es ist zu vermuten, dass Unternehmen auch mit einer relativ geringen Nutzungsintensität ihre Ziele erreichen können.

Tab. 5-21: Überprüfung des Zusammenhangs zwischen der Nutzungsintensität und dem Zielerreichungsgrad der Telepräsenz

Variable		Mittelwert	Standardabweichung	Korr. mit der NI nach Pearson	Signifikanz (1-seitig)
H_{35}	Zielerreichungsgrad	18,84	6,49	-0,107	0,347

Es ist zu vermuten, dass die Zielerreichung von anderen Faktoren abhängt. Zu diesen Erfolgsdeterminanten könnten z.B. der Integrationsgrad der Telepräsenz in die Kooperationsprozesse mit Kunden und Lieferanten gehören. Der Integrationsgrad erscheint bisher gering ausgeprägt zu sein. Werden aber Kooperationen bereits früh mit konsequenter Telepräsenz-Unterstützung geplant, dann ist auch für spätere Projekte mit einer höheren Kunden- bzw. Lieferantenbindung zu rechnen. Diese Überlegung ist als Anknüpfungspunkt für zukünftige Forschungsarbeiten zu sehen.

5.2.6.2 Wirkungen auf die Marketingstrategien

Um die Auswirkungen des Telepräsenzeinsatzes auf die strategischen Stoßrichtungen der Unternehmen zu ermitteln, wurden die befragten Telepräsenzexperten im ersten Schritt nach Basisstrategien ihres Unternehmens befragt. Um diesen komplexen Sachverhalt für die Befragten zu vereinfachen, wurden im Fragebogen Optionen – z.B. die Qualitätsstrategie – genannt und verbal Umsetzungsbeispiele durch Telepräsenzeinsatz erläutert. Im nächsten Schritt sollten die Auskunftspersonen die Unterstützungsleistung der Telepräsenzsysteme zur Erfüllung der genannten Strategien bewerten. Hierzu wurde eine 6er Skala mit den Ausprägungen 1 = „sehr schwach" bis 6 = „sehr stark" verwendet. Es sei betont, dass eindeutige Strategieeffekte des Telepräsenzeinsatzes nur schwer zu identifizieren sind. Die gestellten Fragen zur Strategieunterstützung sollten daher v.a. Tendenzaussagen hervorbringen.

Die Befunde hinsichtlich der *Arealstrategie* spiegeln die gesamte Entwicklung der Automobilindustrie wider: Sie ist stark von der Internationalisierungsstrategie geprägt (vgl. DIEZ 1997 S. 337). Zehn der befragten Unternehmen sehen sich als Globalplayer. Fünf der Unternehmen bezeichnen sich nicht als global agierende Marktteilnehmer; sie verfolgen eine eher moderate Internationalisierungsstrategie. Ein Unternehmen beschränkt sich auf den europäischen Markt. Unterstrichen werden diese Aussagen durch die starke internationale Präsenz der untersuchten Organisationen. Die vielfältigen internationalen Produktionsstandorte wurden bereits oben in Tab. 5-1 vorgestellt. Darüber hinaus gilt es zu betonen, dass die an der Untersuchung beteiligten Unternehmen eine Vielzahl weiterer Vertriebs- und Finanzdienstleistungsstandorte weltweit betreiben.

Telepräsenzsysteme dienen dem Management als ein Mittel zur Überbrückung weiter Distanzen. Dies spiegelt das Ergebnis aus Tab. 5-22 wider: Der Einsatz der Telepräsenz unterstützt in den Unternehmen die Arealstrategien eher stark (Mittelwert 4,06).

Tab. 5-22: Unterstützung der Arealstrategie durch Telepräsenzeinsatzeinsatz

Variable	Mittelwert	Standardabweichung
Unterstützung der Arealstrategie durch Telepräsenzeinsatz	4,06	1,57

Hinsichtlich der *Marktstimulierungsstrategie* der befragten Unternehmen zeigt sich ein differenzierteres Bild: Vier Automobilhersteller bezeichnen sich als Premiumanbieter mit außerordentlich hohen Qualitätsansprüchen. Acht Unternehmen verfolgen eine sog. Hybridstrategie: Sie versuchen neben einer hohen Qualität auch einen niedrigen Preis anzubieten. Hierzu zählen sich drei der befragten Zulieferer, ein Automobilhersteller sowie alle vier Importeure. Weitere vier Zulieferer beschreiben ihre Marktstimulierung als reine Qualitätsstrategie.

Betrachtet man die Befunde zur Unterstützungsleistung der Telepräsenzsysteme bei der Umsetzung der Marktstimulierungsstrategie, dann ist nur ein schwacher Beitrag festzustellen (siehe Tab. 5-23). Die Experten sichern der Telepräsenz auf der einen Seite zwar Potenziale zur Qualitätsverbesserung bei der Aufgabenerfüllung zu (siehe auch Tab. 5-20), sie bescheinigen aber nur eine geringe Wirkung auf die Gesamtqualität der Produkte. Ähnliches gilt für die Differenzierung über günstige Kostenstrukturen: Es werden Einsparpotenziale durch den Telepräsenzeinsatz bestätigt. Es werden dabei nur schwache direkte Effekte auf die Angebots- und Preisgestaltung des Unternehmens festgestellt.

Tab. 5-23: Unterstützung Marktstimulierungsstrategie durch Telepräsenzeinsatz

Variable	Mittelwert	Standardabweichung
Unterstützung der Marktstimulierungsstrategie durch Telepräsenz	2,47	1,36

5. Anlage und Ergebnisse einer Studie zur Telepräsenz im Marketing

Im Rahmen der *wettbewerbsgerichteten Marketingstrategie* wurde insbesondere nach der Kooperationsstrategie gefragt. Diese drückt sich in den untersuchten Unternehmen auf vielfältige Weise aus, so dass mehrere Kooperationsoptionen je Gesellschaft möglich sind. Acht Unternehmen verfolgen explizit eine Kooperationsstrategie in der Produktentwicklung. Diese zeigt sich sowohl bei Herstellern als auch bei Lieferanten in horizontaler und vertikaler Richtung: Alle untersuchten OEMs kooperieren vertikal in starker Weise mit ihren Lieferanten. Vier der OEMs kooperieren horizontal mit anderen Herstellern (z.B. Ford mit Mazda, DaimlerChrysler und Mitsubishi, Porsche mit Volkswagen). Drei Lieferanten gaben Joint Ventures als Kooperationsstrategie für die Erschließung neuer Märkte an. Beispielsweise strebt ContiTeves mittels einer Kooperation auf den japanischen Markt und setzt dabei verstärkt raumbasierte Telepräsenzsysteme ein. Die Importeure pflegen insbesondere Kooperationsbeziehungen zu ihren Muttergesellschaften und zu anderen Niederlassungen des Konzerns. Die Toyota Kreditbank setzt ihr Videokonferenzsystem häufig für gemeinsame Projekte mit anderen Finanzdienstleistern ein. Interessant sind die Angaben von Audi und BMW: Die Unternehmen – ansonsten Wettbewerber – nutzen die Videokommunikation, um sich über automobilspezifische Neuerungen auf dem Gebiet der Telekommunikation (z.B. das TK-Netz ENX) auszutauschen. Ähnliches ist bei FAG anzutreffen; wo Spezialisten via Telepräsenz zusammenkommen, um z.B. über Normungen bei Wälzlagern mit dem Konkurrenten SKF zu diskutieren.

Es zeigt sich ferner, dass die Befragungsteilnehmer der Telepräsenz einen eher schwachen Beitrag für die Umsetzung der jeweiligen Kooperationsformen beimessen (siehe Tab. 5-24). Die Experten erklärten einerseits, dass keine Strategie gänzlich auf die telepräsente Kommunikation angewiesen sei, andererseits betonten sie die hohe Nützlichkeit der Telepräsenz in der Umsetzung von Kooperationen. Dies gilt insbesondere bei Partnern, die an entfernten Standorten arbeiten.

Tab. 5-24: Unterstützung der Kooperationsstrategie durch Telepräsenzeinsatz

Variable	Mittelwert	Standardabweichung
Unterstützung der Kooperationsstrategie durch Telepräsenzeinsatz	3,14	1,66

Alle untersuchten OEMs und Zulieferer bezeichnen ihre *Timing-Strategie* als First-to-Market. Sie versuchen mit innovativen Produkten und Dienstleistungen eine Pionierstellung im Markt zu erreichen. Seitens der Zulieferer wird allerdings eingeräumt, dass der Zeithorizont einiger gemeinsamer Projekte sehr stark von den auftraggebenden Herstellern bestimmt wird. Die Importeursgesellschaften sehen ihre Mutterunternehmen zwar auch in vielen Bereichen als Pioniere; die deutschen Gesellschaften sind jedoch häufig in einer sog. Follower-Position, denn Produktinnovationen werden nicht immer sofort im deutschen Markt eingeführt.

Bei der Frage nach der Unterstützungsleistung der Telepräsenz bei der Umsetzung der Timing-Strategie bescheinigen die Befragten wiederum ein eher schwaches Potenzial (siehe Tab. 5-25). Dennoch gestehen die befragten Telepräsenzexperten der Telepräsenz ein hohes Potenzial zur Verkürzung von komplexen und verteilten Projekten zu. BMW berichtet z.B. von einer in internen Studien ermittelten Verkürzung der Entwicklungszeit um zwei Monate bei den Modellen Z8 und Rover 75. Die angezielte Gesamtentwicklungsdauer betrug bei diesen Modellen 36 Monate.

Tab. 5-25: Unterstützung der Timing-Strategie durch Telepräsenzeinsatz

Variable	Mittelwert	Standardabweichung
Unterstützung der Timing-Strategie durch Telepräsenzeinsatz	3,20	1,57

Der Blick auf die *Beschaffungsstrategien* bestätigt die bereits festgestellte Internationalisierung bei den untersuchten Unternehmen: Alle fünf OEMs sowie sechs Zulieferer verfolgen im Einkauf die Strategie des Global Sourcing. Nur zwei Unternehmen beschränken sich auf den europäischen Beschaffungsmarkt. Modular Sourcing betreiben alle OEMs. Die Importeure beschaffen in Deutschland keine Teile oder Module; allerdings betreiben deren Muttergesellschaften ebenfalls Modular-Sourcing. Die Zulieferer kaufen schwerpunktmäßig einzelne Teile ein.

Die Beschaffungsstrategien werden bislang „schwach" bis „eher schwach" durch einen Telepräsenzeinsatz unterstützt (siehe Tab. 5-26). Dabei kommt u.a. zum Tragen, dass die Nutzungsintensität aus Herstellersicht zum Lieferanten noch immer gering ist (siehe Punkt 5.2.4). Zudem kommunizieren auch die Lieferanten sehr selten mit ihren Sublieferanten via Videokommunikation.

Tab. 5-26: Unterstützung der Beschaffungsstrategie durch Telepräsenzeinsatz

Variable	Mittelwert	Standardabweichung
Unterstützung der Beschaffungsstrategie durch Telepräsenzeinsatz	2,54	1,45

5.2.6.3 Wirkungen auf die Marketingfunktionsbereiche

In diesem Abschnitt werden zunächst Ergebnisse vorgestellt, die die aktuelle und zukünftige Telepräsenznutzung im Vergleich zu anderen Kommunikationsmitteln in den Unternehmen zeigen. Darauf folgend wird die Nutzungsintensität der Telepräsenz in den Marketingfunktionen und angrenzenden Organisationsbereichen dargestellt und mit qualitativen Aussagen der Befragungsteilnehmer ergänzt. Abschließend erfolgt die Betrachtung des Kompetenzaufbaus bzgl. der Telepräsenznutzung durch Marketingmitarbeiter.

5. Anlage und Ergebnisse einer Studie zur Telepräsenz im Marketing

Zunächst werden die raumbasierten und desktopbasierten Telepräsenzsysteme im Verhältnis zu anderen Kommunikationsmitteln in den untersuchten Unternehmen betrachtet (siehe Abb. 5-14). Die Experten wurden dabei gebeten, die *aktuelle* Nutzungshäufigkeit mittels einer 6er Skala mit den Ausprägungen 1 = „sehr gering" bis 6 = „sehr hoch" zu beurteilen. Außerdem sollte ebenso eine Einschätzung abgegeben werden, wie stark die Nutzungshäufigkeit der einzelnen Kommunikationsmittel *im Jahr 2004* sein wird. Es zeigt sich, dass E-Mail und Face-to-Face-Meetings zurzeit sehr häufig zur Kommunikation eingesetzt werden. Ihre Bedeutung wird auch für die Zukunft als konstant eingeschätzt.

Die Nutzungshäufigkeit der raumbasierten Telepräsenzsysteme wird aktuell als eher gering eingeordnet; allerdings vermuten die Experten eine steigende Nutzung. Interessant ist dieser Befund im Vergleich zur Entwicklung der Face-to-Face-Kommunikation, welche sich nach Meinung der Experten kaum verändern wird: Offenbar wird diese Kommunikationsform nicht verdrängt. Es ist vielmehr davon auszugehen, dass zukünftig mehr direkt kommuniziert wird – und dies mithilfe der Telepräsenz auf einem höheren Niveau.

Dagegen werden Desktop-Videokommunikationssysteme zum jetzigen Zeitpunkt nur sehr gering eingesetzt. Zukünftig ist hierbei zwar mit einer Steigerung zu rechnen; diese wird aber auf einem geringen Niveau bleiben. Die Experten gaben ferner an, dass sich die Kommunikation per Briefpost und Telefax zukünftig reduziert.

Abb. 5-14: Aktuelle und zukünftige Kommunikationsmittel im Vergleich

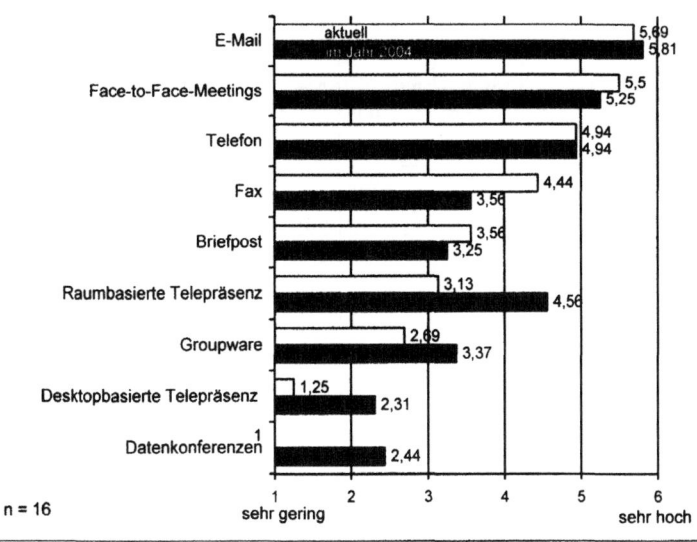

Kommunikationsmittel	aktuell	im Jahr 2004
E-Mail	5,69	5,81
Face-to-Face-Meetings	5,5	5,25
Telefon	4,94	4,94
Fax	4,44	3,56
Briefpost	3,56	3,25
Raumbasierte Telepräsenz	3,13	4,56
Groupware	2,69	3,37
Desktopbasierte Telepräsenz	1,25	2,31
Datenkonferenzen	1	2,44

n = 16; 1 = sehr gering, 6 = sehr hoch

5. Anlage und Ergebnisse einer Studie zur Telepräsenz im Marketing

In einem nächsten Schritt wird die Nutzungsintensität der Telepräsenzsysteme in den einzelnen Funktionsbereichen des Marketing betrachtet. Die Befragten wurden wiederum gebeten, sowohl die *aktuelle* als auch die vermutete *zukünftige Nutzungsintensität* zu beurteilen. Die Bewertung wurde erneut mittels einer 6er Skala mit den Ausprägungen 1 = „sehr gering" bis 6 = „sehr hoch" vollzogen. In der folgenden Abb. 5-15 sind die Ergebnisse als Mittelwert eingetragen. In den Zellen sind links unten die aktuellen und rechts oben die vermuteten zukünftigen Nutzungsintensitäten abgetragen.

Abb. 5-15: Kommunikation der Funktionsbereiche via Telepräsenz (n=16)

Kommuni-kationspartner	Entwicklung	Produktmanag.	Werbung / PR	Vertrieb	Marktforschung	Beschaffung	Geschäftsführung
Entwicklung	5,07 / 4,92						
Produktmanagement	1,86 / 1,15	1,94 / 1,44					
Werbung / PR	0,57 / 0,77	0,75 / 0,56	1,19 / 0,69				
Vertrieb	1,50 / 0,54	1,25 / 1,06	1,37 / 0,56	2,69 / 1,81			
Marktforschung	0,57 / 0,38	0,88 / 0,56	1,19 / 0,31	1,00 / 0,44	1,19 / 0,63		
Beschaffung	1,29 / 1,08	0,50 / 0,37	0,25 / 0,19	0,31 / 0,19	0,25 / 0,13	1,57 / 1,31	
Controlling	0,79 / 0,54	0,37 / 0,31	0,19 / 0,19	0,37 / 0,25	0,25 / 0,13	0,50 / 0,38	1,87 / 1,38
Produktion	2,86 / 2,46	1,00 / 0,75	0,19 / 0,00	1,25 / 0,94	0,13 / 0,13	1,36 / 1,23	1,13 / 0,75
Geschäftsführung	1,43 / 1,23	1,13 / 0,88	0,75 / 0,44	1,31 / 0,88	0,81 / 0,69	0,79 / 0,77	4,06 / 3,50
Kunden	2,79 / 2,38	1,00 / 0,75	0,19 / 0,19	1,44 / 1,00	0,25 / 0,00	0,57 / 0,54	1,50 / 1,06
Lieferanten	3,36 / 2,92	1,81 / 1,19	0,63 / 0,19	0,81 / 0,56	0,56 / 0,13	2,50 / 1,77	1,19 / 0,63
externe Dienstleister	1,86 / 1,62	0,75 / 1,00	0,81 / 0,19	0,81 / 0,25	0,44 / 0,00	0,43 / 0,62	1,13 / 0,69

Die dargestellte Matrix macht sehr deutlich, dass die Telepräsenz in vielen Funktionsbereichen des Marketing bislang noch sehr zurückhaltend genutzt wird. Die stärkste Nutzung verzeichnen in den untersuchten Unternehmen die *Entwicklungsabteilungen*. Abteilungsintern kann die Kommunikationsintensität via Telepräsenz als hoch eingestuft werden. Mit anderen

Bereichen, zu denen vielfältige Schnittstellen bestehen (z.B. Produktmanagement, Beschaffung), wird nur sehr selten per Telepräsenz kommuniziert. Die Expertengespräche zeigten oftmals einen geringen Telekommunikationsbedarf, da diese Unternehmensbereiche häufig am selben Standort lokalisiert und in einigen Unternehmen Produktmanagement und Entwicklung in einer Organisationseinheit zusammengelegt sind. Etwas intensiver kommunizieren die Entwickler mit Lieferanten und Kunden. Inhaltlich werden dabei v.a. er aktuelle Projektstatus sowie dringende Problemlösungen besprochen.

Das *Produktmanagement* ist in den betrachteten Unternehmen ein nur geringer Nutzer der Telepräsenz. Wenn dieser Organisationsbereich via Telepräsenz konferiert, werden Themen wie Neuproduktvorstellungen, Budgetbesprechungen und Maßnahmenplanungen behandelt. Ein befragtes Unternehmen nutzt seine Videokonferenzanlagen sehr stark, wenn durch weltweite Rückrufaktionen schnell und audiovisuell kommuniziert werden muss.

Nur sehr schwach setzen *Kommunikations- und Marktforschungsabteilungen* das Medium Telepräsenz in ihren Geschäftsprozessen ein. Einige Werbeabteilungen kommunizieren unregelmäßig mit externen Werbeagenturen. Inhaltlich werden dabei neue Werbespots vorgestellt und diskutiert. Fiat berichtete von Abstimmungsgesprächen zwischen der deutschen Gesellschaft und der Konzernzentrale in Italien. Dabei werden Werbe- und Händleraktionen international koordiniert.

Der *Vertrieb* nutzt die Videokommunikation am stärksten für abteilungsinterne Gespräche. Inhaltlich werden hierbei oftmals Budget- und Absatzzahlen zwischen den Vertriebszentralen und den nationalen und internationalen Vertriebsstützpunkten besprochen. Ferner werden aktuelle Vertriebsaktionen vorgestellt. Die SACHS AG installiert auf Messen Videokonferenzanlagen, um den Besuchern einen moderierten Einblick in das Testen von Stoßdämpfern auf dem Prüfstand in der Unternehmenszentrale anzubieten. Kein Unternehmen setzt aktuell Telepräsenzsysteme für die Kommunikation mit den Vertragshändlern ein. Nur Audi berichtete von Versuchen, Sitzungen via Telepräsenz mit einer großen Händlergruppe (MAHAG) abzuwickeln. Die Versuche wurden aber nicht weitergeführt. Einige Hersteller und Importeure stellen jedoch Überlegungen an, unternehmenseigene Niederlassungen mit Telepräsenzsystemen auszustatten, um schnell und interaktiv Vertriebsthemen an die Mitarbeiter der Niederlassungen zu vermitteln.

In der *Beschaffung* kommen wiederum schwerpunktmäßig abteilungsinterne Gespräche mittels Telepräsenz zustande. Insgesamt ist die Intensität als gering bis sehr gering einzustufen. Inhaltlich wird regelmäßig der Status von Projekten besprochen. Im Rahmen der externen Kommunikation mit Lieferanten erfolgen allgemeine Projektbesprechungen, Preisverhandlungen und technische Abstimmungen. Bei Letzteren wird der Vorteil der Bildübertragung von Teilen und Modulen genutzt. Ford berichtete von der konzernweiten

Lieferantenauswahl via Telepräsenz: Der Lieferanten befindet sich an einem Ford-Standort und präsentiert seine Leistungen mehreren weltweit verteilten Ford-Einkäufern.

Die *Geschäftsführung* nutzt die Telepräsenz zur Kommunikation mit anderen, international verstreuten Mitgliedern des Top-Managements. Beispielsweise stellte die Videokommunikation in den ersten zwei Jahren nach der Fusion von Daimler und Chrysler ein wichtiges Instrument für die Integration der Konzerne dar. Top-Management und spezielle Fusionsteams kamen auf diese Weise häufig für strategische und administrative Gespräche zusammen. Seltener kommt es bei allen untersuchten Unternehmen zu Besprechungen zwischen Geschäftsführung und Kunden oder Lieferanten.

Insgesamt ist festzuhalten, dass die Kommunikation via Telepräsenz in vielen Marketingbereichen bislang nur selten zum Einsatz kommt. Die Kommunikation findet schwerpunktmäßig horizontal abteilungsintern statt. Die befragten Experten sind sich aber sicher, dass zukünftig die telepräsente Kommunikation in vielen Bereichen ansteigen wird. Die von den Befragten angegebenen Kommunikationsinhalte lassen auch darauf schließen, dass weiteres Potenzial für regelmäßige Telepräsenzsitzungen besteht.

Abschließend erfolgt die Betrachtung der Befunde zum *Kompetenzaufbau* der Marketingmitarbeiter hinsichtlich der Anwendung innovativer Telekommunikationsdienste (siehe Tab. 5-27). Die Mitarbeiter des Marketing besitzen bislang eine eher geringe Kompetenz, was die Anwendung der Telepräsenz und ähnlicher Telekommunikationsdienste angeht (Mittelwert 3,31). Die Korrelationsanalyse zeigt aber, dass ein tendenziell signifikanter Zusammenhang zwischen der Nutzungsintensität der Telepräsenz und dem Kompetenzaufbau der Marketingmitarbeiter besteht (r = 0,356, p = 0,088, siehe Tab. 5-27). Hypothese H_{26} – *der Kompetenzaufbau hinsichtlich der Anwendung von Telekommunikationssystemen ist umso höher, je höher die Nutzungsintensität der Telepräsenz ist* – wird aufrechterhalten. Der Befund weist darauf hin, dass eine intensivere Telepräsenznutzung durch die Marketingmitarbeiter deren Know-how gegenüber zukünftigen Telekommunikationsanwendungen weiter ausbaut. Dies ist insofern wichtig, da die Organisationsmitglieder zukünftige Technologien – die evtl. noch komplexer sein werden (z.B. Virtual Reality) – nur mit in der Vergangenheit aufgebauten Kompetenzen schnell und effektiv in ihre Geschäftsprozesse integrieren können. Die regelmäßige Anwendung heutiger Telepräsenztechnologien ist ein wichtiger Schritt in diese Richtung.

Tab. 5-27: Überprüfung des Zusammenhangs zwischen der Nutzungsintensität und dem TK-Kompetenzaufbau der Marketingmitarbeiter

	Variable	Mittelwert	Standardabweichung	Korr. mit der NI nach Pearson	Signifikanz (1-seitig)
H_{26}	Kompetenzaufbau	3,31	1,45	0,356^T	0,088

5.2.6.4 Wirkungen auf die Organisation

Aufbauorganisatorische Wirkungen

Werden zunächst die Befragungsergebnisse hinsichtlich der aufbauorganisatorischen Wirkung der Telepräsenz betrachtet, dann ist eine nur schwache Tendenz zur Dezentralisierung von Entscheidungen in den untersuchten Unternehmen festzustellen (Mittelwert 2,19, siehe Tab. 5-28). Die Korrelationsanalyse nach Pearson ergibt darüber hinaus keinen signifikanten Zusammenhang mit der Nutzungsintensität der Telepräsenz ($r = -0{,}306$, $p = 0{,}250$). Hypothese H_{27} – *die Dezentralisierung ist umso stärker, je ausgeprägter die Telepräsenznutzung im Unternehmen ist* – wird daher verworfen. Der errechnete Korrelationskoeffizient ist negativ. Es kann vielmehr eine Tendenz zur Zentralisierung durch den Telepräsenzeinsatz vermutet werden. Diese entsteht durch den verbesserten Kontakt zu entfernten Organisationseinheiten. Beispielsweise kann sich mittels Telepräsenz ein verantwortlicher Manager der Zentrale leichter in den Entscheidungsprozess an einem entfernten Standort einbringen.

Tab. 5-28: Überprüfung des Zusammenhangs zwischen der Nutzungsintensität und der Dezentralisierung durch den Telepräsenzeinsatz

Variable		Mittelwert	Standard-abweichung	Korr. mit der NI nach Pearson	Signifikanz (1-seitig)
H_{27}	Dezentralisierung von Entscheidungen	2,19	1,17	-0,306	0,250

Aufbauorganisatorische Auswirkungen zeigen sich zudem bei den Abteilungen, die die Telepräsenz betreuen. Traditionell sind die verantwortlichen Stellen an klassische IT- oder TK-Abteilungen angegliedert. Im Laufe der Expertengespräche war jedoch eine Entwicklung deutlich zu erkennen: Die großen Automobilhersteller setzen seit kurzem auf eigene, sehr spezialisierte Abteilungen. DaimlerChrysler und BMW haben die separaten Organisationseinheiten „Conferencing-Center" und „Multimediale Konferenzdienste" geschaffen. Ford gab hingegen die personelle Betreuung der Systeme an externe Spezialisten ab. Diese Organisationseinheiten arbeiten jeweils wie ein Profit Center und müssen daher ihre Dienstleistungen selbständig in den Konzernen vermarkten. BMW möchte sogar soweit gehen, zukünftig eine eigenständige GmbH zu gründen, um somit die Leistungen auch an Dritte verkaufen zu können.

Ablauforganisatorische Wirkungen

Bezüglich ablauforganisatorischer Wirkungen des Telepräsenzeinsatzes zeigen sich Verbesserungen in der Qualität der Kommunikationsprozesse. Die Verbesserung der horizontalen Kommunikation zwischen Mitarbeitern gleicher Hierarchiestufen wird als eher hoch bewertet (Mittelwert 4,06). Die Verbesserung der vertikalen Kommunikation zwischen Personen unterschiedlicher Hierarchien wird etwas geringer, aber immer noch als eher hoch eingeschätzt

(Mittelwert 3,81). Etwas schlechter, aber immer noch positiv, ordnen die Befragten die Kommunikationsverbesserung zu externen Marktpartnern ein (Mittelwert 3,50). Zur Hypothesenprüfung werden die drei Variablen zu einer neuen Variablen *Verbesserung der internen und externen Kommunikationsqualität* zusammengefasst (siehe Tab. 5-29). Die Korrelationsanalyse ergibt einen mittelstarken, signifikanten Zusammenhang mit der Nutzungsintensität der Telepräsenz. Die Verbesserung der internen und externen Kommunikationsqualität ist umso höher, je intensiver Telepräsenzsysteme eingesetzt werden. Die Hypothese H_{28} – *die Verbesserung der internen und externen Kommunikationsqualität ist umso höher, je ausgeprägter die Telepräsenznutzung ist* – wird somit bestätigt.

Tab. 5-29: *Überprüfung des Zusammenhangs zwischen der Nutzungsintensität und der Verbesserung der Kommunikationsqualität durch Telepräsenz*

Variable	Mittelwert	Standard-abweichung	Korr. mit der NI nach Pearson	Signifikanz (1-seitig)
H_{28} Verbesserung interner & externer Kommunikationsqualität	3,83	0,74	0,430*	0,048

Im ablauforganisatorischen Zusammenhang ist ferner von Interesse, ob durch die Telepräsenznutzung die *Kontrolle der Kommunikationspartner* ansteigt. Die Befunde machen deutlich, dass dies nicht zutrifft. Eine stärkere Kontrolle sowohl der internen als auch der externen Gesprächspartner stellten die befragten Telepräsenzexperten nicht fest (Mittelwert 2,50). Die Vorgesetzten setzen die Telepräsenz also weniger für die Überwachung, sondern vielmehr für die Integration entfernt arbeitender Mitarbeiter ein. Dieser Befund steht im Einklang mit den in Punkt 5.2.4.4 präsentierten Tätigkeiten in der Telepräsenz: Es werden Informationen ausgetauscht und gemeinsam Probleme gelöst. Zudem werden Telepräsenzsysteme für zu treffende Entscheidungen genutzt.

Statt in der Telepräsenz Kontrollaufgaben wahrzunehmen und damit einen evtl. Widerstand unterstellter Mitarbeiter hervorzurufen, wird dieses innovative Kommunikationsmittel stärker dazu benutzt, um *Vertrauen* aufzubauen. Die Befragten stimmten einer Vertrauensverbesserung via Telepräsenz zu (Mittelwert 3,94). Offenbar vermag die höhere soziale Präsenz mit der Übertragung von Gestik und Mimik der Kommunikationspartner das Vertrauen der Beteiligten zu fördern. Hypothese H_{29} – *die Telepräsenznutzung verbessert das Vertrauen zwischen den Kommunikationspartnern* – wird daher aufrechterhalten.

5.2.6.5 Investitionen und Kosteneffekte

Telepräsenzsysteme stellen Investitionsobjekte dar. Ein Untersuchungsziel war daher die Erfassung der Gesamtinvestitionen in den untersuchten Unternehmen. Ferner waren laufende Kosten der Investition „Telepräsenz" von Interesse.

Investitionen in die Telepräsenz

Die Automobilhersteller haben bislang durchschnittlich 1,04 Mio. DM in den aktuellen Telepräsenzsystembestand investiert. Dabei gilt es zu berücksichtigen, dass sich die Angaben der Experten auf die Investitionen am deutschen Standort beziehen. Die dort installierten Systeme fallen in den Verantwortungsbereich der befragten Experten. Für das jeweilige Gesamtunternehmen ist mit höheren Beträgen zu rechnen. Die Gesamtinvestitionen der Zulieferer sind aufgrund ihrer Unternehmensgröße i.d.R. geringer: Durchschnittlich haben sie 507.143 DM in ihre Telepräsenzsysteme investiert. Für die Importeure sind die Investments nur schwer zu erfassen. Zwei Gesellschaften wurden durch die Muttergesellschaft ausgestattet. Weiter zwei Importeure konnten keine Angaben machen. Ein Unternehmen hat bislang 36.000 DM investiert.

Unterteilt man die Gesamtinvestitionen in die Phasen der Planung, Einführung und Nutzung der Telepräsenzsysteme, dann zeichnet sich ab, dass der geringste Teil in der Planungsphase investiert wird (10%). Weil der eigentliche Kauf in die Einführungsphase fällt, sind hier die höchsten Investitionen zu verzeichnen (65%). Des Weiteren werden in dieser Phase die vorgesehenen Besprechungsräume und die notwendige Telekommunikationsinfrastruktur eingerichtet. Folgeinvestitionen werden in der Nutzungsphase z.B. in Software-Updates oder in das Anschaffen neuer Kamerasysteme getätigt. Durchschnittlich sind 25% der Gesamtinvestitionen Folgeausgaben. In der Kontrollphase wird nur selten investiert; es fallen v.a. Personalkosten an. Diese werden nachfolgend im Rahmen der laufenden Kosten erfasst.

Kosteneffekte der Telepräsenz

Die Betrachtung der laufenden Kosten der Telepräsenz macht ein sehr differenziertes Bild deutlich: Einige Unternehmen investieren nach der Anschaffung überhaupt nicht mehr, andere wiederum nehmen bis zu 100.000 DM als Folgekosten auf sich. Durchschnittlich fallen für Hard- und Software pro Jahr 26.000 DM an. Für Personalkosten entstehen jährlich 33.400 DM. Dabei reicht die Zahl der einbezogenen Mitarbeiter von einer bis zu mehreren Personen. Die interviewten Experten schätzen ihren eigenen Arbeitsanteil, in dem sie sich ausschließlich um die Telepräsenzsysteme kümmern, auf 15% ein. Die jährlichen Kosten für die Telekommunikationsverbindungen differieren ebenfalls sehr stark: Sie reichen von 2.000 DM bei einem Lieferanten bis zu 360.000 DM bei einem Automobilhersteller. Im Durchschnitt ergibt sich ein jährlicher Betrag von 172.333 DM für Verbindungskosten seitens der Hersteller sowie 31.750 DM seitens der Zulieferer. Es ist jedoch anzumerken, dass nur acht Unternehmen zu den Verbindungskosten Stellung nahmen, denn einige Unternehmen errechnen keine laufenden Kosten, und andere vermengen die Telepräsenzverbindungen mit ihren allgemeinen Telefonkosten. Beispielsweise rechnen ContiTeves und FAG über die Kostenstelle der Geschäftsführung ab.

In Punkt 5.2.3 wurde deutlich, dass das Ziel der Kostenreduktion bei den untersuchten Unternehmen im Vordergrund steht. Eine wesentliche Kostenart, die in der Literatur immer wieder genannt wird, ist die Dienstreise. Hier erwarten viele Unternehmen signifikante Kosteneinsparungen. Die Telepräsenzexperten wurden daher gebeten einzuschätzen, inwieweit eine Verringerung der Reisetätigkeit in ihren Unternehmen beobachtet werden kann. Als Ergebnis zeigt sich, dass dies „eher zutrifft" (Mittelwert 4,38). Des Weiteren sollten die Befragten versuchen, den prozentualen Anteil anzugeben, der an Geschäftsreisen eingespart wird. Auch hierbei werden starke Unterschiede deutlich: Die Angaben reichen von Einsparungen von 1% bis zu 30%. Im Durchschnitt ergibt sich eine Einsparung von 11% der Dienstreisen.

Kontrolle des Telepräsenzeinsatzes

Die *operative Betreuung* und Überwachung des Telepräsenzeinsatzes obliegt den befragten Telepräsenzexperten sowie der zugehörigen Telekommunikationsabteilung. Die Mitarbeiter sorgen für die Verfügbarkeit und die fehlerfreie Durchführung der telepräsenten Sitzungen. Der Befund zur *strategischen Telepräsenzkontrolle* ist sehr überraschend: Nur drei Unternehmen überprüfen regelmäßig Kosten und Nutzen des Telepräsenzeinsatzes. Die jeweils angewandte Kostengegenüberstellung ist mit dem Methodeneinsatz in der Planungsphase vergleichbar (siehe Punkt 5.2.4.1). Eine Mitarbeiterbefragung ist bislang bei keinem Unternehmen durchgeführt worden. Nur BMW plant für das Jahr 2001 eine Nutzerbefragung. Die Zuständigkeiten für die Kontrollaufgaben liegen bei zwei Unternehmen bei der auch operativ die Telepräsenzsysteme betreuenden Abteilung. Bei einem Unternehmen ist die Controllingabteilung für die Kostenanalyse verantwortlich.

5.2.7 Zukünftige Planungen der Unternehmen

Abschließend wurden die Befragungsteilnehmer gebeten, die zukünftigen Planungen zur Telepräsenz in ihren Unternehmen anzugeben (siehe Abb. 5-16). Die Befragten konnten zwischen Rückzug, Status Quo und Ausbau der Telepräsenz-Aktivitäten für einzelne Systemarten auswählen. Die bisher schon dominante Telepräsenzform der Raumsysteme planen 56% der befragten Unternehmen weiter auszubauen, und 44% möchten den jetzigen Status Quo beibehalten. Kein Unternehmen wird in naher Zukunft Raum-Videokommunikationssysteme abschaffen. Anders sieht das Bild bei den Desktopsystemen aus: 31% der Unternehmen planen den Kapazitätsausbau, und 50% möchten den momentanen Stand beibehalten. Immerhin 19% werden Desktopsysteme abbauen. Die zurzeit sehr wenig verwendeten Rollabout-Systeme werden auch zukünftig keine größere Bedeutung erlangen. Nur 6% planen hierbei einen Ausbau der Systeme und 88% behalten den jetzigen niedrigen Stand bei. Weitere 8% werden ihr Engagement zurücksetzen. Die Investitionsabsichten stehen im Einklang mit den Befunden zu der steigenden Nutzung, die in Zukunft vermutet wird (siehe Abb. 5-14). Die telepräsente Kommunikation via Raum- und Desktopsystemen wird weiter an Bedeutung gewinnen.

Abb. 5-16: Zukünftige Planungen zur Telepräsenz

Planungen Systemart	Rückzug	Status Quo	Ausbau
Raumsysteme	–	44%	56%
Desktopsysteme	19%	50%	31%
Rollabout-Systeme	6%	88%	6%

Hinsichtlich der netzbezogenen Zukunftspläne wurde in den Expertengesprächen eines besonders deutlich: Sechs Unternehmen planen konkret den Ausbau ihrer IP-Netze, um zukünftig auch Telepräsenzanwendungen über LAN und WAN laufen zu lassen. In den Unternehmen offenbart sich hierbei der Trend zur Konvergenz der Netze: Nicht nur der klassische Telefondienst, sondern auch die Bewegtbildübertragung soll zukünftig über IP-Unternehmensnetze abgewickelt werden.

5.3 Zusammenfassung der Untersuchungsergebnisse

Das Ziel der vorliegenden empirischen Studie lag darin, den aktuellen Stand der Telepräsenzsysteme und deren Nutzungsgrad sowie die Ziele und Zielgruppen in der Automobilindustrie zu erfassen. Darüber hinaus sollte eine Determinantenanalyse die Faktoren untersuchen, die einen wesentlichen Einfluss auf die Nutzungsintensität der Telepräsenz ausüben. Die Wirkungsanalyse richtete sich auf die Effekte, die die Telepräsenz im Unternehmen und im Marketing auslöst.

Ergebnisse der Determinantenanalyse

Die Determinantenanalyse wurde mittels der Hauptphasen eines Telepräsenzprojektes betrachtet: Planungs-, Einführungs- sowie Nutzungsphase.

In der *Planungsphase* zeigte sich, dass die Mitarbeiter der Telekommunikationsabteilung die Hauptbeteiligten am Planungsprozess waren. Vertreter der Fachabteilungen sowie Mitarbeiter von Kunden und Lieferanten waren nur sehr wenig an der Planung beteiligt. Betriebswirtschaftliche Planungsmethoden wurden in dieser Phase bislang nur sehr zurückhaltend eingesetzt. Lediglich fünf Unternehmen führten eine Kommunikationsanalyse durch. Die Hypothese, dass wahrgenommene Risiken einen Einfluss auf die spätere Nutzungsintensität ausüben, konnte nicht bestätigt werden. Sowohl das Image- als auch das Investitionsrisiko zeigte sich in der Planung für die Unternehmen nur gering ausgeprägt. Die Analyse organisationaler Determinanten ergab signifikante Einflüsse des Dezentralisierungsgrades, des Kostendrucks im Unternehmen, der Innovationsbereitschaft sowie der Erfahrung und des Know-hows mit Neuen Medien auf die Nutzungsintensität der Telepräsenz. Zwischen der Kommunikationskultur und der vorzufindenden Arbeitsteilung in den untersuchten Unternehmen wurde kein Zusammenhang mit der Nutzungsintensität der Telepräsenz festgestellt. Die Ergebnisse zeigten ferner, dass sich der Einfluss der internen Promotoren auf die Nutzungsintensität der Telepräsenz auswirkt. Dagegen wiesen die Befunde keinen Einfluss der externen Promotoren in der Planungsphase aus.

Die Ergebnisse der *Einführungsphase* wiesen zunächst darauf hin, dass der Beteiligungsgrad der Telekommunikationsmitarbeiter zugunsten der internen Fachabteilungsleiter abnahm. Lieferanten und Kunden waren auch in dieser Phase sehr gering beteiligt. Während der Einführung stellten die untersuchten Unternehmen nur selten Kommunikationsanalysen an. Auch wurden kaum Reorganisationsmaßnahmen der Geschäftsprozesse durchgeführt. Ebenso offenbarte sich, dass die betrachteten Firmen nur wenig über ihre Telepräsenzsysteme informieren – und dies sowohl nach innen als auch nach außen. Die Hypothese, dass Schulungsmaßnahmen in der Einführungsphase einen positiven Einfluss auf die Nutzungshäufigkeit ausüben, wurde bestätigt. Wiederum konnte ein signifikanter Zusammenhang zwischen internen Promotorenaktivitäten und der Nutzungsintensität festgestellt werden. In der Einführungsphase zeigte sich ein stärkerer Einfluss der externen Promotoren. Weiterhin konnte festgestellt werden, dass die untersuchten Unternehmen in dieser Projektphase Telepräsenzsysteme relativ umfassend erprobten. Für diese technologiebezogene Determinante konnte aber kein Zusammenhang mit der Nutzungsintensität gefunden werden.

In der *Nutzungsphase* wurden zunächst die Ergebnisse zum Kommunikationsprozess in der Telepräsenz deskriptiv präsentiert. In der telepräsenten Kommunikation mit Raum-Videokonferenzsystemen werden v.a. Lokomotionsaufgaben – z.B. Probleme lösen, Informationen austauschen und Projekte koordinieren – abgewickelt. Es zeigte sich, dass sich die Kommunikationspartner in internen Sitzungen sehr gut kennen: In über 80% der Sitzungen besteht ein vertrauliches Verhältnis zwischen den Kollegen. Desktopbasierte Videokommunikationssysteme eignen sich insbesondere für schnelle sowie genaue und gut dokumentierbare Kommunikationsprozesse. Raumbasierte Systeme besitzen besondere Vorteile für den schnellen Austausch vertraulicher Informationen. In der Normalbetriebsphase erwiesen sich Vorgesetzte nur als schwache Vorbilder: Diese Determinante zeigte keinen Einfluss auf die Nutzungsintensität der Telepräsenz. Dagegen wurde die Hypothese bestätigt, dass die telepräsenzbezogenen Fähigkeiten der Nutzer einen positiven Einfluss auf die Telepräsenznutzung ausüben. Ferner hat sich erwiesen, dass Zeitrestriktionen – Zeitdruck und Zeitverschiebungen – sowie der Zugang zu den Systemen nicht mit der Nutzungsintensität der Telepräsenzsysteme korrelieren. In der Nutzungsphase besaßen die internen und externen Promotoren wiederum eine besondere Bedeutung. Ihr unterstützender Einfluss wirkte sich positiv auf die Nutzungshäufigkeit der Telepräsenzsysteme aus. Die wahrgenommene

5. Anlage und Ergebnisse einer Studie zur Telepräsenz im Marketing

Systemmerkmale – relativer Vorteil, Kompatibilität, Komplexität und Kommunizierbarkeit der Telepräsenzsysteme – zeigten in der Nutzungsphase keinen positiven Einfluss auf die Nutzungsintensität der Systeme.

Im Rahmen einer Analyse der *umweltspezifischen Determinanten* wurden zunächst die Verbreitungsgrade der Telepräsenzsysteme im Umfeld der untersuchten Unternehmen dargestellt. Im Umfeld der Lieferanten wurde nur bei den Kunden (den Automobilherstellern) eine hohe Verbreitung der Telepräsenz vermutet. Die eigenen (Sub-)Lieferanten sind nur gering ausgerüstet. Die Hersteller erkannten eine nur schwache Verbreitung bei ihren Kunden und eine eher hohe Verbreitung bei ihren Zulieferern und Wettbewerbern. Raumsysteme wurden insgesamt sowohl von Lieferanten als auch von Herstellern als am stärksten verbreitet angesehen. Der Verbreitungsgrad im Unternehmensumfeld zeigte keinen positiven Einfluss auf die Nutzungsintensität der Telepräsenz. Dagegen wurde die Bedeutung der Systeme für die Branche als hoch eingeschätzt. Zudem stand diese Determinante in einem positiven Zusammenhang zur Telepräsenznutzung.

Ergebnisse der Wirkungsanalyse

Im Rahmen der Wirkungsanalyse wurden die Effekte des Telepräsenzeinsatzes auf die marketingrelevanten Ziele, Strategien und Funktionsbereiche sowie auf die Organisation, Investitionen und Kosten betrachtet.

Bei der Erreichung gesteckter *Ziele* ergab sich ein differenziertes Bild: Insgesamt wurden 14 Ziele nicht erreicht, wogegen fünf Ziele erreicht oder sogar überschritten wurden. Ferner zeigte sich, dass acht Unternehmen zu den erfolgreicheren, und die anderen acht zu den weniger erfolgreichen Unternehmen gezählt werden können. Als Maßgröße diente der Zielerreichungsgrad, der sich aus der Bedeutung und der Erreichung der Ziele errechnet. Die Hypothese, dass die Nutzungsintensität in einem positiven Verhältnis zur Zielerreichung steht, wurde nicht bestätigt. Unternehmen können ihre mit der Telepräsenz verbundenen Ziele auch mit einer von der Intensität unabhängigen Telepräsenznutzung erreichen.

Die Ergebnisse zur Telepräsenz-Unterstützung der *Marketingstrategien* zeigten, dass die Internationalisierungsstrategie recht gut mittels Telepräsenzeinsatz unterstützt werden. Die Marktstimulierungs-, Kooperations-, Timing- sowie Beschaffungsstrategien werden dagegen eher schwach unterstützt. Die Experten stellten in diesem Bereich zwar keine starken, direkten Wirkungen des Telepräsenzeinsatzes auf die Strategien fest, jedoch wurde die Nützlichkeit der Telepräsenz in der Umsetzung der Strategien deutlich gemacht.

Die Analyse der Telepräsenz-Wirkungen auf die *Marketingfunktionsbereiche* zeigte die deutliche Konzentration des Einsatzes auf die Entwicklungsabteilungen im Unternehmen. Insgesamt ist die Nutzungsintensität im Marketing als gering einzustufen. Allerdings glaubten die befragten Telepräsenzexperten an eine Steigerung der Nutzungshäufigkeit in den nächsten Jahren. Qualitative Angaben der Auskunftspersonen machten den sinnvollen Einsatz der Telepräsenzsysteme in vielen Bereichen des Unternehmens deutlich. Des Weiteren wurde festgestellt, dass sich die Marketingmitarbeiter bislang eine eher geringe Kompetenz hinsichtlich der Anwendung von innovativen Telekommunikationssystemen aufgebaut haben. Es zeigte sich zudem, dass die Nutzungsintensität der Telepräsenz in einem positiven Zusammenhang zum Kompetenzaufbau steht.

Im Rahmen der Wirkungen auf die *Organisation* wurde aufbauorganisatorisch kein Dezentralisationseffekt durch den Telepräsenzeinsatz festgestellt. Es ist vielmehr zu vermuten, dass durch das „Management by Telepresence" Entscheidungen an zentraler Stelle eines Unternehmen getroffen werden, da die Manager schnell und interaktiv über Sachverhalte von weit entfernten Mitarbeitern unterrichtet werden. Ablauforganisatorisch wurde mit den vorliegenden Befunden eine Qualitätsverbesserung der internen und externen Kommunikation sowie eine Vertrauensverbesserung bei den Kommunikationspartnern festgestellt.

Die Betrachtung der *Investitionen* zeigte schließlich einen Betrag von knapp einer Million DM, den die untersuchten Automobilhersteller durchschnittlich in ihre aktuellen Telepräsenzanwendungen investiert haben. Die Zulieferer investierten knapp die Hälfte dieser Summe. Der Hauptteil der Aufwendungen entsteht in der Einführungsphase (65%), weil hier der eigentliche Kauf getätigt wird. Als *laufende Kosten* entstehen bei den betrachteten Unternehmen durchschnittlich 26.000 DM für Hard- und Software sowie 33.400 DM für Personalkosten pro Jahr. Für Verbindungskosten fallen durchschnittlich 172.333 DM pro Jahr an. Die Einsparungen, die mit dem Telepräsenzeinsatz verbunden sind, betragen 11% der Dienstreisen.

Die Unternehmen werden auch in Zukunft auf die Telepräsenz setzen. Mehr als die Hälfte der untersuchten Unternehmen plant weitere Investitionen in raumbasierte Telepräsenzsysteme.

6. Empfehlungen für das Management der Telepräsenz

Die bisherigen Untersuchungsergebnisse dieser Arbeit zeigen, dass die Telepräsenz auf der einen Seite bereits sehr nutzbringend eingesetzt wird. Auf der anderen Seite zeigen die Befunde aber auch (siehe Punkt 5.3.6.3), dass die Nutzungsintensität der Telepräsenz in vielen Kommunikationsbeziehungen im Unternehmen und insbesondere im Marketing noch weiter ausgebaut werden kann. Das vorliegende Kapitel hat daher zum Ziel, auf der bereits verwendeten Phaseneinteilung aufbauend, Managementempfehlungen für den Telepräsenzeinsatz zu geben. Diese teilen sich in Empfehlungen für die Telepräsenzplanung (Abschnitt 6.1) und -einführung (Abschnitt 6.2), Vorschläge für die Nutzungsphase (Abschnitt 6.3) sowie Empfehlungen für die Kontrolle der Telepräsenz (Abschnitt 6.4) auf.

6.1 Empfehlungen für die Planung der Telepräsenz

6.1.1 Die Situationsanalyse in der Telepräsenzplanung

Die Situationsanalyse ist der Ausgangspunkt für die Telepräsenzplanung. Aus einer Vielzahl interner und externer Einflussfaktoren werden mithilfe der Umwelt- und der Unternehmensanalyse diejenigen herausgearbeitet, die einen direkten oder indirekten Einfluss auf den Telepräsenzeinsatz im Unternehmen haben (vgl. SCHARF & SCHUBERT 1997 S. 19).

1) Die Umweltanalyse

Wie bereits in Punkt 4.3.5 gezeigt wurde, spielen für den Telepräsenzeinsatz Einflussfaktoren aus der technologischen, makroökonomischen, ökologischen, politisch-rechtlichen sowie sozio-kulturellen Umwelt eine Rolle (vgl. SCHREYÖGG 1999 S. 312f.). Besonderes Gewicht kommt in der Umweltanalyse der Betrachtung des technologischen Status und der zukünftigen Entwicklungen zu (HEINRICH 1999 S. 98). Ist eine weltweite Kommunikation mittels Telepräsenzsystemen angedacht, dann ist es bereits in den ersten Planungsüberlegungen notwendig, die vorhandene Telekommunikationsinfrastruktur der betreffenden Länder zu überprüfen. Hierzu zählt auch die Bewertung und Auswahl eines geeigneten Netz- und Service-Providers am ausländischen Standort. Aufbauend auf der Telekommunikationsnetzanalyse gilt es zu klären, welche Telepräsenzsysteme auf dem Markt erhältlich sind und welche Lieferanten zur Verfügung stehen. Die notwendigen Informationen können auf wichtigen Leitmessen (z.B. CeBit in Hannover, TeleCon in Los Angeles) eingeholt werden. Einen Überblick über Technologieanbieter offerieren regelmäßig erscheinende Marktstudien von Marktforschungsinstituten wie z.B. Wainhouse Research oder Frost & Sullivan. Die Beschaffung der Telepräsenzsysteme sollte auf einem Pflichtenheft basieren, welches die wichtigsten Funktionsmerkmale der Systeme beschreibt (siehe zum Pflichtenheft die Ausführungen zur Unternehmensanalyse). Ferner müssen die verantwortlichen Mitarbeiter die Technologietrends beobachten, die einen Einfluss auf die eigenen Telepräsenzaktivitäten ausüben könnten (vgl. BECKER 1998 S. 391). Hierzu zählen zum aktuellen Zeitpunkt beispielsweise die Entwicklungen im IP-Bereich der Videokommunikation und die Verlagerung von hardware- zu softwaregestützten Videokommunikationssystemen. Letztere Entwicklung basiert wesentlich auf den stark verbesserten Mikroprozessoren der Personal Computer. Die Fehleinschätzung wichtiger technologischer Trends hätte weitreichende Folgen auf die Zukunftsfähigkeit des gesamten Telepräsenzeinsatzes im Unternehmen.

Wenn mit anderen Unternehmen extern mittels Telepräsenzsystemen kommuniziert werden soll, sind die bei den Kommunikationspartnern vorhandenen Systeme und deren Standards zu überprüfen[1]. Diese Informationen sind für die Kompatibilität der Telepräsenzsysteme untereinander entscheidend. Für die Gewinnung derartiger Informationen dienen schriftliche oder mündliche Befragungen der potenziellen Kommunikationspartner.

Im Umfeld der Unternehmen sind des Weiteren die Aktivitäten der Wettbewerber zu analysieren. Daraus lässt sich ableiten, ob Telepräsenzsysteme bereits zum Untersuchungszeitpunkt Wettbewerbsvorteile generieren können und wie wichtig die Systeme für die Konkurrenten sind (vgl. HEINRICH 1999 S. 98). Informationen über verwendete Systeme der Wettbewerber sind aus Fachzeitschriften, wissenschaftlichen Untersuchungen und von branchenspezifischen Verbänden zu gewinnen.

2) Die Unternehmensanalyse

Neben externen sind auch unternehmensinterne Informationen für die Telepräsenzplanung von Bedeutung. Die Unternehmensanalyse untersucht in einem ersten Schritt die aktuelle Situation und die zukünftigen Potenziale der Telekommunikation. In einem zweiten Schritt befasst sich die Kommunikationsanalyse mit den Geschäftsprozessen, die mithilfe der Telepräsenz unterstützt werden können.

Analyse der Informationstechnologie und Telekommunikation

Ziel einer Untersuchung der telekommunikativen Infrastruktur ist eine möglichst reibungslose Integration zukünftiger Telepräsenzsysteme in vorhandene oder zusätzlich zu schaffende IT- und TK-Strukturen. Dabei müssen die vorhandenen Zugangsnetze und die unternehmensinternen Netzstrukturen, die verfügbare Hard- und Software sowie die installierten Telepräsenzsysteme auf ihren aktuellen Ausbaustand und auf eine mögliche zukunftssichere Erweiterbarkeit hin überprüft werden. Für den Ist-Zustand der Telekommunikation sind die jeweiligen Standorte, die Auslastung der Netze und Systeme sowie die jetzige technische

---

[1] Zu den wichtigsten Standards für Telepräsenzsysteme siehe Punkt 2.3.2.2.

6. Empfehlungen für das Management der Telepräsenz

Kompatibilität zu erfassen. Die Gewährleistung der Stabilität und Datensicherheit ist bei einem Ausbau der Netze und Systeme von großer Bedeutung. Der für Telepräsenzsysteme notwendige „Quality of Service" benötigt in internen Unternehmensnetzen sehr große Bandbreiten; dabei darf er jedoch nicht zu einer Überlastung der vorhandenen Netzstrukturen führen. Im schlimmsten Fall könnten andere unternehmenskritische Anwendungen in Mitleidenschaft gezogen werden (vgl. LUCZAK & EVERSHEIM 1999 S. 106). Ist dies dennoch der Fall, so sind die Netzressourcen auszubauen. Des Weiteren müssen die vorhandenen Telepräsenzsysteme dahingehend betrachtet werden, ob sie auf der einen Seite hinsichtlich neuer Software (z.B. für MS NetMeeting) und auf der anderen Seite für eine Hardware-Erneuerung (z.B. für neue Kamerasysteme oder Mikroprozessoren) zukunftsfähig sind. Die nachfolgende Tab. 6-1 stellt ein Grundschema für eine Checklist für die interne Telekommunikationsanalyse dar.

Die dargestellte Sichtweise entspricht einer technischen Perspektive. Darüber hinaus sind im Rahmen der Telekommunikationsanalyse organisatorische Aspekte zu beleuchten. Hierzu zählen die vorhandenen personellen Ressourcen und der zukünftige Mitarbeiterbedarf, der für das Management der Telepräsenz notwendig ist. Bedeutend ist zudem, welche finanziellen Mittel für eine etwaige Aufstockung des Personalbestandes zur Verfügung stehen, und welche Beträge in die Anschaffung geplanter Telepräsenzsysteme und ihrer benötigten Ausstattungsoptionen investiert werden können (vgl. STICKEL 2001 S. 58).

Tab. 6-1: Checklist für eine interne Telekommunikationsanalyse

zu überprüfende Aspekte	aktueller Ausbaustand			zukünftige Potenziale		
	Standort	Auslastung	Kompatibilität	Gewährleistung Stabilität	Gewährleistung Sicherheit	techn. Zukunftssicherheit
Telekommunikation: Zugangs- und Unternehmensnetze							
ISDN						
DSL						
LAN						
WAN						
Satellit						
Hard- und Software							
telepräsenzfähige Rechner						
Conferencingfähigkeit der Software						
Telepräsenzfähigkeit der Räume						
Telepräsenzsysteme							
Raumsysteme						
Desktopsysteme						
Kompaktsysteme						
Rollabout-Systeme						
Laptopbasierte Systeme						
Bildtelefone						
Telepräsenz-Terminals						

Eigene Darstellung

Kommunikationsanalyse

Die Kommunikationsanalyse hat zum Ziel, jene Kommunikationsprozesse möglichst umfassend zu erkennen, zu beschreiben und zu bewerten, welche durch Telepräsenzsysteme sinnvoll verbessert werden könnten. Die Analyse sollte sich nicht nur auf quantitative Informationen beschränken, sondern ebenso qualitative Inhalte der Kommunikation betrachten (vgl. KLINGENBERG 1983 S. 7). Mit ihrer Hilfe lassen sich einerseits Schwachstellen in traditionellen Kommunikationsprozessen aufdecken, andererseits liefern sie wichtige Argumentationsgrundlagen für die Einführung der Telepräsenz in den betreffenden Bereichen des Unternehmens. Die Analyse stützt sich dabei größtenteils auf empirische Methoden.

6. Empfehlungen für das Management der Telepräsenz

Zu den *quantitativen* Bestandteilen der Kommunikation zählen die Anzahl der Kommunikationspartner, die Dauer und die Häufigkeit der Gespräche. Ferner gehören die Erfassung der Entfernungen zwischen den Besprechungsteilnehmern und die Kommunikationsrichtung zum quantitativen Bereich der Analyse (vgl. FANK 2001 S. 41). Die Erfassung dieser Informationen kann mittels strukturierter schriftlicher oder mündlicher Befragung der Zielgruppen erfolgen. Eine weiterer Möglichkeit ist das Befragen von Experten, die Einblick in die Kommunikationsprozesse möglicher Nutzer der Telepräsenz besitzen. Hierfür sind v.a. Abteilungs- und Gruppenleiter der zu untersuchenden Organisationseinheit geeignet. Um exakte Daten zum Kommunikationsaufkommen zu ermitteln, kann zudem die Methode der Selbstaufschreibung angewendet werden. Wenn externe Kommunikationsbeziehungen betrachtet werden, dann sind zusätzliche sekundärstatistische Daten einzubeziehen: So können beispielsweise Geschäftskunden nach ihrem Umsatzanteil und der Dauer der Zusammenarbeit verglichen werden. In Verbindung mit der Standortentfernung und dem Kooperationsgrad lässt sich daraus ein Bedarf an telepräsenter Zusammenarbeit ableiten (vgl. LUCZAK & EVERSHEIM 1999 S. 125).

Die folgende Tab. 6-2 zeigt die Variablen einer quantitativen Kommunikationsanalyse und macht Vorschläge für eine mögliche Operationalisierung.

Tab. 6-2: Kriterien einer quantitativen Kommunikationsanalyse

Quantitative Analysekriterien	Ausprägungen
bisher verwendete Kommunikationsmittel	Brief, Fax, E-Mail, Datenkonferenz, Telefon, Telefonkonferenz, Face-to-Face vor Ort vs. Dienstreisen
bisher verwendete Hilfsmittel/Materialien	CAD-Dateien, Zeichnungen, Office-Dateien, Prototypen, Objekte (z.B. Maschinen)
Anzahl der Kommunikationspartner	bilateral – kleine Gruppe (3-5 Personen) – große Gruppe (> 5 Personen)
Dauer der Besprechungen	< 15 Min. – 15-45 Min. – > 45 Min.
Häufigkeit der Kommunikation	täglich – 1/Woche – alle 2 Wochen – alle 4 Wochen – > 4 Wochen
Entfernung der Beteiligten	selber Standort – bis 100 km – bis 500 km – > 500 km
Kommunikationsrichtung	intern vs. extern, und: horizontal – vertikal – diagonal

Eigene Darstellung

Die quantitative Kommunikationsanalyse ist auch als eine Voranalyse aufzufassen, mit deren Hilfe die zu unterstützenden Kommunikationsprozesse identifiziert werden sollen. Auf dieser Grundlage kann eine tiefergehende *qualitative Analyse* aufbauen: Ihr Augenmerk richtet sich auf Kommunikationsinhalte (siehe auch Punkt 5.2.5.3), Ausprägungen der per Kommunikation zu unterstützenden Aufgaben sowie Anteile geplanter und informeller Kommunikation (siehe Tab. 6-3). Ferner sind die Qualifikationen der potenziellen Telepräsenznutzer zu ermitteln, um einen möglichen Schulungsbedarf aufzudecken. Die Wichtigkeit der telepräsenzbezogenen Qualifikationen unterstreicht auch das Ergebnis der in Kapitel 5 vorgestellten

Studie: Die Fähigkeiten der potenziellen Telepräsenznutzer stehen in einem positiven Zusammenhang zur späteren Telepräsenznutzung. Die Innovationsbereitschaft der untersuchten Organisationseinheit spielt ebenfalls eine Rolle, wenn es um die Adoption neuer Telekommunikationssysteme geht. Der Grad an Unzufriedenheit mit bisherigen Kommunikationsmitteln weist zusätzlich auf einen Veränderungsbedarf bei den potenziellen Zielgruppen der Telepräsenz hin. Sind die Mitarbeiter unzufrieden mit traditionellen Kommunikationsprozessen, ist nach deren Ursachen zu fragen: Liegen Probleme z.B. bei zu hohen Reisebelastungen oder bei ineffizienter Aufgabenerledigung via Telefon, Fax oder E-Mail vor? Aus der Beantwortung der Fragen können Anzeichen für einen erhöhten Bedarf an telepräsenter Kommunikation abgelesen werden.

Als Erhebungsmethoden kommen wiederum strukturierte schriftliche und mündliche Befragungen der potenziellen Telepräsenznutzer infrage. Sinnvoll erscheint zudem eine Gruppendiskussion mit Vertretern von Abteilungen und Gruppen, die die Ausprägungen aktueller Kommunikationsprozesse beurteilen können. In diesen Befragungsrahmen sollte nicht nur die eigene Kommunikationsseite, sondern auch Gesprächspartner seitens der Kunden oder Lieferanten einbezogen werden. Dadurch lassen sich Defizite der bisherigen Verständigung spiegelbildlich aufdecken.

Die folgende Tab. 6-3 zeigt die Variablen einer qualitativen Kommunikationsanalyse und stellt mögliche Ausprägungen dar.

Tab. 6-3: Kriterien einer qualitativen Kommunikationsanalyse

Qualitative Analysekriterien	Ausprägungen
Kommunikationsinhalte	Probleme lösen – Infoaustausch – Koordinieren etc.
Aufgabentyp	wenig vs. sehr komplex, zeitkritisch vs. zeitunkritisch
Anteile informeller Kommunikation	Anteile informeller vs. formeller Kommunikation
Geplantheit der Kommunikation	Anteile geplanter vs. ungeplanter Kommunikation
Qualifikation der potenziellen Nutzer	Erfahrungen und Know-how bzgl. Neuer Medien
Innovationsbereitschaft der Organisationseinheit	Aufgeschlossenheit ggü. Neuerungen im Bereich Neue Medien und Telekommunikation
Zufriedenheit und Defizite bisheriger Kommunikation	sehr unzufrieden bis sehr zufrieden und Bewertung einzelner Kommunikationsdefizite

Eigene Darstellung

Zusammenfassend ist festzuhalten, dass die Ergebnisse einer Situationsanalyse wichtige Anhaltspunkte für die Entscheidung für oder gegen einen Telepräsenzeinsatz liefern können. Ist das Ergebnis ein *Nein* zur Telepräsenz, dann bietet die Kommunikationsanalyse dennoch eine hilfreiche Grundlage, um identifizierte Kommunikationsprobleme zu beseitigen und damit die traditionellen Prozesse effizienter zu gestalten. Ist das Ergebnis ein *Ja* zum

6. Empfehlungen für das Management der Telepräsenz

Telepräsenzeinsatz, dann sind im nächsten Schritt Ziele des Telepräsenzeinsatzes zu definieren.

6.1.2 Die Zieldefinition für den Telepräsenzeinsatz

Sind konkrete Einsatzfelder für den Telepräsenzeinsatz vor dem Hintergrund der internen und externen Situation im Unternehmen identifiziert worden, sind die Ziele zu formulieren, die mit dem Technologieeinsatz erreicht werden sollen (vgl. KARGL 2000 S. 45). Abschnitt 3.2 dieser Arbeit stellte bereits mögliche Telepräsenzziele dar und untergliederte diese in ökonomische und psychographische Ziele. Beispiele sind Kostensenkung-, Effizienz- und Qualitätssteigerungen (siehe Punkt 5.2.3). Diese Zielformulierungen sind auch als übergeordnete Ziele der Telepräsenz anzusehen und orientieren sich an den Unternehmenszielen. Sie werden i.d.R. von der Geschäftsführung vorgegeben (vgl. LAUTZ 1995 S. 221). Daraufhin sind für die Organisationseinheiten – welche in der Kommunikationsanalyse ausgewählt wurden – konkrete Detailziele der Telepräsenz zu definieren. Sie bilden wichtige Anhaltspunkte für die spätere Kontrolle der Zielerreichung (vgl. UNGER & FUCHS 1999 S. 85).

6.2 Empfehlungen für die Einführung der Telepräsenz

6.2.1 Auswahl der Telepräsenzsysteme

Vor der eigentlichen Einführung der Telepräsenzsysteme muss eine Auswahl der benötigten Systeme erfolgen. Für die Auswahl der geeigneten Telepräsenzsysteme ist ein *Pflichtenheft* zu erstellen (vgl. LAUTZ 1995 S. 211). Als Basis dient die Situationsanalyse und die Zieldefinition der vorangegangenen Abschnitte. Im Pflichtenheft wird fixiert, welcher Art die zu beschaffenden Systeme sein sollen – also ob z.B. raum- oder arbeitsplatzbasiert[2]. Ferner sind technische Merkmale wie der Bandbreitenbedarf für die ausgewählte Verbindungsform, die Anzahl und Größe der Bildschirme sowie weiterer Peripheriegeräte wie z.B. Dokumentenkameras festzuhalten.

Das Pflichtenheft stellt die Grundlage für die *Ausschreibung* des Beschaffungsauftrages dar. Ziel der Ausschreibung ist es, alternative und vergleichbare Angebote über den in der Situationsanalyse definierten Telepräsenzbedarf zu erhalten (vgl. HEINRICH 1999 S. 162). Für Unternehmen gilt es dabei zu berücksichtigen, dass Anbieter mit sehr unterschiedlichen Produktsortimenten auf dem Markt agieren. Diese lassen sich nach Einzelmarkenanbietern mit einer Produktlinie (z.B. ELSA mit Desktopsystemen), nach Einzelmarkenanbietern mit mehreren Produktlinien (z.B. PictureTel, Polycom, Tandberg mit Raum- und Desktop-

---

[2] Telepräsenz-Terminals werden an dieser Stelle nicht ausgeführt, da sich die Empfehlungen auf die organisationale Kommunikation via Telepräsenz beziehen.

systemen) sowie nach Systemhäusern, die als Distributoren mehrere Marken und Produktlinien anbieten (z.B. MVC, Märtens), differenzieren. Letztere offerieren häufig auch Service- und Wartungsleistungen. Im nächsten Schritt ist die Strategie der Telepräsenzeinführung festzulegen.

6.2.2 Die Einführungsstrategie

Einführungsprojekte der Telepräsenz zeigten in der Vergangenheit häufig, dass sie sich zu sehr an technischen Faktoren und weniger an sozialen und organisationalen Aspekten orientierten. Der Einführungserfolg bestimmt sich aber daraus, inwieweit die Telepräsenzsysteme die sozialen und organisationalen Kommunikationsprozesse unterstützen, in denen sie eingesetzt werden sollen, und ob die Potenziale der Telepräsenz auch tatsächlich ausgeschöpft werden. Die Anwender müssen zudem bereit und in der Lage sein, die Systeme voll zu nutzen (vgl. EBERS 1991 S. 99). Der „richtigen" Einführungsstrategie kommt daher eine bedeutende Rolle zu. Es lassen sich grundsätzlich zwei unterschiedliche Strategiealternativen identifizieren (vgl. ebda S. 100, vgl. LAUTZ 1995 S. 228):

(1) Die *Strategie der breiten Einführung* sieht eine umfassende Versorgung des Unternehmens mit Telepräsenzsystemen vor. Von Beginn an können alle potenziellen Nutzer auf die Telepräsenz zugreifen. Dies wird ermöglicht, indem jedes Gebäude bzw. jeder Standort des Unternehmens ausreichend Telepräsenzsysteme erhält. Diese Einführungsstrategie besitzt die Vorteile, dass die Systeme nicht nur einer kleinen, meist technik-affinen, Minderheit oder nur dem Top-Management vorbehalten bleiben, und dass damit frühzeitig eine „kritische Masse" im Unternehmen erreicht wird. Nachteile sind in dem hohen Betreuungsaufwand und in der Schwierigkeit zu sehen, dass eine ausbleibende breite Nutzung einen hohen finanziellen Fehlschlag herbeiführen könnte (vgl. LAUTZ 1995 S. 228).

(2) Die *inkrementelle Einführungsstrategie* umfasst ein sukzessives Vorgehen, bei dem von sog. Inselanwendungen ausgehend, weitere Telepräsenzsysteme in andere Funktionsbereiche des Unternehmens eingeführt werden. Diese Strategieoption ermöglicht ein hohes Maß an versuchsweiser Anwendung und flexibler Anpassung sowie eine allmähliche, schrittweise Feinabstimmung von Geschäfts- und Kommunikationsprozessen (vgl. EBERS 1991 S. 101). Als nachteilig stellt sich diese Einführungsvariante dar, wenn die Ausbreitung der Telepräsenzsysteme in andere Bereiche zu langsam erfolgt. In vielen Unternehmen ist dieses Problem in technischen Unternehmensbereichen anzutreffen. Der besondere Vorteil dieses Vorgehens liegt aber darin, dass die von den Pionieranwendern gemachten Erfahrungen gesammelt und ausgewertet werden können. Dadurch werden sowohl technische als auch soziale Probleme frühzeitig erkannt und in späteren Ausbauphasen vermieden (vgl. SPRINGER 2001 S. 236). Die inkrementelle Einführung vermindert zudem das Risiko einer Überlastung der telekommunikativen Infrastruktur, da diese allmählich mit der Anzahl der Telepräsenz-

systeme wächst. Ferner können die gesammelten positiven Anwendererfahrungen für telepräsenzbezogene Marketingmaßnahmen für spätere Nutzer verwendet werden.

6.2.3 Projektteam und Promotoren der Telepräsenzeinführung

Ein wesentliches Problem bei der Telepräsenzeinführung besteht darin, dass der Implementierungsprozess sowohl eine technisch-organisatorische als auch eine politisch-soziale Dimension besitzt. Die verschiedenen Beteiligten bringen dabei ihre unter Umständen widerstreitenden Interessen und Ziele sowie Überzeugungen zur Geltung (vgl. EBERS 1991 S. 102). Aus diesem Grunde sind für die Telepräsenzeinführung interdisziplinäre Projektteams zu bilden, die möglichst alle Sichtweisen beinhalten.

Wie die Expertenbefragung zeigte, sind in den untersuchten Unternehmen die Mitarbeiter aus dem IT- bzw. TK-Bereich die Hauptverantwortlichen der Telepräsenzplanung und -einführung. Sie tragen aber nicht nur die Verantwortung als Projektleiter für die Projektplanung und -steuerung, sondern bringen auch als *Fachpromotoren* das Expertenwissen in das Projektteam mit ein (vgl. HEINRICH 1999 S. 201). Sie bilden zudem die Schnittstelle zu anderen Mitarbeitern, die im Unternehmen weitere IT- und TK-Projekte betreuen. Dadurch stellen sie nicht nur eine abgestimmte Verteilung der Netz-Ressourcen sicher, sondern sorgen auch für die Kompatibilität zwischen den Telepräsenz- und anderen IT-Systemen. Projektleiter müssen eine hohe persönliche Überzeugungskraft und diplomatisches Geschick besitzen, um die unterschiedlichen Instanzen des Unternehmens in das Einführungsprojekt einzubinden. In diesem Sinne entspricht der Projektleiter dem *Prozesspromotor* (vgl. HAUSCHILDT 1997 S. 167) Als Prozesspromotor hält er einerseits Kontakt zu den internen Machtpromotoren, andererseits muss er auch unternehmensexterne Stellen in den Einführungsprozess integrieren. Hierzu zählen Lieferanten und Kunden, wenn mit diesen eine telepräsente Kommunikation angezielt wird. Die Projektleiter pflegen die Beziehungen zu externen Beratern sowie zu wissenschaftlichen Einrichtungen, falls mit diesen im Rahmen der Planungs- bzw. Einführungsphase kooperiert wird. Im Rahmen dieses Beziehungsmanagement ist der Projektleiter auch als *Beziehungspromotor* zu bezeichnen (vgl. HAUSCHILDT & WALTER 1999 S. 122).

Bei der Einführung von Telepräsenzsystemen kommt *Machtpromotoren* eine überaus wichtige Rolle zu. Sie zeichnen sich durch ihre hierarchische Stellung aus und verfügen damit über Entscheidungs- und Durchsetzungsmacht. Mit Blick auf die Hierarchiestufe können Machtpromotoren aus der Geschäftsführung, aber auch aus der Bereichs- und Abteilungsleitung kommen. Die Machtpromotoren besitzen für die Telepräsenzeinführung eine zweifache Bedeutung: Zum einen müssen sie mit ihrer Weisungs- und Budgetbefugnis das Projekt unterstützen, zum anderen müssen sie mit ihrer eigenen Telepräsenznutzung die Innovation „vorleben" und durch das Kommunizieren der Vorteile ihren sozialen Einfluss auf die

Mitarbeiter ausüben (vgl. HAUSCHILDT 1997 S. 168, vgl. SCHMITZ & FULK 1991 S. 497). Die Expertenbefragungen haben gezeigt, dass neben internen auch *externe Promotoren* einen Einfluss auf die Nutzungsintensität der Telepräsenz besitzen (siehe Punkt 5.2.5.2). Als Konsequenz bedeutet dies für einführende Unternehmen, dass bei einer beabsichtigten externen (z.B. Hersteller-Zulieferer-) Kommunikationsbeziehung auch Mitarbeiter der Kooperationspartner einzubeziehen sind. Diese haben dann eine Schnittstellenfunktion zwischen den beiden Unternehmen inne. Aber auch Machtpromotoren sollten ihren Einfluss nach außen einsetzen; beispielsweise hat die Geschäftsleitung eines beschaffenden Unternehmens auf die Zulieferer einzuwirken, damit die Telepräsenzeinführung spiegelbildlich zum eigenen Unternehmen vorangetrieben wird.

Es sind auch nicht-technische Expertisen in die Telepräsenzeinführung einzubeziehen. Dabei spielen die von der Telepräsenz betroffenen Mitarbeiter als *zukünftige Nutzer* eine wichtige Rolle. Sie sind bereits in der Planungsphase als Auskunftspersonen für die Kommunikationsanalyse involviert. Die Integration der Mitarbeiter ist nur unter folgenden Bedingungen sinnvoll (EBERS 1991 S. 102):

- Wenn die potenziellen Nutzer zur Mitarbeit bereit sind.

- Wenn bei den Zielgruppen eine ausgeprägte Änderungsbereitschaft bzgl. der eigenen Arbeitsmethoden besteht.

- Wenn die Akteure für eine kompetente Mitwirkung hinreichend qualifiziert sind.

- Wenn durch die Telepräsenzeinführung große organisatorische und personelle Veränderungen zu bewältigen sind.

- Wenn Informationen und Expertise der Mitarbeiter für die Einführung wichtig sind.

Wie die Ergebnisse der Expertenbefragung gezeigt haben, sind Schulungsmaßnahmen überaus bedeutend für die Nutzungsintensität der Telepräsenzsysteme im Unternehmen (siehe Punkt 5.2.5.2). Es ist zu empfehlen, nicht nur technikorientierte, sondern ebenso verhaltensorientierte Schulungen im Laufe der Einführung durchzuführen (vgl. LAUTZ 1995 S. 223): Die *Technikschulungen* für raumbasierte Telepräsenzsysteme können aufgrund der mittlerweile sehr benutzerfreundlichen Systemgestaltung relativ kurz ausfallen. Es sollten aber mindestens Einweisungen in die Funktionsweise des Verbindungsaufbaus, der Menüsteuerung sowie in die Verwendung einer Dokumentenkamera erfolgen. Intensiver sollte hinsichtlich der Nutzung von Application Sharing und von Electronic Whiteboards geschult werden. Im Mittelpunkt steht v.a. die zu traditionellen Sitzungen unterschiedliche Arbeitsvorbereitung. So werden Unterlagen nicht mehr ausgedruckt, sondern digital vorbereitet und evtl. in ein Whiteboard kopiert. Letztgenannte Software-Werkzeuge sind für die Schulung von Nutzern der

6. Empfehlungen für das Management der Telepräsenz

Desktop-Videokommunikationssysteme wichtig. In der Praxis zeigen sich diese Systeme störanfälliger als Raumsysteme; zudem gilt zu beachten, dass sie i.d.R. auf den persönlichen Arbeitsplatzrechnern der Anwender laufen müssen. Weil mittels Application Sharing der Kommunikationspartner auch auf die Festplatte des PC zugreifen kann, müssen die Anwender sich des Sicherheitsaspektes bewusst sein.

Einige Experten berichteten in der in Kapitel 5 vorgestellten Studie von Verhaltensproblemen in telepräsenten Sitzungen. Um dieses zu vermeiden, sollten *Verhaltensschulungen* für die potenziellen Anwender angeboten werden. Den Nutzern muss vermittelt werden, telepräsente Gespräche prinzipiell wie klassische Face-to-Face-Meetings anzusehen, die jedoch gewissen technischen Mängeln unterworfen sind. In einem ersten Schritt gilt es darum, die Scheu vor der Kamera abzulegen und die Gesprächsanteile gleichmäßig auf die Beteiligten zu verteilen. Die Telepräsenznutzer müssen lernen, dass ein „Durcheinanderreden" – noch stärker als in klassischen Sitzungen – die Gesprächsatmosphäre negativ beeinflusst. Wichtig ist es ferner zu vermitteln, möglichst störende Nebengeräusche zu vermeiden. Hierzu zählen z.B. Straßengeräusche von offenen Fenstern oder Seitengespräche anderer Teilnehmer, die zwar anwesend sind, aber von der gegenübersitzenden Seite nicht gesehen werden können (vgl. LAUTZ 1995 S. 225-227, vgl. HIRSCHFELD 1998 S. 15).

6.3 Empfehlungen für die Nutzungsphase der Telepräsenz

6.3.1 Aufbauorganisatorische Einbindung der Telepräsenz

Die aufbauorganisatorische Eingliederung der Telepräsenz in Unternehmen wird in der Praxis unterschiedlich gelöst. In einigen Unternehmen sind die Telepräsenzaktivitäten der bereits bestehenden EDV- bzw. IT-Abteilung zugeordnet, bei anderen der existierenden Telekommunikationsabteilung. Andere Unternehmen haben eine eigene Abteilung für Telepräsenz-Dienstleistungen gegründet. Insgesamt ist festzuhalten, dass kein „Königsweg" in der aufbauorganisatorischen Umsetzung der Telepräsenz vorliegt. Ziel der folgenden Ausführungen soll es vielmehr sein, mögliche Organisationsvarianten mit ihren Vor- und Nachteilen zu diskutieren und somit den Organisationsgestaltern Vorschläge zu liefern, welche auf die unternehmensspezifischen Belange abgestimmt werden müssen.

Die *Telepräsenz als Unterabteilung einer IT- oder TK-Abteilung* ist oftmals bei kleineren Unternehmen vorzufinden. Für die Telepräsenzaufgaben werden Mitarbeiter abgestellt, die zusätzlich weitere Themen in ihrem Fachbereich zu bearbeiten haben. Vorteilhaft ist die Nähe zu weiteren IT-/TK-Projekten, die für die Telepräsenz von Bedeutung sind. Die Nachteile dieser Organisationsvariante sind die geringe Konzentration auf das Themengebiet „Telepräsenz" und die dadurch evtl. ausbleibende Spezialistenbildung sowie die – bei den Expertengesprächen oftmals vorgefundene – zeitliche Überlastung durch telepräsenzfremde Projekte. Problematisch zeigt sich in der Praxis ferner die unzureichende Verrechnung der angebotenen Telepräsenz-Dienstleistung mit den Nutzern.

Sollen Telepräsenzaktivitäten in einer eigenständigen Organisationseinheit installiert werden, dann kann eine *Stabsabteilung* gebildet werden. Historisch ist diese Organisationsform in den Unternehmen zu finden, die Videokonferenzen als erstes für das Top-Management einführten. Nach der weiteren Diffusion der Telepräsenz-Kommunikation im Unternehmen, greifen auch andere Fachbereiche auf diese zentralen Leistungen zu. DaimlerChrysler besitzt beispielsweise ein „Conferencing-Center" für den gesamten Standort Untertürkheim. Als Vorteile sind für diese Organisationsoption der betonte Dienstleistungscharakter und die Nähe zum Vorstand zu nennen. Nachteilig wirken sich jedoch die fehlende Weisungsbefugnis und die große Distanz zu den operativen Tätigkeiten in den Fachabteilungen aus (vgl. FANK 2001 S. 99).

Eine weitere Variante ist die Organisation der *Telepräsenz als Linienabteilung*. Ein solcher eigenständiger Unternehmensbereich steht gleichberechtigt neben anderen Abteilungen. Der Telepräsenzabteilung sind klare Kompetenzen und formale Entscheidungsbefugnisse zugeordnet. Problematisch ist die fehlende bereichsübergreifende Abstimmung sowie der schwächer ausgeprägte Dienstleistungscharakter für andere Abteilungen (vgl. BIETHAHN et al. 2000 S. 157). Besonders schwer wiegt dieses Problem, wenn ein Unternehmen sehr dezentral organisiert ist und an mehreren Standorten die Telepräsenz-Dienstleistungen zur Verfügung zu stellen sind. In einigen Unternehmen dieser Untersuchung stellte sich heraus, dass unabhängig von der zentralen Telepräsenzabteilung in Fachabteilungen Telepräsenzsysteme angeschafft wurden. Die Vorteile der gemeinsamen Strategie- und Beschaffungsabstimmung entfallen auf diese Weise.

Die Diskussion der einzelnen Organisationsvarianten macht deutlich, dass es keine optimale Eingliederungsform für die Telepräsenz gibt. Zweckmäßig erscheint eine *Kombination verschiedener organisatorischer Ansätze*: Die Eingliederung der Telepräsenz als Linienabteilung kann mit zusätzlichen Unterabteilungen in den einzelnen Funktionsbereichen ausgestattet werden. Damit lässt sich der Bezug zum Anwender und zu operativen Problemen in der täglichen Arbeit verbessern. Außerdem bildet sich auf diese Weise in den Zentralabteilungen leichter ein Spezialistenwissen heraus, das für das Erkennen von Technologietrends in der Telepräsenz unabdingbar ist (vgl. FANK 2001 S. 100). Die Einkaufspolitik von Telepräsenzsystemen der einzelnen Fachbereiche wird zentral besser abgestimmt. Die Zentralabteilung ist ferner für die innerbetriebliche Kostenabrechnung verantwortlich. Dies ist die Grundlage für eine eindeutige Leistungsverrechnung im Sinne der Verursachungsgerechtigkeit (vgl. STICKEL 2001 S. 35). Die Unterabteilungen können wichtige Support-Aufgaben in der täglichen Arbeit übernehmen. Hierzu zählen nicht nur der Benutzerservice, sondern auch die Installation und der Test neuer Telepräsenzsysteme. Mit ihrem bereichsspezifischen Wissen nehmen diese Stellen die Rolle des Prozesspromotors mit dem Kontakt zu den

6. Empfehlungen für das Management der Telepräsenz

zentralen Telepräsenzabteilungen ein. Die folgende Abb. 6-1 stellt die Einbindung von Zentral- und Unterabteilungen dar. Die gestrichelte Linie deutet die Koordinationsfunktion der zentralen Telepräsenzabteilung an.

Die zentrale Telepräsenzabteilung übernimmt das Buchungsmanagement für die zentral angebotenen Raumsysteme, wohingegen die dezentrale Abteilung die Buchungen für die in den jeweiligen Abteilungen befindlichen Systeme arrangiert. Empfehlenswert ist die Einrichtung einer Datenbank, die sowohl die zentralen als auch die dezentralen Telepräsenzsysteme verwaltet. Der Blick in die Datenbank zeigt schnell, welche Systeme zum Wunschtermin nicht belegt sind. Dies ermöglicht auch ungeplante Sitzungen via Telepräsenz.

Abb. 6-1: Eingliederung der Telepräsenzabteilung in die Aufbauorganisation

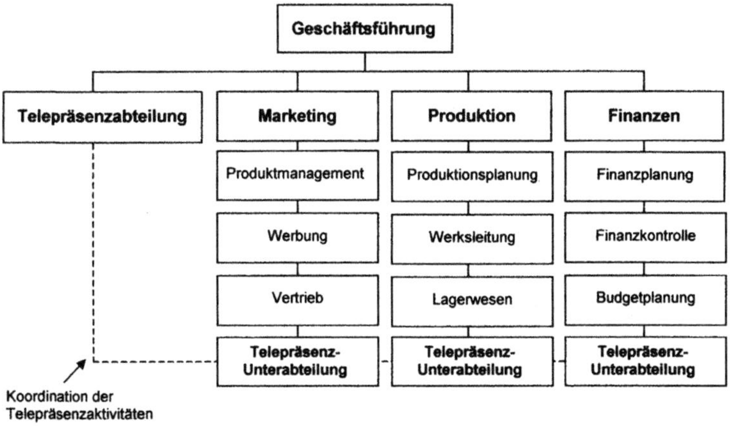

```
                        Geschäftsführung
    ┌───────────┬──────────┬──────────┬──────────┐
Telepräsenz-   Marketing   Produktion   Finanzen
abteilung
               Produktmanagement  Produktionsplanung  Finanzplanung
               Werbung            Werksleitung        Finanzkontrolle
               Vertrieb           Lagerwesen          Budgetplanung
               Telepräsenz-       Telepräsenz-        Telepräsenz-
               Unterabteilung     Unterabteilung      Unterabteilung
Koordination der
Telepräsenzaktivitäten
```

Eigene Darstellung

6.3.2 Marketingmaßnahmen für den Telepräsenzeinsatz

Die Ergebnisse der Expertenbefragung zeigten, dass die Informationsmaßnahmen für die eigenen Telepräsenzsysteme nur gering ausfallen. Oftmals wird lediglich auf Informationsgespräche oder nur auf Mund-zu-Mund-Propaganda gesetzt. Zeitlich liegen die Aktivitäten eher in der Einführungsphase. Wichtig ist jedoch darauf hinzuweisen, dass Marketingmaßnahmen für die Telepräsenz zwar bereits während der Einführung beginnen, darüber hinaus aber in der gesamten Nutzungsphase verlaufen sollten.

Für die planvolle Umsetzung von Marketingmaßnahmen für die Telepräsenz bedarf es zunächst einer Zielfestlegung für das, was erreicht werden soll. Für das Marketing der Telepräsenzleistungen im Unternehmen erscheint es sinnvoll, die Ziele nach den Beeinflussungsebenen Kenntnisse, Einstellungen und Verhaltensweisen zu differenzieren (vgl. STAUSS & HOFFMANN 1999 S. 370f.): Auf der *Kenntnisebene* müssen Mitarbeiter über die Ziele des Telepräsenzeinsatzes, die potenziellen Nutzeffekte sowie über Auswirkungen auf das Unternehmen und die eigene Arbeitssituation informiert sein. Mit den *Einstellungszielen* wird versucht, Verständnis für die Telepräsenznutzung hervorzurufen und das oftmals schlechte Image zu verbessern. Dies ist insbesondere dann wichtig, wenn Dienstreisen der Mitarbeiter reduziert werden sollen – diese aber als Statussymbol im Unternehmen gelten. Gleichzeitig geht es um die Vermittlung einer positiven Grundhaltung zur Kommunikationskultur im Unternehmen, die durch den Einsatz multimedialer Telekommunikation unterstützt werden soll. Auf der *Verhaltensebene* wird angestrebt, die Mitarbeiter für eine eigenständige, regelmäßige Kommunikation via Telepräsenz zu gewinnen (vgl. ebda, vgl. STAUSS 1995 Sp. 1049).

Die *Umsetzung des Marketingkonzeptes* für die Telepräsenz kann sich auf eine Reihe von Maßnahmen stützen. Der Schwerpunkt liegt auf dem Einsatz von Kommunikationsinstrumenten, um die gesteckten Ziele zu erreichen:

Die Medien der internen *Abwärtskommunikation* sind in den meisten Unternehmen am weitesten entwickelt. Um die Bekanntheit der Telepräsenzsysteme bei den Mitarbeitern zu steigern, sollten so auch Telepräsenz-Broschüren, regelmäßige Rundschreiben und Hinweise im Intra- und Extranet erfolgen. In den letztgenannten Medien können sogar kurze Filme – mittels eines sog. Streaming-Verfahrens – angeboten werden, die die Telepräsenzsysteme im Einsatz zeigen und nach Bedarf abgerufen werden können. In der Expertenbefragung hat sich ergeben, dass Mitarbeiterzeitschriften nur selten für die interne Information eingesetzt werden. Dieses Medium bietet sich jedoch besonders für das Vermitteln von telepräsenzbezogenen Informationen an, denn die Vorteile liegen in der Verbreitung und Regelmäßigkeit des Erscheinens (vgl. BRUHN 1997 S. 932). Beispielsweise lassen sich sog. „Success Stories" über Telepräsenzanwendungen im regelmäßigen Abstand publizieren. Von Vorteil ist dabei, dass Mitarbeiter unterschiedlicher Hierarchielevel die Zeitschrift lesen. Dadurch lassen sich für die angezielten Nutzergruppen maßgeschneiderte Erfolgsgeschichten und Informationen in einem regelmäßigen Abstand veröffentlichen. Werden zudem Kundenzeitschriften für Geschäftskunden herausgegeben, dann können sich Berichte mit positiven Anwendererfahrungen auch an Business-Kunden oder Lieferanten wenden. Um Berührungsängste abzubauen, sind Demonstrationsveranstaltungen einzurichten. Auf diese Weise lernen die Teilnehmer auch nach der einführenden Schulungsveranstaltung die Eigenschaften der Systeme vertiefend kennen (vgl. LAUTZ 1995 S. 219f.).

In der *Aufwärtskommunikation* bieten sich regelmäßige Mitarbeiterbefragungen zum Thema Telepräsenz an. Damit sind Zufriedenheit und Probleme hinsichtlich des Telepräsenzeinsatzes zu ermitteln. Weitere Maßnahmen sind die Einrichtung eines telepräsenzbezogenen Vorschlagswesens, um somit ein aktives Feedback über weitere Verbesserungen und neue

Einsatzgebiete der Telepräsenz durch die Anwender zu erhalten (vgl. BRUHN 1997 S. 934). Die *seitwärtsgerichtete Kommunikation* sollte durch Abteilungs- und Projektbesprechungen zum Thema Telepräsenz erfolgen. Durch eigenes Vorbildverhalten bei der Telepräsenznutzung beeinflussen die Vorgesetzten im Sinne der sozialen Einflussprozesse das Verhalten der ihnen unterstellten Mitarbeiter (vgl. SCHMITZ & FULK 1991 S. 497).

Neben den genannten Kommunikationsmaßnahmen sind weitere Marketingaktivitäten zu nennen, die den Telepräsenzeinsatz steigern können. Die *Preisgestaltung* sollte einen Anreiz für die Telepräsenznutzung darstellen, um v.a. auf Geschäftsreisen verzichten zu können. Basis für die innerbetriebliche Preisbildung ist die Kostenkontrolle der Telepräsenz (siehe folgenden Abschnitt 6.4). Um dies zu erreichen, müssen in einem ersten Schritt die einzelnen Kostenarten der Telepräsenz berechnet und ihrem Anfall nach den Nutzern zugeordnet werden. Wie bereits bei der Ergebnispräsentation der vorgelegten Studie angesprochen wurde, können nur wenige Unternehmen die Kosten verursachungsgerecht verteilen. Wenn diese Grundlage geschaffen ist, lassen sich Preise zur innerbetrieblichen Verrechnung nennen. Diese müssen so gestaltet sein, dass die Telepräsenznutzer die Preise mit anderen Kommunikationsmitteln vergleichen können.

Distributionspolitisch geht es um die möglichst optimale Aufstellung der Telepräsenzsysteme. SPRINGER (2001 S. 78) ermittelte die Problematik in großen Unternehmen, dass 90% der Mitarbeiter zu weite Wege zum nächsten verfügbaren Videokonferenzsystem zurücklegen mussten. Die in der Situationsanalyse identifizierten Nutzergruppen sollten einen einfachen Zugang zu den angebotenen Systemen bekommen. Ist beabsichtigt, dass raumbasierte Telepräsenzsysteme in einer bestimmten Abteilung die Kommunikation unterstützen sollen, dann sind z.B. abteilungseigene Besprechungsräume umzugestalten. Bei einem abteilungsübergreifenden Desktopsystem muss ebenfalls der Zugang gesichert sein. Die Platzierung des Desktopsystems auf einem Rollwagen könnte eine Nutzung durch mehrere Mitarbeiter fördern, wogegen die Installation auf einem einzelnen PC von nur einem Mitarbeiter den allgemeinen Zugang in der Abteilung beschränkt. Insgesamt muss eine möglichst permanente Verfügbarkeit der Telepräsenzsysteme sichergestellt sein.

6.4 Empfehlungen für die Kontrolle der Telepräsenz

Die vorgelegte Expertenbefragung hat deutlich gemacht, dass die Kontrolle des Telepräsenzeinsatzes in den untersuchten Unternehmen sehr selten anzutreffen ist. Die in den Unternehmen vorgefundene Methode der Kostenvergleichsrechnung ist zu eindimensional und vernachlässigt weitere zu kontrollierende Aspekte. Ein Controlling der Telepräsenzaktivitäten ist dennoch wichtig, denn die Investitionen in Telepräsenzsysteme stehen in Konkurrenz zu anderen IuK-Investitionen im Unternehmen (vgl. SCHUMANN 1993 S. 167). Ziel des vorliegenden Abschnitts ist es deshalb, Vorschläge für die Kontrolle der Telepräsenz darzulegen.

Zu diesem Zweck wird im Folgenden eine Differenzierung nach Portfolio-, Projekt-, Telepräsenzsystem- und Infrastruktur-Kontrollen vorgenommen (siehe Abb. 6-2).

Abb. 6-2: Bausteine der Telepräsenzkontrolle

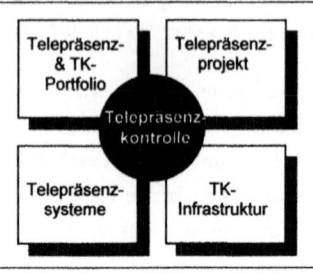

[Telepräsenz & TK-Portfolio | Telepräsenzprojekt | Telepräsenzsysteme | TK-Infrastruktur — um Telepräsenzkontrolle]

Eigene Darstellung in Anlehnung an KRCMAR 1991 S. 7

6.4.1 Kontrolle des Telekommunikations- und Telepräsenz-Portfolio

Ziel des Portfolio-Controlling ist die Schaffung von Transparenz über alle Informationssystem- und Telekommunikationsprojekte eines Unternehmens hinweg. Mit dieser Perspektive ist die strategische Relevanz und die Wirtschaftlichkeit der Telekommunikationsprojekte sicherzustellen (vgl. KRCMAR & BURESCH 1994 S. 296). Mit der Portfolio-Kontrolle richtet sich der Blick auf zwei Ebenen:

1) Zunächst ist die Telepräsenz im Verhältnis zu anderen Informationssystem- und Telekommunikationsprojekten zu betrachten. In diesem Fall kommt das Konkurrenzverhältnis der Telepräsenz-Investitionen zu verwandten IuK-Projekten zum Ausdruck. Ferner sollten die Nutzen- und Strategiebeiträge unterschiedlicher Projekte verglichen werden (siehe Punkt 6.4.3 zur Systemkontrolle).

2) Die zweite Ebene ist durch die Kontrolle aller Telepräsenzsysteme im Unternehmen untereinander geprägt. Diese Betrachtungsweise ist insbesondere dann bedeutend, wenn verschiedene, aber voneinander unabhängige telepräsenzgeeignete Kommunikationsprozesse in der Situationsanalyse identifiziert wurden. Eine Investitionsentscheidung kann wiederum auf einem Vergleich der konkurrierenden Projekte basieren. Als Vergleichskriterien kommen z.B. die Wettbewerbsrelevanz, Nutzenbeiträge und Kosten infrage.

Die Portfolio-Kontrolle dient nicht nur für die Entscheidungsunterstützung bei der Planung *neuer* Systeme, sondern auch für die Kontrolle bereits *bestehender* Telekommunikations- und Telepräsenzportfolios (vgl. KARGL 2000 S. 63). Als eine Kennzahl zur Überprüfung der Zielerreichung von bestehenden Telekommunikationssystemen könnte der in Punkt 4.4.1 vorgestellte und in Punkt 5.2.6.1 berechnete Zielerreichungsgrad herangezogen werden. Mit seiner Hilfe lassen sich die Wichtigkeit und die Erreichung der Einsatzziele auf einer strategischen Ebene vergleichen. Für die Ermittlung sind die Systemnutzer zu befragen.

6.4.2 Kontrolle von Telepräsenzprojekten

Die Planung und Einführung der Telepräsenz ist als ein Projekt anzusehen, welches hinsichtlich der Kosten, Terminierung und Qualität zu kontrollieren ist. Das Controlling der Telepräsenzprojekte hat folglich das Telepräsenz-Management mit den Methoden, Instrumenten und Informationen zu versorgen, die für ein erfolgreiches Abwickeln der Projekte erforderlich sind. Begleitend sind Ist-Daten des Projektes auszuwerten, um damit den Status des Vorhabens zu bestimmen. Auftretende Abweichungen sind in Bezug auf die geplanten Kosten-, Zeit- und Leistungsziele zu analysieren. Eine der wichtigsten Aufgaben ist dabei die kontinuierliche Überwachung der Wirtschaftlichkeit des Telepräsenzprojektes (vgl. HORVÁTH 1998 S. 710f.).

Für das Telepräsenz-Controlling ist der Aufbau einer Erfahrungsdatenbank empfehlenswert, mit der Planung und Aufwandsschätzungen zukünftiger Telepräsenzprojekte wesentlich verbessert werden können. Sie wird parallel zum Projektverlauf gepflegt. Inhaltlich gehen Informationen zur Wirtschaftlichkeit und zu möglichen Abweichungen in die Datenbank ein. Auf die Projektdatenbank aufbauend, werden zum Abschluss eines Telepräsenzprojektes Dokumentationen und Berichte angefertigt. Die Projektdokumentation muss den Anforderungen nach Systematik und Kontinuität genügen. Auf dieser Grundlage können auch neue, unerfahrene Mitarbeiter Projekte mit dem Erfahrungsschatz vorhergegangener Telepräsenzeinführungen abwickeln (vgl. KRCMAR & BURESCH 1994 S. 299). Die folgende Tab. 6-4 stellt einen Vorschlag für eine Dokumentation von Telepräsenzprojekten dar:

Tab. 6-4: Vorschlag einer Projektdokumentation für die Telepräsenz

Projektgrößen	Soll	Ist	Abweichung in %	Abweichungsgrund	Steuerungsmaßnahme
Kosten (z.B.) - Systeme - Personal - Software - TK-Anschluss - Externe Beratung - Schulung - Marketing					
Personalaufwand					
Terminierung					
Qualität im Testlauf					

Eigene Darstellung

Der Personalaufwand ist durch eine detaillierte Stundenaufschreibung in der Projektdokumentation festzuhalten. Für die Kontrolle der Terminierung ist ein Zeitplan mit Meilensteinen aufzustellen, der bei Unter- bzw. Überschreiten der Plan-Termine stets aktualisiert werden muss. Für die Überprüfung der Telepräsenzsystem-Qualität sind vorab Indikatoren festzulegen, die nach der Installation der Geräte zu testen sind. Als Beispiel sei die Operationalisierung in Ausfallzeiten (Min. pro Tag) der Hardware und Netze genannt. Der Kontrollaufwand steigt mit der installierten Anzahl von Hard- und Software (vgl. BURGHARDT 2001 S. 166, S. 175).

6.4.3 Kontrolle der Telepräsenzsysteme

Nach der Einführung von Telepräsenzsystemen ist die effektive und effiziente Nutzung zu überprüfen. Als Aufgabe ergibt sich daraus die laufende Kontrolle über den gesamten *Lebenszyklus* eines Telepräsenzsystems hinweg. In diesem Rahmen sind die Lebenszykluskosten jedes Telepräsenzsystems gesondert zu erfassen und zu analysieren. Die Kosten stammen aus den Phasen der Planung, Einführung, Nutzung und Wartung (vgl. HORVÁTH 1998 S. 709). Diese Betrachtung liefert zudem Informationen für die Entscheidung über den optimalen Ablösezeitpunkt eines Telepräsenzsystems. Hierzu wird die Angemessenheit der eingesetzten Systeme mit den Anforderungen der Nutzer und des Kommunikationsprozesses überprüft. Sind z.B. die genutzten System technisch überholt, muss ein zügiger Austausch oder die Modifikation alter Anwendungen einsetzen. Eine enge Zusammenarbeit mit den Ausrüsterfirmen ist für diese Aufgabe sinnvoll (vgl. KRCMAR & BURESCH 1994 S. 300).

Neben dem Lebenszyklus ist auch die *Wirtschaftlichkeit* während der Nutzungsphase zu analysieren. Dazu müssen die bereits beim Projekt-Controlling erfassten Kosten den Nutzen gegenübergestellt werden (siehe zu einer Darstellung der Kostenarten Punkt 2.4.2.1). Die Kosten sind relativ einfach zu bestimmen. Dagegen sind die Nutzeffekte von Telepräsenzsystemen schwieriger zu ermitteln (vgl. SCHUMANN 1993 S. 167). Der Nutzen kann – wie in Punkt 2.4.2.2 dargestellt – in den Dimensionen Kosten, Qualität, Produktivität und Wettbewerb gesehen werden. Um Vorschläge für eine Nutzenkontrolle zu unterbreiten, werden nachfolgend ausgewählte Analysemethoden kurz beschrieben[3].

Für das Ermitteln von *Wettbewerbseffekten* bieten sich Befragungen von Kunden und Lieferanten an. Beispielsweise könnte ein Automobilhersteller (OEM) seine Lieferanten nach der Zufriedenheit mit der angebotenen Telepräsenz-Kommunikation befragen. Gleichzeitig wäre zu ermitteln, ob die Kontakthäufigkeit zwischen den Marktpartnern zugenommen hat oder ob lediglich andere Kommunikationsmittel verdrängt wurden. Die Verbesserung der

---

[3] Zu einer Kostenanalyse bei Dienstreisen sei auf Punkt 2.4.2.2 verwiesen.

6. Empfehlungen für das Management der Telepräsenz

Servicequalität kann mittels einer Dokumentation der Reaktionszeiten bei Kundenanfragen festgestellt werden (z.B. durch Lieferanten von Maschinen oder Produktionsstraßen). *Produktivitäts- und Zeiteffekte* sind i.d.R. schwierig zu messen. Ein Ansatz ist die exakte Analyse von Produktentwicklungsprojekten mittels einer Vorher-/Nachher-Betrachtung. Dies ist dann der Fall, wenn eine Produktentwicklung *ohne* Telepräsenzeinsatz mit einem Projekt *mit* Telepräsenzsystemen verglichen wird. Wichtig ist die Bereinigung um Faktoren wie Erfahrungswerte oder fertige Bauteile, die in der vorhergehenden Produktentwicklung noch nicht vorlagen. Hilfreich ist hierbei, dass sämtliche Prozesse von Entwicklungsprojekten genau dokumentiert werden. BMW hat in der Expertenbefragung angegeben, dass auf diese Weise die Produktentwicklungszeit für ein neues Modell um zwei Monate verkürzt werden konnte (siehe auch Punkt 5.2.6.2).

6.4.4 Kontrolle der Telekommunikationsinfrastruktur

Das Controlling der Telekommunikationsinfrastruktur beschäftigt sich mit der Planung und Kontrolle einer langfristigen Unterstützung der Telepräsenzsysteme durch die Telekommunikationsinfrastruktur des Unternehmens. Eine Hauptaufgabe ist dabei die *Budgetierung* der Telekommunikationsnetze für die Telepräsenzsysteme (vgl. KARGL 2000 S. 73).

Ebenso ist im Rahmen dieses Controlling-Bausteins die *Wirtschaftlichkeit* und die *Auslastung* der telepräsenzbezogenen Netze zu analysieren. Dies ist insbesondere dann wichtig, wenn Netzkapazitäten nur für Telepräsenzanwendungen vorgehalten werden und keine weiteren Telekommunikationssysteme auf diese zugreifen dürfen. Ein regelmäßige Berichterstattung kann über geeignete Kennzahlen erfolgen: Der Kapazitätsauslastungsgrad zeigt die effektive Netznutzung im Verhältnis zur technisch möglichen Nutzung. Als Messgrößen kommen Zeit- und Datenanteile infrage. Um die Effizienz der technischen Infrastruktur besser beurteilen zu können, bieten sich *Leistungsmessungen* an. Zweckmäßige Kennzahlen sind Ausfallzeiten und Wartungskostenanteil der Telekommunikationsnetze. Die Ausfallzeiten der Netze berechnen sich aus reparaturbedingten Pausen in Relation zur geplanten Verfügbarkeit der Netze. Der Wartungskostenanteil berechnet sich aus der Relation von Wartungskosten zu den gesamten Telepräsenzkosten (vgl. REICHMANN 2001 S. 685). Zeigen sich signifikante Verschlechterungen dieser Indikatoren, sind vom Telepräsenz-Management Gegenmaßnahmen einzuleiten.

Es ist eine Verankerung der Telepräsenzkontrolle in die Telepräsenzabteilung empfehlenswert. Um vorliegende betriebswirtschaftliche Know-how-Defizite auszugleichen, bieten sich enge Abstimmungen mit den Controllingbereichen im Unternehmen an. Abschließend ist festzuhalten, dass ein konsequentes Telepräsenz-Controlling nur sehr selten in der Praxis anzutreffen ist. Für die Konzeption und Implementierung einer umfassenden Telepräsenzkontrolle könnte sich zukünftig eine Zusammenarbeit zwischen Wissenschaft und Praxis als fruchtbar erweisen.

7. Schlussbetrachtung

7.1 Zusammenfassung

Ein Ziel der vorliegenden Arbeit war es, auf dem Grundverständnis der Kommunikation sowie der telekommunikativen Grundlagen und Funktionen der Telepräsenz aufbauend, Integrationspotenziale der Telepräsenz ins Marketing aufzuzeigen. Mit dieser Grundlage wurde ein Bezugsrahmen für die Determinanten und Wirkungen des Telepräsenzeinsatzes erarbeitet, der in eine empirische Überprüfung mündete. Ein weiteres Ziel war es, auf den erlangten Kenntnissen basierend, Managementempfehlungen für den erfolgreichen Telepräsenzeinsatz im Unternehmen und im Marketing zu geben. Der vorliegende Abschnitt fasst die Erkenntnisse der Arbeit nochmals zusammen.

Zunächst wurden auf einem zwischenmenschlichen Kommunikationsverständnis basierend, die verbalen und nonverbalen Kommunikationskanäle des Menschen erläutert. Weil menschliche Kommunikation Organisationen zu einem wesentlichen Teil determinieren – Manager kommunizieren bis zu 80% ihrer Arbeitszeit – wurden die wichtigsten Merkmale, Ausprägungen und Inhalte der Kommunikation in Unternehmen herausgearbeitet. In einem nächsten Schritt wurden technologische und organisationale Meilensteine der Telepräsenz aufgezeigt. Die anschließenden Ausführungen stellten die aktuellen Telepräsenzsysteme und ihre Funktionsweisen vor. Um die zwischenmenschliche Kommunikationsform „Telepräsenz" im Unternehmen präziser zu erfassen, wurden sowohl kommunikative Besonderheiten als auch betriebswirtschaftliche Aspekte der Telepräsenz herausgearbeitet. Dabei zeigte sich, dass sich das Nutzenpotenzial der Telepräsenz in Produktivitäts-, Qualitäts- und Zeitgewinnen sowie in Kostensenkungen und Wettbewerbsvorteilen entfalten kann.

Auf diesen Grundlagen aufbauend, wurde der Telepräsenzeinsatz im Integrierten Marketing herausgearbeitet. Vor dem Hintergrund möglicher Ziele und Zielgruppen wurden zunächst Optionen erörtert, den Telepräsenzeinsatz in Marketingstrategien zu integrieren. Es zeigte sich, dass die Telepräsenz nicht nur zur Erarbeitung, sondern auch zur Strategieumsetzung genutzt werden kann. Ein nächster Schritt zeigte zahlreiche Ansatzpunkte für die Integration der Telepräsenz ins Beschaffungs-, Absatz- und Public-Marketing. Um die Praxisrelevanz zu betonen, wurden dabei viele Beispiele aus Industrie- und Dienstleistungsunternehmen ausgeführt. Vor dem Hintergrund wichtiger Beschaffungsstrategien hat sich gezeigt, dass Telepräsenzsysteme sowohl in den Phasen der Bedarfs-, Beschaffungsmarkt- und Lieferantenanalyse sowie für Lieferantenverhandlungen als auch in der Beschaffungskontrolle eingesetzt werden können. Die Ausführungen zum Absatz- und Public-Marketing ließen deutlich erkennen, dass Einsatzpotenziale nicht nur im Business-to-Business-Bereich liegen. Vielmehr kann davon ausgegangen werden, dass zukünftig die telepräsente Kommunikation zum Endkunden an Bedeutung gewinnen wird. Erreicht wird dies nicht mit Bildtelefonen – wie noch

7. Schlussbetrachtung

vor wenigen Jahren gedacht –, sondern via Terminals und internetfähigen PCs, die in wenigen Jahren kaum noch Bandbreitenbeschränkungen unterliegen werden.

Vor dem Hintergrund der vielfältigen Einsatzmöglichkeiten im Unternehmen, wurde ein Bezugsrahmen für die Analyse der Determinanten und Wirkungen des Telepräsenzeinsatzes erarbeitet. In einem ersten Schritt wurde der aktuelle Stand der empirischen Forschung im Bereich der Telepräsenz erfasst. Dabei erfolgte eine Sichtung von Labor- und Feldstudien. Als Ergebnis konnte u.a. festgestellt werden, dass einige Studien bislang ohne theoretische Basis oder nur mit theoretischen Partialansätzen angelegt waren. Im nächsten Schritt wurden, mit den Gratifikations- und Kapazitätsprinzipien als Leitideen, theoretische Ansätze diskutiert. Sie wurden auf ihren Beitrag zur Erarbeitung eines theoretischen Bezugsrahmens hin überprüft. Vor diesem Hintergrund zeigte sich, dass der Telepräsenzeinsatz von unterschiedlichen Faktoren beeinflusst wird. Dabei spielen technologie- und organisationsspezifische sowie personen- und umweltbezogene Determinanten eine Rolle. Darüber hinaus wurden Wirkungen auf Basis des Marketingansatzes im Ziel- und Strategiebereich sowie in den Marketingfunktionsbereichen und der Organisation vermutet.

Das Ziel der empirischen Studie war es, auf einer Expertenbefragung basierend, den aktuellen Stand der Telepräsenzsysteme in der deutschen Automobilindustrie sowie die mit ihrem Einsatz verbundenen Ziele zu ermitteln. Hierfür wurden Vetreter von Automobilherstellern und -zulieferern sowie von Importeuren mittels eines standardisierten Fragebogens persönlich interviewt. Es zeigte sich, dass der von zahlreichen Marktforschungsinstituten prognostizierte Durchbruch von desktopbasierter Videokommunikation noch nicht erreicht wurde. Telepräsente Kommunikation bedeutet bei den untersuchten Unternehmen v.a. raumbasierte Telepräsenz. Wichtige Ziele sind insbesondere die Kostenreduktion und die Effizienzsteigerung mittels Telepräsenz. Die Sachbearbeiter sind die eifrigsten Nutzer. Insgesamt ist die Nutzungsintensität aber als relativ gering zu bezeichnen. Die Determinantenanalyse legte einige Gründe hierfür offen: Es zeigte sich in der Planungsphase nur eine sehr geringe Beteiligung von Vertretern der Fachabteilungen und von externen Marktpartnern. Die internen Promotoren besitzen mit ihrem unterstützenden Einfluss in der Planung einen positiven Einfluss auf die spätere Nutzungsintensität der Telepräsenz. Des Weiteren gaben Korrelationsanalysen einen Hinweis darauf, dass der Dezentralisationsgrad, der Kostendruck, die Innovationsbereitschaft sowie das vorhandene Telekommunikations-Know-how im Unternehmen einen positiven Einfluss auf die Nutzungsintensität der Telepräsenz ausüben. In der Telepräsenzeinführung waren wiederum Fachbereiche und externe Stellen nur wenig beteiligt. Wie in der Planungsphase auch, übernahmen die Telekommunikationsspezialisten des Unternehmens die Hauptarbeit. Die Betrachtung der verwendeten Analysemethoden offenbarte eine starke Konzentration auf technische Untersuchungen. Nur wenige Unternehmen führten Kommunikationsanalysen und Reorganisationen der Geschäftsprozesse durch. Die Marketingmaßnahmen für die Telepräsenz erwiesen sich sowohl intern als auch extern als schwach ausgeprägt. Dagegen wurde insbesondere auf der Ebene der Sachbearbeiter stärker geschult. Schulungen sowie interne und externe Promotorenunterstützung zeigten ferner einen positiven Einfluss auf die Nutzungsintensität der Telepräsenz. Die Analyse der Nutzungsphase zeigte, dass sich Gesprächspartner, die via Telepräsenz kommunizieren, aus vorhergehender direkter Zusammenarbeit gut kennen. Es ergaben sich Anzeichen dafür, dass die Vorgesetzten in den untersuchten Unternehmen zu wenig als Vorbilder für die Telepräsenznutzung fungierten. Telepräsenzbezogene Fähigkeiten der Mitarbeiter und der unterstützende Einfluss von internen und externen Promotoren wiesen einen positiven Zusammenhang mit der Nutzungsintensität von Telepräsenzsystemen auf.

Im Rahmen der Wirkungsanalyse wurde zunächst überprüft, inwieweit die gesteckten Ziele mit dem Telepräsenzeinsatz erfüllt wurden. Es zeigte sich, dass insbesondere Ziele mit einer hohen Bedeutung nicht immer erreicht werden konnten. In einem nächsten Schritt wurde die Unterstützungsleistung der Telepräsenz in der Umsetzung von Marketingstrategien untersucht. Nach Einschätzung der befragten Experten ist der Einfluss der Telepräsenz auf die Strategien bislang noch gering. Ebenso ergab die Analyse der Marketingfunktionsbereiche, dass die Telepräsenz bislang noch recht wenig in die Kommunikationsprozesse des Marketing integriert wurde. Schwerpunkte des Einsatzes liegen im Entwicklungs- und Beschaffungsbereich. Die Telepräsenzexperten sehen aber für die Zukunft eine steigende Nutzungshäufigkeit. Mit den Befunden zu organisatorischen Wirkungen konnten keine – wie in der Literatur oftmals vermutet – Dezentralisierungseffekte festgestellt werden. Vielmehr ist auf eine Tendenz hinzuweisen, dass Entscheidungen mittels „Management by Telepresence" an zentraler Stelle des Unternehmens getroffen werden. Die Zukunftspläne der untersuchten Unternehmen lassen erkennen, dass sie künftig weiterhin auf die Telepräsenz setzen werden.

Basierend auf den erarbeiteten Erkenntnissen, wurden Empfehlungen für das Management der Telepräsenz formuliert. Für diesen Zweck wurde der Managementprozess erneut anhand der Phasen Planung, Einführung, Nutzung und Kontrolle betrachtet. In der Planungsphase ist Unternehmen die Durchführung einer Situationsanalyse zu empfehlen, welche sowohl die Umwelt als auch das eigene Unternehmen erfasst. Anhand der Ergebnisse der Analysen sind Entscheidungen für oder gegen einen Telepräsenzeinsatz zu treffen. Ferner dient die Situationsanalyse als Basis für die Zielformulierung. Die Einführungsphase beginnt mit der Auswahl der geeigneten Telepräsenzsysteme. Im nächsten Schritt ist eine Einführungsstrategie zu entwickeln. Deren Spektrum reicht von einer breiten, umfassenden bis zu einer inkrementellen, sukzessiven Telepräsenzeinführung. Sehr wichtig ist die Zusammensetzung des Projektteams und die Auswahl der Fach-, Prozess- und Machtpromotoren. Für den Normalbetrieb der Telepräsenzsysteme muss die aufbauorganisatorische Verankerung der betreuenden Abteilung fixiert werden. Eine Kombination von einer Linienabteilung mit in den Funktionsbereichen angesiedelten Unterabteilungen verspricht einen ausgeprägten Kontakt zu den Telepräsenznutzern. Marketingmaßnahmen für den Telepräsenzeinsatz dürfen nicht nur im

Anfangsstadium erfolgen, sondern sollten sich über den gesamten Lebenszyklus der Systeme erstrecken. Die in dieser Arbeit vorgelegte empirische Studie zeigte eine nur schwach ausgeprägte Telepräsenzkontrolle. Daher wurden Vorschläge für ein umfassendes Telepräsenz-Controlling gemacht. Die vorgeschlagenen Bausteine sollten sich auf die Kontrolle der Telekommunikations- und Telepräsenz-Portfolios, der Telepräsenzprojekte, der Telepräsenzsysteme sowie der Telekommunikationsinfrastruktur erstrecken.

7.2 Zukünftige Entwicklungen der Telepräsenz und weiterer Forschungsbedarf

Die empirische Untersuchung der vorliegenden Arbeit hat u.a. ergeben, dass die Telepräsenz zwar Dienstreisen substituiert, dies jedoch nicht in dem Ausmaß wie noch vor einigen Jahren erhofft. Vielmehr erreichen die Unternehmen eine verbesserte, intensivierte zwischenmenschliche Kommunikation. Die vorgenommene empirische Betrachtung konzentrierte sich auf Unternehmen und deren Kommunikation nach innen wie nach außen. Als externe Kommunikationspartner wurden wiederum Organisationen betrachtet, weil bislang noch keine nennenswerte Telepräsenz-Kommunikation zum Privatkunden zu verzeichnen ist. Im 3. Kapitel wurden jedoch auch Einsatzpotenziale und erste Gehversuche der telepräsenten Kommunikation zum Privatkunden gezeigt. Die technologischen Entwicklungen in diesem Bereich der Telekommunikation haben nicht nur weitreichende Auswirkungen auf die Unternehmen, sondern auch für die Forschung: Anhand der folgenden Ausführungen wird ein zukünftiger Forschungsbedarf bezüglich der *Untersuchungsebenen und Technologien* sowie der *inhaltlichen Ansatzpunkte* aufgezeigt.

Ebenen und Technologien zukünftiger Forschung

Neben dem bereits umfassend analysierten *Unternehmensbereich* müssen zusätzlich die Konsumenten in den Blickpunkt empirischer Forschung treten. Dabei ist nicht nur die Kommunikation zwischen *Unternehmen und Endkunden* von großem Interesse, sondern zukünftig vermehrt die telepräsente Verständigung *zwischen den Kunden*. Die vorliegende Arbeit zeigt zudem, dass mit der raschen Leistungsverbesserung von Telekommunikation und Computertechnologie zukünftig auch weitere Telepräsenztechnologien zum Einsatz kommen könnten, die über die heute vornehmlich eingesetzten *raum- und arbeitsplatzbasierten Systeme* mit ISDN-Wählverbindung hinausgehen. Die künftige Forschung muss daher die telepräsente Kommunikation im E- und M-Commerce mittels *multimedialer Terminals* sowie *breitbandigem Internet und Mobiltelefonen* berücksichtigen. Die beiden zuletzt Genannten werden im Folgenden gemeinsam betrachtet, weil zukünftige breitbandige Angebote im WWW sowohl via mobiler Endgeräte als auch über den altbekannten Personal Computer an den Kunden herangetragen werden (vgl. SILBERER et al. 2001 S. 217f.). Die Abb. 7.1 zeigt Bereiche zukünftiger Telepräsenzforschung auf. In den Feldern sind Beispielanwendungen eingetragen. Die schraffierten Kästen sind von besonderem Forschungsinteresse.

Abb. 7-1: Untersuchungsebenen und Technologien zukünftiger Forschung

Technologie Ebene	Raum & Desktop (Wählverbindung)	E- & M-Commerce (IP-basiert)	Multimediale Terminals (IP & Wählverbindung)
Unternehmen – Unternehmen	verstärkt in Netzwerkverbünden	z.B. B-to-B-Märkte, Auktionen, Börsen	z.B. Messen, Events
Unternehmen – Endkunde	voraussichtlich wenig Relevanz	z.B. Finanz-, Auto- Websites	z.B. Messen, Events, Banken, Shops
Endkunde – Endkunde	soziale Relevanz	z.B. Webshops, Webmalls, Börsen	z.B. Live-Chat auf Websites von Untern.

Eigene Darstellung

Inhaltliche Ansatzpunkte zukünftiger Forschung

Inhaltlich sollte die zukünftige Forschung auf allen dargestellten Ebenen nach den Determinanten und Wirkungen der Telepräsenznutzung fragen. Ein erster Blick richtet sich auf die Determinanten: Beim Einsatz von Video-Terminals in Banken hat sich z.b. gezeigt, dass diese kaum oder gar nicht von Kunden genutzt werden, obwohl Audio- und Videodaten in guter Qualität auf ISDN-Basis übertragen werden (vgl. SILBERER & HANNECKE 1999a S. 5, siehe Punkt 3.6.3.1). In diesem Bereich muss die Akzeptanz anhand der Dimensionen Wissen, Sympathie versus Antipathie und tatsächliche Nutzung analysiert werden. Wesentliche Vorarbeiten sind hier bereits am Institut für Marketing und Handel der Universität Göttingen geleistet worden (ebda, vgl. SILBERER & HANNECKE 1999b, vgl. HANNECKE 1998). Es ist nach der speziellen Rolle der Telepräsenz in der jeweiligen Kommunikationssituation zu fragen. Dabei spielt nicht nur der Aspekt der Telepräsenzintegration in das Terminalangebot eine wichtige Rolle. Es bedarf auch einer Analyse der Einbindung des Telepräsenz-Terminals in das Umfeld. Es ist zu vermuten, dass das Scheitern des „Consultant on Demand" von Daimler-Chrysler auch darauf zurückzuführen ist, dass die Absatzmittler dieses Angebot nicht ausreichend unterstützten und das Untergraben ihrer eigenen Kompetenzen durch einen telepräsenten Berater befürchteten.

Das Spektrum des künftigen Telepräsenzeinsatzes auf Websites ist breit. Im Business-to-Business-Bereich ist an Online-Auktionen und -Märkte zu denken. Beispielsweise könnten professionelle Beschaffer auf Online-Einkaufsplattformen nach einer ersten Informationsphase sofort visuellen Kontakt zu den Lieferanten anbieten. Ähnlich lässt sich die Telepräsenz in Internetangebote integrieren, die sich an Endkunden wenden (Business-to-Consumer). Unterstützungspotenzial besitzen erklärungsbedürftige Leistungen – z.B. von Banken, Versicherungen und Automobilherstellern. Erste Applikationen zeigen, wie diese Interaktionsofferten eingesetzt werden können: Wenn der surfende Kunde weitergehende Fragen hat, „klickt" er auf einen Hyperlink, der ein Videofenster zu einem Produktberater

7. Schlussbetrachtung

öffnet. In diesem Zusammenhang sind empirische Arbeiten von Interesse, die danach fragen, warum und an welchem Punkt des Homepage-Besuchs telepräsente Beratungsangebote angenommen werden. Ferner ist der Verlauf der Videokonsultation zu untersuchen. Beispielsweise ist der Einfluss der verbalen und nonverbalen Kommunikation auf den Kunden zu überprüfen.

Es sind erhebliche Auswirkungen der Telepräsenznutzung via Terminal und WWW zu erwarten, da sich eine telepräsente Online-Beratung beachtlich von anderen Dialogangeboten unterscheidet (vgl. SILBERER 1997a S. 11). Angesichts vieler abgebrochener Kaufvorgänge im Internet ist zu vermuten, dass zukünftig eine verbesserte und v.a. spontane Online-Hilfe zu höheren Abschlussraten führen könnte (vgl. RIEMER & KLEIN 2001 S. 710). Forschungsvorhaben sollten sich deshalb darauf richten zu untersuchen, inwieweit die Telepräsenzkomponente Vertrauen und Zufriedenheit der Web- und Terminalnutzer mit dem Leistungsangebot fördert. Ferner ist die Vermutung zu überprüfen, dass die telepräsente Beratung das wahrgenommene Risiko des Interneteinkaufs reduziert. Für Unternehmen ergeben sich nicht nur Umsatz- und Kundenbindungseffekte, die es zu untersuchen gilt, es ist auch mit weitreichenden Effekten auf die Organisation zu rechnen. Zukünftige Forschungsprojekte müssen daher das Einbinden der telepräsenten Beratung beim Anbieter analysieren. Dies ist noch wichtiger als bei der asynchronen Beratungsfunktion per E-Mail, denn wenn Kunden online beraten werden möchten, dann müssen die Ansprechpartner möglichst sofort bereitstehen. Aktuelle Studien zeigen, dass bereits die Beantwortung von E-Mails für viele Unternehmen große Probleme aufwirft (vgl. RENGELSHAUSEN 2000 S. 67, vgl. MEISSNER 2000 S. 17)

Neben der Business-to-Business- und Business-Consumer-Kommunikation via Telepräsenz wird in Zukunft auch die Kommunikation zwischen Endkunden (Consumer-to-Consumer) bedeutsamer. Heute beschränken sich solche Angebote auf den zeitgleichen Text-Chat (z.B. bei http://www.LandsEnd.com). Wie in Punkt 3.6.4.2 gezeigt wurde, liegen auch hier Einsatzpotenziale vor. In zukünftigen Untersuchungen sind die Fragen zu klären, warum Menschen unter welchen Bedingungen diese Kommunikationsform wählen, und welche Auswirkungen dies für die Anbieter und für die Kunden haben.

Die empirische Untersuchung von *arbeitsplatz- und raumbasierten Telepräsenzsystemen* auf Basis von Wählverbindungen ist relativ gut entwickelt (siehe Punkt 4.1.2). Die empirische Studie der vorliegenden Arbeit bedeutet einen weiteren Schritt vorwärts in der Analyse der Determinanten und Auswirkungen des Telepräsenzeinsatzes. Trotzdem konnten in der relativ breit angelegten Erhebung einzelne Fragestellungen nur ansatzweise behandelt werden. Die hier offen gelegten Tendenzen geben allerdings wertvolle Anknüpfungspunkte für die zukünftige Forschung. Am Beispiel organisationaler Determinanten und Wirkungen sei dies verdeutlicht: Um tiefer gehende Erkenntnisse zu erlangen, bieten sich Einzelfallanalysen an. Beispielsweise könnten in einem Vorher-Nachher-Design exakte Aussagen darüber getroffen werden, wie sich einzelne organisationale Determinanten (z.B. Dezentralisation vs. Zentralisation) auf den Telepräsenzeinsatz auswirken. Eine Erhebung nach der Einführung zeigt dann, welche ablauf- und aufbauorganisatorischen Faktoren sich durch die Telepräsenz verändert haben.

Begreift man die Funkausstellung 1929 als „Geburtsstunde" der Telepräsenz, dann ist sie bereits über 72 Jahre alt, dennoch kann von einem breiten Durchbruch in der Wirtschaftswelt noch keine Rede sein. Werden aber die bisherigen Erfahrungen und die zukünftigen Potenziale der Telepräsenz zusammengefasst, dann zeigt sich deutlich, dass – trotz des „hohen Alters" – die Chancen der Telepräsenz im Unternehmen und insbesondere im Marketing noch lange nicht ausgeschöpft sind und in vielen Bereichen erst am Anfang stehen. Eines lässt sich mit Bestimmtheit heute schon sagen: Die neuen, interaktiven Medien werden durch die Telepräsenz endgültig interaktiv.

Literaturverzeichnis

AGAH, A. & TANIE, K. (1999). Multimedia Human-Computer Interaction for Presence and Exploration in a Telemuseum, in: Presence: Teleoperators and Virtual Environments, Vol. 8 (1999), No. 1, pp. 104-111

ALLARD, H. (1998). Wireless Video is a Manufactory Reality, in: DVC Magazine, Vol. 3 (1998), No. 2, URL: http://www.bcr.com/dvcmag/marapr/dvc8p26 (Stand: 23.09.1999), 5 Seiten

ALLEN, T.J. (1988). Managing the flow of technology, Cambridge: The MIT Press

AMBROS, H. (1995). Virtual Reality – Virtual Banking, Wien: Betriebswirtschaftliche Schriftenreihe des Hauptverbandes der österreichischen Sparkassen

ANDERL, R., BUMILLER, J., MOMBERG, M., SCHIEMENZ, K., SCHMIDT, K. & STUPPERICH, M. (1998). Multimediale Unterstützung verteilter Produktentwicklung, in: R. ANDERL, J.L. ENCARNACAO & J. RIX (Hg.). Tagungsband CAD '98, Tele-CAD Produktentwicklung in Netzwerken, Darmstadt: DiK & Fraunhofer-IGD, S. 3-12

ANDERS, W. (1983). Kommunikationstechnik und Organisation: Perspektiven für die Entwicklung der organisatorischen Kommunikation, München: CW-Publikationen

ANDERSON, A. H., NEWLANDS, A., MULLIN, J., FLEMIN, A. M., DOHERTY-SNEDDON, G. & VAN DER ELDEN, J. (1996). Impact of video-mediated communication on simulated service encounters, in: Interacting with Computers, Vol. 8 (1996), No. 2, pp. 193-206

ANGIOLILLO, J., BLANCHARD, H., ISRAELSKI, E. & MANÉ, A. (1997). Technology Constraints of Video-Mediated Communication, in: K. E. FINN, A. J. SELLEN & S. B. WILBUR (Ed.). Video-Mediated Communication, Mahwah: Lawrance Erlbaum, pp. 51-73

ANTONI, C. (1990). Video-Konferenzen – Einstellung und Erfahrungen von Mitarbeitern im Umgang mit einer neuen Kommunikationstechnik, in: Zeitschrift für Arbeits- und Organisationspsychologie, 34. Jg. (1990), Heft 3, S. 125-134

APPEL, W. (2000). Aufgaben- und anwenderbezogene Aspekte der Videokommunikation, in: W. MATIASKE & T. MELEWIGT (Hg.). Empirische Organisations- und Entscheidungsforschung: Ansätze, Befunde, Methoden, Heidelberg: Physica S. 212-229

ARNOLD, U. (1995). Beschaffungsmanagement, Stuttgart: Schäffer-Poeschel

ASHLEIGH, M. & STANTON, N. (1999). Trust – Key Elements in Interpersonal, Team and Technological Relationships, in: M.A. HANSON, E.J. LOVESEY & S.A. ROBERTSON (Ed.), Contemporary Ergonomics, London: Tayler & Francis, pp. 332-336

AUTOHAUS (2000). Das Netz 2000: Vertriebs- und Servicestruktur, in: AUTOHAUS, o.Jg. (2000), Heft 1, S. 38-43

AXHAUSEN, H. (2000). DSL-Techniken im Vergleich, in: Funkschau, o.Jg. (2000), Heft 11, S. 52-54

BACKHAUS, K. (1995). Investitionsgütermarketing, 5. Aufl., München: Vahlen

BACKHAUS, K. (1999). Industriegütermarketing, 6. Aufl., München: Vahlen

BAHLOW, J., SIEFKES, M. & SCHWARZ, M. (1997). Schnell und kostengünstig zum Markt – Praxisbericht aus einem bereichsübergreifenden Entwicklungsteam, in: P. BRÖDNER, I. HAMBURG & T. SCHMIDTKE (Hg.). Informationstechnik für die integrierte, verteilte Produktentwicklung im 21. Jahrhundert, Gelsenkirchen: IAT Institut für Arbeit und Technik, S. 13-26

BAUER, E. (1997). Internationale Marketingforschung, 2. Aufl., München-Wien: Oldenbourg

BECKER, J. (1998). Marketing-Konzeption: Grundlagen des strategischen und operativen Marketing-Management, 6. Aufl., München: Vahlen

BECKER, C. (2000). Die „Bank im Herzen Bayerns" macht Multimedia persönlich, in: Geldinstitute, 31. Jg. (2000), Heft 1-2, S. 132-134

BEREKOVEN, L., ECKERT, W. & ELLENRIEDER, P. (1996). Marktforschung: methodische Grundlagen und praktische Anwendung, 7. Aufl., Wiesbaden: Gabler

BERGER, U. & BERNHARD-MEHLICH, I. (1999). Die verhaltenswissenschaftliche Verhaltenstheorie, in: A. KIESER (Hg.). Organisationstheorien, 3. Aufl., Stuttgart-Berlin-Köln: Kohlhammer, S. 133-168

BEUTELMEYER, W. & KAPLITZA, G. (1999). Sekundäranalyse, in: E. ROTH & H. HOLLING (Hg.). Sozialwissenschaftliche Methoden, 5. Aufl., München-Wien: Oldenbourg, S. 293-308

BICHLER, K. (1997). Beschaffungs- und Lagerwirtschaft, 7. Aufl., Wiesbaden: Gabler

BIERHALS, R. & HUDETZ, R. (1990). Benutzerfreundliche Breitbandkommunikation im geschäftlichen Bereich, in: H. OHNSORGE (Hg.). Benutzerfreundliche Kommunikation, Berlin-Heidelberg-New York: Springer, S. 243-265

BIETHAHN, J., MUKSCH, H. & RUF, W. (2000). Ganzheitliches Informationsmanagement, Band I: Grundlagen, 5. Aufl., München-Wien: Oldenbourg

BILLINGER, A. (1998). Optimierungsbedarf aus der Sicht eines Automobilherstellers, in: U. LINDEMANN & R. REICHWALD (Hg.). Integriertes Änderungsmanagement, Berlin-Heidelberg-New York: Springer, S. 16-24

BIOCCA, F. (1992). Virtual Reality Technology: A Tutorial, in: Journal of Communication, Vol. 42 (1992), No. 4, pp. 23-72

BIRKER, K. (2000). Betriebliche Kommunikation, 2. Aufl., Berlin: Cornelsen

BLOOMFIELD, R., LAMB, A. & QUIRKE, B. (1999). Faktor Mensch: Neue Regeln für die digitale Kommunikation, in: E. DEEKELING & N. FIEBIG (Hg.). Interne Kommunikation: Erfolgsfaktoren im corporate change, Frankfurt/M.: FAZ & Gabler, S. 178-208

BOCK, J. (1987). Die innerbetriebliche Diffusion neuer Technologien, Berlin: Erich Schmidt Verlag

BORTZ, J. (1999). Statistik für Sozialwissenschaftler, 5. Aufl., Berlin-Heidelberg-New York: Springer

BORTZ, J. & DÖRING, N. (1995). Forschungsmethoden und Evaluation, 2. Aufl., Berlin-Heidelberg-New York: Springer

BRABENDER, R. (1995). Multimediale Kommunikation im Schmal- und Breitband-ISDN, GMD-Studien Nr. 273, St. Augustin: GMD

BRAHMANN, M. (2000). Zeit- und Kosteneinsparung mittels Tele-Engineering – Anwendung industrieller Multimedia-Kommunikation, in: Industrie Management, 16. Jg. (2000), Heft 4, S. 20-24

BROCKHOFF, K. (1994). Management organisatorischer Schnittstellen – unter besonderer Berücksichtigung der Koordination von Marketingbereichen mit Forschung und Entwicklung, Berichte aus den Sitzungen der Joachim-Jungius-Gesellschaft der Wissenschaften e.V., 12. Jg. (1994), Heft 2, Göttingen: Vandenhoeck und Ruprecht

BRONNER, R. & APPEL, W. (1996). Telekommunikation: So nah und doch so fern, in: Personalwirtschaft, 23. Jg. (1996), Heft 9, S. 20-23

BRONNER, R., REINHARDT, S. & APPEL, W. (1997). Kosten und Nutzen von Videokonferenzen: Ansätze zur Beurteilung, Arbeitspapier zur empirischen Organisationsforschung Nr. 9, Mainz: Lehrstuhl für Allgemeine Betriebswirtschaftslehre und Organisation

BROßMANN, M. (1995). Multimediale Telekooperation im After-Sales-Bereich, in: Office Management, 43. Jg. (1995), Heft 3, S. 52-56

BROßMANN, M. (1997). Wertschöpfungspotenziale durch Anwendung von interaktivem Business Television, in: H.-J. BULLINGER & M. BROßMANN (Hg.). Business Television: Beginn einer neuen Informationskultur in den Unternehmen, Stuttgart: Schäffer-Poeschel, S. 17-34

BROY, M., HEGERING, H.-G. & PICOT, A. (2000). Kommunikations- und Informationstechnik 2010: Trends in Technologie und Markt, Bundesamt für Sicherheit in der Informationstechnik, Ingelheim: SecuMedia-Verlag

BRUHN, M. (1997). Kommunikationspolitik: Grundlagen der Unternehmenskommunikation, München: Vahlen

BRUHN, M. (1999). Marketing: Grundlagen für Studium und Praxis, 4. Aufl., Wiesbaden: Gabler

BÜHL, A. & ZÖFEL, P. (2000). SPSS Version 10: Einführung in die moderne Datenanalyse unter Windows, 7. Aufl., München: Addison-Wesley

BÜHNER, R. (1999). Betriebswirtschaftliche Organisationslehre, 9. Aufl., München-Wien: Oldenbourg

BULLINGER, H.-J. & SCHÄFER, M. (1997). Entwicklungstrends und Herausforderungen im Informationszeitalter, in: H.-J. BULLINGER & M. BROßMANN (Hg.). Business Television: Beginn einer neuen Informationskultur in den Unternehmen, Stuttgart: Schäffer-Poeschel, S. 3-15

BUNK, B. (1995), Wo profitiert das Marketing? Eruptionen in der Medienlandschaft, in: absatzwirtschaft, 38. Jg. (1995), Heft 1, S. 32-38

BURGHARDT, M. (2001). Einführung in das Projektmanagement, 3. Aufl., München: Publicis MCD Verlag

CARDUCK, C. (1999). Zunehmender Einfluss auf strategische Unternehmensentscheidungen, in: Beschaffung Aktuell, o.Jg. (1999), Heft 1, S. 28-30

CHIDAMBARAM, L., MOE, C.E. & OLSEN, D.H. (1998). A Study of Factors Influencing Media Choice in Norwegian Organizations, in: J.F. Nunamaker (Ed.). Collaboration Systems and Technology Track, Vol. 1, Proceedings of the Thirty-First Hawaii International Conference on System Sciences, Washington-Brussels-Tokyo: IEEE Press, pp. 108-117

CIULLI, N., GIORDANO, S. & SPARANO, D. (1998). A cooperative environment based on augmented reality: from telepresence to performance issues, in: Computer Networks and ISDN Systems, Vol. 30 (1998), w. No., pp. 1447-1455

CYERT, R.M. & MARCH, J.G. (1963). A Behavioural Theory of the Firm, Englewood Cliffs-New York: Prentice-Hall

DAFT, R.L. (1998). Organization theory and design, Cincinnati: South-Western College Publishing

DAFT, R.L. & LENGEL, R.H. (1986). Organizational Information Requirements, Media Richness and Structural Design, in: Management Science, Vol. 32 (1986), No. 5, pp. 554-571

D'AMBRA, J., RICE, R.E. & O'CONNOR, M. (1998), Computer-mediated communication and media preference: an investigation of the dimensionality of perceived task equivocality and media richness, in: Behaviour & Information Technology, Vol. 17 (1998), No. 3, pp. 164-174

DANKERT, U. (1998). LAN, in: V. JUNG & H.-J. WARNECKE (Hg.). Handbuch für die Telekommunikation, Berlin-Heidelberg-New York: Springer. S. 4/203 – 4/209

DAT (2001). Produktinformation zum DAT-MultiTel, Deutsche Automobil Treuhand GmbH, URL: http://www.dat.de/produkte_edv_2_body.html (Stand 28.02.2001), 1 Seite

DATAMONITOR (2000). Die E-Mail kommt, doch das Telefon bleibt vorn, in: Wirtschaftswoche, 54. Jg. (2000), Heft 27, S. 111

DIER, M. & LAUTENBACHER, S. (1994). Groupware: Technologien für die lernende Organisation, München: Computerwoche Verlag

DIEZ, W. (1997). Das Handbuch für das Automobilmarketing: Strategien, Konzepte, Instrumente, 3. Aufl., Landsberg/Lech: Moderne Industrie

DOMSCH, M., GERPOTT, T.J. & GERPOTT, H. (1990). Qualität der Schnittstelle zwischen F&E und Marketing: Ergebnisse einer Befragung deutscher Industrieforscher, in: zfbf Zeitschrift für Betriebswirtschaftliche Forschung, 43. Jg. (1990), Heft 12, S. 1048-1069

DONNEMILLER, C. (1999). Multimedia-Konferenzen über dynamische Netzwerke, in: Funkschau, o.Jg. (1999), Heft 18, S. 66-68

DONNEMILLER, C. (2000). Videokonferenzen bei Nissan, Fallstudie der Schwartz PR, München: Schwartz PR

DTI (1999). Moving into the Information Age: An International Benchmarking Study, London: Department of Trade and Industry (DTI)

DUDEN (1993). Das große Wörterbuch der deutschen Sprache in acht Bänden, Band 1, 2. Aufl., Mannheim-Leipzig-Wien-Zürich: Dudenverlag

EBERS, M. (1991). Die Einführung innovativer Informationssysteme: Gestaltungsparameter und Gestaltungsoptionen, in: ZFO Zeitschrift für Organisation, 60. Jg. (1991), Heft 2, S. 99-106

EBERS, M. (1992). Situative Organisationstheorie, in: E. FRESE (Hg.). Handwörterbuch der Organisation, 3. Aufl., Stuttgart: Poeschel, Sp. 1817-1836

ECE II (2000). Electronic Commerce Enquête 2000 – Empirische Untersuchung zum Business-to-Business Electronic Commerce im deutschsprachigen Raum, Leinfelden-Echterdingen–Freiburg: Computer Zeitung & IIG

EGGERS, N. (1999). Einsatzmöglichkeiten und Wirkungen der Telepräsenz im Marketing, unveröffentlichte Diplomarbeit am Institut für Marketing und Handel der Universität Göttingen

EHRIG, K. (1999). Automobilzulieferer in Deutschland 1999/2000, Band 1, Landsberg/Lech: Moderne Industrie

EHRLENSPIEL, K. (1995). Integrierte Produktentwicklung: Methoden für Prozessorganisation, Produkterstellung und Konstruktion, München-Wien: Hanser

ELIS, A. (1998). Business TV in Deutschland, in: Media Perspektiven, o. Jg. (1998), Heft 3, S. 124-131

ENGRAM (2000). Produktinformation zum VideoExpert der engram AG, Bremen: engram

EURINGER, C. (1994). Marktorientierte Produktentwicklung: Die Interaktion zwischen F&E und Marketing, Wiesbaden: Gabler

EVERSHEIM, W. (1996). Integrierte Produkt- und Prozessgestaltung, in: W. EVERSHEIM & G. SCHUH (Hg.). Produktion und Management: Betriebshütte, Teil 1, 7. Aufl., Berlin-Heidelberg-New York: Springer, S. 7/124-7/149

EVERSHEIM, W. (1998). Organisation in der Produktionstechnik – Konstruktion, 3. Aufl., Berlin-Heidelberg-New York: Springer

FABER, A. (1998). Global Sourcing: Möglichkeiten einer produktionssynchronen Beschaffung vor dem Hintergrund neuer Kommunikationstechnologien, Frankfurt/M.-Berlin-Bern: Lang

FANK, M. (2001). Einführung in das Informationsmanagement: Grundlagen, Methoden, Konzepte, 2. Aufl., München-Wien: Oldenbourg

FÄRBER, B. (1993). Videokonferenzen: Einsatzbereich und Grenzen, in: Office Management, 41. Jg. (1993), Heft 4, S. 45-47

FINK, D. (1999). Unternehmensinterne Telearbeit als organisatorische Gestaltungsoption, in: D. FINK & A. WILFERT (Hg.). Handbuch Telekommunikation und Wirtschaft, München: Vahlen, S. 327-344

FOCUS (1997). Marktanalyse: Der Markt der Geschäftsreisen 1997, München: Focus Magazin Verlag

FOCUS (2000). Marktanalyse: Der Markt der Online-Kommunikation 2000, München: Focus Magazin Verlag

FOCUS (2001). Marktanalyse: Der Markt der Computer Hard- und Software, München: Focus Magazin Verlag

FOCUSVISION (2000). FocusVision expand international facility through pact with GFK, Pressemitteilung der FocusVision Worldwide Inc., URL: http://www.focusvision.com/news/gfk.htm (Stand 08.05.2001), 1 Seite

FOCUSVISION (2001). Bildmaterial der FocusVision Worldwide Inc., URL: http://www.focusvision.com (Stand 08.05.2001), 1 Seite

FOLTZ, C., HERBST, D., SCHLICK, C. & SPRINGER, J. (1998). Verteiltes Konstruieren in der Automobilindustrie, in: Industrie Management, 14. Jg. (1998), Heft 3, S. 24-28

FOKS, T. (1996). Telekooperation - Stand der Dinge 1995, Graue Reihe des Instituts für Arbeit und Technik (IAT), Nr. 3/96, Gelsenkirchen: IAT

FORNFEIST, M. (1985). Kommunikationstechnik und Aufgabe: organisatorische Aufgabenanalyse unter besonderer Berücksichtigung des Kommunikationsproblems, München: CW-Publikationen

FORRESTER RESEARCH (2000). Run auf den schnellen Zugang ins Internet, in: Wirtschaftswoche, 54. Jg. (2000), Heft 38, S. 157

FRESE, E. (2000). Grundlagen der Organisation, 8. Aufl., Wiesbaden: Gabler

FRETER, H. (1983). Marktsegmentierung, Stuttgart-Berlin-Köln: Kohlhammer

FRITZ, W. (1984). Warentest und Konsumgüter-Marketing: Forschungskonzeption und Ergebnisse einer empirischen Untersuchung, Wiesbaden: Gabler

FRITZ, W. (1992). Marktorientierte Unternehmensführung und Unternehmenserfolg, Stuttgart: Schäffer-Poeschel

FRITZ, W. (1997). Erfolgsursache Marketing, Stuttgart: Schäffer-Poeschel

FRITZ, W. & V.D.OELSNITZ, D. (1996). Marketing: Elemente marktorientierter Unternehmensführung, Stuttgart-Berlin-Köln: Kohlhammer

FROMME, M. (1995). Multimedia-Konferenzen in der Wissenschaft – Szenarien, Technologie, Werkzeuge, URL: http://www.rvs.uni-hannover.de/arbeiten/ studien/mfromme (Stand 01.10.1997), 15 Seiten

FUCHS-KITTOWSKI, F., SANDKUHL, K. & HAUF, T. (2000). (Un)genutzte Potentiale des Einsatzes von Telekooperationssystemen: Weiterführung einer empirischen Untersuchung, ISST-Bericht 54, Berlin: Fraunhofer-Gesellschaft

FULK, J., STEINFIELD, C.W., SCHMITZ, J. & POWER, J.G. (1987). A Social Information Processing Model of Media Use in Organizations, in: Communication Research, Vol. 14 (1987), No. 5, pp. 529-552

FULK, J., SCHMITZ, J. & STEINFIELD, C.W. (1990). A Social Influence Model of Technology Use, in: J. FULK & C.W. STEINFIELD (Ed.). Organizations and Communication Technology, Newbury Park-London-New Delhi: Sage Publications, pp. 117-140

FUNK, M. (1996). Sparen mit Konferenzsystemen, in: PC Magazin, o. Jg. (1996), Heft 39, S. 34-37

GEBERT, D. (1992). Kommunikation, in: E. FRESE (Hg.). Handwörterbuch der Organisation, 3. Aufl., Stuttgart: Poeschel, Sp. 1110-1121

GEBHARDT, B. (1999). Informationsvorsprung zum Nutzen des Kunden, in: Banken & Sparkassen, 7. Jg. (1999), Heft 5, S. 22-24

GEMÜNDEN, H.G. & WALTER, A. (1999). Beziehungspromotoren – Schlüsselpersonen für zwischenbetriebliche Innovationsprozesse, in: J. HAUSCHILDT & H.G. GEMÜNDEN (Hg.). Promotoren: Champions der Innovation, 2. Aufl., Wiesbaden: Gabler, S. 111-132

GFK (2001). GfK Online Monitor: Ergebnisse der 7. Untersuchungswelle, URL: http://www.gfk.de (Stand 08.08.2001), 33 Seiten

GIERL, H. (1987). Die Erklärung der Diffusion technischer Produkte, Berlin: Duncker & Humblot

GODEHARDT, B. & LIST, H.-U. (1999). Vernetztes Arbeiten und Lernen: Telearbeit – Telekooperation – Teleteaching, Heidelberg: Hüthig

GOECKE, R. (1997). Kommunikation von Führungskräften: Fallstudien zur Medienanwendung im oberen Management, Wiesbaden: DUV Deutscher Universitäts-Verlag

GÖPFERT, J. (1998). Modulare Produktentwicklung, in: N. FRANKE & C.-F. V. BRAUN (Hg.). Innovationsforschung und Technologiemanagement, Berlin-Heidelberg-New York: Springer, S. 139-151

GOOSSENS, F. (1983). Konferenzen (Dienstbesprechungen), in: Management Enzyklopädie, 5. Band, Landsberg/Lech: Moderne Industrie, S. 427-440

GRATZFELD, R. (1996). Videoconferencing – Erfahrungen der Henkel-Gruppe, in: Office Management, 44. Jg. (1996), Heft 6, S. 22-25

GROTH, A. (2001). „Schreib mal wieder!", in: Net Investor, o. Jg. (2001), Heft 4, S. 20

GULICH, A. M. (1998). Video-Konferenztechnik, Poing: Franzis

GUPTA, A.K. & WILEMON, D. (1988). Why R&D resists using Marketing Information, in: Research-Technology Management, Vol. 31 (1988), No. 6, pp. 36-41

HAHN, N. (1994). Technische Weiterentwicklung der Bildkommunikation: Leistungsmerkmale und Geräte, in: H.-E. MARTIN (Hg.). Neue Techniken der Bürokommunikation, 5. Aufl., Landsberg/Lech: Moderne Industrie, S. 112-124

HAMMERSCHMIDT, C. (1995). Videokonferenzen holen bei BMW die Werkstatt in das Besprechungszimmer, in: Computer Zeitung Nr. 47 vom 23.11.1995, S. 6

HANISCH, M. (1997). Die Digitalisierung von Kommunikations-, Produktions- und Dokumentationsprozessen in der Werbeagentur von heute und morgen, in: G. SILBERER (Hg.). Interaktive Werbung: Marketingkommunikation auf dem Weg ins digitale Zeitalter, Stuttgart: Schäfer-Poeschel & absatzwirtschaft, S. 293-335

HANNECKE, N. (1998). Akzeptanz und Wirkungen multimedialer Kiosksysteme, Nr. 18 der Beiträge zur Marketingwissenschaft, hrsg. von Prof. Dr. G. Silberer, Universität Göttingen: Institut für Marketing und Handel

HART, P., SVENNING, L. & RUCHINSKAS, J. (1995). From Face-to-Face Meeting to Video Teleconferencing: Potential Shifts in the Meeting Genre, in: Management Communication Quarterly, Vol. 8 (1995), No. 4, pp. 395-423

HASSENMÜLLER, H. (1998a). Das Tor zur Kommunikation, in: LANline, o. Jg. (1998), Heft 12, S. 192-197

HASSENMÜLLER, H. (1998b). Der tiefe Blick ins fremde Haus, in: LANline, o. Jg. (1998), Heft 12, S. 184-190

HAUSCHILDT, J. (1997). Innovationsmanagement, 2. Aufl., München:Vahlen

HAUSCHILDT, J. & KIRCHMANN, E. (1999). Zur Existenz und Effizienz von Prozesspromotoren, in: J. HAUSCHILDT & H.G. GEMÜNDEN (Hg.). Promotoren: Champions der Innovation, 2. Aufl., Wiesbaden: Gabler, S. 89-107

HÄUSLER, T. (1994). Anwendung und Auswirkung der Videokommunikation, ITG-Fachbericht 131, Berlin-Offenbach: VDE-Verlag, S. 41-52

HEINEMANN, C. (1995). Multimedia in der internen Marketing-Kommunikation, in G. SILBERER (Hg.). Marketing mit Multimedia: Grundlagen, Anwendungen einer neuen Technologie im Marketing, Stuttgart: Schäffer-Poeschel, S. 33-60

HEINER, V. (1987). Videokonferenzen – ein neues Kommunikationsmittel, in: io Management Zeitschrift, 56. Jg. (1987). Heft 5, S. 253-257

HEINRICH, L. J. (1999). Informationsmanagement: Planung, Überwachung und Steuerung der Informationsinfrastruktur, 6. Aufl., München-Wien: Oldenbourg

HERRMANN, A. & HOMBURG, C. (1999). Marktforschung: Ziele, Vorgehensweisen und Methoden, in: A. HERMANN & C. HOMBURG (Hg.). Marktforschung: Methoden, Anwendungen, Praxisbeispiele, Wiesbaden: Gabler, S. 13-32

HERMANN, M., SCHEDL, H. & GARBE, M. (1999). Diffusion neuer Informations- und Kommunikationstechniken und Auswirkungen vor allem auf kleine und mittlere Unternehmen, München: ifo Institut für Wirtschaftsforschung

HERMANNS, A. (1993). Kommunikationstechniken, in: W. WITTMANN (Hg.). Handwörterbuch der Betriebswirtschaft, 5. Aufl., Stuttgart: Schäffer-Poeschel, Sp. 2188-2200

HERMANNS, A., WIBMEIER, U. K. & SAUTER, M. (1998). Einsatzmöglichkeiten der Virtual Reality im Marketing, in: DBW, 58. Jg. (1998), Heft 2, S. 176-188

HERMSEN, M. & ZUTHER, M. (2000). Einführung in TeleService, in: W. MAßBERG, M. HERMSEN & M. ZUTHER (Hg.). Telec: Multimedialer Teleservice, Aachen: Shaker, S. 13-20

HHI (1998). Telepräsenz am Arbeitsplatz, Schlussbericht des Heinrich-Herz-Instituts für Nachrichtentechnik Berlin, Berlin: HHI

HILDEBRAND, E. (2001). Telearbeit: Günstige Steine, in Wirtschaftswoche, 55. Jg. (2001), Heft 13, S. 213-214

HIRSCHFELD, K. (1998). Videokonferenzen: "lebendige" Kommunikation?, in: Computer Fachwissen, 7. Jg. (1998), Heft 3, S. 14-18

HÖFLICH, J.R. (1994). Der Computer als „interaktives Massenmedium": Zum Beitrag des Uses and Gratification Approach bei der Untersuchung computer-vermittelter Kommunikation, in: Publizistik, 39. Jg. (1994), Heft 4, S. 389-408

HÖFLICH, J.R. & WIEST, G. (1990). Neue Kommunikationstechnologien und interpersonale Kommunikation in Organisationen, in: Publizistik, 35. Jg. (1990), Heft 1, S. 62-79

HOHENSEE, M. (1997). Kommunikation: Faible für Videokonferenz, in: Wirtschaftswoche, 51. Jg. (1997), Heft 38, S. 11

HOLZINGER, A. (2000). Basiswissen Multimedia: technologische Grundlagen multimedialer Informationssysteme, Band 1, Würzburg: Vogel

HORVÁTH, P. (1998). Controlling, 7. Aufl., München: Vahlen

HORVÁTH, P. & RIEG, R. (2001). Grundlagen des strategischen IT-Controllings, in: HMD, 38. Jg. (2001), Heft 217, S. 9-17

HUBERT, M. (1999). Consultant on Demand: Online-Videoberatung in den Daimler-Chrysler Filialen durch das Video-Callcenter der Mercedes-Benz Lease Finanz GmbH, in: M. FLUHR & H. NEBEL (Hg.). Multimediale Kioske: Ein Markt im Aufbruch, Konferenzdokumentation SMARTKIOSK '99, Berlin: inTIME, S. 134-145

HÜTTNER, M. (1999). Grundzüge der Marktforschung, 6. Aufl., München-Wien: Oldenbourg

ISAACS, E. A., WHITTAKER, S., FROHLICH, D. & O'CONAILL, B. (1997). Informal Communication Reexamined: New Functions for Video in Supporting Opportunistic Encounters, in: K. E. FINN, A. J. SELLEN & S. B. WILBUR (Ed.). Video-Mediated Communication, Mahwah: Lawrance Erlbaum, pp. 459-485

JAROS-STURHAHN, A. & SCHACHTNER, K. (1995). Computergestützte Gruppenarbeit, in: Personal, 47. Jg. (1995), Heft 5, S. 224-228

KAAS, H.-P. (1994). Persönliche Kommunikation, interpersonelle Kommunikation, direkte Kommunikation, in H. DILLER (Hg.). Vahlens großes Marketing Lexikon, München: Vahlen, S. 868

KADERALI, F. & SCHAUP, S. (2000). Entwicklungstrends im Bereich der breitbandigen Zugangstechnologien, in: H. KUBICEK, H.-J. BRACZYK, D. KLUMPP & A. ROßNAGEL (Hg.). Global @ home: Informations- und Dienstleistungsstrukturen der Zukunft, Jahrbuch Telekommunikation und Gesellschaft 2000, Heidelberg: Hüthig

KARCHER, H. (1982). Büro der Zukunft – Einflussfaktoren der Marktentwicklung für innovative Bürokommunikations-Terminals, Gräfeling: Verlag Büro der Zukunft

KARGL, H. (2000). IV-Strategie, in: L. V. DOBSCHÜTZ, M. BARTH, H. JÄGER-GOY, M. KÜTZ & H.-P. MÖLLER (Hg.). IV-Controlling: Konzepte – Umsetzungen – Erfahrungen, Wiesbaden: Gabler, S. 39-74

KEVENHÖRSTER, P. (1972). Arbeitszeit im Management – Die 60-Stunden-Woche ist unnötig, in: Manager Magazin, 2. Jg. (1972), Heft 10, S. 53-57

KIENEL, H., ZERBE, S. & KRCMAR, H. (1998). Business Television in Marketing und Vertrieb, in: H. HIPPNER, M. MEYER & K. D. WILDE (Hg). Computer Based Marketing – Das Handbuch zur Marketinginformatik, Wiesbaden: Gabler, S. 117-125

KIESER, A. (1993). Organisation, in: W. WITTMANN (Hg.). Handwörterbuch der Betriebswirtschaft, 5. Aufl., Stuttgart: Schäffer-Poeschel, Sp. 2988-3006

KIESER, A. (1999). Der Situative Ansatz, in: A. KIESER (Hg.). Organisationstheorien, 3. Aufl., Stuttgart-Berlin-Köln: Kohlhammer, S. 169-198

KIESER, A. & KUBICEK, H. (1978). Organisationstheorien II, Stuttgart-Berlin-Köln: Kohlhammer

KIESER, A. & KUBICEK, H. (1992). Organisation, 3. Auflage, Berlin-New York: de Gruyter

KILIAN-MOMM, A. (1988). Dezentralisierung von Büroarbeitsplätzen mit neuen Informations- und Kommunikationstechniken, München: VVF

KIM, T. & BIOCCA, F. (1997). Telepresence via Television: Two Dimensions of Telepresence May Have Different Connections to Memory and Persuasion, in: Journal of Computer Mediated Communication, Vol. 3 (1997), No. 2, URL: http://www.ascusc.org/jcmc/vol3/issue2/kim (Stand 09.01.2001), 29 Seiten

KLINGENBERG, H. (1983). Organisatorische Kommunikationsanalysen als wesentlicher Bestandteil der Einführung neuer Techniken der Bürokommunikation, Beiträge zur Unternehmensführung und Organisation, hrsg. von Prof. Dr. A. PICOT, Universität Hannover: Institut für Unternehmensplanung

KLINGENBERG & KRÄNZLE (1983). Kommunikationstechnik und Nutzerverhalten – Die Wahl zwischen Kommunikationsmitteln in Organisationen, München: CW-Publikationen

KNETSCH, W. (1996). Die treibenden Kräfte: Der Weg zum vernetzten Unternehmen, in: ARTHUR D. LITTLE (Hg.). Management im vernetzten Unternehmen, Wiesbaden: Gabler, S. 17-71

KNICKEL, V. (1997). Gestaltung von Kommunikationsprozessen an Schnittstellen in der Produktentwicklung – Methodisches Vorgehen und CSCW-Unterstützung, Kaiserslautern: FBK Produktionstechnische Berichte

KOCH, R. (1999). Funktionen und Anwendungen der Telekommunikation, in: D. FINK & A. WILFERT (Hg.). Handbuch Telekommunikation und Wirtschaft, München: Vahlen, S. 77-98

KOCH, D. & SANDKUHL, K. (1995). Telekooperation und JointEditing, ISST-Bericht 27, Berlin: Fraunhofer-Gesellschaft

KOCH, T. & WÜNDERLICH, J. (1999). Der Heisse Draht zur Bank, in: Geldinstitute, 30. Jg. (1999), Heft 1/2, S. 42-43

KODAMA, M. (2001). Distance Learning using video terminals – an empirical study, in: International Journal of Information Management, Vol. 21 (2001), No. 1, pp. 227-243

KÖHLER, R. (1992). Absatzorganisation, in: E. FRESE (Hg.). Handwörterbuch der Organisation, 3. Aufl., Stuttgart: Poeschel, Sp. 34-72

KÖHLER, R. (1993). Kommunikations-Management im Unternehmen, in: R. BERNDT & A. HERMANNS (Hg.). Handbuch Marketing-Kommunikation, Wiesbaden: Gabler, S. 94-111

KÖHLER, S. (1993). Einführung, Nutzung und Folgen von Videokonferenzen, Diskussionsbeitrag Nr. 105 des Wissenschaftlichen Instituts für Kommunikationsdienste (WIK), Bad Honnef: WIK

KOLBERG, G. (1998). Turbo für das Kupferkabel, in: Business Online, o.Jg. (1998), Heft 8/9, S. 72-77

KOLLMANN, T. (1996). Die Akzeptanz technologischer Innovationen: eine absatztheoretische Fundierung am Beispiel von Multimedia-Systemen, Arbeitspapier zur Marketingtheorie Nr. 7, hrsg. von Prof. Dr. R. WEIBER, Universität Trier: Lehrstuhl für Marketing

KONICKI, S. & GILBERT, A. (2001). Covisint nur Stückwerk, in: Information Week, o.Jg. (2001), Heft 13, S. 16-20

KOPPELMANN, U. (1995). Beschaffungsmarketing, in: B. TIETZ (Hg.). Handwörterbuch des Marketing, 2. Aufl., Stuttgart: Schäffer-Poeschel, Sp. 211-244

KOPPELMANN, U. (2000). Beschaffungsmarketing, 3. Aufl., Berlin-Heidelberg-New York: Springer

KOPPENHAGEN, C. (1999). Kundenberatung via Videokonferenz, in: Banken & Sparkassen, 7. Jg. (1999), Heft 5, S. 12-14

KOSIOL, E. (1966). Die Unternehmung als wirtschaftliches Aktionszentrum: Einführung in die Betriebswirtschaftslehre, Hamburg: Rowohlt

KOTLER, P. & BLIEMEL, F. (1999). Marketing-Management: Analyse, Planung, Umsetzung und Steuerung, 9. Aufl., Stuttgart: Schäffer-Poeschel

KRAUT, R.E., FISH, R.S., ROOT, R.W. & CHALFONTE, B.L. (1990). Informal Communication in Organisations: Form, Function and Technology, in: S. OSKAMP & S. SPACAPAN (Ed.). People's Reaction to Technology, Newbury Park-London-New Delhi: Sage, pp.145-199

KRAUT, R.E., RICE, R.E., COOL, C. & FISH, R.S. (1998). Varieties of Social Influence: The Role of Utility and Norms in the Success of a New Communication Medium, in: Organization Science, Vol. 9. (1998), No. 4, pp. 437-453

KRCMAR, H. (1991). Informationsverarbeitungs-Controlling, in: Office Management, 39. Jg. (1991), Heft 1-2, S. 6-11

KRCMAR, H. (1995). Informationsmanagement, Berlin-Heidelberg-New York: Springer

KRCMAR, H. (1997). Szenarien der Telekooperation – Entwicklungspotentiale für Dienstleistungen, in: H.-J. BULLINGER (Hg.). Dienstleistungen der Zukunft, Stuttgart: Schäffer-Poeschel, S. 218-234

KRCMAR, H. & BURESCH, A. (1994). IV-Controlling: Ein Rahmenkonzept für die Praxis, in: Controlling, 6. Jg. (1994), Heft 5, S. 294-304

KRCMAR, H., LEWE, H. & SCHWABE, G. (1995). Teamarbeit im Büro – Stand und Perspektiven, in: Office Management, 43. Jg. (1995), Heft 4, S. 18-21

KRÜGER, G. (1995). Rechnergestützte Telekommunikation (Telematik): technische, wirtschaftliche und gesellschaftliche Perspektiven, Schriftenreihe Ernst-Abbe-Kolloquium Jena, Heft 12, Jena: Universitätsverlag Jena

KUHNERT, W. L. (1997). Videoconferencing: Interaktion per Bildschirm, in: H.-J. BULLINGER & M. BROßMANN (Hg.). Business Television – Beginn einer neuen Informationskultur in den Unternehmen, Stuttgart: Schäffer-Poeschel, S. 179-190

LAND'S END (2001). Information der Firma Lands End zum Service „Shop with a friend", URL: http://www.landsend.de (Stand 24.07.2001), 1 Seite

LANGE, E. (1999). Schnellere Auffahrten auf den Daten-Highway, in: Handelsblatt, Nr. 211 vom 20.10.1999, S. B9

LANGER, O. (1998). Zugangsnetz, in: V. JUNG & H.-J. WARNECKE (Hg.). Handbuch für die Telekommunikation, Berlin-Heidelberg-New York: Springer. S. 4/5-4/14

LARSON, P.D. & KULCHITSKY, J.D. (2000). The Use and Impact of Communication Media in Purchasing and Supply Management, in: The Journal of Supply Chain Management, Vol. 36 (2000), No. 3, pp. 29-39

LAUTZ, A. (1995). Videoconferencing – Theorie und Praxis für den erfolgreichen Einsatz im Unternehmen, Frankfurt/M.: IMK Institut für Medienentwicklung und Kommunikation

LEWANDOWSKI, T. (1985). Linguistisches Wörterbuch, 4. Aufl., Wiesbaden: Quelle und Meyer

LEWIS, A. V. & COSIER, G. (1999). Whither Video? Pictorial Culture and Telepresence, in: P. J. SHEPPARD & G. R. WALKER (Ed.), Telepresence, Boston-Dordrecht-London: Kluwer, pp. 99-141

LINß, H. (1995). Integrationsabhängige Nutzeffekte der Informationsverarbeitung, Wiesbaden: DUV Deutscher Universitäts-Verlag

LIST, H.-U. & POLLMANN, R. (1997). Simultaneous Engineering – Einsatz von CSCW-Lösungen im Produktionsunternehmen, in: P. BRÖDNER, I. HAMBURG & T. SCHMIDTKE (Hg.). Informationstechnik für die integrierte, verteilte Produktentwicklung im 21. Jahrhundert, Gelsenkirchen: IAT Institut für Arbeit und Technik, S. 119-128

LOCOCO, A. &YEN, D. C. (1998). Groupware: computer supported collaboration, in: Telematics and Informatics, Vol. 15 (1998), No. 2, pp. 85-101

LOMBARD, M. & DITTON, T. (1997). At the Heart of it All: The Concept of Presence, in: Journal of Computer Mediated Communication, Vol. 3 (1997), No. 2, URL: http://www. ascusc.org/jcmc/vol3/issue2/lombard.html (Stand 09.01. 2001), 44 Seiten

LUCZAK, H. & EVERSHEIM, W. (1999). Telekooperation: industrielle Anwendungen in der Produktentwicklung, Berlin-Heidelberg-New York: Springer

LUCZAK, H., SPRINGER, J., HERBST, D., SCHLICK, C. & STAHL, J. (1995). Kooperative Konstruktion und Entwicklung, in: R. REICHWALD & H. WILDEMANN (Hg.). Kreative Unternehmen: Spitzenleistungen durch Produkt- und Prozessinnovation, Stuttgart: Schäffer-Poeschel, S. 119-163

LUCZAK, H., SONTOW, K. KUSTER, J., REDDEMANN, A. & SCHERRER, U. (2000a). Service-Engineering: Der systematische Weg von der Idee zum Leistungsangebot, München: Transfer-Centrum

LUCZAK, H., BULLINGER, H.-J., SCHLICK, C. & ZIEGLER, J. (2000b). Unterstützung flexibler Kooperation durch Software: Methoden, Systeme, Beispiele, Berlin-Heidelberg-New York: Springer

LUTHANS, F. (1988). Successful vs. Effective Real Managers, in: Academy of Management Executive, Vol. 2 (1998), No. 2, pp. 127-132

LUTHANS, F. & LARSEN, J. K. (1986). How Mangers Really Communicate, in : Human Relations, Vol. 39 (1986), No. 2, pp. 161-178

MACLEOD, L., SCRIVEN, J. & WAYNE, F. S. (1992). Gender and management level differences in the oral communication patterns of bank managers, in: Journal of Business Management, Vol. 29 (1992), No. 4, pp. 343-365

MAHLER, A. (1996). Determinanten der Diffusion neuer Telekommunikationsdienste, Diskussionsbeitrag Nr. 157 des Wissenschaftlichen Instituts für Kommunikationsdienste (WIK), Bad Honnef: WIK

MAHLER, A. & STOETZER, M.-W. (1995). Einführung: Die Diffusion von Innovationen in der Telekommunikation, in: M.-W. STOETZER & A. MAHLER (Hg.). Die Diffusion von Innovationen in der Telekommunikation, in: Berlin-Heidelberg-New York: Springer, S. 1-24

MAIR, G. (1999). Transparent telepresence research, in: Industrial Robot, Vol. 26 (1998), No. 3, pp. 209-215

MALLAD, H. (1999). Kommunikation als Erfolgsfaktor für das interkulturelle Management in der Automobilindustrie, in: ZfAW Zeitschrift für Automobilwirtschaft, 2. Jg. (1999), Heft 2, S. 74-77

MARCOS, A. F. & JOHN, W. (1997). Conferencing and Cooperation, in: J. L. ENCARNACAO, C. HORNUNG & U. OSTERFELD (Hg.), Telekommunikationsanwendungen für kleine und mittlere Unternehmen, Berlin-Heidelberg-New York: Springer, S. 7-15

MARKUS, M.L. (1987). Towards a „Critical Mass" Theory of Interactive Media, in: Communication Research, Vol. 14 (1987), No. 5, pp. 491-511

MARQUARDT, J. (2001). Corporate Foundation als PR-Instrument: Rahmenbedingungen – Erfolgswirkungen – Management, Wiesbaden: DUV Deutscher Universitäts-Verlag

MARR, R. (1984). Betrieb und Umwelt, in: Vahlens Kompendium der Betriebswirtschaftslehre, Band 1, München: Vahlen, S. 47-110

MARTIN, R. (1995). EDV: Was über den Erfolg entscheidet, in: Harvard Business Manager, 17. Jg. (1995), Heft 1, S. 112-120

MARWYK, K. V. (1999). Potentiale von Telekooperationssystemen für schwach strukturierte Betriebliche Prozesse, Lohmar-Köln: Josef Eul

MAST, C. (2000). Effektive Kommunikation für Manager: Informieren, Diskutieren, Überzeugen, Landsberg/Lech: Moderne Industrie

MATTAUCH, C. (2001). Hauptversammlungen: Weniger dumme Fragen, in: Wirtschaftswoche, 55. Jg. (2001), Heft 17, S. 112-114

MCCOLLOCH, M.S. & OBORNE, D.J. (1999). Video Conferencing Systems: Telepresence and Selection Interviews, in: M.A. HANSON, E.J. LOVESEY & S.A. ROBERTSON (Ed.), Contemporary Ergonomics, London: Tayler & Francis, pp. 133-137

MEFFERT, H. (1998). Marketing. Grundlagen marktorientierter Unternehmensführung: Konzepte – Instrumente – Praxisbeispiele, 8. Aufl., Wiesbaden: Gabler

MEFFERT, H. & BRUHN, M. (1997). Dienstleistungsmarketing: Grundlagen, Konzepte, Methoden, 2. Aufl., Wiesbaden: Gabler

MEIER, C. (2000). Videokonferenzen – Beobachtungen zu Struktur, Dynamik und Folgen einer neuen Kommunikationssituation, in: M. BOOS, K.J. JONAS & K. SASSENBERG (Hg.). Computervermittelte Kommunikation in Organisationen, Göttingen: Hogrefe, S. 153-173

MEIER, H. & SEIBT, D. (1994). Multimediale Telekooperation, in: Office Management, 42. Jg. (1994), Heft 7/8, S. 32-34

MEIER, H. & SCHMITT, L. (1995). Anwendungspotentiale und sozio-ökonomische Implikationen von Multimedia-Kommunikationssystemen am Arbeitsplatz, in: D. SEIBT (Hg.). Kommunikation, Organisation & Management, Braunschweig-Wiesbaden: Vieweg, S. 49-82

MEISSNER, M. (1999). Telepräsenz als Marketinginstrument, Nr. 19 der Beiträge zur Marketingwissenschaft, hrsg. von Prof. Dr. G. Silberer, Universität Göttingen: Institut für Marketing und Handel

MEISSNER, M. (2000). Die Ergebnisse des Schwacke WebMonitors, in: C. KNOLL & R.M. MEUNZEL (Hg.). Verkaufserfolge mit GW-Börsen, Ottobrunn: Autohaus Verlag, S. 6-23

MEISSNER, M. & MEHRLE, N. (2000). Automobilvertrieb im Internet, Nr. 31 der Beiträge zur Marketingwissenschaft, hrsg. von Prof. Dr. G. Silberer, Universität Göttingen: Institut für Marketing und Handel

MERTEN, K. (1977). Kommunikation: Eine Begriffs- und Prozessanalyse, Opladen: Westdeutscher Verlag

MERTENS, P. & PLATTFAUT, E. (1986). Informationstechnik als strategische Waffe, in: Information Management, 1. Jg. (1986), Heft 2, S. 6-17

MINTZBERG, H. (1980). The Nature of Managerial Work, Englewood Cliffs: Prentice-Hall

MOHR, N. (1997). Kommunikation und organisatorischer Wandel, Wiesbaden: Gabler

MORGER, O., SAUTER, C., MÜHLHERR, T., TEUFEL, S. & BAUKNECHT, K. (1995). Computerunterstützte Gruppenarbeit im strategischen Management schweizerischer Grossunternehmen, Berichte des Instituts für Informatik der Universität Zürich Nr. 95.14, Zürich: Institut für Informatik

MOSER, F. (2000). Wo die Technik kostenintensive Filialen ersetzt, in: Geldinstitute, 31. Jg. (2000), Heft 1-2, S. 14-17

MÜHLBACH, L. (1990). Nutzungsaspekte von Videokonferenzsystemen, in: H. OHNSORGE (Hg.). Benutzerfreundliche Kommunikation, Berlin-Heidelberg-New York: Springer, S. 217-233

MÜHLBACH, L. & BÖCKER, M. & PRUSSOG, A. (1995). Telepresence in Videocommunications: A Study on Stereoscopy and Individual Eye Contact, in: Human Factors, Vol. 37 (1995), No. 2, pp. 290-305

MÜLLER, G. (1997). Unternehmenskommunikation: Telematiksysteme für vernetzte Unternehmen, Bonn: Addison-Wesley-Longman

MÜLLER, H. (1998). Corporate Networks, in: V. JUNG & H.-J. WARNECKE (Hg.). Handbuch für die Telekommunikation, Berlin-Heidelberg-New York: Springer. S. 4/213-4/226

MÜLLER-BÖLING, D. & RAMME, I. (1990). Informations- und Kommunikationstechniken für Führungskräfte – Top-Manager zwischen Technikeuphorie und Tastaturphobie, München-Wien: Oldenbourg

MÜLLER-RÖMER, F. (1998). Gibt es genügend Frequenzen für die universelle, mobile Kommunikation?, in: ntz Nachrichtentechnische Zeitschrift, 50. Jg. (1998), Heft 1/2, S. 72-75

MVC (2000). Produktkatalog 2/2000, Frankfurt/M.: MVC

NIESCHLAG, R., DICHTL, E. & HÖRSCHGEN, H. (1994). Marketing, 17. Aufl., Berlin: Duncker & Humblot

NITSCHKE, U. K. (1996). Mediatisierte interne Kommunikation in internationalen Unternehmungen – Möglichkeiten und Auswirkungen von Informations- und Kommunikationssystemen für globale Netzwerkorganisationen, Bamberg: Difo-Druck

NÖLLER, C. (1998). Wirtschaftlichkeitsbetrachtung zur Telekooperation: am Beispiel der Fahrzeugentwicklung, Aachen: Shaker

NOLL, N. (1995). Gestaltungsperspektiven interner Kommunikation, Wiesbaden: Gabler

ÖCHSNER, T. (2000). Für die Beratung reichen Telefon und Computer, in: Süddeutsche Zeitung Nr. 105, vom 08.05.2000, S. 29

OLBERMANN, H.J. & MELFI, T. (2001). Ende des Wahns, in: Wirtschaftswoche, 55. Jg. (2001), Heft 6, S. 47-53

O'MALLEY, C., LANGTON, S., ANDERSON, A., DOHERTY-SNEDDON, G. & BRUCE, V. (1996). Comparison of face-to-face and video-mediated interaction, in: Interacting with Computers, Vol. 8 (1996), No. 2, pp. 177-192

OSWALD, M. (2000). Verteilte Videokonferenzsysteme, in: Banken & Sparkassen, 8. Jg. (2000), Heft 1, S. 92-95

o.V. (1985). Zielansprache: Videokonferenzen bei Ford, in: Industriemagazin, o.Jg. (1985), Heft 2, S. 90-95

o.V. (1996). Consulting on demand, in: Information Management, 11. Jg. (1996), Heft 2, S. 69-70

o.V. (1997a). Meinungsumfrage weist auf Mängel firmeninterner Besprechungen hin, in: IHK Wirtschaft Braunschweig, o.Jg. (1997), Heft 8, S. 28-29

o.V. (1997b). Im Angesicht des Partners, in: N&C Network & Computing, o. Jg. (1997), Heft 10, S. 64-72

o.V. (1997c). Boehringer Videokonferenzen, in: CHEManager, o. Jg. (1997), Heft 6, S. 6

o.V. (1998a). Dow Chemical uses Microsoft Net-Meeting to support Global Teams, in: Videoconferencing Insight, w. Vol. (1998), No. 3, p. 5

o.V. (1998b). Videokonferenz rund um den Globus, in: ntz Nachrichten Technische Zeitschrift, 50. Jg. (1998), Heft 7, S. 6

o.V. (1998c). Vis-a-Vis-Banking mit Bildtelefon T-View 100, in: ntz Nachrichten Technische Zeitschrift, 50. Jg. (1998), Heft 6, S. 13-15

o.V. (1998d). Zusammenarbeit über Kontinente, in: Die BMW Zeitung, o.Jg. (1998), Heft 11, S. 11

o.V. (1998e). Kameras im Außendienst, in: digits, 3. Jg. (1998), Heft 1, S. 36-37

o.V. (1999a). Sofort vor Ort, in: digits, 4. Jg. (1999), Heft 2, S. 10-11

o.V. (1999b). Teleservice mit Internet-Anbindung, in: Service Today, 13. Jg. (1999), Heft 3, S. 54-56

o.V. (2000a). Meeting am Bildschirm, in: Telecom Investor, 1. Jg. (2000), Heft 3, S. 36-38

o.V. (2000b). Servicerufnummern werden in der Werbung häufiger eingesetzt, in: Frankfurter Allgemeine Zeitung Nr. 193 vom 21.8.2000, S. 22

O.V. (2000c). Einheitliche Plattform für künftige Systeme, in: BiT, o.Jg. (2000), Heft 5, S. 148-150

O.V. (2000d). "Wenn uns der Kunde ruft, kommen wir gar nicht erst...", in: Service Today, 14. Jg. (2000), Heft 2, S. 5-6

O.V. (2000e). Verteilte Standorte weltweit integrieren, in: BiT, o.Jg. (2000), Heft 2, S. 120-122

O.V. (2000f). Boom für Set-Top-Boxen, in: Markt & Technik, o.Jg. (2000), Heft 20, S. 65

O.V. (2000g). Zwischenrufe sind erwünscht, in: NetInvestor, o.Jg. (2000), Heft 7, S. 108

O.V. (2001a). T-DSL: Bald 2,6 Millionen Kunden, in: digits, 6. Jg. (2001), Heft 1, S. 7

O.V. (2001b). Presidential Candidate George W. Bush to Videochat with New Hampshire Schoolchildren live over the Internet, URL: http://www.cuseeme.com/ news/19991208.htm (Stand 24.07.2001), 2 Seiten

O.V. (2001c). Videokommunikation bei s.Oliver: Technisch up to date, in: BiT, o. Jg. (2001), Heft 4, S. 94-97

PABEL, J. (1998). Netze und Netzelemente – Einleitung, in: V. JUNG & H.-J. WARNECKE (Hg.). Handbuch für die Telekommunikation, Berlin-Heidelberg-New York: Springer. S. 4/3-4/4

PALUPSKI, R. (1998). Management von Beschaffung, Produktion und Absatz, Wiesbaden: Gabler

PARKE, I. (1999). The evolution of conferencing, in: P. J. SHEPPARD & G. R. WALKER (Ed.), Telepresence, Boston-Dordrecht-London: Kluwer, pp. 14-26

PECH, E., BRODIE-SMITH, J. & HA, S. (2001). Neue Dienste als Chance im Mobile Commerce, in: A. HERMANNS & M. SAUTER (Hg.). Management-Handbuch Electronic Commerce, 2. Aufl., München: Vahlen, S. 55-64

PECK, M., HERMES, P., NORBERT, L. HIRSCHMANN, J. & WIELAND, J. (1996). Service-Support-System für den Maschinenbau in Baden-Württemberg, Abschlußbericht S3/96 im Auftrag des Wirtschaftsministerium Baden-Württemberg, Stuttgart, URL: http://www.maschinenbau-service.de/s3/docs/ asb/abschlussber.html (Stand 20.03.2001), 80 Seiten

PEPELS, W. (2000a). Marketing, 3. Aufl., München-Wien: Oldenbourg

PEPELS, W. (2000b). Produktmanagement, 2. Aufl., München-Wien: Oldenbourg

PERRIN, F. (1997a). Fertigungsunternehmen: Der Video-Vorteil. Eine Analyse der Vorteile von Video- und Datenkommunikation in Fertigungsunternehmen, London: Enigma Publishing

PERRIN, F. (1997b). Financial Services: The Video Advantage, London: Enigma Publishing

PERRIN, F. (1998). Das Medium für den Wettbewerbsvorsprung. Video- und Datenkonferenzen im europäischen Automobilsektor, London: Enigma Publishing

PIERER V. H. (1993). Dienstleistungen im industriellen Anlagengeschäft – Praktische Erfahrungen, in: H. SIMON (Hg.). Industrielle Dienstleistungen, Stuttgart: Schäffer-Poeschel, S. 85-98

PICOT, A. (1989). Kommunikation, in: K. CHMIELEWICZ & P. EICHHORN (Hg.). Handwörterbuch der öffentlichen Betriebswirtschaft, Stuttgart: Poeschel, Sp. 779-789

PICOT, A. (2000). Die Transformation der Wirtschaft in der Informationsgesellschaft, in: Frankfurter Allgemeine Zeitung Nr. 46 vom 24.02.2000, S. 29

PICOT, A. & REICHWALD, R. (1984). Bürokommunikation: Leitsätze für den Anwender, München: CW-Publikationen

PICOT, A., REICHWALD, R. & WIGAND, R.T. (1996). Die grenzenlose Unternehmung: Information, Organisation und Management, 2. Aufl., Wiesbaden: Gabler

PICTURETEL (1997). Videoconferencing Case Study: De Beers, Informationsbroschüre der PictureTel Corp., Slough: PictureTel

PICTURETEL (1999). Virtuelle Welt-Finanzkonferenz "Global 24", Pressemitteilung der PictureTel GmbH, München: PictureTel

PIONTEK, J. (1999). Beschaffungsstrategien, in: W. PEPELS (Hg.). Business-to-Business-Marketing: Handbuch für Vertrieb, Technik, Service, Neuwied: Luchterhand, S. 393-403

POCSAY, A. (1999). Teleconsulting: Beratung frei von Zeit und Raum, in: Managementberater, 3. Jg. (1999), Heft 2, S. 38-47

POHL, A. (1994). Ausgewählte Theorieansätze zur Erklärung des Nachfragerverhaltens bei technologischen Innovationen, Arbeitspapier zur Marketingtheorie Nr. 4, hrsg. von Prof. Dr. R. Weiber, Universität Trier: Lehrstuhl für Marketing

POHLMANN, M. (1995). Industrielle Netzwerke: Branchenübergreifende und -vergleichende Auswertungen, Ergebnisse und Thesen, in: M. POHLMANN (Hg.). Industrielle Netzwerke: antagonistische Kooperationen an der Schnittstelle Beschaffung-Zulieferung, München-Mering: Hampp

PORTER, M. E. & MILLAR, V. E. (1985). How information gives you competitive advantage, in: Harvard Business Review, Vol. 63 (1985), No. 1, pp. 149-160

PRIBILLA, P., REICHWALD, R. & GOECKE, R. (1996). Telekommunikation im Management – Strategien für den globalen Wettbewerb, Stuttgart: Schäffer-Poeschel

PRIBILLA, P. (1998). Telekommunikation und globaler Wettbewerb, in: Information Management, 13. Jg. (1998), Heft 1, S. 75-83

PULLIG, K.-K. (1987). Konferenztechniken, in: A. KIESER (Hg.). Handwörterbuch der Führung, Stuttgart: Poeschel, Sp. 1222-1232

QUADT, H.-P. (1998). Teledienste, in: V. JUNG & H.-J. WARNECKE (Hg.). Handbuch für die Telekommunikation, Berlin-Heidelberg-New York: Springer. S. 3-16 – 3-23

RACHOR, U. (1994). Multimedia-Kommunikation im Bürobereich, Heidelberg: Physica

RAFFÉE, H. (1974). Grundprobleme der Betriebswirtschaftslehre, Göttingen: Vandenhoeck & Ruprecht

RAFFÉE, H. (1984). Strategisches Marketing, in: E. GAUGLER, O.H. JACOBS & A. KIESER (Hg.). Strategische Unternehmensführung und Rechnungslegung, Stuttgart: Poeschel. S. 61-81

RAFFÉE, H. & FRITZ, W. (1991). Die Führungskonzeption erfolgreicher und weniger erfolgreicher Industrieunternehmen im Vergleich, in: ZFB Zeitschrift für Betriebswirtschaft, 61. Jg. (1991), Heft 11, S. 1211-1226

RAFFÉE, H. & WIEDMANN, K.-P. (1989). Corporate Communication als Aktionsinstrumentarium des strategischen Marketing, in: H. RAFFÉE & K.-P. WIEDMANN (Hg.). Strategisches Marketing, Stuttgart: C.E. Poeschel, S. 662-691

RAFFÉE, H., FRITZ, W. & WIEDMANN, K.-P. (1994). Marketing für öffentliche Betriebe, Stuttgart-Berlin-Köln: Kohlhammer

RANGOSCH-DU MOULIN, S. (1997a). Videokonferenzen als Ersatz oder Ergänzung von Geschäftsreisen, Zürich: Universität Zürich

RANGOSCH-DU MOULIN, S. (1997b). Beim ersten Kontakt hat „Tuchfühlung" den Vorrang, in: io Management Zeitschrift, 66 Jg. (1997), Heft 4, S. 56-59

REDEKER, G. & SAUER, R. (2000). Continuous Engineering – Kontinuierliche Produktentwicklung nach dem Schichtprinzip, in: Industrie Management, 16. Jg. (2000), Heft 5, S. 59-63

REDEL, W. (1999a). Die Gestaltung interorganisationaler Informationssysteme, in: D. FINK & A. WILFERT (Hg.). Handbuch Telekommunikation und Wirtschaft, München: Vahlen, S. 457-482

REDEL, W. (1999b). Unternehmensinterne Organisationsgestaltung durch synchrone und asynchrone Telekooperationstechniken, in: D. FINK & A. WILFERT (Hg.). Handbuch Telekommunikation und Wirtschaft, München: Vahlen, S. 345-364

REGTP (2000). Halbjahresbericht 2000 – Marktbeobachtungsdaten der Regulierungsbehörde für Telekommunikation und Post (RegTP), Bonn: RegTP

REHME, M. (1997). Multimediale Marketing-Dokumentation: Einsatzmöglichkeiten digitaler Dokumentationssysteme im Marketing, Wiesbaden: Gabler

REICHMANN, T. (2001). Controlling mit Kennzahlen und Managementberichten: Grundlagen einer systemgestützten Controlling-Konzeption, 6. Aufl., München: Vahlen

REICHWALD, R. (1993). Kommunikation und Kommunikationsmodelle, in: W. WITTMANN (Hg.). Handwörterbuch der Betriebswirtschaft, 5. Aufl., Stuttgart: Schäffer-Poeschel, Sp. 2174-2188

REICHWALD, R. & GOECKE, R. (1995). Bürokommunikationstechnik und Führung, in: A. KIESER, R. REBER & R. WUNDERER (Hg.). Handwörterbuch der Führung, 2. Aufl., Stuttgart: Schäffer-Poeschel, Sp. 164-182

REICHWALD, R. & MÖSLEIN, K. (1997). Chancen und Herausforderungen für neue unternehmerische Strukturen und Handlungsspielräume in der Informationsgesellschaft, in: A. PICOT (Hg.). Telekooperation und virtuelle Unternehmen, Heidelberg: v. Decker, S. 1-37

REICHWALD, R. & BASTIAN, C. (1999). Führung von Mitarbeitern in verteilten Organisationen – Ergebnisse explorativer Forschung, in: A. EGGER, O. GRÜN & R. MOSER (Hg.). Managementinstrumente und Konzepte: Entstehung, Verbreitung und Bedeutung für die Betriebswirtschaft, Stuttgart: Schäffer-Poeschel, S. 141-162

REICHWALD, R., MÖSLEIN, K., SACHENBACHER, H. & ENGELBERGER, H. (2000). Telekooperation, Verteilte Arbeits- und Organisationsformen, Berlin-Heidelberg-New York: Springer

REIF, A.-K. & KNITTEL, F. (1996). Informationsverarbeitung, Koordination und Kooperation im Büro, Arbeitsbericht des Lehrstuhls für Wirtschaftsinformatik Nr. 20, Bochum: Lehrstuhl für Wirtschaftsinformatik

RENGELSHAUSEN, O. (1997). Werbung im Internet und in kommerziellen Online-Diensten, in: G. SILBERER (Hg.). Interaktive Werbung – Marketingkommunikation auf dem Weg ins digitale Zeitalter, Stuttgart: Schäffer-Poeschel, S. 101-145

RENGELSHAUSEN, O. (2000). Online-Marketing – Einsatz, Akzeptanz und Wirkungen von Online-Anwendungen in der Absatzpolitik, Wiesbaden: Gabler

RIEMER, K. & KLEIN, S. (2001). E-Commerce erfordert Vertrauen, in: WISU, 30. Jg. (2001), Heft 5, S. 710-717

RIES, K. (1996). Vertriebsinformationssysteme und Vertriebserfolg, Gabler: Wiesbaden

ROBRA-BISSANTZ, S. (2000). Strukturen, Entwicklungen und Strategien der externen Unternehmenskommunikation – nachfrageorientierte Analyse und computerbasierte Prognose, Berlin: dissertation.de

ROESCHIES, A. (1998). Videokonferenzen über ISDN, in: LANline, o. Jg. (1998), Heft 12, S. 207-211

ROGERS, E.M. (1995a). Diffusion of Innovations, 4. Aufl., New York-London-Toronto: The Free Press

ROGERS, E.M. (1995b). Diffusion of Innovations: Modifications of a Model for Telecommunications, in: M.-W. STOETZER & A. MAHLER (Hg.). Die Diffusion von Innovationen in der Telekommunikation, in: Berlin-Heidelberg-New York: Springer, S. 25-38

ROßBACH, P. & BRAUN, T. (1999). SB und Relationship Banking: mit Video Banking integrieren, in: Bank und Markt, 28. Jg. (1999), Heft 8, S. 33-37

RUCHINSKAS, J., SVENNING, L. & STEINFIELD, C. W. (1990). Video Comes to Organizational Communications: The Case of ARCOvision, in: B. D. SYPHER (Ed.). Case Studies in Organizational Communication, New York – London: The Guilford Press, pp. 269-281

SAGE (1998). Achieving Payback with Videoconferencing: Total Cost of Ownership Analysis, Natick: Sage Research

SAGHAFI, M.M., GUPTA, A.K. & SHETH, J.N. (1990). R&D/Marketing Interfaces in the Telecommunications Industry, in: Industrial Marketing Management, Vol. 19 (1990), pp. 87-94

SALMONY, M. & DENCK, M.A. (1999). Multibanking: Auf dem Weg zur neuen Bank, in: Harvard Business Manager, 21. Jg. (1999), Heft 1, S. 66-74

SANDKUHL, K. (1997). Synchrone Telekooperation mit Videokonferenzen – Technologie und Anwendungsgebiete, in: F. LEHNER & S. DUSTDAR (Hg.), Telekooperation in Unternehmen, Wiesbaden: Gabler, S. 355-375

SANDKUHL, K. & FUCHS-KITTOWSKI, F. (1999). Telecooperation in decentralized organizations: based on empirical research, in: Behaviour & Information Technology, Vol. 18 (1999), No. 5, pp. 339-347

SANTOS, A. (1995). Multimedia an Groupware for Editing, Berlin-Heidelberg-New York: Springer

SCHÄFER, A. (1999). Schwafler und Schweiger, in: Wirtschaftswoche, 53. Jg. (1999), Heft 45, S. 160-169

SCHANZ, G. (1977). Grundlagen der verhaltenstheoretischen Betriebswirtschaftslehre, Tübingen: Mohr

SCHANZ, G. (1994). Organisationsgestaltung: Management von Arbeitsteilung und Koordination, 2. Aufl., München: Oldenbourg

SCHAPHORST, R. (1999). Videoconferencing and Videotelephony: Technology and Standards, 2. Ed., Boston-London: Artech House

SCHARF, A. (1999). Sprache und Daten wachsen zusammen, in: Handelsblatt Nr. 211 vom 20.10.1999, S. B1

SCHARF, A. & SCHUBERT, B. (1997). Marketing: Einführung in Theorie und Praxis, 2. Aufl., Stuttgart: Schäffer-Doeschel

SCHEDL, H. (1994). Neue Telekommunikationsdienste: Auch in Großunternehmen häufig noch im Frühstadium der Nutzung, in: ifo Schnelldienst, 47. Jg. (1994), Heft 7, S. 20-27

SCHERER, K. (1972). Non-verbale Kommunikation, Hamburg: Buske

SCHERER, K. (1979). Kommunikation, in: K. SCHERER & H. WALLBOTT (Hg.). Nonverbale Kommunikation: Forschungsberichte zum Interaktionsverhalten, Weinheim-Basel: Beltz, S. 14-24

SCHILDER, H.-J. (1997). Meetings ohne Barrieren, in: Gateway, o.Jg. (1997), Heft 2, S. 56-60

SCHLICK, C., NEEB, M. & SPRINGER, J. (1997). Wirtschaftlichkeitsuntersuchung von Desktop-Teleconferencing, in: Information Management, 12. Jg. (1997), Heft 1, S. 60-64

SCHLOBACH, T. (1989). Die wirtschaftliche Bedeutung von Videokonferenzen im Informations- und Kommunikationsprozess des Industriebtriebs: Stand und Perspektiven, Frankfurt/M.: Verlag Harri Deutsch-Thun

SCHMALEN, H. (1993). Diffusionsprozesse und Diffusionstheorie, in: W. WITTMANN et al. (Hg.). Handwörterbuch der Betriebswirtschaft, 5. Auflage, Stuttgart: Schäffer-Poeschel, Sp. 776-787

SCHMIEDERER-VOLLMER, L. (1998). Videokommunikation bei Daimler-Benz, in: Datacom, o. Jg. (1998), Heft 4, S. 112-116

SCHMITT J. & HELLFRITSCH, E. (1999). Videokonferenzen: Gruppengespräche im virtuellen Raum, in: Muttersprache, 109. Jg. (1999), Heft 3, S. 219-231

SCHMITZ, J. & FULK, J. (1991). Organizational Colleagues, Media Richness, and Electronic Mail, in: Communication Research, Vol. 18 (1991), No. 4, pp 487-523

SCHNEIDER, G. (1994). Höchste Zeit für Konferenzen am Arbeitsplatz, in: Betriebswirtschaftliche Blätter, o.Jg. (1994). Heft 3, S. 115-117

SCHNURPFEIL, M. (1992). Von Angesicht zu Angesicht, in: PR-Magazin, 23. Jg. (1992), Heft 6, S. 28-30

SCHNURPFEIL, M. (1998). Hören, sehen, handeln, in: Wirtschaftswoche, 52. Jg. (1998), Heft 12, S. 68

SCHÖNECKER, H.G. (1980). Bedienerakzeptanz und technische Innovationen: akzeptanzrelevante Aspekte bei der Einführung neuer Bürotechniksysteme, München: Minerva

SCHRADER, S., GÖPFERT, J. & SCHERK, M. (1996). Der Einsatz von Videokommunikation – eine empirische Analyse, in: Information Management, 11. Jg. (1996), Heft 4, S. 32-38

SCHREYÖGG, G. (1999). Organisation: Grundlagen moderner Organisationsgestaltung, 3. Aufl., Wiesbaden: Gabler

SCHULTE, R. (1993). Substitut oder Komplement – die Wirkungsbeziehungen zwischen der Telekommunikationstechnik Videokonferenz und dem Luftverkehrsaufkommen deutscher Unternehmen, Bonn: Ferd. Dümmlers Verlag

SCHULZ, W. (1971).Kommunikationsprozess, in: E. Noelle-Neumann & E. Schulz (Hg.). Fischers Lexikon Publizistik, Frankfurt/M.: Fischer, S. 89-109

SCHUMANN, M. (1992). Betriebliche Nutzeffekte und Strategiebeiträge der großintegrierten Informationsverarbeitung, Berlin-Heidelberg-New York: Springer

SCHUMANN, M. (1993). Wirtschaftlichkeitsbeurteilung für IV-Systeme, in: Wirtschaftsinformatik, 35. Jg. (1993), Heft 2, S. 167-178

SCHÜTT, M.-L. (1999). Experte auf Knopfdruck, in: Banken & Sparkassen, 7. Jg. (1999), Heft 5, S. 8-10

SCHWARTZ, C. (1994). Weltweit kommunizieren ohne Produktivitätsverlust, in: PC Magazin, o.Jg. (1994), Heft 49, S. 18-19

SEIBOLD, B. & SIEBERT, P. (1997). Technische Anforderungen an BTV-Anwendungen – Management by Television, in: H.-J. BULLINGER & M. BROßMANN (Hg.). Business Television: Beginn einer neuen Informationskultur in den Unternehmen, Stuttgart: Schäffer-Poeschel, S. 155-167

SHERIDAN, T.B. (1992). Musings on Telepresence and Virtual Presence, in: Presence: Teleoperators and Virtual Environments, Vol. 1 (1992), No. 1, pp. 120-125

SILBERER, G. (1979). Warentest, Informationsmarketing, Verbraucherverhalten, Berlin: Nicolai

SILBERER, G. (1981). Das Informationsverhalten des Konsumenten beim Kaufentscheid – Ein analytisch-theoretischer Bezugsrahmen, in: H. RAFFÉE & G. SILBERER (Hg.). Informationsverhalten der Konsumenten, Wiesbaden: Gabler, S. 27-58

SILBERER, G. (1991). Werteforschung und Werteorientierung in Unternehmen, Stuttgart: C.E. Poeschel

SILBERER, G. (1995a). Marketing mit Multimedia im Überblick, in: G. SILBERER (Hg.). Marketing mit Multimedia: Grundlagen, Anwendungen und Management einer neuen Technologie im Marketing, Stuttgart: Wirtschaftswoche & Schäffer-Poeschel, S. 3-31

SILBERER, G. (1995b). Multimedia im Marketing-Einsatz: Verlockende Vielfalt, in: absatzwirtschaft, 38. Jg. (1995), Heft 9, S. 76-81

SILBERER, G. (1997a). Interaktive Werbung auf dem Weg ins digitale Zeitalter, in: G. SILBERER (Hg.). Interaktive Werbung: Marketingkommunikation auf dem Weg ins digitale Zeitalter, Stuttgart: Schäffer-Poeschel, S. 4-20

SILBERER, G. (1997b). Medien- und Rechnergestützte Interaktionsanalyse, in: G. SILBERER (Hg.). Interaktive Werbung: Marketingkommunikation auf dem Weg ins digitale Zeitalter, Suttgart: Schäffer-Poeschel, S. 338-358

SILBERER, G. (1997c). Multimedia im Investitionsgüter-Marketing, in: K. BACKHAUS, B. GÜNTER, M. KLEINALTENKAMP, W. PLINKE & H. RAFFÉE (Hg.). Marktleistung und Wettbewerb: Strategische und operative Perspektiven der marktorientierten Leistungsgestaltung, Wiesbaden: Gabler, S. 385-400

SILBERER, G. (1999). Kioskwerbung: Potentiale und Herausforderungen eines neuen Werbeträgers, Nr. 4 der Beiträge zur Werbewissenschaft, hrsg. von Prof. Dr. G. Silberer, Universität Göttingen: Institut für Marketing und Handel

SILBERER, G. (2000a). Interaktive Kommunikationspolitik, in: R. WEIBER (Hg.). Handbuch Electronic Business, Wiesbaden: Gabler, S. 559-581

SILBERER, G. (2000b). Die Zukunft der Kioskterminals, in: G. SILBERER & L. FISCHER (Hg.). Multimediale Kioskterminals: Infotankstellen, Telekommunikationsstellen und Smart Shops der Zukunft, Wiesbaden: Gabler: S. 295-299

SILBERER, G. (2001a). Marketing mit interaktiven Medien, in: D. TSCHEULIN & B. HELMIG (Hg.). Branchenspezifisches Marketing – Besonderheiten – Gemeinsamkeiten, Wiesbaden: Gabler, S. 815-829

SILBERER, G. (2001b). Smart Shops der Zukunft, in: M. FLUHR & H. NEBEL (Hg.). Erfolgreiche Kundenansprache zwischen High Tech und High Touch, Konferenzdokumentation SMARTKIOSK 2001, Konferenz und Ausstellung in Berlin, 15.-17. Mai 2001, Berlin: inTime, S. 28-40

SILBERER, G. & RAFFÉE, H. (1984). Einleitung, in: G. SILBERER & H. RAFFÉE (Hg.). Warentest und Konsument: Nutzung, Wirkung und Beurteilung der vergleichenden Warentests im Konsumentenbereich, Frankfurt/M.-New York: Campus, S. 11-24

SILBERER, G. & MEISSNER, M. (1998). Gebrauchtwagenbörsen im Internet – Eine Marketingchance für den Automobilhandel, Nr. 16 der Beiträge zur Marketingwissenschaft, hrsg. von Prof. Dr. G. Silberer, Universität Göttingen: Institut für Marketing und Handel

SILBERER, G. & HANNECKE, N. (1999a). Akzeptanz und Wirkungen multimedialer Kiosksysteme in Banken – Ergebnisse einer empirischen Untersuchung, Nr. 24 der Beiträge zur Marketingwissenschaft, hrsg. von Prof. Dr. G. Silberer, Universität Göttingen: Institut für Marketing und Handel

SILBERER, G. & HANNECKE, N. (1999b). Akzeptanz und Wirkungen multimedialer Kiosksysteme im Handel – Ergebnisse einer empirischen Untersuchung, Nr. 23 der Beiträge zur Marketingwissenschaft, hrsg. von Prof. Dr. G. Silberer, Universität Göttingen: Institut für Marketing und Handel

SILBERER, G. & KRETSCHMAR, C. (1999). Multimedia im Verkaufsgespräch, Wiesbaden: Gabler

SILBERER, G. & FISCHER, L. (2000). Einleitung, in: G. SILBERER & L. FISCHER (Hg.). Multimediale Kioskterminals: Infotankstellen, Telekommunikationsstellen und Smart Shops der Zukunft, Wiesbaden: Gabler: S. 1-4

SILBERER, G. & ZOU, B. (2000). Möglichkeiten des Multimediaeinsatzes in der Marktforschung, Nr. 28 der Beiträge zur Marketingwissenschaft, hrsg. von Prof. Dr. G. Silberer, Universität Göttingen: Institut für Marketing und Handel

SILBERER, G., WOHLFAHRT, J. & WILHELM, T. (2001). Beziehungsmanagement im Mobile Commerce, in: A. EGGERT & G. FASSOTT (Hg.). eCRM – Electronic Customer Relationship Management, Stuttgart: Schäffer-Poeschel, S. 215-227

SIMON, H. (1993). Industrielle Dienstleistung und Wettbewerbsstrategie, in: H. SIMON (Hg.). Industrielle Dienstleistungen, Stuttgart: Schäffer-Poeschel, S. 3-22

SITKIN, S.B., SUTCLIFFE, K.M. & BARRIOS-CHOPLIN, J.R. (1992). A Dual-Capacity Model of Communication Media Choice in Organizations, in: Human Communication Association, Vol. 18 (1992), No. 4, pp. 563-598

SONY (2000). Produktinformationen, Düsseldorf: SONY

SPECHT, G. (1992). Distributionsmanagement, 2. Aufl., Stuttgart-Berlin-Köln: Kohlhammer

SPECHT, G. & GERHARD, B. (1999). Beteiligung unternehmensinterner Funktionsbereiche am Innovationsprozess, in: C. TINTELNOT (Hg.). Innovationsmanagement, Berlin-Heidelberg-New York: Springer, S. 219-234

SPREY, J. A. (1997). Videoconferencing as a Communication Tool, in: IEEE Transactions on Professional Communication, Vol. 40 (1997), No. 1, pp. 41-47

SPRINGER, J. (2001). Telekooperation – Vernetzte Arbeit mit integrierten Informations- und Kommunikationssystemen, Aachen: Shaker

SPRINGER, J., HERBST, D., SCHLICK, C. & WOLF, M. (1996). Telekooperation in der Automobilindustrie – Anforderungen an telekooperative CAD-Systeme, in: K. SANDKUHL & H. WEBER (Hg.). Telekooperations-Systeme in dezentralen Organisationen, Tagungsband der GI-Fachgruppe 5.5.1 „CSCW in Organisationen", Berlin: Fraunhofer Institut für Software- und Systemtechnik, S. 101-113

SPRINGER, J., HERBST, D., SCHLICK, C. & SIMON, S. (1997). Telekooperative Produktentwicklung – Kommunikationssysteme in CAx-Architekturen, in: VDI-Berichte, o.Jg. (1997), Heft 1357, S. 421-440

STAHLKNECHT, P. & HASENKAMP, U. (1999). Einführung in die Wirtschaftsinformatik, 9. Aufl., Berlin-Heidelberg-New York: Springer

STAEHLE, W.H. (1999). Management: Eine verhaltenswissenschaftliche Perspektive, 8. Aufl., München: Vahlen

STAUFFERT, T. K. (1991). Die Rolle von Information und Kommunikation im Büro der Zukunft, in: H.-J. BULLINGER (Hg.). Handbuch des Informationsmanagements im Unternehmen, Band 1, München: Beck, S. 453-486

STAUSS, B. (1995). Internes Marketing, in: B. TIETZ (Hg.). Handwörterbuch des Marketing, 2. Aufl., Stuttgart: Schäffer-Poeschel, Sp. 1045-1056

STAUSS, B. & HOFFMANN, F. (1999). Business Television als Instrument der Mitarbeiterkommunikation, in: M. BRUHN (Hg.). Internes Marketing: Integration der Kunden- und Mitarbeiterorientierung, 2. Aufl., Wiesbaden: Gabler, S. 365-387

STEFFENHAGEN, H. (1975). Industrielle Adoptionsprozesse als Problem der Marketingforschung, in: H. MEFFERT (Hg.). Marketing heute und morgen: Entwicklungstendenzen in Theorie und Praxis, Wiesbaden: Gabler, S. 107-125

STEUER, J. (1992). Defining Virtual Reality: Dimensions Determining Telepresence, in: Journal of Communication, Vol. 42 (1992), No. 4, pp. 73-93

STICKEL, E. (2001). Informationsmanagement, München-Wien: Oldenbourg

STOETZER, M.-W. (1994). Neue Telekommunikationsdienste: Stand und Perspektiven ihres Einsatzes in der deutschen Wirtschaft, in: ifo Schnelldienst, 47. Jg. (1994), Heft 7, S. 18-28

STORCK, J. & SPROULL, L. (1995). A Dual-Capacity Model of Communicaion Media Choice in Organizations, in: Human Communication Research, Vol. 18 (1995), No. 4, pp. 563-598

STRAßBURGER, F. X. (1990). ISDN: Chancen und Risiken eines integrierten Telekommunikationskonzeptes aus betriebswirtschaftlicher Sicht, München: Verlag V. Florentz

SUWITA, A. & MÜHLBACH, L. (1997). Videocommunications as a Medium for Informal Communication?, in: Proceedings of the 16th International Symposion of Human Factors in Telecommunications (HFT) in Oslo May 12-16, Oslo: HFT, pp. 141-127

SZYPERSKI, N., GROCHLA, E., HÖRING, K. & SCHMITZ, P. (1982). Bürosysteme in der Entwicklung: Studien zur Typologie und Gestaltung von Büroarbeitsplätzen, Braunschweig-Wiesbaden: Vieweg

TELEKOM (1991). AgenturKom, Informationsbroschüre der DBP Telekom, Bonn: Telekom

THEIS, A. M. (1994). Organisationskommunikation: theoretische Grundlagen und empirische Forschung, Opladen: Westdeutscher Verlag

TRAILL, D. M., BOWSKILL, J. M. & LAWRENCE, P. J. (1999). Interactive Collaborative Media Environments, in: P. J. SHEPPARD & G. R. WALKER (Ed.). Telepresence, Boston-Dordrecht-London: Kluwer, pp. 227-243

TREVINO, L.K., LENGEL, R.H. & DAFT, R.L. (1987). Media Symbolism, Media Richness, and Media Choice in Organizations: A Symbolic Interactionist Perspective, in: Communication Research, Vol. 14 (1987), No. 5, pp. 553-574

TREVINO, L.K., WEBSTER, J. & STEIN, E.W. (2000). Making Connections: Complementary Influences on Communication Media Choices, Attitudes, and Use, in: Organization Science, Vol. 11 (2000), No. 2, pp. 163-182

UNGER, F. & FUCHS, W. (1999). Management der Marketing-Kommunikation, 2. Aufl., Heidelberg: Physica

VAHRENKAMP, R. & BREHM, B. (1998). Zur strategischen Planung von EDI: Ergebnisse einer empirischen Untersuchung, in: Information Management, 13. Jg. (1998), Heft 1, S. 92-98

VDA (2000). Auto 2000: Jahresbericht des Verbandes der Automobilindustrie, Frankfurt/M.: VDA

VDA (2001). Auto 2001: Jahresbericht des Verbandes der Automobilindustrie, Frankfurt/M.: VDA

VDI/VDE (1996). Multimedia in geschäftlichen Anwendungen – Gutachten im Auftrag des Büros für Technikfolgen-Abschätzung beim Deutschen Bundestag, Teltow: VDI-Verlag

VOLLSTEDT, M. (1999). Sprachenplanung in der internen Kommunikation internationaler Unternehmen, in: T. BUNGARTEN (Hg.). Wirtschaftshandeln. Kommunikation in Management, Marketing und Ausbildung, Tostedt: Attikon-Verlag, S. 123-139

VÖLLER, M. (1999). Fernwartung: Großanlagen-Wartung per Videokonferenz, in: NET, o.Jg. (1999), Heft 4, S. 34-36

VORNKAHL, H. (1997). Marktforschung als Informationsverhalten von Unternehmen, Wiesbaden: Gabler

VTEL (2000). Produktinformationen, Frankfurt/M.: VTEL

WAHREN, H.-K. (1987). Zwischenmenschliche Kommunikation und Interaktion in Unternehmen - Grundlagen, Probleme und Ansätze zur Lösung, Berlin-New York: Walter de Gruyter

WALKER, G. R. & SHEPPARD, P. J. (1997). Telepresence – the future of telephony, in: BT Technology Journal, Vol. 15 (1997), No. 4, pp. 11-18

WANDERSLEB, M. & HÖROLD, H. (1999). Industrielle Telematiklösungen am Beispiel TeleService für Walzwerke, in: V. NAGEL, R.F. ERBEN & F.T. PILLER (Hg.). Produktionswirtschaft 2000 – Perspektiven für die Fabrik der Zukunft, Wiesbaden: Gabler, S. 482-487

WATZLAWICK, P., BEAVIN, J.H. & JACKSON, D.D. (1990). Menschliche Kommunikation: Formen, Störungen, Paradoxien, 8. Aufl., Bern-Stuttgart-Toronto: Huber

WEHNER, H.-J. (1997). Vorsprung durch Fernsehen – Telekom setzt neue Maßsäbe in der interaktiven Kommunikation, in: H.-J. BULLINGER & M. BROßMANN (Hg.). Business Television: Beginn einer neuen Informationskultur in den Unternehmen, Stuttgart: Schäffer-Poeschel, S. 169-177

WEIBER, R. (1992). Diffusion von Telekommunikation: Problem der kritischen Masse, Wiesbaden: Gabler

WEIBER, R. (1995). Systemgüter und klassische Diffusionstheorie – Elemente einer Diffusionstheorie für kritische Masse-Systeme, in: M.-W. STOETZER & A. MAHLER (Hg.). Die Diffusion von Innovationen in der Telekommunikation, Berlin-Heidelberg-New York: Springer, S. 39-70

WEIBER, R. & MCLACHLAN (2000). Wettbewerbsvorteile im Electronic Business, in: R. WEIBER (Hg.). Handbuch des Electronic Business, Wiesbaden: Gabler, S. 117-147

WEINIG, K. (1996). Wie Technik Kommunikation verändert – Das Beispiel Videokonferenz, Münster: LIT-Verlag

WEIß, P. (2000). Studie Virtuelle Unternehmen, Karlsruhe: FZI Forschungszentrum Informatik, URL: http://www.fzi.de (Stand 30.04.2001), 1 Seite

WESEMANN, C. (1998). Bilanzpressekonferenz erstmals live über ISDN-Bildkommunikation von Alcatel weltweit sehen, Presseinformation der Alcatel AG, Stuttgart: Alcatel

WESTKÄMPER, E. & WIELAND, J. (1998). Neue Konzepte für Teleservice und Telemanufacturing, in: Industrie Management, 14. Jg. (1998), Heft 3, S. 9-12

WHEELWRIGHT, S. L. (1994). Revolution der Produktentwicklung, Frankfurt/M.: Campus Verlag

WIDMER, H.-J. (1997). Optimierung der Produktentwicklung mit Hilfe interdisziplinärer Organisationsformen und rechnerunterstützter kooperativer Telearbeit, in: P. BRÖDNER, I. HAMBURG & T. SCHMIDTKE (Hg.). Informationstechnik für die integrierte, verteilte Produktentwicklung im 21. Jahrhundert, Gelsenkirchen: IAT Institut für Arbeit und Technik, S. 69-84

WIEDENMAIER, S., HERBST, D., KOCH, S., SCHLICK, C. & WEISS, J.-P. (1999). Nutzenbewertung von Telekooperation, in: io Management Zeitschrift, 68. Jg. (1999), Heft 12, S. 46-50

WIEGAND, S. (2001). Echtzeit-Kommunikation beschleunigt Geschäftsprozesse: So fern und doch so nah, in: IT Management, o. Jg. (2001), Heft 2, S. 102-107

WIENOLD, A. (1998). Videokonferenzen im LAN und WAN - Video over IP, in: LANline, o.Jg. (1998), Heft 12, S. 178-182.

WIEST, G. (1995). Medienwahl und Mediennutzung in Organisationen, in: Communications, 20. Jg. (1995), Heft 1, S. 33-47

WILCOX, J.R. (2000). Videoconferencing and Interactive Multimedia: The Whole Picture, 3. Ed., New York: Telecom Books

WILDEMANN, H. (1995). Der Erfolgsfaktor Informationsverarbeitung in kundennahen, schlanken Unternehmen, in: Wirtschaftsinformatik, 37. Jg. (1995), Heft 2, S. 95-104

WILDEMANN, H. (1996). Informationsströme in Unternehmensnetzwerken, in: P. MERTENS, H.P. WIENDAHL, & H. WILDEMANN (Hg.). Informationsströme in Unternehmensnetzwerken, Müchen: TCW Transfer-Centrum

WILDEMANN, H. (2000a). Vernetzte Produktionsunternehmen, in: ZWF Zeitschrift für wirtschaftlichen Fabrikbetrieb, 95. Jg. (2000), Heft 4, S. 141-145

WILDEMANN, H. (2000b). Entwicklungsstrategien für Zulieferunternehmen im europäischen Markt, in: Beschaffung Aktuell, o. Jg. (2000), Heft 4, S. 32-39

WITTE, E. (1974). Empirische Forschung in der Betriebswirtschaftslehre, in: E. GROCHLA & W. WITTMANN (Hg.). Handwörterbuch der Betriebswirtschaft, 4. Aufl., Stuttgart: Poeschel

WITTE, E. (1977). Organisatorische Wirkungen neuer Kommunikationssysteme, in: ZFO Zeitschrift für Organisation, 46. Jg. (1977), Heft 7, S. 361-367

WITTE, E. (1999). Das Promotoren-Modell, in: J. HAUSCHILDT & H.G. GEMÜNDEN (Hg.). Promotoren: Champions der Innovation, 2. Aufl., Wiesbaden: Gabler, S. 9-41

WOLF, T. (1995). Marketing-Konzeption für Telekommunikationssysteme, Wiesbaden: Gabler

WOLTERS, P. (1999). Forward Sourcing – Entwicklungsbegleitende Lieferantenauswahl, in: D. HAHN & L. KAUFMANN (Hg.). Handbuch industrielles Beschaffungsmanagement, Wiesbaden: Gabler, S. 253-264

WÜNDERLICH, J. (1999). Kundenberatung per Video, in: Call Center Profi, o. Jg. (1999), Heft 2, S. 40-42

ZANGER, C. (1996). Produkt- und Prozessentwicklung, in: W. KERN, H.-H. SCHRÖDER & J. WEBER (Hg.). Handwörterbuch der Produktionswirtschaft, 2. Aufl., Stuttgart: Schäffer-Poeschel, Sp. 1426-1438

ZELLER M. (2001). Gemeinsam surfen macht schlau, in: Touristik Report, o.Jg. (2001), Heft 2, S. 12

ZENK, A, (1994). Lokale Netze - Kommunikationsplattform der 90er Jahre, 3. Aufl., Bonn-Paris-Reading: Addison-Wesley

ZERBE, S. & KRCMAR, H. (1999). Neue Organisationsformen durch Informations- und Kommunikationstechnologien – Eine Analyse verteilter Teamarbeit, in: J. ENGELHARD & E. J. SINZ (Hg.). Kooperation im Wettbewerb, Wiesbaden: Gabler, 187-207

ZERFAß, A. (1998). Öffentlichkeitsarbeit mit interaktiven Medien: Grundlagen und Anwendungen, in: M. KRZEMINSKI & A. ZERFAß (Hg.). Interaktive Unternehmenskommunikation, Frankfurt/M.: IMK Institut für Medienentwicklung und Kommunikation, S. 29-52

ZIEGLER, J. (1996). Rechnerunterstützung für kooperative Arbeit – Computer Supported Cooperative Work, in: H.-J. BULLINGER & H.-J. WARNECKE (Hg.). Neue Organisationsformen im Unternehmen: ein Handbuch für das Management, Berlin-Heidelberg-New York: Springer, S. 680-690

Gesprächverzeichnis

DOMMASCHK, J. (2001). Persönliches Gespräch mit Herrn J. Dommatsch, BMW AG, München, am 11.05.2001

FRICKE, A. (2000). Persönliches Gespräch mit Frau A. Fricke, BMW AG, München, am 19.12.2000

GERLACH, H. (2001). Telefonisches Gespräch mit Herrn H. Gerlach, Commerzbank AG, Frankfurt, am 31.05.2001

GLAS, G. (2001). Persönliches Gespräch mit Herrn G. Glas, FAG Kugelfischer AG, Schweinfurt, am 24.01.2001

HERMELING, W. (2001). Telefonisches Gespräch mit Herrn W. Hermeling, BOG Informationstechnologie & Services, Münster, am 19.09.2001

KEMMERZELL, K. (2001). Telefonisches Gespräch mit Frau K. Kemmerzell, MR&S Marktforschung, Frankfurt, am 08.05.2001

MONTEAGUDO, J. (2000). Telefonisches Gespräch mit Herrn J. Monteagudo, s.Oliver GmbH, Würzburg, am 08.06.2000

MÜLLER, K. (2001). Telefonisches Gespräch mit Herrn K. Müller, Klaus Müller Video Vision GmbH, Römerstein, am 22.03.2001

POTYKA, H.-G. (2000). Persönliches Gespräch mit Herrn H.-G. Potyka, Delphi Deutschland GmbH, Wuppertal, am 26.11.2000

PREY, R. (2000). Persönliches Gespräch mit Herrn R. Prey, DENSO Deutschland GmbH, Abteilung Information Systems, München, am 19.08.2000

SCHWARZ, J. (2001). Persönliches Gespräch mit Herrn J. Schwarz, Dr. Ing. h.c. F. Porsche AG, Weissach, am 15.03.2001

WANING, F. (2001). Persönliches Gespräch mit Herrn F. Waning, Audi AG, Ingolstadt, am 28.03.2001

ZANDER, S. (2000), Persönliches Gespräch mit Herrn S. Zander, Sparkasse Bonn, Bonn, am 10.04.2000

AUS DER REIHE Gabler Edition Wissenschaft

„Interaktives Marketing"
Herausgeber: Prof. Dr. Günter Silberer

zuletzt erschienen:

Lars Fischer
Kiosksysteme im Handel
Einsatz, Akzeptanz und Wirkungen
2002. XIII, 292 S., 25 Abb., 95 Tab., Br. € 59,90
ISBN 3-8244-7648-7

Alexander Haldemann
Electronic Publishing
Strategien für das Verlagswesen
2000. XVII, 244 S., 47 Abb., 22 Tab., Br. € 49,00
ISBN 3-8244-7196-5

Petja Heimbach
Nutzung und Wirkung interaktiver Werbung
Eine Studie zum Blickverhalten im Internet
2001. XX, 292 S., 69 Abb., 25 Tab., Br. € 59,00
ISBN 3-8244-7368-2

Tobias Kiefer
Die Rolle von Banken im Electronic Business
Trustmediation als strategische Basis
2001. XXVII, 412 S., 135 Abb., 29 Tab., Br. € 64,00
ISBN 3-8244-7347-X

Marc Meissner
Multimediale Telepräsenz im Marketing
Einsatz, Determinanten, Wirkungen, Management
2002. XVII, 294 S., 49 Abb., 47 Tab., Br. € 54,90
ISBN 3-8244-7657-6

Axel Theobald
Das World Wide Web als Befragungsinstrument
2000. XIX, 214 S., 54 Abb., 31 Tab., Br. € 49,00
ISBN 3-8244-7296-1

www.duv.de
Änderung vorbehalten.
Stand: April 2002.

Deutscher Universitäts-Verlag
Abraham-Lincoln-Str. 46
65189 Wiesbaden

DUV

Der Deutsche Universitäts-Verlag
Ein Unternehmen der Fachverlagsgruppe BertelsmannSpringer

Der Deutsche Universitäts-Verlag wurde 1968 gegründet und 1988 durch die Wissenschaftsverlage Dr. Th. Gabler Verlag, Verlag Vieweg und Westdeutscher Verlag aktiviert. Der DUV bietet hervorragenden jüngeren Wissenschaftlern ein Forum, die Ergebnisse ihrer Arbeit der interessierten Fachöffentlichkeit vorzustellen. Das Programm steht vor allem solchen Arbeiten offen, deren Qualität durch eine sehr gute Note ausgewiesen ist. Jedes Manuskript wird vom Verlag zusätzlich auf seine Vermarktungschancen hin überprüft.

Durch die umfassenden Vertriebs- und Marketingaktivitäten, die in enger Kooperation mit den Schwesterverlagen Gabler, Vieweg und Westdeutscher Verlag erfolgen, erreichen wir die breite Information aller Fachinstitute, -bibliotheken, -zeitschriften und den interessierten Praktiker. Den Autoren bieten wir dabei günstige Konditionen, die jeweils individuell vertraglich vereinbart werden.

Der DUV publiziert ein wissenschaftliches Monographienprogramm in den Fachdisziplinen

Wirtschaftswissenschaft
Informatik
Kognitionswissenschaft
Sozialwissenschaft

Psychologie
Literaturwissenschaft
Sprachwissenschaft

www.duv.de
Änderungen vorbehalten.

Deutscher Universitäts-Verlag
Abraham-Lincoln-Str. 46
65189 Wiesbaden

Printed by Printforce, the Netherlands